探索·引领

北京一零一中教育集团教师论文集

陆云泉　程翔　主编

北京大学出版社

图书在版编目（CIP）数据

探索·引领：北京一零一中教育集团教师论文集 /陆云泉，程翔主编. —北京：北京大学出版社，2022.6
ISBN 978-7-301-33055-5

Ⅰ.①探… Ⅱ.①陆…②程… Ⅲ.①中小学教育 – 文集 Ⅳ.①G63-53

中国版本图书馆 CIP 数据核字（2022）第 094997 号

书　　　名	探索·引领——北京一零一中教育集团教师论文集 TANSUO·YINLING——BEIJING YILINGYIZHONG JIAOYU JITUAN JIAOSHI LUNWENJI
著作责任者	陆云泉　程　翔　主编
责任编辑	黄敏劼
标准书号	ISBN 978-7-301-33055-5
出版发行	北京大学出版社
地　　　址	北京市海淀区成府路 205 号　100871
网　　　址	http://www.pup.cn　新浪微博：@北京大学出版社 @培文图书
电子信箱	pkupw@qq.com
电　　　话	邮购部 010-62752015　发行部 010-62750672　编辑部 010-62750112
印 刷 者	天津光之彩印刷有限公司
经 销 者	新华书店
	660 毫米 ×960 毫米　16 开本　29 印张　495 千字 2022 年 6 月第 1 版　2022 年 6 月第 1 次印刷
定　　　价	99.00 元

未经许可，不得以任何方式复制或抄袭本书之部分或全部内容。
版权所有，侵权必究
举报电话：010-62752024　电子信箱：fd@pup.pku.edu.cn
图书如有印装质量问题，请与出版部联系，电话：010-62756370

目 录

序 / 陆云泉　　005

教育·管理

用心铸就和谐班级 / 刘　青　　003
沐浴在传统文化智慧中的班级管理 / 邢秀清　　009
以"有为"成就"无为" / 殷卫霞　　013
在体验式班级活动中育人 / 金梓乔　　019
读《陶行知教育名篇》有感 / 黄　珍　　023
激励一代人　成就一代人 / 霍艺红　　027
教育供给侧改革背景下中学学术委员会的治理实践研究
　　——以北京一零一中教育集团为例 / 吴红枚　　031

教育·课题

从学习"学科知识"到设计"学科作业"的探索 / 陈德收　　039
坚守教育初心　培育学生生命成长
　　——四十年教书育人生涯拾零 / 严寅贤　　053
"类文本"与"单元教学" / 程　翔　　072
以史为镜　鉴世润心
　　——《战国策》备课札记 / 张新村　　078
"诗意语文"与"核心素养" / 刘　青　　083
阅读，学生精神成长中的觅渡
　　——梁衡散文集《觅渡》荐读 / 杨金才　　092
纵使相逢应不识

——《雷雨》《复活》"重逢"情节跨文体比较阅读 / 刘丹妮　　101

一个秋士的独白

　　——赏析《故都的秋》/ 朱思克　　107

以读促写　以文化人

　　——中学生个性化写作课程的实施与研究 / 张　雪　　112

疫情下基于"小先生制"的文言文"云"学习

　　——记"'小先生'教小古文"活动的开展 / 樊微微　　125

叙事性文本整体感知能力的表现特征和教学改进策略 / 侯杰颖　　132

在"生态·智慧课堂"中培养核心素养的教与学 / 张燕菱　　136

在数学概念教学中提高数学阅读能力 / 田　媛　　140

学生本来就是有差异的

　　——对三名学困生的跟踪与研究带来的启示 / 李爱民　　147

把握数学本质，研究"整座森林"

　　——高三数学专题复习的有效性研究 / 贺丽珍　　158

空间观念怎样测评 / 邵　钦　　168

从"长方体认识"谈学情分析对变革学习方式的作用 / 孙雅娟　　176

以"长方体"为例阐述学习方式变革的重要性 / 马　洁　　186

基于观察的高中英语阅读教学问题探究 / 孔繁华　　192

基于主题意义探究的学生思维品质培养实践研究

　　——高中英语文本阅读教学例谈 / 孙　娜　　203

英语学科核心素养视角下的高中英文原著阅读实践 / 霍艺红　　212

运用读书卡促进小学高年级学生英语阅读习惯养成的

　　研究 / 王　朝　　219

小学英语绘本阅读教学中发展学生批判性思维的尝试 / 李润利　　228

有效提高普通校学生英语阅读理解力的朗读训练 / 王　阳　　235

依托模拟政协　培养学生批判性思维 / 李　杰　　242

浅谈高中思政课文化模块教学的三重韵味 / 殷卫霞　　247

以美育涵养政治认同素养之学科活动

　　探索 / 葛本红　任晓娜　甄　祺　　252

博物馆校本课程开发初探 / 邢秀清　　256

批注式阅读在高中历史教学中的有效运用 / 孙淑松　　260

"一带一路"建设高质量发展亟须加强世界地理教育 / 何　群　　267

以城市为主线的人文地理实践课初探 / 金梓乔　　　　273

"教、学、评"一体化的物理课堂构建策略 / 付鹂娟　　　279

牛顿摆中小球"隐蔽的多次碰撞"问题探讨 / 詹光奕　　　288

基于物理核心素养下的学习进阶的教学设计 / 周革润　　　292

古诗词在初中物理教学中的应用研究 / 胡雪兵　　　299

"水溶液中离子行为"的单元教学中核心概念的建构 / 陈　争　　　307

基于学生主体的设计高效促进学科能力的发展 / 王曹送　　　315

基于"问题引领"下的化学教学设计 / 李从林　　　320

以课题研究促团队建设 / 刘　军　　　328

围绕生物学科思想和核心概念的教学 / 安　军　　　336

整体备课策略下的"兴奋在神经元之间的传递"教学
　设计 / 马小娟　　　348

生物课堂教学中观察方法的渗透 / 王红庚　　　353

让音乐真正走进学生的心中 / 郑燕莉　　　358

浅谈北京一零一中音乐学科课程建设 / 阎　磊　　　364

中学摄影教学实施策略 / 魏立柱　　　374

基于颐和园的美术课程资源开发与教学实践研究 / 肖　红　　　384

基于表现性评价的美术实践活动研究 / 姚晓丹　　　392

高中学校贯彻落实新课标新教材的问题与对策 / 丁玉山　　　402

分层次激励式教学法对高中体质弱男生的影响初探 / 王亚林　　　406

北京市青少年男子排球运动员运动损伤状况及干预
　措施研究 / 孙　冬　　　411

初中形体课教学对学生身心发展影响的调查研究
　报告 / 周真群　张雪莲　　　418

促进深度学习的小学信息技术教学方法与策略 / 田　爽　　　428

高中通用技术课的项目式教学实践探索 / 马丽娟　　　437

Excel 图表在数据分析中的应用 / 张　玮　　　442

序

陆云泉

2019年3月14日,北京一零一中教育集团学术委员会成立,至今已走过三年历程。三年来,学术委员会的工作主要有以下几个方面:第一,学术委员的遴选和发展。成立之初,25名市级以上骨干教师当选为集团校的第一批学术委员,后新增两批,今天已经发展到了54人。"学术委员"是一个很高的荣誉,标志着一个教师在本学科领域具有权威性和引领作用,是教学专家。凡是当选的学术委员,都很珍惜这一荣誉,不仅积极从事学术委员会的相关工作,而且不断加强自身的学术修养,获得了双丰收。第二,学术委员定期到各校区视导,走进课堂,听课座谈,进行实际指导,取得了良好效果。各校区的领导和老师都期盼着学术委员进校指导。一零一中集团校在北京现有12个校区,情况各不相同。学术委员的现场指导可以促进集团校内部的教育实现均衡发展,可以在最大程度上体现一零一中学的光荣传统和办学理念。从这个意义上讲,学术委员是宣传队和播种机,当然更是智囊团。我们看到,在学术委员的指导下,各校区的教育教学有了明显的发展,一个既均衡又各具特色的一零一中教育集团将以更加蓬勃的姿态展示其教育教学的魅力。第三,学术委员会还参与了骨干教师评选、教师论文评选、教学比赛的评选和辅导,以及对青年教师的帮扶指导工作。由于学术委员的权威性,这些工作都进展得顺利,得到了各校区领导和老师的一致认可。第四,编辑出版了五期校刊《远方》。在第一次学术委员的座谈会上,我提出,学校发展不能只着眼于现实的成就,还要有诗和远方。这五期杂志集中体现了学校教育教学的新面貌、新成果和新思想:既有教师的文稿,也有学生的文稿;既有在岗教师的文稿,也有退休教师的文稿,还有优秀毕业生的文稿;既有教育教学文稿,也有文学创作。小小一册,茹古涵今,中外撷英,端涯无尽。

现在，呈现于您手中的这本《探索·引领——北京一零一中教育集团教师论文集》是学术委员会最新的一项工作成果。

集团校的学术委员，都是市级以上骨干教师，在本学科领域都颇有建树。为了集中体现学术委员的学术成就，我们研究决定出版一本学术委员的教育教学论文集。这些论文有的已在国内核心期刊上公开发表，并产生了积极影响，在全国范围内具有引领作用；有的是新作，是学术委员最新思考和探索的结晶。这些论文不同于大学和研究院所教授们的论文，不是纯理论的研究，而是侧重对教育教学实践的探索和研究。作为基础教育的教师，他们不是纯理论工作者，他们的主要任务不是理论研究，而是实践研究。这一特点决定了我们这些学术委员是实践型的，不是理论型的。但这不等于说他们没有理论素养。从本书中的论文来看，作者的论文体现出了一定的理论素养。更为重要的是，他们将理论与实践紧密结合，重在解决教育教学实践中遇到的实际问题。这是最可贵的地方。

这本论文集还有一个特点，就是它集中了各校区学术委员的论文。这些论文的作者有的是高中教师，有的是初中教师，有的是小学教师，涵盖了14个学科。像这样全学科、全学段的论文集在国内颇为少见。这不仅给我们自己的教育教学工作提供了一个可资回顾、反思的资料包，也给国内从事这方面研究工作的专家学者提供了一份来自一线既丰富又真实的科研素材，可以让他们了解我们在做些什么，思考些什么。我们期盼着专家学者读过本书后，能够将宝贵的意见反馈给我们，帮助我们更好地发展。当然，由于该论文集总字数的限制，还有很多教师的优秀论文没有收进来，所以本书尚不能全面展现一零一中教育集团教师队伍的学术面貌。

北京一零一中学是一所有着光荣革命历史传统的学校，它具有红色基因，具有美丽的校园，具有很高的社会声誉。从这所学校毕业的学生，有的走上了党和国家领导岗位，有的成为某一领域的领军人物。正是因为一零一中本身所具有的深刻广泛影响，所以才有了今天一零一中教育集团这个大家庭。这体现了一零一人对社会的担当精神，体现了一零一人对国家的回报，也体现了我们努力办人民满意教育的实际行动。

我们深知，办好教育最根本的是有一支优良的教师队伍。2021年5月28日习近平总书记在两院院士大会和中国科学技术协会第十次全国代表大会上指出："培养创新型人才是国家、民族长远发展的大计。当今世界的竞争说到底是人才竞争、教育竞争。要更加重视人才自主培养，更加重视科学精神、创新能力、批判性思维的培养培育。要更加重视青年人才培养，努力造就一批具有世界影响力的顶尖科技人才，稳定支持一批创新团队，培养更多高素质技术技能人才、能工巧匠、大国工匠。我国教育是能够培养出大师来的，我们要有这个自信！"一零一人必将按照习总书记的讲话精神去践行党和国家的教育方针，办好教育，育好人才，为国家做出更大的贡献。作为基础教育领域的一个分子，我们愿意更深入地探索育人规律，我们的学术委员将在其中发挥重要作用。

是为序。

2022 年 3 月 20 日于北京一零一中学

教育・管理

用心铸就和谐班级

刘 青

和谐的山水使人赏心悦目;和谐的音乐使人心旷神怡;和谐的集体使人其乐融融,实现润物无声;班级成了学生心灵的栖息地,精神的家园。

一、彼此润泽,实现同学与集体的和谐

只要新接一个班级,我就会用自己生命中的体验告诉学生,中学时代是生命中最美丽的年华,尤其是用真情铸就的同学情谊是我们人生中最宝贵的财富,彼此共同组成一个班集体,其实就是难得的缘分,更是一生取之不尽的精神食粮。集体是我们共同的家,精神的栖息地,有了它,我们荣辱与共,我们福祸相依。我让同学把最真切的对集体生活的体验留下来,留作一生来咀嚼回味享受。每周我都选出写得真切、自然、饱满的文章在班会课上宣读,成为班级生活中一道靓丽独特的风景。

示例两篇:

例一

梦到了运动会写稿的事情,我想记下来。

很久没有这么卖命地去实现一个目标了。虽然只是运动会交广播稿,一开始我就说,这个,我们要拿第一。

比赛还是要看的,总体实力上我们不强,但是有些单项,例如跳高和跳远,我们很高很远。

在没有比赛的时候,就是写稿,致跳高运动员,致百米运动员,致裁判员,致年级组长……

第一天上午就交了一两百篇,是大家一起努力的结果,下午比赛比较多,

没有全心全意写稿，听到广播里高一（2）班来稿渐渐被高一（9）班来稿的浪潮淹没，我内心的小宇宙瞬间爆发。

号召大家晚上回家写，说什么也要赶回来，我到家后写了52份，第二天一早申自然也交给我50份，李晓阳也递了一摞给我。虽说广播稿不是什么有分量的东西，但是成就感却不断高涨。最后结果是524份，超过第二名100多份。满足。

带去的书也没有看，音乐也忘了听，这样似乎有点浪费时间，但是长大以后哪里还有这样努力就能摘取的金冠，哪里还会有大家为了一个简单的第一名宣传奖而齐心协力疯狂写稿的可能，哪里还会有这样幼稚而可爱的冲动。这都是因为我们的稚嫩和年轻，虽不知意义在哪里却义无反顾，让人满足。这样的执着，长大以后也许不会再有。

例二

年级篮球赛已经结束了，所有的愉快和不愉快的事也已经过去了，在我心里留下最多的就是自豪。

从第一场对5班的比赛开始，这是最光荣的一战。上半场我们基本处于劣势，但在结束的时候栾奕跑过来问我们差几分，崔可说还差8分，我记得他特别坚定地点了一下头，下半场好像拼了命似的猛追比分，一直追到就差1分，其间王子洲还跌了一跤，依然坚持在场上奔跑，比赛结束的哨声响起时，计分板上的正字只差了一竖。

第二场对阵1班，中午风刮得很大，但整场比赛却很轻松，要是大家一起努力，在其他方面也能像球赛一样赶超1班就好了。

对3班的比赛过程也相当的激烈，结果更是令我们兴奋。回班的路上我一直在念叨我是2班的班长啊，后来发现同学们都一样的高兴，看见向笑楚在桌上写"我们赢了"，那时候的喜悦实在够得上喜形于色了。

最后对10班的比赛至今还让我们难以释怀。一些不好的记忆就不再多提了。最让我难忘的是我们班的勇士们的拼搏。掌声当之无愧属于他们，如果说对阵5班我们虽败犹荣，那么这一次，我们却输得有风度，不去计较太多，只当记分板上的数字苍白而无力，我们是真正的赢家。

2班的斗士们，无论你们是否多话抑或沉默，也不论你们是不是总忘记交作业，是不是上课不专心听讲，是不是总在我交代事情的时候嬉皮笑脸，你们在球场上的时候都散发着那一刻最纯净最明亮的光芒。

还有我们的总教练李云轲,还有我们的谢佳丽以及每场必到的同学们,有我们,2班才会如此团结。

我看到5班的一个同学写道:我最尊敬的对手是2班那样的,团结得像军队,他们坚持到最后一刻,只差1分,输得光荣,他们有人受伤了,所有的人都会过去安慰,这才是真正的王者。

这就是我的骄傲,我的高一(2)班,我的自豪。

读的同学情奋奋、意昂昂,听的同学热情高涨,自己的形貌活现在同学的笔端,这是怎样的幸福与满足。这是以石击石的火花迸射,是以情生情的心潮相逐,是以丝引丝的丝丝联结,共同享受着生命中的每一个瞬间,共同享受着与集体休戚与共的温暖与感动。作为一个集体的一员的那份幸福与荣光,同时又是默默的润泽,无声的激励,同学们都愿把自己给予集体的那份美丽更多展示出来,留在其他同学的纸上以及生命中,为着一个集体,为着一个共同的信念,用心抒写着一个个美丽的故事,使班级氛围更加积极向上。

二、彼此肯定,实现同学与同学的和谐

你站在桥上看风景/看风景人在楼上看你/明月装饰了你的窗子/你装饰了别人的梦。在一个集体中,每个人都是他人的外部环境,同学们互为风景,互相装饰。美国总统林肯曾说过:"人人都喜欢称赞。"著名学者威廉·詹姆斯也说过:"人类本质最殷切的需求是:渴望被肯定。""渴望被肯定"是人类与生俱来的天性。在家长会上,我有一个栏目是"同学眼中的同学",每组同学都要把同组同学的那道美丽的风景描写下来,展示给家长们。这个活动,得到学生与家长的喜爱。家长们高兴看到自己的孩子与如此多优秀的孩子为伍,无比欣慰;而学生最在意自己在周围同学心中的风貌,看到同学眼中自己如此美丽,即使自己也知道其中有一些同学美好的期待,依然会高兴万分,会努力让自己成为那个同学眼中的自己。

下面展示几个同学的评价:

吴同学

南方人应该是什么样子?这个问题也许直到遇见你才真正了解:小桥流水,小家碧玉,温婉羞涩,这便是人家说的江南女子的气质吧。那么与之对应,你

的作文让人惊诧,你的数学也让人羡慕,这便应是人家说的内秀了吧。做着细致的手工,读着深远的唐诗,写着通向远方的信,你的身上有好多丰富的内涵。

你是很开朗乐观的一个人,学习专心,与同学关系和睦,作为班干部受到尊重。

学习总是那么出色,很有内涵,待人热情真诚,幽默风趣,俏皮可爱,做班长尽职尽责,还有层出不穷的有趣点子让生活温暖阳光起来。

郭同学

优异的成绩,夸张的表情和动作,和你在一起我总是很开心。每次有不开心的时候见到一张欢快的笑脸顿时烟消云散,生活中有这样的伙伴十分开心。

你的开朗自然令人难忘,幽默的点子总是层出不穷,学习起来认真的笔记和严谨的态度又让人佩服。慢慢受你影响,向你学习,靠拢。

你的活泼开朗会令石头开花,你流露出的快乐会感染别人,也会感动别人。同时,你认真积极的学习态度令我佩服,我喜欢你的魔法,especially 变出花儿的魔法。

你十分活泼好动,热情似火,总是能让身边的每一个人感到十分快乐。在学习上十分认真积极,乐于帮助身边的每一个人,心性善良,十分可爱。

你让人体会到满满的爱心,为人特别开朗友好,让人感到没有负担和拘束。跟你一起感觉很好,很开心。

陈同学

读你的文章,每一篇都是那么恬淡和优美。我能感到2班的生活占满了你的心灵。你时时感受到同学们间的温暖快乐,用你漂亮的文字将爱流泻于纸面,把这份温暖与快乐传递给我们,成了我们班级永恒的风景……谢谢。

还有你的认真和细致。记得有一次,老师看黑板上的值日名单,写着你的名字,老师便自言自语地说:"这次值日没问题了。"可见你对工作的负责在老师心目中的分量。

你见解独到,思路清晰。每一次在课上点评文章,或是谈论自己的感受,你都会很好地表达意思,鲜明的观点让我们颇有收获……

喜欢你甜甜的笑容,总像初春时节里的花朵,为我们带来感动……

赞美如顺风,吹起将要启航的白帆;赞美如暖阳,驱散人心头的寒冷;赞美如春雨，滋润出希望的嫩芽。在一个集体中，彼此的称赞和欣赏，更能使同学们收获自信、胆识、正直、激情、关爱这些优秀的品质；同时，同学们努力在彼此的生活中展示自己阳光灿烂的一面，以赢得关注与认可。大家就这样在展示自己的风景和欣赏他人的风景中良性发展，共同追逐，心心相印，使班级氛围更加友好、融洽。在美丽的展示、发现及赞美中，大家欣赏着，快乐着，健康地成长着！

三、彼此约定，完成人与自身的和谐

欣赏季羡林老先生的话：比人与自然、社会的和谐更重要的是人与自身的和谐，人与自身的和谐要做到良知、良能。作为一个老师，努力去守护、去唤醒那份良知与良能。

无规矩不成方圆，和谐的班级氛围是师生共同的期盼，但更需要彼此心甘情愿的约束。我每接手一个班级，都要告诉我的学生两个字：上与下。所谓上就是集体至上，集体利益是我们共同的利益和原则，只要是有损集体利益的行为就是全班唾弃的，集体是我们共同守护的心灵的家园；所谓下就是底线意识，我告诉我的学生，人都要守住自己的底线，有些错误，终生不为，学生阶段，恶小不为。

我的底线是：1. 愚过不为，弱智的错误不能犯；2. 不迁怒，不贰过，同样的错误不能犯两次；3. 君子不叁，不同的错误不能累积到 3 次。同时，我还告诉学生，进入北京一零一中的同学，坐在这个教室里的都是同龄人中的佼佼者，具备美德善行，相信在今后的日子里，同学们一定会律己责身，珍爱自己，发扬善行，因为我们一零一的学生，都会用善行点缀自己的青春时代，展示一零一的风采，在弥漫着善行的教室里，我们每个人都会感受到温馨与幸福。

对一个集体，拿出我们的良知和热情，用我们的心灵共同守护。

班级利益是我们每个人心头的岗哨，它在那里值勤站岗，监督着我们别做出有损集体的事情来。老师的严格要求也为学生们的行为把好了第一道关，助学生们守住自己的那份良知与良能。

毕竟学生们是一群活生生的人，全班都不犯错误难以实现。出了问题怎么办？这是令不少老师棘手的问题：批评怕学生难以接受，与自己隔阂；不批评又担心学生的错误得不到及时的矫正，影响学生个人和整个集体，坏风气如果蔓延开来，后果不堪设想。

有一学生因一时疏忽给班级丢分，影响了班级的荣誉，她主动找我，写出自己的内心感受，对全班同学表达自己的不安与惶恐，希望求得大家的谅解。看到那位学生痛哭流涕的样子，我心中多了几分怜惜。我告诉她：你过了怎样一个辗转反侧、夜不能寐的夜晚，我知道。小小的错误，给你带来的心理折磨与痛苦，远远大于片刻的侥幸带来的快活。虽确实无法弥补错误本身，但是它会提醒我们自己和周围的同学，千万要谨慎再谨慎，以后我们人生路上会少走许多弯路。

有学生开学不到两周，却迟到了两次。我首先了解情况，得知孩子每天上学都是妈妈送来，我马上联系家长，告诉她：孩子今天是第二次迟到，面对老师和同学，她非常尴尬，其他同学已经完成了许多事情，但她却刚开始做，还要自己承受着心理的煎熬。看到孩子可怜的样子，老师都很心疼，我希望家长多克服一些困难，避免给孩子增添这份痛苦。学生家长本以为老师这个电话是兴师问罪的，但感受到老师发自肺腑的对学生的关爱后很不好意思，表示今后自己会留出提前量，保证不让孩子迟到。

不是槌的打击，乃是水的载歌载舞使鹅卵石臻于圆熟。任何一个有进取心的学生，对自己的错误都感到内疚，老师的理解与爱进一步唤醒了学生们内心的良知与良能，让错误成为他们最有价值、最有意义的伤痛。他们会用自己的行动补偏救弊，努力打造自己，让自己笑到最后。

学生们在这样的环境中，耳濡目染，不断成长，不断否定旧我，走向一个一个新的开始。下面是班中一位最有个性、最无视学校纪律的学生的一段心灵独白：

记得曾经在一本书的扉页上写着："当我们改变不了这个世界时，那么我们就将自己改变"。我想这话实属经典且让我非常受用。我们就像一颗石头，都在流淌的小溪中，整日被冲刷着。也许我们倔强地保持着自己的棱角，可总有一天会被卷入湍急的水流。亦或许，我们放下一点个性放下一点不驯，然后变成一颗鹅卵石，在水中舒适地与水流融合，就像身边所有人一样。

我们总有一点会变成鹅卵石，既然如此，何不让它来得早些。

和谐社会是我们共同的期盼，和谐班级是学校生活中一道最靓丽的风景。每一个个体生命在寻求和谐的过程得到了进一步的成长，收获着生命中的一个又一个美丽，构筑了师生生命中一道最永恒的风景线。

沐浴在传统文化智慧中的班级管理

邢秀清

在中国传统文化中,儒、道、法三家各自扮演着很重要的角色,不能说哪个更重要、更完美,应该说哪个更合时宜。严复说"制无美恶,期于适时",在班级管理中交替使用这三种指导思想会收到很好的效果。

一、冷峻的法家

法家因秦始皇的暴政背上了严刑峻法的恶名,其实无规矩不成方圆。规矩就是法家思想的体现,也就是说校有校纪,班有班规,如果没有了章程,一切就乱套了。得先有一个稳定的班级状态,再慢慢抓思想转变。因此,我接手文科基础较差的班后做的第一件事就是立规矩。我告诉学生,我们中国是一个讲人情的国家,但规则意识太淡薄,所以我要给每位同学建立一份在校表现档案,也就是记录学生在学校的点点滴滴,当然既包括良好的表现,也包括偶尔的错误。同时,我在班里放了一份同学课上表现记录表,科任老师也可以记录课上发生的情况。一周以后的班会上,我会表扬表现好的同学,也会把一周来违反校纪比较多的同学叫到一边,让他看看自己这一周的表现:其实都是一些小的问题,如迟到、不交作业、不上操、不做值日,等等。但因为这些懒散的孩子集中在了一个班,所以整个班级的表现就松散而不尽如人意,而且如果这些个别现象老师视而不见,就会有更多的同学加入这些行列。好多学生看了后自己也吓一跳,因为把他们这些小问题积累在一块儿就会成为大问题了,如果再积累一两周基本上就可以够上给处分的级别了。用法家的手段赏善罚恶,可以说有立竿见影的效果,学生很在意我的小本本上又记了些什么,就努力地约束自己。对待习惯不够好的孩子,法家思想是有效的。

但是不能把法家思想当作法宝来执行。王晓春老师曾经这样说过:"很多人都认为，只要班主任制定一系列的行为规范，迫使学生照着做，一遍一遍地做，千遍万遍地重复，学生习惯又习惯，就变成他们人格的一部分了，有人称之为行为冻结。你能冻结行为，不能冻结思想；你能冻结出整齐划一，不能冻结出个性；最重要的是，你没法冻结出创造来。恰恰相反，创造之所以为创造，就在于它冲破了某种冻结的东西。"其实这就是在说法家思想可以制造顺民，但不能起根本性作用，更不能作为金科玉律单一奉行。所以法家只是在班级管理初期立规矩阶段可以使用，而且要使用得当，考虑学生的可接受性，不要变成"暴政"。

二、温和的儒家

孔子曾说过："道之以政，齐之以刑，民免而无耻；道之以德，齐之以礼，有耻且格。"就是说法家的强压是治标不治本的手段，如果单纯用法家来约束，学生不会有真正的变化，温和的儒家才能让学生心服口服并确实有变化。平等地和学生对话交流，让学生始终体会到做人的尊严，了解学生内心所想，进行对症下药的沟通，持久地关注并告诉学生老师能看到他的进步，这样能让学生感觉到老师的关注和支持，在意自己在老师和同学面前的形象，这时候就形成了尊严。

儒家思想的核心是仁，仁者爱人在班级管理中就是要形成一个和谐的班级环境，让学生之间、师生之间都成为平等交流的朋友。要做到这一点的落脚点就是建立民主的氛围，让学生做班级的主人。例如开学初我在班里做了一个问卷调查，内容是："你希望12班的男生（女生）具有哪些品质？你认为现在我们班的男生（女生）存在什么问题？"问卷收上来后我做了整理，在开班会时首先展示问题：女生存在的有"两面派、背后说人坏话，自私、小气、小心眼、做作、虚伪、没什么内涵、在外表上花枝招展"，等等；男生存在的问题有"狂妄自大、表现欲强、迟到、做事没有原则、说到做不到、对自己不负责、上课喜欢说话、上课在座位上转过来、认为自己很拉风"，等等。我一边展示一边说："同学们想想这些缺点在你身上有没有一点或者两点，或者你从来没有想过自己有这些方面的问题？"然后再把同学们理想中的男生女生品质进行总结，形成一个"高二（12）班好男生标准"：

- 有责任心、有担当
- 热爱集体

- 绅士、干净
- 成熟稳重（别太幼稚）
- 心中有他人
- 正义、是非分明、有荣辱心
- 幽默开朗
- 诚实守信
- 可以有问题，但是要有原则

和"高二（12）班好女生标准"：

- 大度
- 体贴他人
- 开朗、活泼、乐观
- 坦诚
- 与人为善
- 团结友爱
- 淳朴懂事
- 不八卦、有内涵
- 内敛而不拘谨，开朗而不张扬

这些被老师总结后作为集体智慧展示出来的东西，对学生影响很大，贴在班级宣传栏里，就形成一种良好的舆论氛围。也许他们做不到那么好，但那是方向，而且他们会尽可能地去收敛自己，不去做让大家讨厌的人，例如女生的"没什么内涵"，男生的"认为自己很拉风"。这些问题逐渐在减少，班级的正气慢慢形成。学生逐渐从原来的无所谓，改变为努力树立自己的形象，我常常用他们自己的话来要求他们，"可以有问题，但是要有原则"。班级里几乎所有的问题都是用这种民主的方式来解决和处理，学生感受到自己的价值，感受到老师的宽容和爱，逐渐获得了尊严感，珍惜自己的荣誉，珍惜班级的荣誉。

让我记忆最深的一件事情是高二第一次大扫除，我在别的班上完课后因为答疑稍晚了几分钟过去，发现教室里空无一人，值日生跑得无影无踪，我打电话都叫不回来，只好自己拖地。但到第二学期时，我们班的值日不再成为让我操心的问题，常常会有同学不是值日生但不着急回家，就帮着别的同学一起做。我对他们说："你们在值日上不偷懒，说明你们有了责任感。"高三开学后我们原来的班长因成绩好进入了11班，我很遗憾地说："我们的班长走了，今后谁能主动处理班级的问题呢？"一个学生说："老师，我们人人都是班长，每个人都可以想着班里的事情。"果然，很多问题他们都自己解决了，再不是高二的时候我一天到晚被各个部门的电话催着"只有你们班没来领书、没来交饭费、没来开会……"

儒家思想博大精深，即使信手拈来，只要运用得当都会有很好的效果。

三、无为的道家

道家看似逃避现实，其实在合适的时候逃避是一种等待。孩子就是伴随着犯错误而成长的，如果锱铢必较，必然会事倍功半。老子说"治大国若烹小鲜"，就是说不要太折腾百姓，要给百姓休养生息的时间。管理班级，尤其是针对个性强的学生而言，要给他一些时间让他了解自己。陶行知先生有一次去武汉大学演讲，做了一个有趣的实验：他从皮包里抓出一只大公鸡，又从口袋里掏出一把米放在桌上。接着，用左手按住鸡头逼它吃米，鸡挣扎着不肯吃。陶先生松开手，把鸡放在桌上，大公鸡自己吃起米来。

我们班个性强的同学很多，逆反心理特别严重，往往讲道理碰到的是不合作的态度。王晓春老师曾经说过："传统的教育方法注重外部灌输，认为只要把正确的道理、正确的行为规范给学生讲清楚，学生就会照着做。但心理治疗的方法则侧重于学生内心世界的研究和引导，鼓励学生自己认识自己，有时候不必论是非，只引导学生自我调节就可以了。"对这些个性强的孩子我的做法就是冷处理，无为而治。有一次，一个同学因为发型不合格和我吵起来，我三天没理他，他自己去理发了。他不会和我道歉，但却找机会和老师套近乎，会说："老师你看我这双鞋怎么样？"道家的智慧是无形的。

今年的教师节，我和几个班委提了一句："今年是你们高中时代最后一个教师节了，咱班的科任老师都很辛苦，别忘了真诚地谢谢老师！"让我意外的是，他们给每个老师一个笔记本，上面写满了同学们的心语，读着那些温馨的话语，我觉得他们的真情很可爱。其中一个学生是这样写给我的："老师，历史上有三十六计，您就用那些计谋来管理我们吧。"我笑了。武侠小说中描述的武林高手往往是无招胜有招，最高境界恰恰是最平常的招式，传统文化的魅力就在于隐智慧于无形中，学生在不自觉的状态里已经被影响被改变了。

以"有为"成就"无为"

殷卫霞

在中国数千年的思想史中,道家的"无为而治"思想占有重要的地位,被奉为治国经世的最高境界。治国如此,治班亦然。"无为而治"是我追求的班级管理的终极目标。而班级管理要达到"无为而治"的境界不是一蹴而就的,它必须经过一个从"有为"到"无为"的过程,必须通过"有为"来成就"无为"。下面就着重谈谈我认为的从班级组建之初到最终达到学生自我管理、自我发展、自我实现的"无为"境界,需要班主任"有为"的几个关键点:

一、情感激励,班主任必须"有为"

教育心理学认为,在教育情境中,互动双方的情感关系是学生最终取得学业成功、教师最终实现教育成功的关键。在班级管理过程中,学生若对班主任具有良好的师生情感,真正感受到班主任的可亲、可敬、可信赖时,班主任才能掌握班级教育管理的主动权,使教育管理目标内化为个体的自觉要求,班级管理才可以达到此处无声胜有声的境界。这也一直是我做班主任工作所追求的一种境界。在实践中,我的具体做法是:

(一)欣赏每一个孩子

我觉得每个孩子都是独一无二的,都有着自己独特的生命色彩,所以要用欣赏的眼光去发现每一个孩子的闪光点。

2017届11班的学生构成比较多元,有体育特长生7人、艺术特长生5人,占了班级1/4的比重。这些孩子大多文化成绩不理想,容易抱团儿搞小团体、集体融入感较差。对于这些孩子如果引导得当,他们会是班级里一支非常得力的、积极的力量;如果引导不当,他们会是一支对班级整体风气、凝聚力形成有一定影响的力量。如何让这些孩子在班级里找到自信、找到归属感、融入集体中来，是我在接手11班之初觉得首先要解决的问题。

在同学们初次见面进行自我介绍时，我着重介绍了这些有着体育特长、艺术特长的学生的情况，对他们曾经取得的赫赫战绩做了介绍，并表达了我对这些长期参加高强度训练、能吃苦、勇拼搏的同学的敬意。这些孩子有一种受到肯定与理解的温暖与感动。

在接下来的班级活动中，我也给予了他们充分的理解与支持。因为他们下午最后一节课之后就要去训练，下午放学后的值日就没法参加。为了解决这一矛盾，卫生委员就把这些特长生从值日表中撤出来，不参加平时的值日，而是每个人分配了固定的卫生责任区（擦玻璃），大扫除时重点清理，平时负责保洁，随脏随擦。这一安排得到了同学们的理解与支持，而这些孩子对班级这一安排和老师与同学们对他们的体谅也心存感激，对自己负责的卫生区非常上心。每次大扫除时他们都非常主动，完成质量也非常高。我班的王皓笛同学，他负责前门玻璃，每次扫除不需提醒，他会主动留下来完成他责任区的工作，非常认真，一点点擦拭，最后会看着自己的成果，来一句话："完美！"看着他那份自觉与认真，我特别感动。

在今年高考结束后，我班抓住时机进行了一次以高三入境教育为目的的主题班会"逐梦路上　背起行囊"。这次班会以"11班全体同学将搭乘梦想客机进行为期一年的长途旅行，最终到达梦想中的目的地"为主线，在登机前为每位同学办理"行李托运手续"，让几位办理行李托运的同学分享自己此次梦想之旅携带的行李（奋战高三必不可少的意志、品质等）。班会上几位体育、艺术特长生进行了自己行李的分享：

苏畅讲述的是"有关坚韧的日子"，通过讲述他自己不畏严寒酷暑练习400米栏，从一次次摔倒到一次次爬起来再练，最终取得成功的经历告诉大家：坚韧是未来旅途中必不可少的一种精神。

王皓笛同学通过自己在竞技体操中的苦与乐告诉大家：未来的一年是苦与乐相伴的一年，要调整好心态，正确地看待二者的关系，一定会苦尽甘来。

郑欣蕊同学通过讲述自己最初成为校金帆乐团首席，将压力转换为苦心练琴，反复把控节拍的动力，最终获得了大家的信赖和其他成员的尊敬的经历，告诉大家：要学会将压力转化为动力，激励自己一直勇往直前。

孙雯同学讲述了自己作为"一二·九"歌咏赛的指挥，帮助班级取得第五名的好成绩并且还获得了"最佳指挥"奖的故事，告诉大家：未来的一年，每个人的肩上都应该多一份责任与担当，要对自己的未来负责，给老师、家长交上一份满意的答卷。

通过他们的讲述，同学们看到了特长生不为人知的艰辛与不易，对这些孩子更多了一份理解、尊重甚至是仰视。这些孩子得到了更大的激励，也在班里更多了一份自信，也更好地融入了 11 班这个集体。

（二）关注每一个孩子

我会在每个学生生日的当天发给他/她一个祝福短信，短信中有对他/她最近状态的肯定或提示，也有对他/她的希冀和祝福。以下是发给两位同学的生日祝福：

"在不到一年的时间里，认识并了解了低调但有内涵、默默做事却并不张扬、心中涌动着各种想法并敢于付诸实施、充满了年轻人的活力、有担当的你！感谢命运让我们在 11 班相遇！感谢你为 11 班所做的一切！高中时光短暂，希望在接下来的日子里你能找准自己的目标，专注而投入，做好自己的人生积淀，实现自己的人生梦想。"

"你一直踏实、勤奋、有思想、内心火热却低调、内敛，是一个让人觉得可爱、可信、给人以温暖的孩子。有幸见证你的努力与成长，希望在高中最后的几个月里全力以赴，不让自己的青春留遗憾，为实现自己的梦想而努力！生日快乐！"

每个人都是渴望自己被关注的，生日之际能得到老师的惦记和祝福，孩子们会感受到自己被重视、被赏识，他/她会感到生活在 11 班这样一个集体的温暖。

在 2016 年高三年级的成人礼上，我为每位同学精心准备了贺卡并写了寄语。当天晚上收到来自两位家长的微信：

"殷老师您好！看了您精心准备的小贺卡和精准的祝语无比感激。谢谢您对孩子们的爱和祝福！也祝您幸福快乐健康平安！"

"殷老师好！今天辛苦了，看到您满怀深情地拥抱每一个孩子，像妈妈一样，好感动！回到家看到您为每个孩子送达的暖心话语顿觉眼中热浪滚滚，有您这样的老师孩子们三生有幸！最后道一声：老师，谢谢您！"

乌申斯基说："教师个人的范例，对于学生的心灵是任何东西都不能替代的最有用的阳光。"我相信：一个孩子得到老师的欣赏、关爱、温暖，他也一定会对他人温暖以待。

在 2016 年 3 月底我过生日的时候，11 班和 7 班的孩子们一起给了我一个大大的惊喜：他们耗时一周，共同录制了一段祝福我生日的视频；两个班的同学一起进班为我唱响生日祝福歌；孩子们还在微信圈里纷纷转发对我的祝福。在班级日记里，字里行间处处洋溢着孩子们对科任老师的爱，在孩子们眼中 11 班每位科任老师都是优秀敬业的指挥官，也是睿智人生的导师：数学江老师有幽默感，语文田老师有思想，英语梅梅老师、历史丁儿老师有责任心，地理小金老师有才有爱；在运动会的时候，两位班长写长文表达对参赛运动员的感谢与敬意；在语文老师海威去英国前，与海威道别，并发表长文《致我们最亲爱的海威》……孩子们的这些举动让我感受到了浓浓的温情。我希望每一个从 11 班走出的孩子成为一个心存感恩、给人温暖的人。他们在这样做着，我也已经感受到他们带给他人的暖意。

我一直觉得"建立关系比解决问题更重要"。通过彼此间的欣赏与关注，我和 11 班的孩子之间建立了良好的感情，有了这一情感的桥梁，教育的进行就变得更加顺利。

二、建立秩序，班主任必须"有为"

接班之初，班级仅仅是从组织上建立起来了，班级规矩、班级文化、班级的向心力、正确的舆论、明确的奋斗目标等尚未形成，这是一个重要的建立秩序的关键期。这个时期，班主任的"有为"就显得特别重要。班主任只有在对班级现状有清楚的认识，知晓存在的问题，知道如何改进的基础上，才能做到采取有针对性的措施，从而建立班级秩序。

在高一接班之初、高二新班级组建之初，每天的仪容仪表、课堂常规、考勤、课间操、午间管理、值日等我都会进行全程、全方位的督查，目的就是为了能及时发现问题、及时解决问题，督促学生能高标准地完成各项要求，并习以为然。

比如，我会亲自做示范，为学生演示擦黑板的程序、步骤，并统一合格的标准：黑板不能有粉笔擦过的痕迹；板槽内不能有粉笔头、粉笔屑；我会在最初的几个星期里每天对值日的每一项进行点评、强化学生对卫生标准的认识。这样三个星期左右，标准就会深入人心，学生对这些标准较高的要求也就习以为然了。

再如，我要求学生要养成放学后一定要把椅子扣上来的习惯。对于这一点，老师说一遍，全班就整齐划一地做到了，这是不可能的。这也需要班主任强有力的"为"。开学初，我对学生提出明确要求，并在最初的几周内坚持严格检查，做到对每天每个学生完成的情况了如指掌，在第二天及时总结，或大力表扬或严肃警告，并按班规做好相应处理。这样持续三周左右，放学后把椅子反扣在桌面上基本就变成了学生的自觉行为。

若想达到"无为"治班的境界，班主任必须要在学生习惯形成的关键期、班级秩序的建立期有所作为。

三、培养干部，班主任必须"有为"

要达到"无为而治"的境界，还必须在培养班干部上有所作为。一支朝气蓬勃的班干部队伍，是班级工作的核心，是一个班能否形成良好班风、是否有凝聚力、班级工作能否有声有色开展的关键力量。

在 11 班，我特别引以为豪的就是有几位有大局意识、有责任心、善于合作、能够独当一面、能恰当处理各种关系和各种问题、能把班级当作自己的家一样来爱并愿意为之无悔付出的学生干部。他们人品正、学习好、肯付出，主导着班级正气，发挥着学生间自我教育的影响力，这是老师的说教无法企及的。

所以，班级管理要走向"无为"，学生干部的培养是至关重要的。经过了"手把手牵着走""半扶半放挽着走""放开手，让他们大胆走"三个阶段，我的班上一群优秀的、有正气、有能力的学生干部已经成为班级的绝对核心，日常管理、班级一些重大活动基本上可以放手由学生们自己完成。进入高三，我班的学生干部已经非常成熟，他们反应敏锐、思维活跃，有较强的开拓精神，有许多值得我去学习和借鉴的优点，已经实现了对老师的超越。

四、统筹规划，班主任必须"有为"

"无为而治"并不是说老师什么都不管，对班级管理的全局把握与统筹是任何人都替代不了的，所以在统筹规划时班主任必须"有为"。

我在高二学期末时，就和同学们一起做好了高三一年每月班级管理的主题规划，比如：

9 月："人生争高度"（强化高三入境教育。）

10 月："时间巧管理"（进入高三，学生要面对六个学习强度日渐加强的学科，学习的压力陡增，如何能给学生一些方法上的指导，让学生高效、轻松地迎接即将到来的高三的第一次全区统考，我们确定了"时间巧管理"的主题。）

11月："合理做归因"（高三第一次期中考试结束，为了做好总结，我们确定了"合理做归因"的主题。）

12月："放松减压力"（很多学生会在这一提高期出现不同程度的焦虑，针对高三学生在这一阶段容易出现的心理问题，把心理减压作为主题。）

1月："跌倒爬得起"（1月是期末考试时间，考试后，随着学习压力的增大，部分学生会有不同程度的受挫感，这时需要为学生鼓鼓劲，确立了"跌得倒爬得起"的主题。）

2月："调整生物钟"

3月："高考降焦虑"

4月："走出高原期"

5月："积极做暗示"

有了事前的统筹规划，我就会很清楚每个阶段自己要干什么，每个阶段的工作重点是什么，工作就能做到忙而不乱，从容应对。俗话说"凡事预则立，不预则废"，这启示我们一定要有全局、全过程的观念，心中要有对一个学期、一个学年甚至三年的整体规划。接下来就可以用我们的"无为"成就学生的"有为"，使班级朝着一个明朗而又进步的方向发展。

我也努力尝试引导学生学会统筹规划。高二的时候，我们召开了题为"预见方能遇见"的主题班会。前期对学生们的职业意向做了调查，之后利用家长资源，请来了相关职业亲友团与学生进行面对面的交流。职业理想就是人生中的一个"预见"，有了这一预见，会减少未来的不确定性，会让我们在未来的道路上"遇见"更好的自己。为了让学生从现在开始去丈量从自己的现在到未来目标的距离，并画上刻度，一寸寸地向它靠近，我班推出了《梦想管理手册》。它把学生的梦想变成一个个触手可及的阶段性目标，就好像在现在的你和未来的你之间画上了一个个刻度，一个个阶段性目标实现的过程就是一步步向理想的自己靠近的过程。

以上是我在追求班级管理"无为而治"的境界中所做的"有为"的选择，我会在班级管理中继续努力，以"有为"成就最终的"无为"。

在体验式班级活动中育人

金梓乔

一、问题的提出

在目前的班主任教育工作中，我们常常为这样的问题感到困惑：

现象一：去年9月开学，第一次组织学生开班会，学生说小学的时候主题班会都是会前排练好的内容，班会时把之前准备的东西演一遍即可。这使我不禁反思：每当需要召开主题班会的时候，从教师到学生忙得不亦乐乎，班会前排练小品、短剧，花费了大量的时间和精力，班会时表演出彩，小组讨论十分热闹，班会后学生又能收获多少呢？

现象二：班主任发现班级中出现了某些不良现象，利用班会的时间对学生进行教育，道理讲了不少，学生貌似也听进去了，但是落实到行为上往往不尽如人意。

问题出在哪里呢？我认为主要的问题在于我们的教育工作并没有触及学生的心灵，教育形式上有所偏差。班级活动是在班级内有组织地开展的各种教育活动，是学校教育活动的重要组成部分，是学生社会化的重要途径，是思想品德教育的重要载体。除内容外，班级活动的形式也影响着教育工作的效果。

二、体验式班级活动的实施

"体验"一词在《现代汉语词典》中的解释是"在实践中认识事物；亲身经历"。因此，所谓体验是体验者的身心与外部世界产生交往并生成反思的认识与实践活动。体验式班级活动则是教师引导学生经过自身的感知、理解、体悟、操作进而生成反思的实践活动。经过了学生的感知、理解、体悟、操作，学生会将在体验中收获到的东西内化，并指导、改变自身的行为。

本学期我利用班会和日常零散的时间，以"感恩"教育为主题，组织学生开展了两次体验式的班级活动，收到了较好的效果。

初一入学以来，几次有家长反映孩子和他们已经不如小学的时候亲了，甚至有的时候会发生冲突。因此，在制定本学期的工作计划时，我将感恩教育列入了计划之中。显而易见，单纯靠教师站在讲台上给学生讲：为什么要孝敬父母？如何孝敬父母？学生只是机械地接受，自然难以产生情感上的共鸣。因此，我选择适当的契机设计了体验式活动。

（一）"为父母做一顿饭"活动

在本学期的生物课上，学生刚刚学习了营养膳食的知识。为了将课堂上所学的知识运用到生活之中，并体会父母辛勤的劳动，我与生物老师联合起来为每一位同学留了一项特殊的清明节假期作业——为父母做一顿饭。清明节放假期间学生要利用学过的知识，亲手为父母做一顿饭，包括设计食谱、购买食材、动手操作到最后品尝成果几个环节。活动后，学生还需要拍摄照片并完成活动回执单。在清明节后经过评选，优秀的作业会在班级中展览。

清明假期时学生八仙过海，各显神通。在父母的协助下，每位同学都顺利地完成了作业任务。当看到学生写出的体会时，我感受颇多。有的学生写道：

看到"为父母做一顿饭"这个题目就呆掉了。天知道我只会做凉拌菜！平时也就泡个面拌个沙拉什么的，要是真的做顿饭……呃……对我似乎是个很大的挑战。幸好爸爸以前是个厨师，带我这个"徒弟"还是可以的。经过了两个半小时的努力，我总算做出了两道还算凑合的菜。虽然看着挺好的，可味道……还是欠佳。果然不能做"十指不沾阳春水"的孩子啊！以后还得练着配菜，练着做饭！

我终于知道我妈为什么用手抓我那么有劲了。那个锅我得双手拿它才能端起来，妈妈单手就端起来了。每天要多累啊！

通过亲身的体验，学生理解了父母对他们的付出和艰辛。这种感受是光靠老师讲道理获得不了的。尽管活动的目的是感恩父母，也有的同学得到了其他的收获，如从珍惜劳动果实方面进行反思：

简单的四道菜手忙脚乱花了不少时间，切身体验了做一顿营养丰富、美味可口的饭菜有多么不容易，也懂得了要珍惜别人的劳动成果，不能浪费粮食。

家长们也对这次活动提出了自己的看法：

这次是孩子第一次给家长做饭，看着她第一次切菜笨手笨脚的样子，心里有些着急。孩子很认真地听着告诉她的做菜的每一个步骤，很主动地按步骤炒完了每一道菜，吃饭的时候自己吃得很香。老师留的这项作业非常好，希望老师能多留些锻炼孩子动手能力的作业。

这样的活动有助于孩子自立和责任感的养成。孩子也从自己的劳动中收获了喜悦和成就感！

（二）集体生日活动

六月一日是初一年级学生的最后一个儿童节。9月接班的时候我曾经承诺带着孩子过集体生日。由于缺乏教育的主题，每月一次的集体生日变成了蛋糕盛宴，不仅教室卫生难以保证，每次买蛋糕还花费了不少的班费，集体生日流于形式。两个月后便宣告暂停。此次借着儿童节的契机，我利用5月31日周五放学后的时间，组织全班以感恩父母为主题过了一次集体生日。考虑到教育的效果，我事先没有告诉任何学生此次活动的内容和形式。

活动伊始，在《童年》的音乐中，学生欣赏了我制作的80后童年的游戏、动画片等PPT，家长步入教室。之后开展第一个活动：全班按照分好的四个小组，在白纸上写下自己童年的关键词。四个小组分别展示与分享，获得共鸣最多的小组会得到老师的奖品。第二个活动是：四个小组分别提出自己想问的关于父母童年的问题，每组限定两个。推荐三位家长上台作为嘉宾。学生提问，家长回答。学生的提问五花八门，其中也不乏比较尖锐的问题：如问到家长小时候如何对待父母的唠叨；家长小时候都干过哪些坏事；因语文老师说《爱莲说》一诗上过初中的孩子都应该会背而要求三位家长集体背诵《爱莲说》……这一活动效果出乎意料，十分有效地拉近了父母与学生的距离，他们都可以站在对方的角度思考相同的问题。第三个活动开始进入真正的体验，我组织学生分两组进行了盲行的活动：一组同学带上眼罩，在另一组同学的帮助下完成我设定的路线，其间不许通过语言提示，只可以使用肢体动作，然后双方互换角色。最终我将目的地引到了招凉榭旁。在招凉榭旁，学生分享了自己的体验和感受：责任、换位思考、助人为乐、面对未知的恐惧……此时，已经有孩子眼圈红了。我趁热打铁，抛出了最后一个活动，阅读父母写给你的成长信和青春生日礼物。这一任务是我在开学时就布置给家长的。很多孩子在读信的时候已经泣不成声。考虑到隐私问题，我没有翻看任何一封信，但是从孩子们的情感流露可以看出，我的教育目的达到了。这一活动深深撞击到他们的心灵深处。

三、体验式班级活动的反思

除了以感恩为主题的体验式活动外，本学期我还组织了以培养细心、耐心为目标的"种植小黄瓜"活动，以走入社会课堂、体验特殊人群为主题的与志新社区联合举办的公益活动等。在这些活动的基础上，形成了我对体验式活动的一些初步认识。

（一）有鲜明的主题

体验式班级活动旨在通过教师的设计，将预期的教育理念转化为学生内心的价值取向，并落实到学生的行动中。因此，活动设计必须有明确的理念和鲜明的教育主题，这是活动的灵魂。盲目的活动会使活动流于形式，教育效果大打折扣。

（二）参与主体的广泛性

学生是班级活动的主体，体验式教育活动更是如此。为了达到教育效果，每位学生必须亲自参与，才可能获得体验，并在体验的基础上反思、进步。体验式班级活动中，学生不再是演员，不再是旁观者，而是参与者。学生通过体验，产生情感，在情感的交流与共鸣中，获得对信息的认知，并内化为自己的思想。

（三）教育效果的多样性

由于学生的思维方式、生活经历等方面的不同，在体验式班级活动中，学生所获得的体验也会各不相同，有时甚至会与教师预设的教育主题相距甚远。比如在"为父母做一顿饭"活动中，有的学生就是从珍惜粮食的角度进行反思的。作为教育者，我们应当接受这种由于学生个体差异带来的教育效果的差异。在同班同学的体验分享之中，这种差异会逐步缩小，同伴之间的思想、情感的交流会使他们碰撞出思维的火花。我所理解的体验式班级活动，更是教育者搭建的一种教育平台，学生会根据自身的条件和需求，获取他们所需要的那些思想和感悟。

读《陶行知教育名篇》有感

黄 珍

卓越的思想就像是人生中的明灯，在你迷茫的时候，点亮你的去路。阅读了《陶行知教育名篇》，其中的一席话成为指明我前路的明灯。

《陶行知教育名篇》节选了陶行知先生1919年至1940年发表的关于教育、教学、教师的文章以及一些演讲稿和书信，等等。虽然很多内容距今已经将近百年的时间，但对今天的中国教育仍然具有深厚的现实意义。

从序言开始的每一个字，都深深触动着我。"'消化不良'的病变已悄然进入我们一些教师的身体"，这句话就好像在写我自己一般。很庆幸在我对音乐教育的思考陷入瓶颈之时，看到了这本《陶行知教育名篇》，希望陶先生的思想能够治愈我们教育生命中的"消化不良"。

在拜读此书之前，陶行知先生的名字如雷贯耳，但对先生的教学思想却只是略知皮毛。真是惭愧自己摸爬滚打地摸索教学多年，却到今日才拜读先生的文章，领会先生的精神。先生的教育思想广泛，涉及教育的方方面面。先生的每一句话，既精练又朴实，都像是自己坐在先生身边仔细聆听着他的谆谆教导。陶先生如是说：

一、你要有胆量

音乐教师的我，经历了对音乐教学认识逐步深化的过程，从注重学生单一片面的音乐技能训练，到针对一首歌曲或乐曲进行整体的教学设计，再到对项目学习、深度学习、单元教学等的理解和实践，尝试多种教学方法的运用，却一直苦于对音乐教育没有一个全面、纵深、高位的理解。音乐课到底要给予学生什么？教师的目标又应该在哪里？从自己的心路历程来看，当面对工作中的各种难题时，却不敢正视、直面这些困难，总有畏难的情绪，害怕吃苦，害怕问题，没有胆魄，甚至退缩，但内心总不得安宁，成长的过程中充满了疑惑、纠结，不知如何选择。

看到陶先生在《第一流的教育家》一文中说，"如果想自立，想进步，就须胆量放大……不怕辛苦、不怕疲倦、不怕障碍、不怕失败"。陶先生的一席话，让我内心突然间敞亮起来，自己的纠结和疑惑，源于缺乏胆量！缺乏不怕苦、不怕失败的魄力！当面对外人的不理解时，会怀疑自己是否正确，怀疑自己该不该行动；当面对难以解决的教学问题时，明明感觉还没达到自己的要求，却有时候得过且过，应付了事；在面对挑战时，心里会忐忑不安，左顾右盼。陶先生的话，好似在鼓励我正视自己的问题，面对真实的自我，放下一切顾虑，坚定向前不要回头！再遇到困难和纠结时，我就好像听到陶先生正在对我说："你要勇敢！"

二、你要行动起来

有了思考，有了胆量，就够了吗？接下来呢？

"行是知之始，知是行之成"，陶先生的这一观点，我是一万个赞同。这与当下教育重视学生体验感受的理念是完全契合的。就以音乐学科为例："音乐音响不具有语义的确定性和事物形态的具象性，音乐课程各领域的教学只有通过聆听、演唱、演奏、综合性艺术表演等形式得以实施。"只有亲身体验了，学生才能感受到音高、节奏、旋律是怎样形成音乐的，才能感受到音乐的美和对身心发展的意义所在，才能真正与音乐融为一体。

学生如是，作为教师就更要如此了。教师只有亲身经历了教育教学中的各种现象，才能发现问题。思考和疑惑，正是来自实践中产生的问题，如果光是纸上谈兵，言辞凿凿，没有实践作为根据，没有实践继续验证，对课堂、对学生、对教育，都永远找不到出路，教师和学生都无法真正走向卓越。

先生还指出"真正之'做'须在劳力上劳心"，也就是先要去行动，却又不能盲目，"只有手到心到才是真正的做"。我又在思考，怎样才能做到不盲目呢？发现问题后又如何解决问题呢？教师不能盲从，要有自己的见解，要具有审辨思维的能力。这就需要教师不断学习，在前人经验积累的基础上，进行研究改进，这样能避免走很多弯路，还能帮助教师和学生都节省出很多宝贵的时间，找到解决问题的途径和方法。就像陶先生的这些建议，都是先生真真切切的经历和总结，能够把先生的教育思想研究透彻了，也就帮助自己大跨步成长了。如果在丰富经验的基础上，再形成自己的教学特色和理论成就，我想先生一定会极开心的，只有一代一代教育工作者前仆后继，先生毕生的心血和精神才能惠及更多的后辈。"行是知之始，知是行之成"，先生的话将是我今后学习、工作、生活的动力。

三、你要成为"小孩子"

作为一名小学老师，我们要充分认识孩子的天性；作为一名音乐教师，更要懂得如何让孩子在音乐的世界中获得成长。随着中国教育的不断发展，国外先进的教育理念被引入，音乐的育人价值也逐渐被重视起来。《义务教育音乐课程标准》的颁布，中国学生发展核心素养正式出台，在国家层面上音乐教育获得了前所未有的发展前景。

"科学的中国谁来负起造就的责任？就是一班小学教师"。先生的这番话不仅让我感到作为小学教师的责任，更多让我看到了自身工作的价值。小学教师的教育眼光绝不能仅仅局限于基础的音乐知识，而应该指向的是"人"，要充分认识音乐对孩子情感、性格、意志的塑造作用，对于生命成长的积极效果。特别是小学阶段的孩子，他们是学校教育的第一阶段，他们那么自然、纯真，不加掩饰，6年的小学生活是他们未来生活的起点，而他们的未来决定着中国的未来。

"我们要加入儿童队伍里，第一步要做到不失赤子之心。做成小孩子队伍里的一分子。"陶先生希望作为教师的我们"真诚地，在情感方面和小孩子站在一条战线上"。教师要用孩子的心态和眼光去理解他们，只有了解孩子的思维方式以及内心所想，才能够做到真正地教育孩子。

四、你要有信仰

"千教万教教人求真，千学万学学做真人"，在这个全速前进的时代，艺术学科似乎跟不上人们追求利润的脚步，但作为美育学科，必定是学生追求真、善、美的重要途径。"音乐教育……承载的不仅是音乐学科知识的传授，还承载着'人的教育'的神圣使命。成功的音乐教育可给予多元情感体验，从而使人拥有更为丰富而润泽的人生。虽然，它不能一鸣惊人，也不能创造直接的物质财富，然而正是这种'润物细无声'的潜移默化功能，才真正体现出'百年树人'的意蕴。"

人不能没有信仰，否则一切努力都会如同无桨之舟，不知会划向何方。

音乐是陶冶情操，养成品格的重要学科，音乐是孩子们"真善美的小世界"，教师的责任，不仅要让自己"求真"，更要呵护孩子们在音乐的世界里学会"真善美"，学做真人，这是我的教育信仰。

"教育者的责任就是'不辜负机会'；利用机会；能用千里镜去找机会；会拿灵敏的手去抓机会"，当下的我们，不正是赶上了中国教育的最好时代吗？中国人民在以习近平为核心的党中央带领下，已经进入了新的时代。这是个重视教育的时代，是寄希望于教育的时代，正是教育工作者最好的时机。教育要"培根、塑魂、启智、润心"，激励着我们新时代的教育工作者不断前行。

学习陶先生的教育思想，在有限的教育生命中，先生的话将成为我的明灯，时刻指引我不断前行，要"敢探未发明的新理、敢入未开化的边疆"，做教育界有胆量、有行动、有信仰之人。我们要像先生一样，深信"如果全国教师对于儿童教育都有'鞠躬尽瘁死而后已'的决心，必能为我们的民族创作一个伟大的新生命"。

激励一代人　成就一代人

霍艺红

毕业于北京一零一中这所具有光荣革命传统的学校，我一直怀揣当教师的梦想，希望有一天能够像我的老师一样行为示范，学为人师。大学毕业后我回到母校任教，成为一名光荣的人民教师。

28年来，我坚持耕耘在教育教学第一线，从当初的青涩懵懂到现在的游刃有余，不变的是对于教育事业的一腔热情。看到一批批的学生升入理想的大学，在知识的海洋里不断丰富自己，毕业后在国家建设的各行各业发挥自己的力量，作为教师的我对于这份职业的理解也不断地加深。我不仅为教师职业的神圣感到由衷的自豪，也倍感责任的重大。

一、发乎爱——陪伴，共情，鼓励

教育是需要爱心的事业。这份职业所承载的责任会激发教师的无限爱心，而只有发自内心的无私的爱才是教师的育人底色和基础。

2019届学生是我从事教师职业以来第六届高三毕业班，也是第二个连续的六年。从2013年开始，学生们的六年黄金时光是在我的陪伴下度过的，用孩子们的话说是生命的最美年华都有我的存在。每想到这句话，就倍感责任的重大和使命的光荣。在担任班主任的过程中，我一直用自己的爱心与智慧，践行作为教师的职责，激励学生的理想与信念，塑造学生的人格与品质，成就学生的未来。

2016年高一歌咏赛时我正在美国参加北京市骨干教师培训，虽远在国外仍心系班级的孩子。在白天繁重的学习之余，晚上我一直陪伴远在大洋彼岸的孩子们参加预赛和决赛，直到宣布结果，我才敢去睡。高三期间班主任的陪伴更是显得无比重要。在一模过后，为了激励学生，我每天中午12：50就会准时出现在班里，为他们答疑解惑，或是讲解作文，或是谈心。润物细无声的陪伴对于孩子们是最及时的鼓励和共情。

高三时班里有些同学因压力过大产生了焦虑的情绪，我及时发现了这些问题，一次次帮助他们分析原因，找到前进的动力，鼓励他们勇敢面对人生的挑战，同时与家长积极沟通商量如何帮助他们。在高三这个关键的学期中，有老师的精心陪伴，孩子们的心温暖着，也充满了奋进的力量。

对于学生的爱与用心体现于班主任工作的点点滴滴。我在日常管理的各项活动中担当了策划、制作、道具、服装、总导演等职责。班里的篮球赛和足球赛我一定是场场必到，为他们拍照鼓劲。高三时我每天7：25准时出现在班级门口，每一次大考后都一一谈话，分析鼓励；答疑阶段每天守在办公室等待学生；高考两天，我跑遍了三个考点，为每名学生送去鼓励。

在全班同学的共同努力下，我们这个优秀的集体被评为2019年北京市先进班集体。在同学们的一致推选下，我也于2015年被评为"北京市最受学生喜爱的班主任"，2018年被评为海淀区优秀班主任。

二、促乎智——凝聚，善用，信服

作为班主任仅有爱心是不够的，班级的发展需要班主任具备专业的素质，并运用自己的智慧在班级管理中发挥核心作用，促进班级发展。

在担任班主任的过程中，我通过各种活动凝聚班集体，让班级成为有奋斗目标、有理想、有激情的热土。我们在学校的各项活动中都勇争第一，在运动会上，学生们的拼搏精神发挥得淋漓尽致，团体总分从第三名、第二名到第一名。从初中开始就组建的班级足球队在高中阶段继续辉煌，一路凯歌，凝聚了班级，振奋了士气，对于班级的团结发挥了重要的作用。

在2020年疫情的特殊时期，我率先组建了学习小组，为同学们布置了每日任务，并组建组长群，及时与学生沟通。每周的班会我们都设计了丰富的主题与活动，让隔离在家的同学们感受到集体的温暖与同学的陪伴，汲取了丰富的精神力量。

作为班主任，需要慧眼识才，知人善用。2019届的班长刘泽浩是全面发展的学生，我看重他的稳重和懂事，让他担任班长，六年中他也从一个优秀的班长发展成德智体美劳全面发展、会学习、会生活的优秀学生。他同时还担任了年级学生会主席，三年来在年级的大型活动中承担了策划及总指挥的职责，既能镇定自若地指挥，又能亲力亲为去执行。由于他出色的表现，刘泽浩获得了北京市三好学生、北京市优秀学生干部、北京市优秀中学生的荣誉称号。

当一名让学生信服的班主任，前提是要有过硬的学科教学能力。虽然古语说"亲其师，信其道"，但对于钱学森实验班的孩子来说应该是反过来，先用精彩的英语课征服他们是前提。在提高自己教学能力的同时，我也利用一切机会把学科教学和班主任工作有机结合起来。

高一第二学期期末，刚过完了"五四"青年节，我在电视上看到了习近平总书记给青年学生的一封信。我在班会上把习总书记的讲话列出了五条，并翻译成英文。我脱稿用英文给孩子们提出了希望和要求。在成人仪式来临之际，我用英文给全体学生写了一封祝贺信，并在班里进行了朗读。在朗读时，我看到了学生们眼里激动的泪水。

三、行乎范——示范，探索，引领

作为教师，专业发展是自己的立足之本。在具有深厚基本功的基础之上，我一直站在教研的第一线，多年来形成了自己的教学风格。在教学中我不断探索学科本质，研读课程标准和考试大纲，在英语教学中既注重基础知识和基本技能的培养，更注重对于学生语言学习能力及终身学习能力的培养，全面提高学生的英语核心素养。

为了培养学生的英语学科核心素养，尤其是阅读素养，我在所授课班级进行了英文原版阅读教学的尝试与探索。在高一和高二两年的英文原著阅读教学中，依据篇章分析的理论，设计有效任务，帮助学生理解情节，体验原味英语的美妙，揣摩作者的写作手法和写作意图，结合生活实际感悟阅读作品后的收获等。在这些活动中，学生学会如何去阅读英文原著，逐渐达到用英语去读，感，思，从而真正提高英语的核心素养。

通过课堂观察和课后访谈，学生们在英文原著阅读的愿望和兴趣上有了普遍提高，从被动阅读到主动阅读。学生说在真正读了一本英文原著后，才真正体验到了英文原文所传达的独特情感，这是在阅读中文翻译版或英文简写版所体会不到的。

在 2017 年 3 月 28 日，我参加了北京一零一中承办的"聚焦学生发展核心素养的高中课程创新研讨会"，我所展示的研究课"*The Adventure of Tom Sawyer* 原著阅读"受到了与会专家的好评。另一堂研究课"*The Kite Runner* 英文原著阅读"在海淀区名师工作站学员展示课评比中被评为优质课；所撰写的论文《通过设计有效任务指导高中学生进行英文原著阅读》在 2017—2018 年北京市基础教育科学研究优秀论文评比中获得三等奖；课例"英文原著阅读 The Adventure of Tom Sawyer"在海淀区教育教学成果评比中获得二等奖。

根植于课堂的英语核心素养培养使学生的英语能力有了扎实的进步和显著的提高，并体现在学生们阅读速度的提升、阅读理解力的增强以及语言的地道表达上。作为老师我最欣慰的是能够引领学生们把英语作为一种工具获取信息，丰富人生，交流思想，表达观点，让他们具备继续学习英语或学习另一门语言的能力。

记得 2012 年伦敦奥运会的主题就是"Inspire the whole generation"，意思就是激励一代人。教育也是如此。如果教师能够在教学中以激励、唤醒和鼓舞为目标，那作为教师我们将会看到充满朝气、乐于求知、勇于创新的一代新人。教师最根本和神圣的使命是唤醒学生的求知欲，激励学生探索，引导学生掌握探索及前进的方法。这才是真正培养学生的核心素养。我愿意化作爱的使者，智慧的化身，激励和成就学生的未来。

教育供给侧改革背景下中学学术委员会的治理实践研究
——以北京一零一中教育集团为例

吴红枚

供给侧，是经济学上的概念，涵盖劳动力、土地和自然资源、资本、制度、创新五个方面。供给侧改革，是指从提高供给质量出发，用改革的办法推进要素的创新、结构的调整与优化，去除供给约束，释放潜力、增强活力。[①] 供给侧结构性改革是我国"十三五"期间经济和社会领域发展的主线。教育供给侧改革属于社会领域的改革，不仅关乎教育自身的健康、可持续发展，也影响经济改革和社会发展大局。教育供给侧改革的首要目标是促进人的健康成长和全面发展，改革必须坚持教育的公益性，注重教育公平，必须按照教育规律办事。[②] 北京一零一中教育集团在"十三五"期间开展了"示范高中卓越担当人才培养的供给侧改革实践研究"，采取了多项强有力的改革措施，促进拔尖创新人才的培养。其供给侧改革机制可以简单概括为集团化背景下的"六个一体化"管理，即教育集团下属的各校区实行"管理机制一体化""资源配置一体化""教师培训一体化""质量评价一体化""师资调配一体化""学生培养一体化"的管理。北京一零一中教育集团学术委员会（以下简称"学术委员会"）的成立和运行正是北京一零一中教育集团为落实教育供给侧改革、实现"六个一体化"管理而采取的重要措施之一，是集团校教育供给侧改革实践过程中的有机组成部分和重要实践主体。对学术委员会的治理进行研究，将有助于从微观层面更深刻地认识集团化办学背景下教育供给侧改革的实质和实效。

本文将从学术委员会的"自治""他治"和"共治"出发，探究中学学术

---

① 梁家峰、张洁：《供给侧改革背景下高职教育新视角》，见《中国高等教育》2016 年第 10 期，第 19 页。
② 刘云生：《供给侧结构性改革：教育怎么办？》，见《教育发展研究》2016 年第 3 期，第 4 页。

委员会的治理策略和方法，以及其治理对集团化办学背景下集团校教育供给侧改革的作用和实效，以期为研究教育供给侧改革和中学学术委员会的治理提供参考和借鉴。

一、治理概念

治理（Governance）一词的本义是控制、操纵和引导。自 20 世纪 90 年代以来，国内外学者将治理概念赋予了新的内涵，并将其广泛应用于社会政治经济领域。例如，詹姆斯·罗西瑙（James N. Rosenau）将治理定义为一系列活动领域里的管理机制，它们虽未得到正式授权，却能有效发挥作用；治理是只有被多数人接受（或者至少被它所影响的那些最有权势的人接受）才会生效的规则体系，包括政府机制和非正式、非政府的机制；① 俞可平认为治理是指官方的或民间的公共管理组织在一个既定的范围内运用公共权威维持秩序、满足公众的需要的一种公共管理活动和公共管理过程，它包括必要的公共权威、管理规则、治理机制和治理方式。治理的目的是在各种不同的制度关系中运用权力去引导、控制和规范公民的各种活动，以最大限度地增进公共利益。②

二、学术委员会的治理

集团化办学背景下的中学内部治理，包括行政（官方）治理和去行政化（民间）治理。学术委员会就是集团校内部一个去行政化的民间治理组织，其 54 名成员均为来自教学一线的各学科骨干、特级教师，依靠其学术权威对集团内各校区的青年教师进行学术引领、专业引领和文化引领，提高教师的学术能力和专业素养，增强教师对集团文化的认同感，并与集团校行政部门协同治理，共同培养新时代"高素质专业化创新型"的合格人民教师，为实现集团校各校区"培养卓越担当的拔尖创新人才"的教育供给侧改革目标而奋斗。

从治理性质上区分，学术委员会的治理包括"自治""他治"和"共治"三部分内容。自治，顾名思义就是自我治理，即学术委员会根据其成员的学术发展需求，通过培训、共同体研修、研讨等方式，提升其成员的学术能力、学

---

① 詹姆斯·N. 罗西瑙主编：《没有政府的治理——世界政治中的秩序与变革》，张胜军、刘小林等译，江西人民出版社，2001 年，第 5 页。
② 俞可平：《全球治理引论》，见《马克思主义与现实》2002 年第 1 期，第 22 页。

术水平以及学术引领能力的过程。他治是指学术委员会根据集团校内各校区教师的专业发展和学术发展需求，提供学术交流的机会和学术发展的平台，激发教师的学术热情，营造积极向上、"百花齐放""百家争鸣"的学术氛围，有效推动集团校内教师之间的学术共研和共享，有效引领教师的专业发展和学术发展。共治是指学术委员会与学校行政部门（如教师发展中心）协同治理，通过提供培训、评审等服务，共同提升教师的学术能力和水平，促进教师的专业提升和专业化发展。

三、教育供给侧改革背景下的中学学术委员会的治理实践研究

（一）自治

学术委员会自治的首要目的是提高其成员的"输血""造血"功能。学术委员要想引领青年教师的专业发展和学术发展，自身必须具备很强的专业能力、学术能力和学术引领能力。具体体现为：能在较大范围内（如北京市）成为本学科教育教学的骨干教师或学科带头人；能在国家级核心期刊上定期发表科研论文，在国内实现专业领域的学术引领；能主持市、区级科研课题，为教师的学术发展搭建平台，并借助课题有理念、有方法、有步骤地引领教师开展学术研究。

学术委员会在实施自治的过程中探究了很多有效的策略和方法，具体包括：1. 与高校合作，构建"高端学术人才发展"课程体系，为委员提供量身定制的高端学术发展培训，定期对委员进行学术能力的提升培训，定期举办学术研讨会，为委员提供学术交流研讨的机会，搭建学术发展的平台。2. 激励委员以科研课题为抓手，积极创建名师工作室，开展教师专业共同体研修，并通过共同体研修与其他教师互通有无，实现"教学相长"，提高自身的学术引领实践能力。3. 制定多维学术发展评价机制，定期对委员的学术水平、学术能力和学术引领能力进行科学评价，评价的维度涵盖但不限于课题引领、论文发表或论著出版、学术观点的创新性、引领其他教师学术发展的成效等。4. 开展与学术委员会治理工作相关的课题研究。围绕北京一零一中教育集团的国家级课题"基础教育集团化办学中学校内部治理体系和治理能力建设研究"，成立了"学术委员会的治理研究"子课题，鼓励全体委员参与此项研究，研究委员自身提高学术水平以及引领青年教师提升学术水平的有效策略和方法等。总之，学术委员会的这些自治策略和方法保证了委员自身的学术水平在不断攀升，为学术委

员会给各校区青年教师提供有效的学术指导提供了保障，最终目标是指向集团校教育供给侧改革目标——"培育卓越担当人才"。

（二）他治

他治是学术委员会治理的主要方式，也是其治理工作的重要内容。学术委员会工作的首要目标是引领集团校内各校区青年教师的专业发展和学术发展。如果说自治让委员实现自身学术水平的不断提升，是"造血"，他治则是让委员引领青年教师不断提升学术水平和能力，由此实现委员自身的学术引领价值，是"输血"。

学术委员会的他治策略和方法主要有：1. 委员通过主持科研课题或项目，为青年教师的学术发展提供平台，带动青年教师积极参与课题研究，并在研究过程中为青年教师提供适时、规范的指导和培训。2. 委员通过示范研究课、示范论文等方式，充分发挥其学术和专业方面的示范引领作用，比如与青年教师同课异构、推出《学术委员优秀论文集》等。3. 委员积极为不同层次的教师搭建针对性的学习与支持平台，依据《学术委员会章程》开展不同形式、能满足各类教师培训需求的培训课程或活动。比如针对初任教师的听评课指导、论文写作指导、参赛指导、专题讲座、座谈研讨等。4. 委员通过公益讲座、校刊等方式，宣扬先进的教育教学理念和前沿的学术观点，宣扬北京一零一中教育集团文化，增强青年教师的教育教学理论素养和对教育集团的文化认同感，对青年教师实行学术和文化的"双路径"引领。上述这些治理策略和方法都是致力于打造集团校的"高素质专业化创新型"教师队伍，为实现"培养卓越担当型人才"的教育供给侧改革目标提供人员保障。

（三）共治

共治主要是指学术委员会与集团校行政部门（如教师发展中心）的协同治理。北京一零一中教育集团的教师发展中心是集团校主管教师培训、教师科研课题和继续教育的行政主管部门，定期组织教师参加各类培训、申报课题、参加基本功比赛等。教师发展中心开展教师培训和教科研工作，离不开各学科优秀教师的大力支持和帮助。学术委员作为学科优秀骨干教师、特级教师，需要配合教师发展中心开展多项教师培训和教科研工作，如担任"青蓝工程"项目中青年教师的教学师傅、指导青年教师撰写论文和参加各类基本功比赛、承担教师发展中心下属的教师发展学院举办的部分专题讲座、担任集团校科研论文和教师基本功比赛的评委等。学术委员协助教师发展中心开展的这些科研和培训工作，更侧重于提升青年教师的教育教学实践能力和专业能力，是对学术委员会工作旨在"培养青年教师高端学术能力"的必要和有益的补充，是集团校教育供给侧改革实践过程中提高其实践主体——青年教师的核心竞争力的不可或缺的有机组成部分。

四、反思与建议

（一）反思

在研究教育供给侧改革背景下的中学学术委员会的治理实践过程中，有两点反思：

1. 教育供给侧改革背景下成立中学学术委员会的实践意义和价值

北京一零一中教育集团推行教育供给侧改革的首要目标是"培养卓越担当型拔尖创新人才"，这一目标的实现离不开"高素质、专业化、创新型"教师队伍的建设。教师只有自身成为"卓越担当型"教师，具备很强的专业能力、学术能力和综合素养，才能成为"卓越担当型"拔尖创新人才发展的引路人。由此可见，教师的学术能力和专业能力是教师的核心竞争力，而教师队伍整体的学术能力和专业能力则直接关乎集团校的核心竞争力。因此，成立中学学术委员会，既对集团化办学背景下教育供给侧改革目标的实现具有重要的实践意义和价值，也关乎集团化办学背景下中学内部治理体系的构建和治理能力的提升。

2. 中学学术委员会治理实践过程中存在的问题和不足

在探究基础教育集团化办学中学校内部治理体系和治理能力建设的实践过程中，成立中学学术委员会，通过学术委员会的学术型、专家型教师不断引领集团校教师队伍学术能力和专业能力的提升与发展，无疑是学校治理的一项创新之举，具有前瞻性和可借鉴性。但是作为教育治理改革实践过程中的新生事物，学术委员会在治理实践过程中也存在一些问题和不足，具体体现为：①学术委员的专业化有待提升。目前学术委员自身都承担了满额的教育教学任务，除履行学术委员的职责外，还需要经常配合学校行政部门完成其他工作，如教师培训、评审、命题、阅卷等。这些严重影响了委员自身致力于学术研究和学术能力的提升，也影响了学术委员的专业化发展。②学术委员的资质和履职评价制度有待完善。评价学术委员的资质，除了考查其是否具备卓越的学科教育教学能力，还要看其是否具备同样卓越的科研能力，能否主持、承担区级以上科研课题或研究项目，能否定期在国家级专业核心期刊上发表论文等。③学术委员会工作的"五年规划"有待完善。学术委员会成立于 2019 年 3 月，在过去的两年期间，在学术委员会秘书长、语文教育教学专家程翔老师的带领下，有条不紊地开展了到各校区的教育教学指导工作；在"十四五"期间，学术委员会将制定其"五年规划"，并按规划分阶段、分批次去解决在治理实践过程中遇到的真问题和难问题。

（二）建议

针对学术委员会在现阶段治理过程中存在的不足和问题，特提出两点建议：

1. 制定切实可行的方案措施，推动学术委员的专业化建设

适当减轻委员的教育教学工作量，比如仅担任一个班级的教学任务，以保证其有足够的时间和精力去提升自己的学术水平和指导青年教师的学术与专业发展。改变现阶段委员在繁忙的教育教学工作之余抽空履职导致其指导质量、时间和频次都无法保证的现象。目前，对青年教师的学术和专业指导工作属于委员的"副业"，未来要让这项工作成为委员的"主业"之一，由此推动学术委员的专业化建设。

2. 完善学术委员的资质和履职评价制度

考查学术委员的资质，不仅要衡量其教育教学能力，看其是否具备北京市学科骨干教师、学科带头人或特级教师等荣誉称号，还要衡量其科研学术能力，能否主持或承担区级以上课题，亲自带领青年教师开展学术研究，并通过实践提升青年教师的学术能力和自身的学术引领能力；能否通过在国家级核心期刊上发表论文在较大范围内宣扬自己最新的学术思想和观点，由此确保自身的学术能力和水平与时俱进、不断提升。

评价学术委员的履职情况，可以采用多维评价法，通过被指导教师的学术发展情况、委员学术思想的影响力、委员履职的量化考核等，以科学、规范的评价进一步推动学术委员会治理工作的开展，为实现"十四五"期间集团校的教育供给侧改革目标而奋斗。

注：本文为国家级规划一般课题"基础教育集团化办学中学校内部治理体系和治理能力建设研究"（课题编号：BHA2000229）的阶段性研究成果。

教育·课题

从学习"学科知识"到设计"学科作业"的探索

陈德收

  学科教师专业发展的途径有很多，其中，从教授学生"学科知识"到精心设计"学科作业"是个不错的选择。

  目前，学校正开展"全学科阅读"课题研究，引导学科教师将目光聚焦到高质量的学科课堂教学上来，将教研、科研与教学紧密结合起来，在不增加工作负担的基础上，借此引领教师走近教育科研、走向高质量课堂教学。

  该课题研究现已走过了"资源建设""课堂检验"两个阶段，进入成果的提炼、反思、优化与评价阶段，在部分老师的教育教学理念更新、教育教学方法优化、教育科研能力提升等方面起到了一定的引领作用。

  既然是课题研究，就要有科研精神，不在于课题是否结题，而在于该课题是否真正起到了引领广大教师更新理念的作用。既然是全校性的项目研究，就应该在该课题研究成果的可操作性上再做优化，进而真正将教育科研与学科教学结合起来，将科研与教研、学研真正融合起来。

  这样看来，单搞"学科阅读"是不够的，只有将"学科知识"的学习、"学科表达"的落实、"学科作业"的设计与"学科阅读"的开展通盘考虑，甚至一体化研究，效果才会更好。

一、学习"学科知识"

  又到备考复习的时间了，绝大多数学生忙于复习学科知识，比如复习基本的字音、字形、词语、文常、诗文名句等的识记、背诵。这些东西的积累和梳理是非常必要的，可这是"学科知识"的全部吗？

  所谓"学科知识"指的是某一学科专属的相关知识，包括陈述性知识、程序性知识、策略性知识等。

其中,"陈述性知识"指的是"是什么"一类的知识,包括事实性知识、概念性知识和原理性知识;"程序性知识"指的是关于"为什么""怎么办"类的知识,包括方法性知识、过程性知识和操作性知识;"策略性知识"指的是关于"怎样思维和认知"的知识,也即"元认知",是以认知过程和认知结果为对象,调节认知过程的认知活动,包括学科思维方式、学科思想观念和学科精神文化等。

三类知识代表着学科学习的三个层次,体现着由浅入深的过程。

如小说阅读,作品中的"陈述性知识",也即诸如小说三要素等应知应会的文体知识,也包括字音、字形、词义、句意、文学文化常识和诗文名句等言语基础知识;"程序性知识",也即小说主题的概括与表达、"三要素"的具体表现和之间关系的剖析等方法性知识;"策略性知识",也即小说作者的思维方式、读者阅读的思维方式(冰山原则等)、小说作者的思想观念、读者与之共鸣的思想观念(对社会、人生的思考与认知)、小说的精神文化(如人性)等的思维性知识。

再如散文阅读,作品中的"陈述性知识",也即诸如散文景、人、事、物等意象类有"形"的知识,也包括字的音形义、词语含义、句子内涵、文学文化常识等言语基础知识;"程序性知识",也即散文主题、作品背景等"神"类归纳概括性知识;"策略性知识",也即散文作者的行文思路、思维方式、表达技巧、表现手法等具体运用类知识。

区分清楚了这三类"学科知识",再去复习时就不至于仅停留在浅层次的"陈述性知识"上了,反而,更应该复习的当是"程序性知识"和"策略性知识"了,甚或,由复习"策略性知识"开始,顺带着复习前两种知识。

由此,我们在学习新课时,更应该指导学生厘清并具体学习这三类知识,如此学科学习的效率才有可能大大提高,当然,这也是日常学科学习的正途。

二、开展"学科阅读"

那么,到底该如何在真实的学科学习中落实"学科知识"的学习,使学科学习更有效呢?笔者以为,师生教学相长,一同开展"学科阅读"是个不错的选择。

"学科阅读"作为一个概念,并不陌生,也不新鲜,因为"阅读"伴随我们日常、终身,因为"阅读"太过常态化、通俗化,仿佛广大师生每天都在进行着"学科阅读"这一活动。但是到底哪一个学科真正彻底解决了这一问题，或者大面积地解决了这一问题？仿佛还有很多值得质疑的地方，似乎每个学科都在进行，而每个学科都没有解决好。

所以，有一个概念厘清的问题摆在了我们面前，什么是"学科阅读"？"学科阅读"的内涵、本质是什么？如何进行"学科阅读"？"学科阅读"开展的有效途径有哪些？开展的实际效果如何？

"学科阅读"，顾名思义，即抓住学科学习特点、运用学科学习方法而开展的遵循阅读规律，重视学科文本资料，从而实现会读、智读学科文本，读懂、读透学科文本的一种阅读意识、理念、习惯、方法。其融分类阅读、层进阅读、深度阅读、广泛阅读等多种学科阅读方式于一体，核心是紧扣"学科"本质，依据学科特点，遵循学科内在逻辑和思维，开展有效、高效的阅读。

（一）准确把握学科性质与能力素养

就语文学科而言，开展语文学科阅读的前提是要研究清楚语文学科本质、学科特点、学科思想、学科理念和学科规律。

"语文，即语言文字。"是人类社会最重要的交际工具和信息载体，是人类文化的重要组成部分，言语性是其特点。语言文字的运用，包括生活、工作和学习中的听说读写活动以及文学活动，存在于人类社会的各个领域，工具性是其特征。

"语文，即语言文章。""文"即"纹"，指"纹路""纹样"；"章"即华美"外表"。"文章"原指"有纹样的表面"，诸如服装上绣绘的龙凤图样、皮肤上针刺的花卉图案；引申一下，指文字所描绘出来的事物图样，需要经过大脑思考才能完整呈现的间接的事物形象，思维性是其特性。"章"，又是个会意字，从音从十，古人演奏音乐，以十段、节为一章；引申一下，文章应是用文字表达出来的东西，读起来如音乐一样美妙无穷、悦耳动听，传达情、美是其本质。

"语文，即语言文学。"以语言文字为工具，形象化地反映客观现实、表现作家心灵世界，如诗歌、散文、小说、剧本、寓言童话等是其重要的表现形式，以不同的体裁表现内心的情感，再现一定时期和一定地域的社会生活，文学性是其本质。

"语文，即语言文化。"以语言文字为工具，反映人类社会历史实践过程中所创造的物质财富与精神财富，包括历史、地理、风土人情、传统习俗、生活方式、宗教信仰、文学艺术、社会规范、律法制度、思维方式、价值观念、审美情趣，精神图腾等，文化性是其根本。

总之，语文是一门学习祖国语言文字运用的综合性、实践性课程，工具性与人文性的统一是其基本特点。其中的"语言文字"不仅是社会的理性语言，更是语境中的言语和优质的母语语感。

学习语文课程，旨在引导学生在真实的语言运用情境中，通过自主的语言实践活动，积累言语经验，把握祖国语言文字的特点和运用规律，加深对祖国语言文字的理解与热爱，培养运用祖国语言文字的能力；同时，发展思辨能力，提升思维品质，培育社会主义核心价值观，培养高尚的审美情趣，积累丰厚的文化底蕴，理解文化的多样性。

学习语文课程也即通过学习言语作品，提高学生的语言能力和学科核心素养。所谓语文学科核心素养，是指学生在积极的语言实践活动中积累与构建起来，并在真实的语言运用情境中表现出来的语言能力及其品质；是学生在语文学习中获得的语言知识与语言能力，思维方法与思维品质，情感、态度与价值观的综合体现。

语文学科核心素养主要包括"语言建构与运用""思维发展与提升""审美鉴赏与创造""文化传承与理解"四个方面的语言实践活动和语文学习任务。"语言建构与运用"是语文学习的基础，只有在充分的语言学习、积累、解释、梳理、运用、实践的基础上，才能谈得上其他三项素养和任务的实践和提高。而且，这四个方面又不是单独、割裂的，而是互相渗透和融合的，只是某一时段以谁为主的问题。

（二）明确、清晰学科阅读的理念与方法

语文开展学科阅读与鉴赏活动，旨在不断充实学生的精神生活，使学生完善自我人格，提升人生境界，逐步加深对个人与国家、个人与社会、个人与自然关系的思考和认识。

为此，要着力发展学生的独立阅读能力。无论指导学生阅读怎样的文本，都要站在语文的角度，从整体上把握所阅读的文本内容，理清其思路，梳理其信息，概括其要点，理解其所表达的思想、观点和感情。引导学生树立文本意识，养成善于发现问题、提出问题的习惯，对所阅读的文本做出自己的分析判断，努力从不同的角度和层面进行阐发、评价和质疑。同时，着力培养学生根据语境揣摩语句含义，运用所学的语文知识，理解结构复杂、含义丰富的语句，体会精彩语句的表现力等的能力。

重点指导学生开展个性化阅读，引导学生充分调动自己的生活经验和知识积累，在主动积极的思维和情感活动中，获得独特的阅读感受和体验，进而学习运用探究性阅读和创造性阅读的方法，有意识地培养学生的想象力、思辨力和批判力。

指导学生深入学习中国古今优秀作品，体会其中蕴含的中华民族精神，进而为形成一定的传统文化底蕴奠定坚实的基础。学习从历史发展的角度理解古今作品的内容价值，从中汲取民族智慧；学习用客观、辩证的思维审视作品，评价作品的积极意义与历史、时代局限性。

学科阅读需要培养学生广泛的阅读兴趣，努力开阔学生的阅读视野；指导学生学会正确、自主地选择阅读材料，养成读好书、好读书、读书好的认识和习惯，丰富自己的精神世界，提高自己的文化品位。还应指导学生学会通过纸质文本以外的其他媒体获取信息，顺利地阅读由多种材料组合的非连续性文本，从中梳理出有用的信息。

(三) 开展科学、有序的学科阅读

就语文学科而言，需要开展分类阅读、层进阅读、深度阅读、广泛阅读和整本书阅读等科学、有序的学科阅读。

首先，指导学生开展"分类阅读"。

"分类阅读"指的是将阅读文本按照文体予以分类，比如诗歌、文言文、论述类文本等，依据该类文本的阅读规律开展群文阅读、专题阅读。

指导学生学习阅读论述类、实用类、文学类等多种文本，根据不同的阅读目的，针对不同的阅读材料，灵活运用精读、略读、浏览、速读等阅读方法，提高阅读效率。比如引领学生阅读实用类文本，培养学生准确、迅速地把握其中的主要内容和关键信息的能力，并对文本所涉及的材料能有自己的思考和评判；再如引导学生主动开展论述类文本阅读，对作者的观点与态度能准确地把握和评价，对其中的观点与材料（道理、事实、数据、图表等）之间的联系加以有效辨析；又如指导学生阅读鉴赏中外文学作品，以积极的鉴赏态度，感受形象，品味语言，领悟作品的丰富内涵，体会其艺术表现力，注重自己的情感体验和思考，陶冶性情，涵养心灵；还可指导学生努力探索作品中蕴含的民族心理和时代精神，了解人类丰富的社会生活和情感世界。

其次，指导学生开展"层进阅读"。

"层进阅读"指的是将每一类的文本阅读按照学生的认知规律由浅入深、

循序渐进予以推进，其建立在"分类群文阅读"的基础之上，比如阅读余党绪老师的《当代时文的文化思辨》一书，可以根据学生喜欢的程度，先由人物篇开始，接着再阅读"历史篇""思想篇""典籍篇""世态篇"。

再如，可以依据学生的思想意识接受的先后，开展"寓言故事""神话童话""历史人物故事""人物传记""报告文学""经典小说""戏剧散文""诗歌文言""文化典籍"等的文本阅读，依序进行。

每一层、每一类文本的阅读倡导专题阅读和群文阅读。

第三，指导学生开展"深度阅读"。

"深度阅读"指的是就某一类文本，或某一专题的文本，或某一作家的文本，或某一时代的文本，而开展的有针对性的、有目的性的、有深度的、有指导的阅读；也指由语言到内容、到形式、到主旨、到学后思等的阅读；还指文本阅读以外辅以思考与练习的阅读。

在阅读鉴赏中，需了解诗歌、散文、小说、戏剧等文学体裁的基本特征及主要表现手法。还应了解作品所涉及的有关背景材料，理解作品的思想内涵，探索作品的丰富意蕴，领悟作品的艺术魅力，从中汲取思想、感情和艺术的营养，养成健康高尚的审美情趣，丰富、深化对历史、社会和人生的认识。

第四，指导学生开展"广泛阅读"。

"广泛阅读"指的是为获取知识而开展的泛读，可以是碎片化阅读，可以是不限文体的阅读，还可以是随手乱翻式的阅读等。

开展广泛阅读，旨在进一步培养学生阅读、鉴赏古今中外优秀的诗歌、散文、小说、戏剧作品的兴趣，学习多角度、多层次、多领域的阅读，对优秀作品能够常读常新，获得新的体验和发现。

可以引导学生借助工具书和有关资料，读懂不太艰深的古代诗文，背诵一定数量的古代诗文名篇；学习古代诗词格律基础知识，了解相关的中国古代文化常识，丰富传统文化积累；用历史眼光和现代观念审视古代诗文的内容和思想倾向，提出自己的看法。

也可以选读古今中外文化论著，拓宽文化视野和思维空间，培养科学精神，提高文化修养；以发展的眼光和开放的心态看待传统文化和外来文化，关注当代文化生活，能通过多种途径，开展文化专题研讨。

还可以借助工具书、图书馆和互联网查找有关资料，了解论著作者情况、相关的文化背景和论著中涉及的主要问题，排除阅读中遇到的障碍。

第五，指导学生开展"整本书阅读"。

整本书阅读指的是整体阅读一本书，或者，把一本书当作一篇文章予以整体感知、整体阅读。

开展整本书阅读，旨在引导学生拓展阅读视野，学习前人的阅读经验，培养专心致志、不急不躁、持之以恒的读书态度，学习钩玄提要、批注点评、提纲挈领、把握精要等基本方法，形成适合自己的读书方法，反思自己的读书习惯，建构阅读整本书的经验，提高阅读速度，提升阅读鉴赏能力。

指导学生把握长篇小说、学术著作等不同类型整本书的特点，根据不同的阅读目的，综合运用精读、略读与浏览的方法阅读整本书，读懂文本，把握文本全貌、丰富的内涵和精髓。

引导学生在指定范围内自主选择阅读一部长篇小说。具体做法是：通读全书，从关注阅读自己感兴趣的部分，到把握书中完整的艺术世界；从最使自己感动的人物、场景、故事、细节、语言、内在的精神等方面的反复阅读品味，到深入探究、品味、欣赏语言表达的精彩之处；梳理小说整体的艺术架构和感人场景，理清人物关系，感受欣赏人物形象，探究人物的精神世界；理解小说的社会价值，全面研究小说的艺术特色和人文价值。

引导学生在指定范围内选择阅读一部学术著作。具体做法是：通读、读懂全书，勾画圈点，检索、梳理全书大纲小目及其关联，做出全书内容提要，把握书中重要观点和价值取向。阅读与本书相关的资料，于特定学术与社会场景中，考察发现本书的学术价值。通过反复阅读和思考，研究感受本书的语言魅力和逻辑力量。

指导学生借助书中目录、序跋、注释等信息，通过检索作者、作品背景、相关评价、同类作品比较等资料，引发对作家作品的深入研读。也可联系个人经验，深入理解作品；享受读书的愉悦，丰富自己的精神世界；从作品中汲取营养，发展自己对世界的认识。还可撰写读书笔记与作品评介，通过口头、书面或其他多种媒介形式与他人分享。

（四）探析学科阅读的课堂教学

笔者推荐五步学科阅读课堂教学法，即总结段意、梳理文脉、概括中心、提出问题、读出自我。这五步适用于各种文体的教学。

"总结段意"，即总结每段文字的内容、含义，旨在明确每段文字的作者写作意图。

"梳理文脉"，即将整篇文章按照起、承、转、合四部分予以梳理。"起"

是开题，引出题目；"承"是承题，接着第一部分往下行文，对题目进行解释、说明、破解；"转"是证题，从若干方面、角度，实例证明文章的主旨、中心；"合"即结题，在原有认知的基础上有所升华。

"概括中心"，即归纳总结作者的写作意图、行文目的，其主要集中在文本的"转"与"合"的部分。

"提出问题"，即对文本中的字词句篇章等提出自己的质疑，或追问自己有无不明白的地方，目的是更进一步地读懂原文。

"读出自我"，即由阅读的文本说开去，或者联想、想象，将自己的阅读予以拓展，也可由此进行群文阅读；或者深入思考，联系作者和背景，将阅读延伸下去，挖掘文本背后的规律、文化等，形成自己的独到认知。

比如阅读《师说》一文，先指导学生总结段意。全文共四段文字，每段文字的大意分别是第一段，提出中心论点："古之学者必有师""是故无贵无贱，无长无少，道之所存，师之所存也。"第二段，批判不重师道的错误态度和耻于从师的不良风气。第三段，以孔子为例，指出古代圣人重视师道的事迹，进一步阐明从师的必要性和以能者为师的道理。第四段，赞扬李蟠"不拘于时""能行古道"，说明写作本文的缘由。

然后，引导学生梳理文脉。首段为"起"，提出论点；次段为"承"，指明"不重师道"和"耻学于师"都是不对的；第三段为"转"，圣人无常师，讲述能者为师的道理；尾段为"合"，交代写作本文的缘由。

第三步指导学生概括中心。作者在本文中表达了"古之学者必有师""道之所存，师之所存也"的道理，提出了三点崭新的、进步的"师道"思想：师是"传道授业解惑"的人；人人都可以为师，只要具有那样的能力；师和弟子的关系是相对的，某一方面比我好，在这一方面他就是我的师。

第四步，引导学生提出问题。如怎么理解"师者，传道授业解惑也"？课文的第一段是怎样逐步推出论点的？文章的第二、三段分别是从什么角度展开论述的？

第五步，鼓励学生读出自我。如课文的第二段是用对比手法来写的，那么这一段用了几组正反对比的事实论据？这样对比有怎样的论证作用？试说说作者的观点在当时有哪些进步意义，在今天仍有什么借鉴作用？作者说："弟子不必不如师，师不必贤于弟子，闻道有先后，术业有专攻。"试就这一观点谈谈自己的认识。

通过上述五个步骤的学习，自然由浅入深地走进了文本，理解了文本，体会作者的写作意图，明确了传承"师道"的意义。

另外，具体到某一篇文本的教学，还可以使用"五遍十步"阅读法。

"五遍"，即一篇文章至少要读五遍；"十步"，即每读一遍文章，就要完成1～3项任务。

第一遍，扫读课文，即以跳读的方式，快速浏览文章，并完成以下两项任务：

1. 识记作者概况，了解文章梗概；
2. 梳理、识记文中主要的人、事、物、景或观点、主张、认识等。

要求每分钟要读完1500字。

第二遍，速读文章，即以扫读的方式，快速阅读文本，完成两项任务：

3. 复述文章的大致内容；
4. 理清文章的结构层次，梳理文章的行文脉络。

要求每分钟读完1000字。

第三遍，细读文章，即静心阅读文章的每一字句，完成三项任务：

5. 积累、理解、掌握文中重要的字、词、句；
6. 圈点、摘要文中的重要内容；
7. 归纳概括文章的中心思想。

要求与朗读结合，读准句读，读明词义句意，读出作者的情感，每分钟200字左右。

第四遍，精读文章，即字斟句酌，细细品味，深度把握作者行文的方法，提出自己的问题或困惑，完成两项任务：

8. 分析文章的写作特色、语言风格等；
9. 依据自己的困惑或问题，设计阅读思考题。

第五遍，悟读课文，即准确体会作者写作意图，联系自我，读出自我，完成一项任务：

10. 结合现实，联系自我，读出自己的感受、体会，学以致用，由文章说开去，做思维的拓展延伸训练。

比如运用"五遍十步"阅读法学习《记梁任公先生的一次演讲》一文，可以按以下步骤展开。

指导学生开展第一遍文章阅读，即快速跳读文章，完成四项学习任务：一是识记文中重要字音、字形、词义，如莅临、景仰、叱咤风云、迥乎不同、短小精悍、稳健、激亢、屏息、涕泗交流等；二是识记重要作家作品等文学常识，如作者梁启超其人知识、《箜篌引》《桃花扇》等作品常识、杜甫的诗歌《闻官军收河南河北》；三是识记文章的内容梗概，文章通过写一次演讲的情景来表现梁任公的一些特点，并表达对老师的崇敬之情；四是识记文中涉及的主要人、事、物及文中的观点，像梁启超是"有学问、有文采、有热心肠的学者"等。

指导学生开展第二遍文章阅读，即速读文章，完成总结段意、梳理文脉两项学习任务。

文章的第一段为"起"，交代梁任公先生演讲的背景；第二段为"承"，介绍梁任公先生的演讲稿；第三—九段为"转"，主要介绍了梁任公先生演讲的过程；第十段为"合"，点明梁任公作为学者的主要特点。

指导学生开展第三遍文章阅读，即细读文章，完成如下三项任务：

1. 理解、掌握文中重要词语、句子

（1）"他的演讲是预先写好的，整整齐齐地写在宽大的宣纸制的稿纸上面，他的书法很是秀丽，用浓墨写在宣纸上，十分美观。"——办事认真，学问和书法的修养都很好。

（2）"启超没有什么学问——"，"可是也有一点喽！"

（3）"步履稳健，风神潇洒，左右顾盼，光芒四射"。

（4）"有学问，有文采，有热心肠的学者，求之当世能有几人？于是我想起了从前的一段经历，笔而记之。"

2. 圈点勾画点评文中重要内容

（1）本文写梁任公为什么只谈学术造诣不谈政治作为？

（2）本文中的梁任公有什么特点？

（3）如何品味对梁任公的外貌描写？

3. 归纳概括文章的中心思想

本文题为记一次演讲，好像是记事，其实是写人，通过写一次演讲的情景来表现梁任公的一些特点，并表达对老师的崇敬之情。

指导学生开展第四遍文章阅读，即精读文章，完成一项任务，分析文章的写作特色，本文在情感表达上有直接表达、半直接半含蓄表达和完全含蓄表达的特点；在文风上具有言简而意丰的特点。

指导学生开展第五遍文章阅读，即悟读文章，完成一项任务，拓展延伸文章的内容，如作者曾说："文章要深，要远，要高，就是不要长。描写要深刻，意思要远大，格调要高雅，就是篇幅不一定要长。"（《文学讲话》）你觉得课文是怎样体现他的这种主张的？你对这种主张有什么看法？

三、进行"学科表达"

开展"学科阅读"也不能离开"学科表达",因为读与说、读与写、读与思、读与悟是不可能截然割裂的,二者是紧密相连的,仿佛是一枚硬币的正反面。

所谓"学科表达",即用学科语言、学科思维、学科知识、学科规则等来表达自己听到、看到、读到的信息及相应的感受、思考和领悟。

"学科表达"离不开多角度地阅读生活、观察生活、思考生活,以丰富自己的生活经历和情感体验,对自然、社会和人生要有自己独到的感受和认识。

"学科表达"离不开广泛地阅读人、阅读事、阅读人生、阅读现象、阅读书报,并且能依据不同的目的和要求,以负责的态度陈述自己的看法,表达自己的真情实感,培育自我科学理性的精神。

"学科表达"离不开进一步提高自己的记叙、说明、描写、议论、抒情等基本常用文字表达能力,并要努力学习综合运用多种表达方式,调动自己的语言积累,推敲、锤炼语言,力求比较准确、鲜明、生动地予以表达。

"学科表达"离不开学习日记、随笔、读后感、读后评、读后讲、读后续等写作的练习和运用。"表达"中,要力争观点明确,内容充实,感情真实健康,思路清晰连贯,能围绕表达的中心选取材料,合理地安排"随笔"的结构,朝着发展自己的形象思维、逻辑思维和创造性思维的方向而努力。

"学科表达"离不开根据需要按照有关格式和要求写作应用文的能力,并力求语言的准确、简明、连贯和得体,努力培养对事负责、与人合作的精神和严谨细致的文风。

"学科表达"离不开增强人际交往能力,尤其是口语交际能力,并在口语交际中树立自信,尊重他人,说话文明,仪态大方,善于倾听,敏捷应对。要注意口语交际的特点,能根据不同的交际场合和交际目的,恰当地进行表达。能借助语调和语气、表情和手势,增强口语交际的实际效果。

"学科表达"离不开演讲、辩论、朗诵能力的训练。学习演讲,做到观点鲜明,材料充分,语言生动,有说服力和感染力,力求表现出自己的个性和风度。学习讨论和辩论,在过程中积极主动地发言、灵活机智地应对和恰如其分地辩驳。学习朗诵文学作品,力求能准确地把握作品内容,准确而有情感地传达出作品的思想内涵和感情倾向,投入情感,能够感染大家。

总之,"学科表达"力求用好学科语言、学科思维,注重文体特点和要求,创造性地表达出自己的思想、体认和情感。

四、设计"学科作业"

作业是"学科学习"的重要环节之一,对更好地落实"学科阅读""学科表达"起到了重要的"温故而知新"的作用,良好而科学的"学科作业"设计,有助于学生及时巩固所学内容,并在此基础上建构学科知识、总结学习规律,生成对所学知识的新的认识。

在这里,"学科作业"指的是"学科校本作业",立足于本学校、本学科、本班级学生的学科学习实际情况而设计,遵循因材施教、分层教学的原则。依据学生学习认知不同层次的学情,设计针对不同学生的学科校本作业,这是对学生负责的一种态度,也是对学生最公平的一种教学行为。

"公平"不等于"平等",学科作业中的"平等"是一刀切,是无论是谁、无论其认知水平如何,一律提供相同的作业内容,从知识到能力,不分彼此。很显然,这种学科作业的设计、布置和要求是不科学的、不合适的,造成的结果是学习力强的同学吃不饱,学习力弱的同学吃不了。而比较"公平"的做法是依据不同能力和需要设计、布置不同能力层级的学科作业,最终的目的是实现在各自的学业基础上共同提高、共同进步。

笔者提倡"学案式校本作业",站在学生的角度来思考。学生最喜欢用起来便捷、做起来有梯度、努力起来能够得着的学科作业。

学案式校本作业依据学生真实的学习需要,可以有"单篇(章)课时校本作业""单元校本作业"两种,而"单篇(章)课时校本作业"又可以由以下五部分构成:

(1)课前预习学科校本作业,包括课前预习,家庭小实验,回顾已学过的知识,进行必要的阅读,做些课前的知识、资料、思考等的准备,以及对有关问题的思考与讨论等。

教师要发挥主体作用,事前要设置好相应的实验、问题或问题情境等,目的重在诊断、巩固、检查上节课所学的旧知;诊断和新知有联系的旧知,了解学生掌握的情况;发现问题后进行补偿教学,为新知的学习扫清障碍;有利于导入新课,激发学生学习兴趣。

课前预习作业可以以问题即思考题的形式出现;也可以提供与授课内容相

关的问题情境、家庭小实验或素材，让学生针对问题情境或素材（图片、演示、模拟情境等）发现问题，回答问题，这种设置往往会取得比预期更好的效果；也可以以其他具体形式出现，比如填空题等。

（2）课中学习学科校本作业，包括边讲边练的练习或例题等。

这是备课和校本作业设计的重中之重。将学习目标问题化、情境化、活动化、项目式，形成明确的思考、探究、解决、生成的问题。每个知识点学完后，要配以适当的题目进行训练，这是必要的，但题目不在多而在于精。要有利于学生巩固基础知识，突出易练、易混的知识点和附条件的、需小心注意的知识点，培养学生细心审题的习惯。

（3）课内达标测试学科校本作业，立足于知识基础和有助于思考问题、巩固旧知和生成新知，不超过5分钟。

这类作业要紧扣本节课的学习目标，选择能覆盖本节课所学内容的题目；对学生进行达标测试，以查看本节课学生的学习效果，并针对学生反馈情况及时进行补偿教学；难度不可太大，以考查知识的掌握及运用为主。3～5分钟完成，学生可以互批，也可以教师批阅。

（4）课后练习及能力提高学科校本作业。

巩固性练习，应量少一点，尽可能减少重复性作业；能力提高题（学生选做）主要是针对程度好的学生而设计的。提高题侧重于能力训练，要融合分析能力和归纳能力，利于学生发散性思维的培养。

"单元校本作业"，则是以单元学科学习为单位，在单篇（章）学科学习的基础上所设计的，立足于指导学生复习单元知识、检测单元学习效果、能够有所生成和创新的作业。

该作业可以是针对学生学习弱点而设计的片段性练习，可以是针对学生思维提升的项目式作业，可以是巩固学生学习效果的巩固性练习，当然也可以是全方位地训练学生的类似于考试的单元检测试题。重要的是有针对性，有挑战性，有检测性，有生成性。

而且，无论是哪一种学科校本作业，都要依据相应的指标和要求设计不同的评价。当然，作业的评价，要立足于诊断、激励和引导。教师应采用赞扬、鼓励、期盼等情感化的语言来激励学生，充分调动起学生的学习积极性。并且综合教师评价、小组评价、自我评价等多种方式，逐步实现让学生成为评价的主人的目的。

校本学科作业的设计最主要的是基于学情，可以参考其他现成的资料，但反对运用成题或成套地搬用，主张通过集体备课、集体打磨、集体研制的方式来设计。在使用过程中，各位教师可以在此基础上根据本班学生的实际情况而有所增减和改进。

学校期待经过一段时间的努力，比如三年，建成本校的特色"学科作业"，如"XX校XX年级XX科学科宝典"，以期对集团或其他学校产生辐射影响作用；更期待着借此更好地落实"学科阅读"和"学科学习"，促进"学科教研""学科备课"，打造出高素质专业化创新型的教师队伍。

总之，在日常学科学习的实践中，倡导学习"学科知识"、开展"学科阅读"、进行"学科表达"、设计"学科作业"四位一体，互为融合，一气呵成，助推教师专业发展。

坚守教育初心　培育学生生命成长
—— 四十年教书育人生涯拾零

严寅贤

我从1981年秋做教师第一天起就做班主任，对引领未成年人的生命成长有着源于内心的热情。我总觉得这项工作有意义：培养下一代；有意思：心理年轻态；好玩儿：和孩子逗乐子。初为人师，想法简单：自己是成年人，学生是孩子——成年人引领孩子成长天经地义。而在为人父后，顿生换位思考——若自己孩子之师也能教书又育人——不仅关心学业，而且关心其全面发展，那一定是由衷期盼，进而生成由衷感谢：老师真好！孩子此生有幸！

吾之教育初心遂立。

所以，做一辈子中学语文教师，细想，仅做两件事：教书和育人。一辈子视教书为本职，育人为天职。此非妄言，亦非故作高大上，我向来不喜欢这些。我明白，语文教师肩负相对独特的学科性育人职能，语文里里外外，其实就写了一个字：人。我教语文，就该是"育人"为上。这没啥可说，也无须外力干预，心甘情愿。育人核心是关注学生生命成长。但不是各类公开课上人们常见的硬性附加，或生拉硬拽，或牵强附会，那会令人生厌，甚至毛骨悚然。它是常态，是课上课下，是水到渠成，是得体与自然，是老师走心、学生入心，是师生间精神、情感与价值观的互融互动互信，进而内化为学生成长的自主性动力。

一、育人，贵在走心

（一）走进孩子的生命气象，亦庄亦谐总关情

站讲台40年，前前后后20多年做管理，但一直坚持上课，从未离开教室。平常岁月里，关注学生成长是内心需求而非职业负担。具体说，就是我愿意和

孩子在一起，见了他们就想凑过去和他们谈天说地，海阔天空，无所不言。我愿意了解并倾听他们的快乐和烦恼、成功和失败；愿意欣赏他们的单纯和天真、坦诚和稚嫩。愿意问谁给取的名字？爸爸妈妈？爷爷奶奶？而后故作深思，猜测"深刻含义"。一旦蒙对，傻孩儿便表示"佩服"。记得十几年前教高三。中午到教室，和一个叫大森的男孩聊天："大森"怎讲？你爸大名是什么？没想到小伙子说：老师猜猜我爸叫什么吧。我摇头。对方说：我爸叫"小林"。我立刻大赞：父子大名，对仗工整，很是有学问。

和学生在一起时常忍俊不禁，时间久了，想让自己心态衰老都不行。两年前，初二期中考试后召开家长会。按惯例科任老师要到场，我提前进教室。一堆小女生"堆"在一起。其中一女孩总分不错，唯语文分数偏低。遂问：姑娘，这次语文成绩咋跟老师过不去呢？未曾想对方不假思索，脱口而出：老师，是您的颜值拉低了我的智商！一堆小女孩起哄大笑，我则捧腹不止，这就是今天的孩儿。四年前教初一，这是我长期教高中之后第一年教初中。一次语文课，后面还坐着几位听课的年轻教师。印象中是随课文内容延伸到爱情。讲着讲着，一女孩突然"恶作剧"：老师您能告诉我们您初恋是谁吗？全班大笑然后静。我不动声色，故作回忆状，然后压低声音，慢腾腾说出四个字：蒙娜丽莎。全班小伙伴哄堂大笑。我另一爱好是见了男生，愿意和他们掰手腕儿。赢了，善意地数落、戏谑一顿，在对方败相和众生起哄声中假装洋洋得意，然后跟一句：不服？再来？现场甚是热烈。输了，坦承自己不行，恭维对方是大男子汉。见了初中小男孩，愿意和他"握手"，其实是"捏"手，直捏得对方龇牙咧嘴。然后装一脸轻松，怪腔怪调：咋了？握个手如此大惊小怪？其实，所谓掰手腕儿也好，"捏手"也罢，它所传递的，是师生间怡人、清纯的情感温度！

这些，是我走近孩子、了解孩子的最便捷路径，不容小觑。它让师生关系随性随情，轻松自然；让师生间精气神互相浸润；让孩子对你敬而亲之、亲而信之，遇到困惑、苦痛，对你无话不说，甚至谈及隐私，让你真正了解孩子，洞察孩子内心世界。这很重要，没有了解就没有教育，没有信任就谈不上教育。了解的前提只有一个：信任！回想一辈子做教师，别无所长，获得学生信任没问题。

在孩子面前，严肃与随意，分寸拿捏很重要。60岁那年送完高三教高一。上课看到个别男生精神不振，遂调侃：各位女士们先生们（我的常态调侃用语；要不就是"姑娘们小伙子们"），别看本人60岁年龄，却是16岁心脏；可是你呢，16岁年龄，60岁心脏？后来，常以此调侃个别"精神萎靡者"。最近几年，在初中孩子面前，我又趾高气扬：孩子们莫看我满头白发，本人老态却不龙钟，老气尚未横秋。每每如此，师生间总是充满欢声笑语——这不是有意思、好玩儿吗？

何为分寸拿捏？在严肃的层面，需要另一副面孔、另一种态度。常态语文课，偶尔轻松、放松、宽松是必须。但在涉及文本的解读与欣赏，问题的思考与回答，书写的工整与规范，知识的积累、感悟与运用等系列语文学习过程时，我始终严格、严谨、严肃。所以，多少年来总有学生说老师果然姓"严"。

我向来"庄谐"并用，和同事相处亦然。工作，该认真的必须认真，一点不马虎，不迁就；生活中，该随意的，则随心、随性而为，无伤大雅即可。我向来讨厌整天板面孔、装姿态、冷漠冷血者。总有学生、同事说我平易近人。我半开玩笑半当真：何必"抬举"，平头百姓，无平易近人的资本和资格——言为心声。

长期以来，我关注学生精神成长和心理健康，关注其人格塑造与道德修养。在人生价值观的引领方面，更是不遗余力。我利用各种教育时机，优选各种阅读材料，向学生传授社会主流价值观，传授科学的发展观，传授社会公平与正义，传授在大是大非问题上的旗帜鲜明。比如，爱国，不仅是全人类共有的天然情感，更是五千年中华民族的血脉绵延。吾等生于斯长于斯，焉能不爱？比如，在中国，对任何台独、港独、疆独、藏独等分裂国家的行径，我们都必须零容忍，毫不含糊！一个中国人，焉能容忍种种"恶独"？比如，长期以来，美国等西方少数国家总是弱我之心不死，我们必须居安思危。我告诉学生：中国，强则盛，弱则亡。我还告诉学生：中国面临无法解脱的劲敌并非就是坏事，如同个人面对强劲对手——"敌存灭祸，敌去召过""生于忧患，死于安乐"，这是吾中华民族几千年民族骨气、精神底蕴所在。比如，我们可以批评种种消极的社会现象，但我们必须坚持中国共产党的领导。如此种种。我想，任何一位教育工作者对中学生进行这样的教育，均属理所当然，必须旗帜鲜明。

概而言之，我们所做的是对未成年人精神成长和价值认同性的引领。如果未成年人在国家认同、重大是非、人生价值观等方面发生偏差甚至误入歧途，受害的首先是学生。此事曾亲历，虽个别，但严峻，不可等闲视之。

（二）双重生命培育理念化为职业自觉

我总是以为，未成年人生命成长的目标指向有两个维度：精神的和自然的，故曰"双重生命"。我生造这个概念是想表达自己的教育价值观，认为基础教育工作者具备对鲜活生命的培育情怀应是职业本能，前些年曾专文述此。教育的终极价值就是双重生命培育。自然生命强健，精神生命健全，是优质生命个体必备要素，二者不可缺一，缺一或废。其中，体质体能、心理健康居第一。一段时期以来，受各种因素影响，未成年人体质体能滑坡是普遍存在。万幸已引起国家相关行政部门和公众的重大关切。因为谁都明白，未成年人自然生命成长受到伤害，其他任何学科的素养培育价值都会大打折扣。

我一直觉得，一个孩子成长健康与否，往小处说，关涉一个家庭的温馨和幸福；往大处讲，关涉社会发展与进步。所以，长期以来，无论是常态语文课，还是家长会，无论是各种公开场合的发言，还是我印发学生阅读的各种材料，关注学生生命成长，直至具体而微的节制使用电子产品、远离色情暴力、远离垃圾食品、合理安排作息保证睡眠时间等，都是我的关注重点。

孩子的精神发育和成长，既关涉其人生价值观，又直接影响其心理健康。几十年来，我首要的是以个人的精气神影响学生。在学生面前，在日复一日的语文常态课上我没有萎靡，没有消极，没有浑浑噩噩，没有玩世不恭，从来没有。即使在家人、同事、朋友面前，亦然。因为我一直认为，一个消极萎靡的生命存在，于己于人都无意义。然后，我用我常态的、用心的、有理有据有情的"说教"，用我各类文质兼美的阅读资料的常态提供对学生施以影响，或对我的"说教"加以佐证。这些，就不是在这里三言两语能说清楚的了。

年轻时记住的很多经典话语伴随并影响我一生。比如：你要有勇气，不断和困难做斗争；你要有活力，不要像一个垂死的老头。比如，"中国的保尔·柯察金"吴运铎曾说："一个真正的人，他对困难的回答是斗争，他对斗争的回答是胜利，他对胜利的回答是谦虚。"至今记忆深刻的是：我们年轻时对此类正能量特别崇拜，奉为圭臬。或许，这就是"经典碎片"的时代魅力。至于当年所读《红岩》《红日》《前驱》《欧阳海之歌》等红色经典，对我们这一代人精神成长的作用更是弥足珍贵甚至无可替代。未曾想，当年打下的浓郁精神底色在后来的教师职业生涯中散发出无尽的光芒。

俄国教育家乌申斯基的一段话非常朴素，一直让我铭记在心："教育家在数量上不得少于甚而应当比医学家还要多。如果我们把我们的健康信托给医学家，那么，我们就要把我们子女的道德和心智信托给教育家，把子女们的灵魂，同时也把祖国的未来信托给他们。"我当然不是教育家，但可以用教育家的情怀做教育。

二、育人，贵在久为不辍

或许是做教师第一天起就做班主任，所以对引领学生健康成长有源于内心的兴趣和热情，它激发了我无尽的内驱力，直到今天。

（一）对学生生命成长，给予经久不变的心灵注视

1988年，出道第七年，被评为所在地区模范班主任，并在全市各中学做"一切为了学生进步"的巡回演讲，手写体演讲稿保存至今。1990年教师节，出席山东省政府召开的全省德育工作座谈会，我做报告"倾心尽力，提高德育工作的信度和效度"。1991年教师节前夕，我所在市教育局召开青年教师培训会，大会组织者让我为全市青年教师做演讲，题目是"无愧人生，唯有奋斗与奉献"。这些东西的电子打印稿皆为私人珍藏。1995年，《山东教育》第C2期合刊发表人物通讯《厚积薄发 教学相长》，此为原山东教育出版社常务副社长、编审罗树华先生亲自到我所在学校采访而成。《山东教育》刊发通讯时，还刊发"本刊评论员短评"《让教学跨入新境界》以及我的一篇论文，共7页。这在省级综合性教育期刊是一种"奢侈"。至今珍藏的，还有1981年做教师第一个年头，被评为学校先进工作者的奖状；1985年第一个教师节被当地市委、市政府授予"劳动模范"称号的荣誉证书；还有其他一大堆什么什么证书。看着这一堆，老伴常揶揄：你咋不给我挣一堆钱回来？我回敬：这辈子没戏，下辈子吧。此外，还有钢板刻印、写得最早（1984年，出道3年）、参加当年所在地区中学语文教育专业委员会年会交流的教学"论文"《谈初中说明文读写结合》等。藏此，纯属敝帚自珍，孤芳自赏；岁月绵长，历久弥新——它们是我人生旅途的脚印轻轻。

更何况，上述虽属私人存照，但它是一个时代的缩影——当代中国20世纪八九十年代——那激情燃烧的岁月里，我们这一代人的快乐和单纯、清贫和勤奋、热忱和向上、革命和奉献。当年，满脑子想的是工作，事业，工作，事业！几乎没有"挣钱"这个概念存在。记得80年代购置的"青岛牌"20寸大彩电、上海"上菱牌"冰箱，都是高考奖金的贡献。那时候，和许多同时代人一样，哪有余钱如此奢侈！后来，读舒乙先生的回忆文章，他说20世纪40年代家住北平，开始使用冰箱。遂和老伴儿调侃：咱用冰箱也就是比老舍先生晚了40年，连半个世纪还不到呢！

转瞬间，到了 2018 年 10 月 12 日，在青岛西海岸教育年会暨移动互联网时代未来教育研讨会上，我做报告"生命培育：基础教育工作者的天职"，后在《中国教育报》摘要发表。此后，再学再思，再做再写，直到今天。

转瞬间，这些，都是平凡生活的花絮飘零了！

列举种种琐碎，一是想说从时间跨度看，育人，体现的是我始终如一的精神追求和实践过程，它为我的职业幸福奠定了丰厚的心理基础。二是想说，学科德育和学科教学贵在有机融合，一不会增加工作负担，二不会冲击学科教学，不会！相反，会给自己带来诸多乐趣并反推教学质量提升。1985—1988 年，高中 3 年班主任、语文老师。1988 年第一次送高三旗开得胜。到来京前，记不清送几届高三，只记得屡战屡胜。1990 年，做教务处副主任，送高三管高三，成了小有名气的高三"砖家"。连续多年高三奖金，也让我这教书匠发了一笔属于那个时代的"大财"。

（二）师德自我完善，是为人师者的基本品格

20 世纪 90 年代中期，我连发 3 篇文章，专论教师自我发展：《自我发展：时代对教师的呼唤》《自我完善：师德建设的必由之路》《自学：教师能力可持续发展的动力源》。三篇文章一个核心：自我发展。两种想法：一是教师要具备专业自我发展能力，教师缺失此种能力，不但会导致自己专业平庸，而且他几乎不可能去激活学生的自我发展意识；二是师德自我完善，一个注重师德自我完善的教师，通常会生成培育学生生命成长的内驱力。2000 年受教育部师范教育司委托、我任副主编而编写的全国中小学教师继续教育教材《教师能力概论》，同样用不少篇幅述此。前几年，在北京一零一中，我设计校本"链式培训"项目，同样强调：在向同伴学习的同时，必须注重自我发展、自我完善。

就师德而言，我一直推崇自我完善。因为，社会道德的基础是人的精神自律。社会道德建设，从根本上说是唤起人心中的道德自律，然后才是"他律"。师德建设相对于社会道德建设，自律尤其重要。因为，社会赋予教师独特使命——教书育人，对教师有着独特期望值——为人师表。但教师不是圣人，我们有过好自己生活的全部正当权利。自己生病、家里有事，我们大可不必硬撑着上课。调一次课，请一天假，对学生无大碍。相对于自己和家人健康，它毕竟事小。更何况，特殊情况下妥善处理此类事情，是为了更好地工作。至于因带病坚持上课而拖累自己身体，延误自己或家人病情则更不可取！

（三）语文课堂，是学生生命成长的芳草地

1991年春，原全国中学语文教育专业委员会会刊《语文教学论坛》编辑部向我约稿，我写《浅谈语文教学效能的双重性》，发表于该刊1992年第2期。所谓追求语文教学双重效能，是指在语文课堂教学中，既重视发展学生语文能力，又注重对学生进行德育渗透。核心是得当、得体。不把语文上成政治，不生拉硬拽，不空喊口号，不贴标签，杜绝任何逢场作戏或"任务驱动"。长期以来，我的语文课堂所呈现的，从来都是积极与健康、向善和向上。我告诉学生什么是高价值吃苦：想吃苦而吃不着苦的苦是最苦的苦；什么是自信的极致：赞扬，并不能对他有所补益，就像诋毁不能对他有所损害一样；什么是自律而有秩序的生活：不给自己制造麻烦，不给别人制造痛苦；我告诫学生一定要自我关注"性别成长"：男生过于女性化令人战栗，女生过于男性化让人惊恐；男性，心有猛虎嗅蔷薇，女性，阴柔世界藏阳刚，更符合人类天性发展。

我告诉学生成语是什么：成语是语言的珍珠，思想的颗粒——靡不有初，鲜克有终；人无远虑，必有近忧；当断不断，必受其乱；二人同心，其利断金；前事不忘，后事之师；如此等等，莫不给学生以启迪。至于各类语言知识，则要求学生做到"四准确"——准确认读，准确书写，准确释义，准确运用，毫不含糊。面对勤学而语文成绩提升缓慢的学生，我以陶潜之言勉励："勤学如春之起苗，不见其增，日有所长；辍学如磨刀之石，不见其损，日有所亏。"我告诉学生：陶氏之说是对语文学习特质的最经典诠释——辍学则退，勤学则进，皆为客观存在但感觉不显——你不能放弃，不必焦虑，学则有进。

几十年课堂教学实践告诉我，将语文课堂上对学生实施的德育渗透常态化，一石双鸟，既可提升学生语文能力，又可促进学生健康品质的内化与生成，二者相辅相成，相得益彰。

即使课堂发言，我也提出相关要求并让学生缓慢践行。一是"技术性"要求：站姿端正，挺胸抬头，落落大方，面部表情自然放松，和老师保持良好目光交流，发音清晰响亮，肢体语言得体大方。二是"学术性"要求：尽量减少以至杜绝口语及其他冗余信息，尽量做到条理清晰、重点突出、富有创见。今日中学生，"不会说"者众。说话，就是生命气脉的流动，就得要求学生彰显年轻生命的精气神。我一直要求学生做优秀的课堂学习者；专注的聆听者，认真的阅读者，勤奋的劳动者（记笔记），勇敢的演讲者（积极发言），灵动的思想者。我一直以为以下这句俏皮话内涵深刻：因为我听过了，因为我看过了，

所以我忘记了；因为我想过了，因为我做过了，所以我学会了。

上述种种，无不有益于学生生命成长。

（四）作文批语，是培育生命成长的独特载体

2000年末，写长文《作文批语：写作能力与生命培育的双重关注》（首都师范大学《中学语文教学》2003.7），中国人民大学书报资料中心《复印报刊资料：中学语文教与学》全文转载（2003.9）。此后，其他媒体也广为转载。几十年来，对任何同学的作文，我都要视其内容与情感、观点与书写等写下认真的批语：或三言两语，点到为止；或洋洋洒洒，一吐为快；但无一不是情随文生，情溢于墨。让我欣慰的是，许多批语竟在学生中引起反响，有的学生还在批语之后跟进"续批"。总之，每次作文之后，学生最想看的是批语。他们努力写好一篇作文，也常常是希望得到老师的好批语。久而久之，我终于发现，贴近学生心灵的作文批语，实在有着非同寻常的意义。它所关涉的，不仅是学生作文能力的发展，还融合了对鲜活生命的关注，对稚嫩灵魂的雕塑。而学生发自内心的"续批"，尤令我深刻感悟到语文教师独特的职业价值与魅力。

（五）让生命培育有章可循

2006年春，在一零一中郭涵校长的倡导和指导下，我主持编写北京一零一中校本德育教材《生命：从这里走向健康、成熟与深邃》。当年曾写《后记》叙述写作心态："翻开2005年11月9日的教育随笔，我写了这样一段话：'我有一个梦想，想让一零一的学生尽可能不受社会大环境影响，在一零一这个小环境、小天地里成长得很健康。至少，能让他们在成人之后回忆起母校一零一时，有这样一种感受：一零一，那是一段青翠欲滴的时光。'"记得写作期间，真是魂牵梦绕，总想让有价值的思考即时呈现，记录在案，唯恐稍纵即逝。校本教材具有鲜明原创性，无论体例还是内容，没有也不可能参考其他任何资料。写成之后，颇受欢迎。2009年，被评为海淀区"十一五"优秀科研成果一等奖。十几年过去了，今天再读，仍觉时代气场扑面而来。

（六）生命：源于灵魂深处的敬畏

2005年春，教高三管高三。为给高三孩子们一点鼓励，一点放松，我一鼓作气，写成长诗《让青春之歌永驻 让生命之树常青——北京一零一中学子成功宣言》。在当年高三学生大会上，我满怀激情，即席朗诵，掌声至今难忘。尤其令人感动的是，读完以下两句，掌声特别热烈——

让全世界，尤其是西方世界，包括日本，

为中国的崛起和强大，而震惊！而无奈！

掌声是师生间的情感共鸣。如今，十多年过去了，"震惊"日臻现实，"无奈"尚需时日；如今，十多年过去了，中国终于可以"平视"这个世界了；如今，十多年过去了，再读此诗仍觉心潮难平。

2006年秋，我把它收进北京一零一中校本德育教材《生命：从这里走向健康成熟与深邃》。2008届高二年级诗歌朗诵比赛，他们选用其中的章节。我带高一年级部分学生去西柏坡"寻根"，在西柏坡举行的文艺晚会上，学生们朗诵了其中的片段。有一年，初三年级毕业纪念册上，收录其中部分内容。时至今日，我还在对它进行修订，在很多地区为不少中学生做过演讲。

2014年，我在学校第24届教育教学年会上做主题发言，题目是"学习：让教师生命之树常青"；2015年，在职最后一次在全校教育教学年会（第25届）做主题发言，题目是"做学习型教师 让生命之树长青"。时至今日仍在修订，为全国很多地区老师做过演讲。

2013年，清华大学出版社出版拙著《教书与铸魂》。该书以二分之一篇幅，结合语文教学，谈自己立德树人的认识、实践和思考。该书当年被《中国教育报》评为读者喜欢的100本书，2014年，海淀区教育科学研究所将该书作为"教师阅读50本经典图书"之一向全区教师推荐。

（七）关注语文教学发展态势，滋润学生语文生命

中学语文教学态势，是我经久不变的关注。在我看来，关注这些就是关注学生语文素养培育和精神生命成长。

一是关注语文高考。有感于高考语文命题种种弊端，1998年10月，我发表《高考试题：语文教改的首选目标》，人大书报资料中心《复印报刊资料：中学语文教与学》全文转载。文章建议减少选择题，增加主观题，削减文言虚词检测，加大背诵篇目，强化阅读实际能力考查等。二是关注传统文化教育。2011年底写成《让高中语文教材成为普及传统文化之根：高中语文教材古典作品编写管见》（《山东教育》中学版 2012.21-22 合刊），人大书报资料中心《中学语文教与学》高中读本全文转载。文章主张要对高中古典文学课程予以足够重视；高中文言教材，或可参照大学中文系古典文学教材，自成体系，内容丰厚，覆盖面广。我想的是，对绝大多数中学生而言，他们除在高中阶段可较多地接受传统文化经典学习之外，此后漫长人生，几乎再无此机缘。三是关注语文学理对语文学习的应用价值。1999 年，粗浅涉猎脑科学研究与语文学习的相关原理；2013 年，粗浅涉猎前理解学说。记得"啃读"伽达默尔《真理与方法》相关章节时，才猛然发现：自己知识结构性缺乏，给读书学习带来多少困扰，此乃短绠难以汲深也！2014 年，萌发用这两类学理诠释语文读写教育的念头。2014 年 10 月—2015 年 7 月，写 4.7 万字长文，《语文教学通讯》2016 年第 1、7 期连载并加编者按，人大书报资料中心《复印报刊资料：高中语文教与学》全文转载。平时所做课题研究，均以上述学理为参照。最近几年，我将此内容做成课件，给学生讲，给同行讲。四是关注背诵。早在 1994 年，在上海《语文学习》发表《背诵，正日趋萧条》。文章批评语文教材和语文高考让背诵边缘化，并对中学语文教学和高考提出建议。时隔 24 年之后的 2017 年，《普通高中语文课程标准》，将古诗文背诵由原来的 14 篇增至 72 篇。从教以来，从未局限课本规定的背诵内容，而是自作主张，自以为是，我认为该背的，要求学生必背。五是关注汉字书写。有感于积重难返的中小学生汉字书写乱象，我在《中国教育报》发表《化解"汉字危机"须从中小学开始》(2010.9.17)，呼吁全社会关注汉字书写。从文章的转载率和读者反映看，上述关注收到较好效果。有意思的是，最近几年，无论是中考还是高考，均把汉字笔画顺序纳入考试范围。六是关注学生批判思维能力培育。中国课堂教学，"师传生受"积弊太久。让学生课堂动眼动脑动嘴动手，是我的职业自觉，"满堂灌"从未成为我的课堂主流。课堂上，师问生答固然重要，学生主动发问尤可贵。我曾就此发表论文《学生自主发问的"美式"课堂教学值得借鉴》(《光明日报》2010.4.11)。七是关注文本深度阅读并以框式图解的方式为学生做出引领。框式图解本是语法教学中短语和句子成分结构分析的表达方式。很多年前，我把它迁移到初高中文本阅读中来，对文本重要段落、文本整体内容和结构进行赏析，很受学生和语文同仁欢迎。它具有鲜明的"任务驱动"功能，为学生深度阅读提供了抓手。因具体内容繁杂，仅举简例。简例亦僵死，课堂实施最生动。

以《劝学》第二段为例。要求学生标出段落句数，然后厘清句与句之间关系，提炼主要信息，欣赏古圣贤比喻论证的精妙。全段 4 句话，赏析如下。

青，取之于蓝，而青于蓝；冰，水为之，而寒于水。①木直中绳，輮以为轮，其曲中规。②虽有槁暴，不复挺者，輮使之然也。③故木受绳则直，金就砺则利，君子博学而日参省乎己，则知明而行无过矣。④

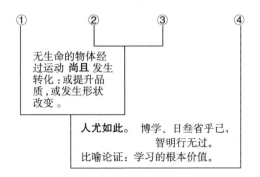

《社戏》长达4000多字，40个自然段。引领学生提炼概括如下。

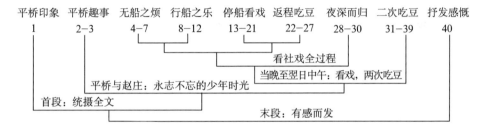

八是跨界关注。长期以来，世界与中国，国家与社会，科技与政治，自然与环保等，无不在我关注视野之内。2021年3月20日，一零一75周年校庆前夕，我给一零一温泉校区各学科新入职教师和语文组教师做专题讲座，与本部语文组新教师座谈。我以国际国内政治科技，尤其是人工智能发展和未来人才要素为宏观背景，以彼得·戴曼迪斯所著《未来呼啸而来》一书所云"未来已经到来，只是尚未流行"为职业警示，审视我们常态的、微观的语文课堂，谈自己关于新时代语文教育、语文课堂教学的个人思考：今天的社会脚步太过迅捷，今天从事语文教学，应当想大事做小事，想宏观做微观，不断创新自己的教学实践；任何故步自封、因循守旧、坐井观天的教学行为，都可能让学生成长与发展受阻。选修课上，我用一整节选修课时间，给初一孩子讲如何在国际国内宏大政治、科技和未来人才需求背景下学好语文，做好自己，为自己20年以后做准备。我的这些想法受到同事和学生的积极认可。因此，我想强调的是：跨界关注，开阔眼界，提升境界，应当是当代语文教师的职业视界。

（八）推进整本书阅读，让学生文化年轮日趋粗壮

整本书阅读，这两年风生水起。2017年颁发和2020年新修订的高中语文课程标准第一个任务群都是"整本书阅读与研讨"。其实，早在1941年，叶圣陶先生就提出"整本书做主体，单篇文章做辅佐"的主张。1998年，我曾主持市级重点课题"高中语文国家课程和活动课程一体化实践研究"，其核心内容就是开展"经典阅读"（读整本书）、"快餐阅读"（读单篇文章）。2011年，主持海淀区重点课题"关于高中学生立体化阅读的实践与研究"。2009年6月10日，《中国教育报》以《掬水留香同闻共赏》报道一零一中引领学生读书的消息。2009年，我被评为海淀区教育系统模范读书人物，2010年，被中国教育报评为全国推动读书十大人物。我太清楚我自己：我从来都不是什么"人物"，只是在做引领学生生命成长的读书"任务"，仅此而已。2010年12月2日，中国教育报以《严寅贤：追寻书香校园的终极价值》为题，报道一零一中如何引领学生读书。2009年，写万字长文《汲涓涓清流润泽幼林》，阐述如何长期坚持为学生提供优质阅读材料。涓涓清流，质优也；润泽，精神润也；幼林，未成年人群体也。而让标题中有六字皆含"水"，刻意显示的就是对未成年人的文化喂养和心灵滋润。该文获中国教育学会第21届年会论文一等奖，后以《阅读与习作并进、思维与表达共长》于2011年在《北京教育》发表（人大书报资料中心《复印报刊资料：高中语文教与学》全文转载）。2016年，撰写长文《恪守读写教育之魂：让阅读走向大数量与高质量》（《山东教育》2017.1）。

（九）为学生提供鲜美时文，让学生与时代同步

此事我从做教师之初一直做到现在。20世纪八九十年代印刷条件有限，大凡好文章，我总是利用语文课为学生诵读。1990年春，施光南英年早逝。同年5月17日《文汇报》刊发短评《"时代歌手"的清贫》。5月22日《光明日报》刊发晓光的文章《施光南的欣慰与遗憾》。我深被文章感动，利用语文课向学生宣读全文。没想到十年后竟成施光南母校一员。1989年3月，由首师大教授李燕杰等主编的《教育艺术》创刊——此类杂志，20世纪八九十年代很少见到——我立刻订阅。保存至今的当年创刊号刊登《爱国之心与利国之效》一文，我第一时间为学生诵读。其中一段文字至今仍觉感人至深，摘录如下：

我亲眼看到飞回祖国的美国士兵，一下飞机，就匍匐在地，亲吻故乡的泥土。我问他们为什么要这样做，他们回答：这是我们的母亲，我们希望星条旗永不落！在肯尼迪墓碑上，我们看到这样两句话：不要埋怨祖国在哪些方面亏待了我，而要想到为自己的祖国做过哪些贡献。我在法国海滨看到那里立着一个青年人的雕像，两目炯炯有神，他一只手指着大海的对面，我问法国青年，这是什么意思。他们回答：英国就在大海的对面，他们随时有可能跨过大海来侵略我们。按照你们中国的说法，这就是'提高警惕，保卫祖国'！"

有意思的是，2006 年春，我和李燕杰老师因为一次活动而在一零一相遇。

自 1997 年始，坚持为学生编印《美文选》，后更名《语文读写周报》。我把自己所见到的内容丰富、充溢鲜活时代感的各类好文章或下载，或剪贴，然后或印发学生，让他们阅读、思考、表达；或发给语文同仁分享。2019 年 5 月 13 日，《光明日报》发表《大丈夫：中国文论一个原创性概念》。该文对"大丈夫"的内涵做了非常深刻的阐述，对今日中学生极具阅读价值。在一零一温泉校区，我把此文连同《光明日报》人物通讯《南仁东和中国天眼》（2019.5.6）、《人生为一大事而来——记"中国天眼"之父南仁东》（2017.9.18）近两万字材料组成"多文本"，印发我所教的初二学生，然后要求学生认真阅读，每人写一篇演讲词，组织全班进行主题演讲，收到很好效果。

长期以来，说不清为学生提供了多少鲜活优质的阅读资料。事非亲为不知其乐。发现好文章，乐；品读好文章，乐；收集好文章，乐；印发学生阅读，乐；学生读得认真、写下批注点评，更乐。所谓让教师生命之树长青，所谓职业幸福，非虚妄之说，此即谓之矣。

（十）在资料积累中涵养自己，丰富学生

资料积累是教师的"一桶水"，为的是向学生提供"一碗水"。资料积累，为自己的语文教学与研究，为开阔视野、提升境界，为让自己保持和时代同步，为向学生提供阅读资料等，提供了极大便利。我做得比较系统的资料积累始于 1988 年。所有期刊分类装订成册，分类做好期刊索引。查阅任何文章，打开索引一目了然。几十年来的积累，堆起来也有一米高了。为此，曾发表三篇论文：《学习与积累：论文写作的双翼》《思考与创新：论文写作的基石》《明确目标、注重方法：资料积累二要素》。

（十一）创设"高端文化人物进校园"项目，用高端文化滋润学生心田

在我做学校管理工作期间，曾做过"高端文化人物进校园"项目，即邀请国内外各领域领军人物进学校和学生面对面，或交流，或演讲。一方面是引起学生对高端文化人物的景仰和向往，让学生见文化大世面，进而滋润其精神，丰满其文化年轮，指引其生命航向，这对今日中学生成长与发展大有裨益。当然，另一方面也是由于自己知识贫乏、视野局促，一直怀有对高端文化人物的景仰之心。我曾主持过王蒙、莫言、毕淑敏、梁衡、余华等作家，英国诺贝尔经济学奖获得者莫里斯、詹姆斯等人进校园活动。曾带领学生到中国社会科学院、清华大学、人民大会堂、人民教育出版社、《光明日报》编辑部等，聆听土耳其诺贝尔文学奖获得者帕慕克、秘鲁诺贝尔文学奖获得者马里奥·巴尔加斯·略萨，以及贺敬之、余秋雨、林清玄等大家的演讲。

当然，我在一零一所做的一切，最终要归功于一零一这个平台，归功于赢得众人由衷尊敬的一零一老校长郭涵等学校领导所创设的一零一浓郁的文化氛围和文化追求。没有一零一这个平台，我一事无成。

近三十年前，发表散文《杏坛读书絮语》，抒发淡泊宁静之心和甘为人师之愿。结尾四句，今日读来仍觉心绪难平：

读书教书写书，
淡泊宁静致远。
启智铸魂育人，
吾辈永世无憾！

坦率说，做一辈子教师，几乎没有为功利特意忙活过。无论所谓"著书立说"，还是所得各类虚名，包括行政任职，都没有刻意而为，更没有刻意而争，从来没有。一切顺其自然。高觉悟？非也！原动力如下——

语文是什么？语文是诗。语文教师是怎样的职业？语文教师是诗意化职业。果真如此？答曰：你眼中有"诗"，心中就有"诗"；你心中有"诗"，人生就有"诗"。人生有"诗"，即不枉此一生。

语文老师如此，其他学科抑或亦然。

因为，教育，就是一首诗。

三、2020年记事：有劳动就有幸福

2020年的背影渐行渐远。但对全人类而言，在可预见的未来，无论它的背影距离人类多么遥远，其清晰度定然不会减弱。有人说，2020年我什么都没做，只是在见证历史。相信谁都会认为这是一种痛彻心扉的调侃。回想逝去这一特殊年份自己的劳动过程，突然发现有诸多零散之事挥之不去。《有劳动就有幸福》是一首歌曲，这是50多年前读小学时我哥教我的，几十年来它一直镌刻

我心,一直伴我前行。几十年来,我给我的学生唱过,给我的同事唱过,给我的朋友唱过,给我的家人唱过。它是我经久不变的座右铭,它让我一生满怀对劳动和劳动者的敬意。歌词中所礼赞的那个时代处处可见的青山绿水,如今竟成人们的热切向往和治理性、发展性追求。谨奉读者诸君——

弯弯的流水呀,蓝蓝的天,

绿油油的草地呀,青青的山。

美丽的花朵呀到处开放,

太阳的光辉呀照耀着咱。

我们辛勤地劳动呀,

创造了美丽的家园。

有劳动才有幸福,

我们的生活多美满!

(一)一道作文题 激起三层浪
——《假如没有这场疫情》记忆碎片

2020年春节前后,一夜之间新冠疫情骤然肆虐无度。随着武汉封城,湖北封省,一张前所未有的巨型恐怖之网笼罩整个神州大地。全民居家,千村封锁,万城空巷。无数社会运转、个人工作和家庭要务瞬间骤停。我夜不能寐,感慨顿生,遂写长诗《假如没有这场疫情》转发学生,要求他们仿写诗歌或其他作文。一则供学生居家学习,二则减缓其心理恐慌。未曾想,写成转发后家长和学生反响空前热烈,更有多家媒体转发,完全出乎意料。或许,它迎合了当时瞬间产生的社会性恐慌与焦虑心理。2020年6月,程翔老师说可将拙作刊发北京一零一中教育集团学术委员会会刊《远方》。

当然,无论当时还是今日,再读全诗,顿觉时过境迁矣!国内疫情基本控制,乃国之大幸。但全球疫情、国际形势竟发生了并仍在发生着意想不到的博弈、巨变或逆转。作为历史见证,此诗必将长留我心。

(二)悠悠岁月久 清晖时时映心头

2020年教师节前,《教育家》编辑部约稿,让我写一篇回忆自己中学老师的文章,顿觉欣喜有加。因为,接到约稿通知时,我和我的高中班主任、语文老师杨克潜老先生分别并"失联"整整48年!好在5个月前刚和杨先生取得联系。先生对我印象早已模糊,但我对先生印象极深。遂写《悠悠岁月久 清晖时时映心头》。此时,我才知道,先生竟是 1965 年南京师范大学中文系毕业的高才生;先生也终于知道,长大后,我竟成了他。

(三)不可复制的青春岁月

1972 年 7 月 13 日,我从人口稠密的鱼米之乡苏中平原来到昔日地广人稀、今日生机勃勃的鲁北大地——山东利津县富窝公社一千二村旁——原济南军区山东生产建设兵团第一师第二团团部所在地,然后去团部直属连队机务连,从事汽车、拖拉机维修工作。从此,就算投身革命。2020 年 3 月,生活在淄博的老战友苏效爱告诉我,为纪念兵团成立 50 周年,兵团"战友联谊会"决定制作精美而意义非凡的纪念章,并着手编辑大型文集。效爱希望我也能写点东西编入文集,以资纪念。她同时发给我《征稿启事》,其中说:编辑此书是为了"还原新中国在'准备打仗'的特定年代,呈现一代兵团人与共和国风雨同行的激情岁月和心路历程,展示一代兵团人'不忘初心,精彩当下'的赤子情怀。此举收到兵团广大战友的热切关注和积极参与。"当时,虽疫情肆虐,但看了这洋溢着当年激情的《征稿启事》,听了效爱战友的嘱咐,内心很是激动,满口应允。因为,任何一位有过兵团经历的人,都对兵团那段特殊岁月别具情结,而我更是如此。一是我三哥作为当年现役军官,最早参与兵团组建;二是我女儿的大姨妈当年作为济南知青,是三师(驻地山东滕县,今滕州市)兵团战士。一大家子人,三个在兵团。所以,我预定三枚 50 周年纪念章,送他们二位作为纪念。遂写回忆文章《不可复制的青春岁月》(收入 2022 年出版的文集《黄土·青春——东营往事之兵团岁月》)。

所有当年兵团人无不对兵团的日子刻骨铭心。因为,我们当年的青春在这里的原野上流淌过;我们当年的灵魂在这里的阡陌边流浪过;我们当年的美梦在这里的天空中飘荡过;我们当年朦胧的爱情在这里的树林间徜徉过。更有,我们当年的迷茫,当年的孤独,当年的理想,在这广袤的鲁北大地,在这里的每一寸土地上徘徊过,哭泣过,甚至绝望过。

兵团,无论如何都是一段不可复制的难忘岁月。它磨炼了我的意志,锻造了我的性格,锤炼了我的心理,为我日后的教师职业打下了极厚重、极浓郁的精神底色,弥足珍贵。

(四)选修课"获奖" 作文"教程"形成初稿

2020 年秋,我给初一学生所上为期一学期的选修课"语文学习 abc",期末被学生评为"魅力精品课"。到我这把年纪，竟还在意这区区"荣誉"，也是自恋。这是因为，我这般岁数给娃娃上课，非但未遭嫌弃，反而受欢迎，让我继续发现生命存在的价值，继续享受教师职业的幸福，是一件好事，自恋自赏无可厚非。

我特别欣赏学生在选修课评价中的一句话："严老师的每一节课都堪称一场精彩的演讲。"曾说"老气而不横秋，老态尚未龙钟"，此得验证。几十年来，不知受到学生多少赞美。学生说我"人好、幽默、有学问"等，我都不在意，在意的是他们夸我的"课堂亮色"，诸如富有活力、启发思维、注重能力、课堂民主，如此等等。所以，即便在退休的日子里，总不忘修炼自己，总有一种良好的自我感觉萦绕——

即便岁月不饶人，仍然天天在学习；

但得夕阳无限好，何须惆怅近黄昏。

2020 年这一年的"修炼"成果，还有 3 万多字的初中记叙文写作"教程"。这是结合高初中记叙文教学和中学生记叙文写作实际而成的，其中包括学生作文能力自我诊断、作文自我修改等。刚完成初稿，仍需继续修改充实，直到自己满意为止。

（五）参与《根植大地的教育变革与实践》和《北京一零一中大事记》编写修订

2010 年 9 月，北京师范大学裴娣娜教授主持的国家社会科学基金教育学重大课题"我国基础教育未来发展新特征研究"立项。在裴教授的热情推荐和鼓励下，北京一零一中参加了子课题"北京一零一中学科学习力和课程建设研究"，形成了很多重要的研究成果，亟待整理成结合学校办学和实际研究过程的研究报告。于是，郭涵校长牵头编著《根植大地的教育变革与实践》一书。但当时大家都在职，两个字：太忙！

其间，尽管多次讨论书稿内容，多次策划方案，多次布置任务，但断断续续，写写停停。一晃，近十年——没了。

2020 年初，新冠疫情肆虐，学校停课，被迫蛰居，有了前所未有的宽裕时间。于是，春节刚过，郭涵校长便组织专门力量，以前所未有的认真和专一，开展讨论研究。大家对全书内容、结构体例等反复研讨。这样的讨论研究、群策群力和集思广益，前所未有。

疫情严重，我们尽量减少参会人员。会议室提前消毒；彼此自觉保持距离；

尽管人人全程口罩，还是难掩内心紧张。偶尔出去用餐，看到昔日门庭若市、眼下冷清异常的饭店场景，尤觉心有戚戚焉。特殊时期，特殊场景，特殊心情。谨记。

经过前后长达 8 个月时间的精心组织、修改、补充和调整，全书内容、结构、文字表述，包括标点符号等都发生了全新的、丰富的变化。裴教授再次审阅全书之后，书稿终于送达教育科学出版社。但裴教授和出版社对书稿要求极高。此后，我们又根据裴教授和出版社责编的意见，对全书若干重要概念、重要人物和历史事件等进行进一步阐释、核实或纠正，对案例进行压缩删减，对文字进行反复修改和严格校对。此项工作一直持续到 2021 年 4 月中旬——就在我于电脑前敲这篇东西的时候，还在对书稿进行最后的文字校对呢。

这本书的价值，不仅仅是郭涵校长和一零一干部教师团队 20 年办学实践的回顾、办学文化的提炼、办学经验的总结，还有一零一建校 70 多年的历史回眸。整本书体现出鲜明的承前启后、继往开来和薪火相传。

2010 年 9 月—2021 年 4 月，何止十年磨一剑。

为迎接北京一零一中建校 75 周年，学校决定编写《北京一零一中大事记》（1976—2020）。时间跨度长，历史事件多。经过一年多群策群力、辛勤工作，终于成书。

做这两件事，我的收获是：更加了解一零一，景仰一零一。

人生中途加盟一零一，是我的幸运和荣耀。十几年前，学校要搞一个活动，时任党委书记王涛希望我整出一句话表现活动主题。遂云："走进一零一幸福你一生。"未曾想竟成一零一"经典咏流传"。学校电子屏幕上常年展示的，除了校训"百尺竿头更进一步"，就是这句话。2016 年学校 70 年校庆，王涛书记让我手书之收录校庆画册，我也就半推半就了。有意思的是，前年一个秋日下午，我下班步行回家路过海淀山后文化中心，三个年轻人在路边闲聊，竟然在谈论这句话且入我耳，遂转身和他们搭腔，但未"暴露"自己身份。到家又心生遗憾：该"亮明身份"、说明自己是这句话"作者"并与之合影留念呢。

（六）有意思的 2021 年

这一年，做老师 40 年。前 20 年山东滨州；后 20 年北京一零一中。前 4 年（1981—1985）、后 4 年（2017—2021）都是教初中，都是整数，体现出有意思的"时间高对称性圆满"；中间 32 年教高中。

40 年徜徉课堂。40 年教书育人。40 年平静平淡。40 年弹指一挥。

这一年，我将告别我钟情一生的讲台，彻底解甲归田，陪伴家人老小，享受生活。当然，还要学习，因为，唯有学习可让精神之树长青；还要"语文"，因为，语文是我一生的精神伴侣；还要"进步"，因为，进步没有年龄界限。

在一零一，我上了20年课，做过高三班主任和高三备课组长，送6届高三（2届实验班，4届普通班）。做了12年学校管理。回想当年，送高三，管高三，和一零一老师并肩战斗，那是一段非常愉快、累乐并存、令人难忘的时光。心理压力是必然：既要管好学校的高三，又要教好自己的高三，二者都不能闪失。闪失，脸上挂不住（面子），心里挺不住（责任）。好在，挂住了，挺住了。不管今后如何，过去和当下，在中高考中取得佳绩都是社会刚需，必须满足；都是社会意志，违背不得。我们这一代人，一直以"单位"为上，以工作为先。为单位做好自己的工作，是我们的与生俱来。

我始终怀念并景仰一零一及其教师团队，这是源于心的怀念和景仰。我熟悉一零一文化，了解一零一历史。一零一造就了一支少有的卓越教师团队，这是它最雄厚的资本和最闪光的荣耀。

让我怀念和景仰的，还有一零一中语文组，它是我在一零一的栖身之地。75年历史的一零一，语文组群英荟萃，一代代人薪火相传，让一零一语文组成为享誉京城的中学语文教育品牌，不容易，不简单，难能可贵。

一零一，必将成为我个人独特的生命珍藏。不仅如此，它也是全体一零一人的精神宜居芳草地。它的传统和文化，它的人文氛围和自然环境，融入每个一零一人的灵魂。

一零一，必将与我的生命同在。

2021.4.9

"类文本"与"单元教学"

程 翔

"语文大单元教学"的提法有些仓促,一线教师匆忙接招,造成单篇教学在一定程度上被丢弃。一位随我实习的研究生交给我的不是单篇课文的教学设计,竟然是一个"大单元教学"设计。我对他说:"你先写一个单篇的教学设计给我看。"

其实,义务教育和高中阶段的《语文课程标准》中均未提出"语文大单元教学"这个概念,更没有硬性规定一线语文教师必须进行所谓"大单元教学"。笔者不知道这股风怎么一下子就刮了起来。

笔者在 20 世纪 80 年末和 90 年代初主持过"语文单元教学改革实验",初、高中各一轮,历时六年,写出了《四步骤多课型语文单元教学改革实验报告》,被评为山东省优秀教改成果。当年,全国都在学习借鉴布鲁姆的目标教学理论,语文教材及时提供了单元模式,二者相互结合,迅成气候。当时,语文教坛成立了语文单元教学研究会,经常举办活动,笔者作为其中一员,经常执教语文单元教学的公开课,还发表了几篇文章,这都集中体现在《语文教改探索集》一书中。笔者认为,单元教学的灵魂在于重视"带"。以"教读"带"自读",以"一"带"多",用方法"带",用规律"带",以期使学生达到触类旁通、融会贯通的目的,出发点和归宿都在于提高学生的阅读能力上。

30 年过去了,后来很少有人再提语文单元教学了,教材编写体例也发生了变化。没想到最近两年有了"大单元教学",而且来势迅猛。现在,各地争先恐后搞大单元、大情境、大概念、大任务的教学改革,"大"字满天飞,看得炫目,遂生忧虑。

当年笔者进行语文单元教学改革实验的时候,并没有丢弃单篇教学,前辈如钱任初、饶杰腾、张家璇、吴心田、钟德赣、甘其勋等先生也都是在语文学科的范畴内进行实践和研究,强调教育学、心理学及教学论的原理,尤其是外国的理论，必须与教学实际相结合，不可盲目搬用。中国人教中国语文，必须脚踏在中国大地上。记得当时我引用外国人的观点作为语文单元教学的理论依据，前辈就提醒说，不必非把外国人搬出来。事实证明，我国语文教育教学在全世界不落后。我们必须有这个自信。我听于漪老师的报告，她强调，要警惕一种现象，即拿中国的语文教学实践去适应外国人的教学理论。当然，我们不是盲目排斥外国先进理论，更不是闭关自守，盲目自大，而是说中国语文自有中国特色，非要去适应外国人提出的学说，路子可能会走偏。自从"五四"新文化运动以来，有识之士不断提醒，但我们似乎并没有切实关注。

单元呈现方式固然是一种超越学科的教材编写方式，但由此编成的语文教材属于语文教学范畴，由此进行的教学实践属于语文教学行为，不是什么概念化的单元教学，更不是什么"大单元教学"。非那么叫也行，但须知道其本质是语文教学。中国古代多采用主题编写方式，像《论语》《孟子》《荀子》《吕氏春秋》《管子》《庄子》《尔雅》等书皆是。《急就篇》算是现存最早的蒙学教材，采用同类聚合的编写方法，对后世影响很大。西汉刘向编撰《说苑》就是采用这种"以类相从"的主题编写法，分20个主题，各自相对独立，《贞观政要》在编写体例上明显受此书影响。明代把《说苑》作为教材使用，为国子监生员必读书。《说苑》在近代还被传教士介绍到西方，产生了一定影响。这在法国耶稣会会士杜赫德编写的《中华帝国全志》中可以看到。《昭明文选》和《古文辞类纂》《唐诗三百首》《经史百家杂钞》都是以文体分类为线索编写的，《古文观止》则以时间为线索。其中，《经史百家杂钞》文道并重，其特色受到青年毛泽东的肯定，他在给萧子升的信中说："国学者，统道与文也。姚氏《类纂》畸于文，曾书则二者兼之，所以可贵也。"[①] 梁启超说文章要一组一组地学，是对中国古代书籍及教材编写的精当总结。

重视"类"是中国古代书籍编写的一大传统，出现了数量极为可观的"类书"，如《皇览》《北堂书钞》《艺文类聚》《永乐大典》《渊鉴类函》等。这是中国人的发明，是对世界书籍编写及教材编写的巨大贡献。我们可以借用"单元"这个词，尽管它并不能确切表达汉语背景下"类文本"组合的含义，但因为使用已久，已经中国化。

类，指的是同类、类似，或相关。判定文本是否同类或类似的依据多种多样。单拿教材来说，一个单元内可以按主题类组合，也可以按文体类组合。无

---

① 任继昉：《青年毛泽东的国学观》，《光明日报》2011年12月12日第15版。

论哪一种,我们把同类和类似的文本称作"类文本"。学生在"类文本"阅读过程中,先进行单篇阅读,后通过比较,扩大视野,提高站位,加深理解,以达会通古今中外之效。这就是我们常说的语文单元教学,它是对中国古代书籍编写及教材编写传统的继承和发扬。在语文学科之上的单元教学,不只是在语文教材编写中存在,任何学科的教材编写都存在,即青年毛泽东讲的"各科皆可行之,不独此科也"。因此,为了不混淆学科界限,我们有必要称之为"语文单元教学",目的在于强调其性质是语文的。

在一个由"类文本"组合而成的单元中,学生学习的步骤是明确的,先进行单篇学习,后进行综合比较。如果课时紧,也可以不比较,因为有了扎实的单篇做基础,比较是相对容易做到的。比如,同是咏隋炀帝开凿大运河的诗,我们可以将不同作者的诗作组成一个小单元,先逐一阅读,再比较分析。没有逐一的阅读,就不可能有比较分析。这个逻辑关系是明确的,不可超越的。逐一阅读之后,学生自然会进行比较。所以说,语文单元中"类文本"组合的目的不一定是单纯为了比较。

不过有一种类文本的组合可以说是为了比较而设的。比如散文《医院之窗》和小说《窗》组合一起,目的很明确,就是为了让学生了解散文和小说的区别。在《医院之窗》中,没有心理描写,到了小说《窗》中,增加了心理描写。作者是怎么知道不靠窗病人心理变化的呢?运用虚构手法。虚构是小说的特点,不是散文的特点。一般而言,散文不能虚构。那么,小说《窗》的作者为何这样虚构呢?这与其写作意图有关,即揭示人性。小说《窗》中的"床位"已经被小说家隐喻化了,具有了象征意义,不是《医院之窗》中的那张普通床位了。不靠窗的病人苦苦追求到手之后发现窗外并没有迷人景色,只是一堵光秃秃的墙。这就具有了讽刺意味和警示作用:在嫉妒心理驱使下,人性可以扭曲到见死不救的程度,而苦苦追求到手的东西,到头来可能是虚无的。当然,即便没有散文《医院之窗》,师生也能够实现对小说《窗》的准确把握,但困难一些。有了它,还加深了对散文的认识和理解。因此,比较肯定是有用的。

当我们将同类的文本集中放在一个单元内的时候,学生会有触类旁通的阅读体验。比如将《珍珠鸟》《黄鹂》《埃菲尔铁塔的沉思》《囚绿记》四篇散文放在一起,必然能使学生领悟到"意象"在散文写作中的重要性,并对"意象"有更深层次的认识。《周易》中写道:"观物取象""立象尽意"。文学作品善于通过"意象"来传达思想感情。《珍珠鸟》《黄鹂》理解起来相对容易些，《埃菲尔铁塔的沉思》《囚绿记》就相对难一点。四篇散文合在一个单元内，就有了梯度，学生在教师引导下可以收迁移之效。

同类相聚的方式也可以用在对文本艺术手法的比较分析上。比如《听颖师弹琴》《琵琶行》《李凭箜篌引》三首诗，很多人做过比较研究。这种学习方式实际上已经超越常规阅读，进入到研究性阅读层面。语文教学中的探究式、研究式阅读已经存在多年了，但总体看收效不太理想。尽管在高考中也曾出现过古诗比较阅读的试题，但学生的研究性阅读能力并没有达到理想水平。究其原因，是教材没有提供更多可资比较研究的"类文本"单元，仅靠教师课外补充，难以保证。另外一个客观原因是，研究性阅读不是基础教育中语文学习的主体，单篇积累才是主体。在这一点上，笔者认为可以通过适当增加"类文本"单元数量加以解决。

人物形象、结构特点和语言风格的比较也是应该做的。比如孔乙己和范进的比较，玛丝洛娃和侍萍的比较，属于人物形象的比较；《林教头风雪山神庙》和《促织》，《哦，香雪》和《百合花》可以在结构上进行比较；《荷花淀》和《小二黑结婚》可以进行语言风格上的比较。以上几组文本皆在同一单元，比较起来较为方便。建议教材提供更多这种"类文本"单元。但是，这种比较不是语文单元学习的唯一目的。

过去的人教版教材中曾经选鲁迅的《论"费厄泼赖"应该缓行》和王蒙的《论"费厄泼赖"应该实行》两篇文章同在一个单元，给比较阅读提供了方便机会，可惜后来取消了。再有，教材中有苏洵的《六国论》，有的教师另外提供了苏轼、苏辙和清代李桢的《六国论》，四篇文章放在一起组成一个单元进行比较学习，很有意思。甚至还可以再拓宽一下，可以把评价《阿Q正传》的两三篇文学评论放在一起，与《阿Q正传》共同组成一个单元，有文有评，体现其相关性。这种文本聚合方式目前还很少见。

比较对于提升学生的思维品质很重要，属于高阶思维。无论是比较相同点，还是比较相异点，重点放在思维训练上。比如鲁迅的《祝福》和沈从文的《边城》，一个写鲁镇的压抑窒息，人无好人；一个写边城的单纯美好，人皆好人。一个是晚云沉重，一个是诗情画意。这真实吗？鲁镇就没有"好人"吗？边城就没有"坏人"吗？恐怕不是。但作者有意那样写，起决定作用的是作者的创作意图。这样分析，学生的思维必然会向纵深发展。要想实现这样的教学效果，教材就应该提供相对比较理想的"类文本"组合单元。教师也应具备进行"类文本"比较分析的专业能力。

一般而言，"类文本"所表现出来的比较点是显性的。如果是隐性的，比较起来就困难得多。如果根本不适合比较而强硬比较，必然造成生拉硬扯，搞拉郎配，闹出笑话。比如窦娥与鲁侍萍就很难比较，但有的地方非要求比较。统编本教材在一定程度上具备了这样的"类文本"组合，但仍有很多地方不尽如人意。笔者建议教师视情况而定，不必强求。或者说，单元教学不是强制性的，"大单元教学"就更不具有强制性。

当下有一种观点，认为"大单元教学"是对过去语文单元教学的超越，不寻求单元内"类文本"组合，而是到单元外重新组合。笔者认为，单元外重组是脱离实际的，多数教师做不到，即便做到，必然增加负担。如果"大单元教学"连语文学科性质都不顾及了，那实在不是一种进步。个别高水平教师可以超越教材，但那毕竟不是普遍现象，也不是教学常态。对于更多的教师来说，语文单元教学应当在教材提供的文本中进行，教材应当为教师提供一个可资使用的"类文本"组合单元。但无论如何，单篇教学是语文教学的主体，是基础，不可超越。

与"大单元教学"同时出现的还有所谓"大概念"。笔者对此颇有忧虑。刘向编撰《说苑》，采用"以类相从"的方式，包括君道、臣术、建本、立节、贵德、复恩、政理、尊贤、敬慎……共20个主题。这些主题其实就是大概念，每个主题统摄数十篇短文。《说苑》一书的性质，有人说是一部专给皇帝看的"谏书"，政治目的是第一位的。语文教材自然也有其政治性，就像叶圣陶先生说过的那样，所有的教材都是政治教材。但是，语文教材毕竟不是政治教材。"文革"期间的教材很多人记忆犹新，那算什么语文教材？我们强调主题组合单元，强调大概念，不是搞单一的政治主题组合，也不是搞单一的政治概念，而是语文的组合，语文的概念。这些概念不必用"大"来表示。有人说概念是分等级的，有上位概念，也有下位概念。该啥就说啥，何必曰"大"。其实，语文学科不是以概念支撑起来的，更多的是描述性的，生活气息和实用性突出。最新《普通高中语文课程标准》对于学业水平等级的表述就采用了描述性语言，这很好。概念一旦形成，就不宜频繁变化。然而谁能保证有些大概念十年之后仍然使用呢？章熊先生说过，语文教学每十年动荡一次。这说明，语文学科建设尚不成熟，诸多概念仍在讨论中，学科框架尚未固定。当年将语法知识放入语文教材中，人们对那些语法概念争得不可开交。那也是应当汲取的教训。其实，笔者特别希望有一批专家学者能用严谨的概念将语文学科的框架搭建起来。目前，我们要把那些已经被广大教师认可的语文概念、术语固化下来，比如"记叙文""议论文"和"说明文"的说法。事实证明,广大师生是接受的,可以与小说、诗歌、散文、戏剧等文学样式的名称并存。当然,如能加一个"类"字就更好。

研制课标,是极少数专家的事情;编写教材,是部分专家的事情。而把教材用好,贯彻课标精神,体现教材编写意图,则是广大教师的事情。塔尖上的专家一定要心中有教师,心中有学生,要始终面向千万师生的实际。

以史为镜　鉴世润心
——《战国策》备课札记

张新村

《战国策》由西汉刘向整理集录成书,翻开书页,一个个鲜活而真实的人物向我们走来,在这里,兴废存亡只在一念之间,个人荣辱系于一词之辨。这里有政治开明、锐意改革的秦孝公;有重用贤能、审时度势的赵武灵王;有礼贤下士、从谏如流的燕昭王;也有一意孤行、宠信奸佞的楚怀王;毫无主见、昏聩无能的齐宣王;还有宽容大度、知人善任的孟尝君;性格不羁、深谋远虑的冯谖;清净纯正,保持本心的颜斶;不慕名利、救人困厄的鲁仲连……

在这个群雄并起、逐鹿中原的大舞台上还活跃着一批谋臣策士,他们游走于诸侯国之间,"度时君之所能行,出奇策异智,转危为安,运亡为存"(刘向《战国策·书录》),在历史上留下了浓墨重彩的一笔。他们一方面才华横溢,在权谋谲诈的大环境中,凭借三寸之舌,居无定邦,在时代的洪流中,充分彰显个体生命的价值。另一方面他们大多出身贫贱,在发迹之前尝尽了人生酸苦,倍感世态之炎凉,迫于生存的压力,他们逐渐抛弃了传统礼法的约束,在他们看来,"仁义者,自完之道也,非进取之术也"(《战国策·燕策一》),现实让他们清醒地认识到"诟莫大于卑贱,而悲莫甚于穷困"(司马迁:《史记·李斯列传》)的心酸,因此,为了谋求个人利益的最大化,他们朝秦暮楚、身无定居、趋利避害、不择手段地追名逐利,在权谋和诡辩中,将诸侯国君主玩弄于股掌间,最后大多下场悲惨。

如身挂六国相印最后惨遭车裂的苏秦。他出身寒门,从小拜师学艺,学成之后,四处游说,接连碰壁,在游说秦惠王失败后,他的人生陷入了低谷。他失魂落魄,"形容枯槁,面目犁黑"(《战国策·秦策一》),穷困潦倒地返回家中,在这个本该让心灵休憩的港湾里,不但没有得到家人的鼓励和安慰,反而备受父母妻嫂的奚落。文中记载:"妻不下纴,嫂不为炊,父母不与言。"(《战国策·秦策一》）这种失意落寞侵蚀着他孤寂的灵魂，所幸他没有颓废沉沦、一蹶不振，而是力图在人生夹缝中生出花来，他发奋读书，头悬梁锥刺股，后游说六国，陈说利弊，完成了"合纵"的创举，身挂六国相印，达到了人生的巅峰。衣锦还乡，家人一改先前冷落之态——"妻侧目而视""嫂蛇行匍匐"（《战国策·秦策一》），多么戏剧性的人生，以至于苏秦不得不感慨："嗟乎！贫穷则父母不子，富贵则亲戚畏惧。"（《战国策·秦策一》）多么振聋发聩的慨叹，作者写尽了世态炎凉，人情冷暖。最后这位呼风唤雨、叱咤风云的人物因被齐国众大夫嫉妒，被刺成重伤。将死之时，要求齐王将他车裂于市。

又如在秦国位高权重、盛极一时的张仪最后却落得个出奔魏国郁郁而终的下场。张仪首创"连横"外交策略，最终拆散了合纵，各国的外交策略也由此前的"合纵抗秦"转变为"连横亲秦"，为秦的发展壮大立下了汗马功劳。张仪为了稳固自己在朝堂上的地位，中伤排挤与之政见不同的樗里疾、陈轸、惠施等人，遭到了本国同僚的排挤，各诸侯国也很憎恶他欺骗狡诈、谗佞反复之风，可谓内外树敌。秦惠王死后，即位的秦武王不喜欢张仪，最终张仪被赶出了秦国，逃到了魏国，一年后便去世了。

文中除描绘了时局动荡下，命运跌宕起伏的策士外，还记载了一批善于譬喻、勇于进谏的谋士形象，如讽谏齐王的邹忌、游说赵太后的触龙等，他们"近取诸身，远取诸物"（孔颖达：《周易正义》），以切身的生活经验作类比，由家事谈及国事，由生活琐事家长里短巧妙迁移到治国之道，转化自然，寓理于事，让国君茅塞顿开，矛盾也往往迎刃而解。

这里还有一批士为知己者死、尚义尚勇、重义轻生的刺客形象——

如一诺千金、杀身成仁的聂政，虽出身草芥却身怀绝技，他身上有着儒家传统的思想，他秉承着"父母存，不许友以死"（孔颖达：《礼记正义》）孝道至上的思想，任凭严仲子"三顾茅庐"，重金相酬，因有七旬老母要供养，几次拒绝了严仲子行刺的恳求。直至老母百年之后，为了报答朋友的知己之恩，孤身执剑来到韩国，完成刺杀任务后，为了不连累家人和朋友严仲子，他以惨烈的方式结束了自己的生命，文中记载他"自皮面决眼，自屠出肠"（《战国策·韩策二》），自刺身亡。他不求回报，不图成名，只想用这样的方式证明自己存在过，这种悲壮、坦荡、豪迈的情怀在千年不绝的时空里久久回荡……

又如扶弱拯危、不畏强暴的荆轲，他身上有着风流倜傥、潇洒无拘的侠客气质，年轻时仗剑壮游，和好友高渐离曾当街对饮，击筑和歌；他身上有着"侠之大者，为国为民"的侠义精神，面对秦王无道，为了替弱小国家除暴安良,即使在不受太子丹信任且行刺行动筹备不充分的情况下,他毅然决然地踏上了"壮士一去兮不复还"的征程,易水之上,慷慨悲歌,唱响了旷世绝响,在告别了知交故友后,只身前往虎狼之秦地,表现出了当此大任,舍我其谁的英雄气概,这种用生命去实行诺言,不畏强暴的处士精神值得我们永远铭记。

《战国策》描绘了一个个有血有肉的生命样态,展示了以不同的方式实现个体生命价值的历程,同时也表达出了个体的渺小与命运之无常。它既弘扬了人性之善,又不避讳人性之恶,人物鲜活丰满,生动真实,总之,经典书写着前人的筋骨血肉,以供后人鉴世润心。

《战国策》是汇编而成,非一人一时之作,内容长短参差,行文风格迥异,在阅读时建议精读和略读相结合,经典篇目诸如《齐策·邹忌修八尺有余》章、《齐策·齐人有冯谖者》章、《赵策·秦围赵之邯郸》章、《赵策·赵太后新用事》章、《燕策·燕太子丹质于秦亡归》章等要精读。阅读时可遵从"兴趣引领——品读体悟——反刍迁移——整体升华"的步骤。这样做既可以培养我们的阅读能力,又能在反复品鉴中体味文本之妙,将古人的智慧与现实的生活相交融,在互动生发中内化为一种人生的智慧,做到学以致用。

《战国策》中还有很多我们耳熟能详的寓言故事,如"画蛇添足""鹬蚌相争""狐假虎威""骥服盐车""南辕北辙"等,这些成语往往是古人高明游说艺术的典范,他们以寓言的形式,深入浅出地说明一个道理,今人读之不得不为之惊叹。另外,《战国策》中某个人的事迹往往见于多个诸侯国下,抑或见于其他史书的著录中,在阅读时,可以相互参照。

初读者需要借助一些译注类的参考书,目前比较通行的版本有:何建章《战国策注释》(中华书局)、熊宪光《战国策研究与选译》(重庆出版社)、蓝开祥《战国策名篇赏析》(北京十月文艺出版社)等,大家可以根据需要择其一二。

原文

齐人有冯谖者,贫乏不能自存,使人属孟尝君,愿寄食门下。孟尝君曰:"客何好?"曰:"客无好也。"曰:"客何能?"曰:"客无能也。"孟尝君笑而受之曰:"诺。"左右以君贱之也,食以草具。

居有顷,倚柱弹其剑,歌曰:"长铗归来乎!食无鱼。"左右以告。孟尝君曰:"食之,比门下之客。"居有顷,复弹其铗,歌曰:"长铗归来乎!出无车。"左右皆笑之,以告。孟尝君曰:"为之驾,比门下之车客。"于是乘其车,揭其剑，过其友曰："孟尝君客我。"后有顷，复弹其剑铗，歌曰："长铗归来乎！无以为家。"左右皆恶之，以为贪而不知足。孟尝君问："冯公有亲乎？"对曰，"有老母。"孟尝君使人给其食用，无使乏。于是冯谖不复歌。

后孟尝君出记，问门下诸客："谁习计会，能为文收责于薛者乎？"冯谖署曰："能。"孟尝君怪之，曰："此谁也？"左右曰："乃歌夫'长铗归来'者也。"孟尝君笑曰："客果有能也，吾负之，未尝见也。"请而见之，谢曰："文倦于事，愦于忧，而性懧愚，沉于国家之事，开罪于先生。先生不羞，乃有意欲为收责于薛乎？"冯谖曰："愿之。"于是约车治装，载券契而行，辞曰："责毕收，以何市而反？"孟尝君曰："视吾家所寡有者。"

驱而之薛，使吏召诸民当偿者，悉来合券。券遍合，起，矫命，以责赐诸民。因烧其券。民称万岁。

长驱到齐，晨而求见。孟尝君怪其疾也，衣冠而见之，曰："责毕收乎？来何疾也！"曰："收毕矣。""以何市而反？"冯谖曰："君之'视吾家所寡有者'。臣窃计，君宫中积珍宝，狗马实外厩，美人充下陈。君家所寡有者，以义耳！窃以为君市义。"孟尝君曰："市义奈何？"曰："今君有区区之薛，不拊爱子其民，因而贾利之。臣窃矫君命，以责赐诸民，因烧其券，民称万岁。乃臣所以为君市义也。"孟尝君不说，曰："诺，先生休矣！"

后期年，齐王谓孟尝君曰："寡人不敢以先王之臣为臣。"孟尝君就国于薛，未至百里，民扶老携幼，迎君道中。孟尝君顾谓冯谖："先生所为文市义者，乃今日见之。"

冯谖曰："狡兔有三窟，仅得免其死耳；今君有一窟，未得高枕而卧也。请为君复凿二窟。"孟尝君予车五十乘，金五百斤，西游于梁，谓惠王曰："齐放其大臣孟尝君于诸侯，诸侯先迎之者，富而兵强。"于是梁王虚上位，以故相为上将军，遣使者黄金千斤，车百乘，往聘孟尝君。冯谖先驱，诫孟尝君曰："千金，重币也；百乘，显使也。齐其闻之矣。"梁使三反，孟尝君固辞不往也。

齐王闻之，君臣恐惧，遣太傅赍黄金千斤、文车二驷，服剑一，封书，谢孟尝君曰："寡人不祥，被于宗庙之祟，沉于谄谀之臣，开罪于君。寡人不足为也；愿君顾先王之宗庙，姑反国统万人乎？"冯谖诫孟尝君曰："愿请先王之祭器，立宗庙于薛。"庙成，还报孟尝君曰："三窟已就，君姑高枕为乐矣。"

孟尝君为相数十年，无纤介之祸者，冯谖之计也。

（选自缪文远等译注：《战国策·齐策四》，中华书局，2012年）

简析：

孟尝君是齐国的宰相，他礼贤下士，天下贤才纷纷来投靠，冯谖亦来此，初次见面，他表示自己既"无所好""亦无所能"，这样的回答可谓出人意料，在门客云集的宰相府，他的回答很可能让他丧失寄食的机会。他虽已"贫乏不能自存"，但绝不为了满足口腹之欲而随意投效他人。他率真坦荡的回答里有着不为形役的洒脱和不驯，有着对自己天生我材必有用的笃定和自信，有着对孟尝君礼贤爱士诚意的试探和考验，孟尝君的一"笑"一"诺"暴露了他对冯谖的轻视，"笑"的意味里藏着鄙薄之情，"诺"的背后有着狐疑之虑。这直接导致了"左右以君贱之，食以草具"。

接下来，冯谖"三弹其铗"的举动可谓一石双鸟，用心良苦。一方面通过一系列看似不合理的要求对孟尝君进行试探，另一方面也是帮助他扬名。冯谖这些要求在外人看来越是不合理，就越能显示出孟尝君的重士之名。孟尝君以宽厚、仁慈的态度来礼遇冯谖，满足了其衣食住行、供养老母的要求。正是他的宽容大度坚定了冯谖追随左右并为之效命的决心。

后面便是冯谖替孟尝君焚券市义、巧营三窟极富戏剧性的情节了，在情节的设计上，可谓"波澜层出，姿态横生，能使冯公须眉浮动纸上。"（吴楚材：《古文观止》）以焚券市义为例，故事的开头孟尝君寻求到薛地为其收债之人，冯谖竟然毛遂自荐，此举出人意料，孟尝君笑而受之，这里给读者设置一个悬念，冯谖能否出色地完成任务，在写冯谖进入薛地前，特意描写一个小细节，冯谖问收债券后"以何市而反"，孟尝君略带狡黠地回答说"视吾家所寡有者"，这一问一答看似闲笔，实则为后面冯谖的"矫命烧券"作铺垫，可谓草蛇灰线，伏脉千里，对整个剧情的反转起了至关重要的作用。孟尝君听说冯谖用收回的债券给他买了一个看不见摸不着的"义"，他面露不悦之色，对冯很失望，冯谖这时候并没有急于辩解而是静待时机，直到一年之后，孟尝君回到封地，"矫命烧券"的意义才真正显现，这时他不得不感佩冯谖之远见卓识。正是通过情节的波澜起伏，人物形象才得以丰满，一个恃才自信、知恩图报、深谋远虑的门客形象便跃然纸上了。

"诗意语文"与"核心素养"

刘 青

《普通高中语文课程标准（2017年版）》指出语文学科核心素养的四个维度包括"语言的建构与运用""思维的发展与提升""审美的鉴赏与创造""文化的理解与传承"。语文核心素养是学生自我发展、个体融入社会不可或缺的修养，而"诗意语文"是"语言的建构与运用"的具体实践，它以文本言语为中介，在学生的语言实践中，师生与文本的内容与形式之间进行多维互动，在领悟语言的魅力的同时，激发诗情，启迪思维智慧，提升审美品质，发掘潜藏在语言中的丰富文化内涵并积极传承，塑造完美健康的人格。

我们借助读写结合的各种途径，如改写、仿写、续写，运用对联、颁奖词、古体诗等"美写"形式对文本进行反复的品读与再创作，在文本教材、课外生活、社会实践等丰富多彩的世界里腾挪跌宕，青春生命在语文世界的飞翔中撞击出美丽的火花。"诗意语文"的实践过程是对语文学科核心素养的全方位提升的过程。

一、诗意"文本"，获取思维品质的提升

学生的思维品质决定了学生读写能力的高低。文本阅读在语文教学中的地位举足轻重，更多时候学生的阅读是肤浅与表面化的，为使学生对文本的领悟更加深刻，引领学生在语文学习过程中运用各种艺术形式驱遣想象，调动情感，在文本的各种信息、各种意象中去偃仰啸歌。我经常用改写的形式，让学生对文本有更深切的领悟。

美写题目：

在开满鲜花的河岸上，总会有人走我们走过的路，写我们没有写完的故事，

甚至互相呼唤的都是彼此曾经呼唤过的名字。

——席慕容

读白居易悱恻缠绵的《长恨歌》，化作故事中的男女主人公，可借用《长恨歌》的句式，书写一曲委婉动人的歌。

学生佳作：

玉环歌

李博玉

妾本杨家豆蔻女，未出深闺无人识。
可怜承君二十载，华清宫里懒起迟。
玉环绕臂致契阔，圣意拳拳寄跳脱。
郎抚瑶琴妾翩跹，轻帐倩影自袅娜。
不知琼宇天上舞，可及人间霓裳歌？
奈何安史双贼子，一夜覆国山河破。
与君仓皇向南行，恰似比翼共投林。
但惧将士愤怨意，白绫三尺忘川隔。
阴阳两世那得渡，胜过王母一银河。
星影阑珊日影落，奈何桥头玉人歌。
见卿日日泪洗面，我亦心绞如刀割。
夜半犹坐凄清处，难借幽梦将情托。
幸有方士道法助，雾隐深处再相逢。
一时无言难自持，相对不语泪婆娑。
今生不能共白头，只愿来世连理得。
不羡高门帝王户，但作寻常夫妻合。

玄宗恨

王嘉欣

开元中维泰阶平，即位岁久倦于政。
宫中千数良家子，怎奈悦目无一人。
忽闻杨家深闺女，急唤入宫睹真容。
轻步袅婷入殿来，抬眸惊为天中人。
肤若凝脂鬓似云，面若芙蓉眉似柳。

清秀能比九秋菊，俏丽恰似三春桃。
眼中脉脉波相递，唇角微扬巧笑迎。
登时赐浴华清池，从此笙歌夜不息。
哪知叛乱城中起，遽携玉环速离京。
六军徘徊止不进，马嵬坡前玉魂逝。
不觉年岁悄然度，魂魄若似追人去。
二年大赦驾还都，西宫院内悲尽来。
满门园色皆依旧，身旁早已无故人。
身在宫中无政事，旧痛新伤齐袭来。
且看岁岁春之日，与妃梦中重相见。

在阅读中，用新颖别致的美写激励学生对文本进行多角度多层次的阅读，优秀作品一回拈出一回新，在同学们进行紧张刺激的改写的同时，学生们的思维也向更深处发展。学生们的思维至少经过这样一个过程：再次感悟教材内容，选择重点词语进行回味，搜寻记忆库里的恰当语言，提炼、加工、组合语言，建构新的形象，体验新的情景。在这六个思维层次的推进过程中，学生思维的敏捷性与灵活性得到了切切实实的锻炼，在筛选、勾连、比较、整合中，文本的思辨空间得到了拓展，学生的思维品质得到明显提高。

二、诗意"作家"，内化并培育审美情致

知人论世是我们鉴赏文学作品一个很重要的方法。清人章学诚在《文史通义·文德》中也说道："不知古人之世，不可妄论古人文辞也；知其世矣，不知古人之身处，亦不可遽论其文也。"因此，在古代，人们就把"知人论世"作为文学批评的一种原则加以运用。"知人"是指在阅读作品时必须了解作者的身世、经历、性格、志趣、思想状况及创作动机等；"论世"是指联系作者所生活的时代去考察作品的内容。

很多伟大作家，他们的生命史是一幅精彩绝伦的画卷，用他们的生命践行着他们的诗篇。那些优秀作品的背后是作家们横溢的艺术才华与高贵人类精神的完美统一。李白追求道家的飘逸自然与剑侠的豪爽，飘逸潇洒、豪放不羁，他的诗作瑰丽奇绝、无拘无束；杜甫以儒家圣人为楷模，忧国忧民、心胸博大、地负海涵，他的诗作对仗工整、格律严谨。我为学生布置了这样的美写。

美写题目：

清人云："吾于天才得李太白，于地才得杜子美……太白以气韵胜，子美以格律胜……太白千秋逸调，子美一代规模……"一个豪迈自信，一个崇高博大，请同学们分别为李白、杜甫写首诗，并为二者写对联。

学生佳作：

咏李白

曾嘉

昔者谪仙人，飘然落尘凡。
豪气惊举朝，声名震长安。
笑饮贵妃酒，傲脱力士靴。
朝堂如樊笼，怎能困青莲。
一剑一提壶，踏遍万千山。
云鸟独飞去，孤影日悠悠。
月影为我伴，邀享忘忧物。
抱月终长眠，化作酒中仙。

酒中仙

郭毓言

浊酒贪如水，微摇步脚醉。迷离不识月，却邀月中仙。豪情万丈如山高，寄情河川，岭南江北。漂泊人间，无所从入，自言不食烟火味。山川难平志难酬，仰天长笑，眼角带泪。

醉眼蒙眬，长安不见，自有心中月如翡。

咏杜甫

王艺堃

儒冠少陵徒漫游，沉郁仕途万丈情。
陷贼席卷长安城，夜语绝声泣幽咽。
乾坤疮痍苍崖裂，靡靡阡陌人萧瑟。
仓皇文武东西路，惟与国家生死依。

咏杜甫

曾嘉

少如白驹意风发,登临绝顶俯山小。
十年郁郁长安客,一朝地动徙逐君。
至蜀望北反往南,潦倒落寞未曾眠。
独哀天下黎民泪,长恨万古兴衰事。

诗中仙圣对联:

顾峻楠

谪仙人,天上星,青莲居士,饮酒倚剑,一般傲骨,逍遥大鹏扶摇九天揽月去。
诗圣哲,苦天地,少陵野老,执笔草堂,满腔君国,世间疮痍疾苦字间走波澜。

张轩

诗中仙才,豪放飘逸,月下舞剑,酌酒花间,落墨诗卷又几斗,斟世间烈酒,卧巍巍高楼,看天地何人可似他无愁无忧更无虑。
诗中圣哲,沉郁顿挫,风中漂泊,扶柏庙前,落魄幽人更多置,弃朱门酒肉,悲路前白骨,寻乱世何人可似他忧君忧国更忧民。

吴成炫

歌月朗,纵酒狂。仗剑而游,一生蹉跎。俊逸清新动风雨,献赋谋仕未失逸。平交王侯,俯视巢许。破于声律,桀骜不群。
丽日月,思沉幽。初豪意放,湮民疾苦。指斥淆乱愤国患,郁沉悲悯忧苍生。路津欲济,愤惋困穷。浑融暗转,境贯长风。

曾子萱

酒里谪仙,缥缈浪漫,绣口吐盛唐;梦游天姥,把酒问月,游侠豪气传千古。
世中诗圣,沉郁顿挫,笔墨书乱世;瞻望岱宗,舍己庇士,济世忧心普天下。

张禾

青莲居士，身仙骨傲一世愿求一展宏图。终无果，便罢率性肆意追逍遥，少陵野老，忠君爱国一生独念兼济天下。却无门，只得沉郁顿挫叹兴衰。

雅风惯于字里行间寻觅境界，得势度而求韵味，每每倾注融融爱心，流淌汩汩诗意，情思充盈，气格高骞。我们发现，学生写二位诗人，写李白则如同李白诗作风格，浪漫自由，不拘一格，而写杜甫均为严谨整齐，讲究格律，尤其对联，精彩绝伦，似得仙圣之精髓。

完成这些作业首先我们需要对作家及作品进行深入的了解，不仅认真读文本，还要读一些相关的评价分析类文字。在阅读品味中，学生对文本、对作者的整体风格把握将会更准确，客观上能够锻炼学生的分析、归纳、整理能力。高质量完成作业，更需要学生广泛涉猎、融通内化，在潜移默化之中提高学生的阅读能力和文学素养。尤其是文字表达，要清隽典雅，工整秀丽，格律诗或对联考虑词性一致，内容相对，平仄押韵等。经过这一沉思涵泳的过程，"诗意语文"实践成为发现美、打造美、成就美的利器，促进"溯源性"审美向"生成性"审美转化，提升学生的审美情趣。

三、诗意"生活"，传承优秀民族文化

语文学习的外延就是生活的外延，我们将诗意洒向更广袤宽阔的语文学习的舞台。

我们的文学作品大多文质兼美，饱含丰富细腻的情感或深邃的思考，或生动形象或风趣幽默，或清新朴实或华丽典雅，或精巧隽永或气势恢宏，给人带来美的享受，我让同学一起对这些优秀的作品进行仿写，以瑰丽多彩的形式去抒写缤纷灿烂的生活，表达自己的感悟，字里行间无一不展示着他们个人的风情与志趣。

美写题目：

"万里长城，慕田峪独秀"，在一个秋高气爽的日子，我们同游中国目前最长的一段长城"慕田峪长城"，这里重峦叠嶂、林木葱郁、关台奇特、敌楼密集……

今天，蔚为壮观的自然风光、丰富悠远的人文内涵、惊心动魄的攀爬经历、

相携扶助的同窗情谊……这一切一切为我们编织出青春生命最动人的画卷,请挥动你的笔墨,模仿文质兼美的《赤壁赋》,让流光溢彩的文字为我们生命的奇迹做一个美丽的见证。

学生佳作:

长城赋
——仿苏轼《赤壁赋》
陈绍轩

庚子之秋,十月既望,陈子与友弋步于慕田峪长城之上。皓月高悬,山影如水,秋风萧瑟,铮铮然如枪骑袭人寒骨,去而无影矣。举盏以酹天地,诵无边落木之诗,吟《秋声》之章。少焉,日出于西山之上,排闼万丈而明晰世界了矣。白露凝秋,枝叶横柯,一夜千山红遍,万点野果尽现,妆成铅华之秋山。登楼倚垛,临风而尽目之所及,行止处如化云霓霞蔚,悠悠然忽失方圆之象,羽化而登仙。

于是对酌乐甚,鼓石而歌之。歌曰:"昔我往矣,杨柳依依;今我来思,雨雪霏霏。"又曰:"秦时明月汉时关,万里长征人未还。但使龙城飞将在,不教胡马度阴山。"友中感怀者,凭阑而和之。其声呜呜然,如怨如艾,如叹如泣,似莫束之孤鸾,似子子之蓼雁。

陈子愀然。正襟危坐而问友曰:"何为其然也?"客曰:"'云护牙签满,星含宝剑横',此非戚元敬之诗乎?西啮居庸,东锁古北,山川相缪,苍苍乾坤,此非北骑之困于元敬者乎?方其定中原,上燕地,琅琅而北也,狼烟千里,旌旗蔽日,酌酒危楼,横槊赋诗,固一世之雄也,而遂逝诸江河淘尽,而今安在哉?况吾与子漫行于长城之上,侣贩夫而友走卒,冯双屐之所行。寄蜉蝣于天地,渺沧海之一粟。哀吾生之须臾,独揽月而长终。"

陈子曰:"友亦知夫水与月乎?如逝如虚,而卒莫消长也。自其逝者观之,天地你我皆殆尽悲哉秋风中;自其未逝者观之,则物与我皆无尽,元敬之气魄风骨未曾消逝也!今日之太平广世,今日之安宁温美,皆源自元敬之伟绩与气韵也。此为莫逝之无尽藏,而吾与子之所共适。"

友喜而笑,洗盏更酌。肴核殆尽,杯盘狼藉,枕明月而漱清风,不知东方之既白。

城墙、敌楼、墙台、烽火台连绵逶迤,气势雄浑,千古遗存在同学笔下生辉。类似的，我们也把诗情诗意洒向我们中华民族在生产实践中创造的文化遗产——二十四节气。天地的大美、四时的序列、万物的枯荣，24个如诗如画的名字串起了我们与众不同的四季。"春雨惊蛰清谷天，夏满芒夏暑相连……"2020年国庆、中秋双节之后迎来了"寒露"节气，我们进行了"寒露"美写。

美写题目：

袅袅凉风动，凄凄寒露零。随着寒露节气的到来，秋天的凉意渐渐的加深。本是寂寥的季节，寒露过后，草木凋零，更是增添了几分萧条。但景虽一致，看景的人心境却大有不同。三毛就曾说："岁月极美，在于它必然的流逝。春花，秋月，夏日，冬雪。"

你心中的寒露是怎样的秋色秋意，请评析你最喜欢的"寒露"诗词，并仿照其诗词的形式写出你的"寒露"诗。

学生佳作：

钗头凤·寒露

曾凤妩

寒露降至寒霜劲，乍暖还寒，西风送秋。断鸿声里斜阳尽，菊有黄华，芙蓉新醉。

草叶含珠泪眼望，月露微凉，梧叶飘黄。总把轻装换暖裘，故人成各，今非旧岁。

玉蝴蝶·值寒露难抒怀所作

汪书鸿

月寂夜凉如水，孤身拍案，霜起风寒。又是寒露，空对纸砚无端。盥洗罢，独倚危楼，词不成，情缱难传。望香山，醉吟何在？拍遍栏杆。重谈，三年瞬逝，才难成句，叶落枝残。复泣寒蝉，不敌风雨仍强攀。怒挺身，如羌冷月，耀瀚海，旗鼓扬帆。

莫悔前，少年正盛，誓破苍天。

2020寒露

李卓睿

国庆中秋节成双，寒露收尾送清凉。
华叶七彩胜春日，清空一色衬骄阳。

车水马龙归程急，摩肩接踵返岗忙。
中华儿女多奇志，抗疫完胜国运长！

寒露游颐和

杨梦瑶

寒露随秋降，悦赏颐园景。
金光穿孔桥，秋风掠昆湖。
大步攀层阁，一览全园景。
谁言秋风瑟？畅笑吟寒露。

自然风景，人文风貌，国运时势，学业艰辛，情怀哲思都凝聚在这感慨喟叹之中，或轻松嬉戏或深沉旷远，给人无限的遐思与启迪。

诗意氤氲，墨宝飘香，学生以诗情诗意铸成缤纷多彩的生命佳作，字字珠玑，句句玉润，读之唇齿生香，吟之不绝如缕。舒婷说："一切的现在都孕育着未来，未来的一切都生长于它的昨天。"光辉灿烂的山河胜景、源远流长的优秀文化与我们沸腾的热血与四溢的才情交相辉映并将生生不息。

在"诗意语文"的探索中，学生不仅获得语文核心素养的全面提升，更在全面提升中发展了心智，在潜移默化中接受文化的濡染，精神的感召和灵魂的牵引，生发的情感、信仰等长留心中，成为历久弥香的、珍贵的精神财富！2017届我们集体有20名同学高考成绩在650分以上，我校高考前四名被我班同学囊获，1名同学被评上"北京市优秀学生"，4名同学被评为北京市三好学生，2020届学生均被985、211高等院校录取。

2017届学生说："您是诗意栖居的领路人，您温暖的微笑与智慧的指引是我们青葱时光里最美的珍藏。'诗意语文'是对生活的一种深度滋养，它让心永不麻木，永葆情感的丰沛与活力，因而应该成为贯穿一生的事！越长大越明白一颗善感的心多么美好——能为生活中的美德与善行而由衷感动、感恩，也能在感知美好的同时获得远离阴暗和对抗丑恶的坚定、坚强，汲取成长的力量。"

阅读，学生精神成长中的觅渡
——梁衡散文集《觅渡》荐读

杨金才

一、《觅渡》是一本怎样的书？

（一）名家的大情大理之作

这是一本非常著名的散文集，作者梁衡是著名学者、著名作家，是中小学语文教材编写顾问，他的散文抒写大情大理。季羡林先生在给本书写的《序》中说："梁衡是一个肯动脑、很刻苦、又满怀忧国之情的人。他来我这里聊天，无论谈历史、谈现实，最后都离不开对国家、民族的忧心。难得他总能将这一种政治抱负化作美好的文学意境。在在世的散文家中，能追求、肯追求这样一种境界的人，除梁衡外，尚无第二人。"

（二）多篇文章入选大中小学教材

他的作品《觅渡，觅渡，渡何处？》《大无大有周恩来》《把栏杆拍遍》《跨越百年的美丽》《晋祠》《壶口瀑布》等多篇文章被收入小学、中学、大学课本。其中三篇入选最新人教版中学语文课本：《壶口瀑布》（初中八年级下）、《特里尔的幽灵》（高中选修二）、《觅渡，觅渡，渡何处？》（高中选修十二）。

二、我为什么要推荐这本书？

（一）走出阅读舒适区，阅读动脑子的书

舒适区这个概念首先是由哈佛大学的教授提出的，后来许多心理学家都在研究。

舒适区，指的是一个人所表现的心理状态和习惯性的行为模式，人会在这

种状态或模式中感到舒适。在这个区域里，每个人都会觉得舒服、放松、稳定、能够掌控、很有安全感。一旦走出这个区域，人们就会感到别扭、不舒服，或者不习惯。

美国心理学家安德斯·艾利克森在《刻意练习》中说："对于任何类型的练习，这是一条真理：如果你从来不迫使自己走出舒适区，便永远无法进步。""不仅如此，因为没有走出舒适区，没有给自己设置太大的挑战，相当多的教师、医生工作了二三十年、三四十年，业务水平还不如毕业两三年的新人。"

艾利克森用现代科学技术手段研究表明："一个人走出舒适区时，会遇到挑战，这时大脑神经网络会重新布线，以适应新的学习，这时学习更高效。相反，一个人总是习惯于舒适区的状态，再多练习也不会有进步，这种练习叫作天真练习（即无效练习，也叫傻练——笔者解读）。"

我把这种科学理论用于指导学生阅读，意义重大，尤其是指导学生阅读动脑子的书，意义显得更加重大。而梁衡先生的散文集《觅渡》，正是这样一本需要同学们动脑子阅读的书。

2020年9月，我就阅读状态问题，对初二年级200余名学生做了问卷调查：

学生阅读状态分布表

阅读状态	处于舒适区	处于学习区	未进入阅读状态
比例	65.28%	26.39%	8.33%

调查结果显示，大约有三分之二的学生处于阅读舒适区，进入学习区的约四分之一，另有近十分之一的同学还没有进入阅读的状态。这一结果显示指导学生进行深度阅读的必要性及重要性。

学生阅读意愿表

阅读意愿	愿意走向学习区	不愿意走向学习区
比例	91.67%	8.23%

令人高兴的是，绝大部分学生愿意为走出舒适区、走向学习区而努力，只有8.23%的同学不愿意。

2020年12月，我对部分学生就走出阅读舒适区的心理感受问题进行了访谈：

学生1："对我来说，阅读'舒适区'就是炎热夏天里那凉爽的空调与冰镇的饮料，实在是令我眷恋，以至于我沉醉于其中完全无法自拔。"

学生2："在舒适区待久了，就难以取得新的进步。我已经记不清我多少次尝试打开天窗，触碰照亮前路的启明星，无数次摸索，无数次失落。

我打开了《文化苦旅》和《觅渡》，我就感觉自己在苦旅中觅渡。你明明读得懂他写的字，可以拼出句子，但你总无法理解到作者的感情与思想境界，无法与他产生精神上的共鸣，这是一种怎样的痛苦啊！"

学生3："我开始看那些散文、传记这一类'磨脑子的书'时，内心是拒绝的，让我放下这些使我痴迷的小说，如壮士断腕一般。可是，自从我开始尝试着读名家散文的时候，尤其是阅读梁衡的散文《觅渡》时，我克服了困难，很快就迷上它了，它相较于小说而言，思想性更强，也更能启发我的思考。"

从上述调查与对学生的访谈来看，可以得出这样一个结论：学生阅读水平的提高，需要老师的指导，老师必须将学生推出阅读舒适区，推到一个恰当的区域内——艾利克森称之为"不太远的甜蜜点上"，这样的阅读学习最有效。当然这种指导应该有计划、有方法、有反馈，否则很难说得上有学习效果。

（二）积累生活，积累阅读

梁衡在《中学生怎样阅读写作》里说："一个作家的写作是由两大背景决定的：一是他的生活，二是他的阅读。"我认为中学生的语文学习同样是如此。

《觅渡》这本书共85篇文章。分六部分："大情大理""青史如镜""山川如我""理性人性""域外风景""为艺为文"。前五部分都是写行走与阅读，第六部分主要是谈写作。

本书是作者运用丰富的生活经历与阅读经历，饱蘸着自己对国家、对民族、对自然、对生命的热爱与理性的思考写就的，文章抒写出对世界、对自然、对社会的大情大理。

在实际语文教学中，我们有一个共识：凡是生活经历丰富、热爱阅读的同学语文的核心素养就高，成绩就高，反之就低。生活与阅读不仅会促进学生语文成绩的提高，还会积极影响学生的精神成长、生命成长。

美国心理学家艾利克森说："当我们思考某一事物时，大脑就会调动出已经存储的画面等信息与之对应。这些画面会帮助人快速处理信息，而且人与人之间体现出较大差异。"这些画面、事物等就是心理学上所说的心理表征。这一结论在我做的心理表征问卷调查中也得到了很好的验证。

问题：在老师讲《茅屋为秋风所破歌》时，提到"茅屋"一词时，你第一时间联想到的画面是什么？

学生1：云南旅游时看到的那间茅草屋；

学生2：老家村里地那间茅屋；

学生3：电视上看到的那间茅草屋；

学生4：大兴安岭里的草屋；

……

学生N：茅草屋。

学生的回答回答差异很大，这是符合学生实际生活，也符合认知规律。但学生N的回答是"茅草屋"，引起了我的注意，事后我专门对他进行了访谈——

老师：为什么你的回答没有任何指向？

学生N：我当时什么也没想到。

老师：为什么呢？

学生N：我除了上学外，很少走出家门去旅行、实践，对这个没印象。

由此，我们可以看出贫乏的生活经历已经严重地制约了学生的联想与想象，制约了学生阅读能力与写作水平的提升。

生活是写作的源头，阅读是写作支流，如果我们有丰富的源泉，再汇集众多支流，那么我们的写作一定形成一条奔腾不息的河流。所以，我建议学生家长和学生像古人说的那样：行万里路，读万卷书。同时，我认为行万里路比读万卷书更重要。

（三）理解梁衡的散文讲究"三美"

所谓"三美"，在写作中，表现美是有层次的，分为三层：第一层描写的美；第二层抒情（意境）的美；第三层哲理的美。

他同时讲到"五诀"，是指写作的五个内容：形、事、情、理、典。

我从有关中学语文阅读与写作教学的实践与思考出发，把它们整合为更有利于我们阅读与写作教学的"三美"。

我理解的三美，既包含着文章三个目标：一是写人、事、物美；二是抒情美；三是悟理美；又包含着五个内容：人、事、物、情、理；还包含着四种表达方式：描写、记叙、抒情、议论。

这种指导学生阅读与写作的方法已经实施了多年，学生学习效果非常明显。

阅读与写作的"三美"整合表

读写内容	人、事、物美	抒情美	悟理美
表达方式	描写、记叙	抒情	议论
表达效果	描写人物、景物生动形象，叙事详略得当	抒写真情实感	悟出对自然、历史、人物的理性思考

写作以人、事、物为基础内容，在此基础上抒写情感，或情景交融，在此基础上悟出对自然、历史、人物的思考，有时情与理不一定同时具备。

如果用这样的思路去阅读梁衡的散文、理解散文，会有更多感悟，更有利于学生写作练习。

现分别以写人的《觅渡，觅渡，渡何处？》与写景的《壶口瀑布》的两类文章为例，谈谈梁衡散文是如何表现这种"三美"的。

1. 写人物的：《觅渡，觅渡，渡何处？》

《觅渡，觅渡，渡何处？》是如何表现作者三层美的理念的呢？

首先，我们来看文章是怎样表现人物美的？写人物，要抓住人物的特征。写人物有两个角度：一是人物的外在特征，即人物的外在形象；二是人物的内在特征，即人的精神品质。人的美，美在外貌，更美在心灵，即精神品质。对于人物的外在形象的刻画相对比较容易，但要走进人物内心世界，揭示出人物的精神品质就很不容易了。

而梁衡先生在文章中对于瞿秋白的外在形象描写得不多，但给人的印象却十分深刻，"一副秀气但又有几分苍白的面容"，一句话抓住瞿秋白的外在特征——柔弱，在后面的文章中又两次强调他的"柔弱"。而作者想重点表现的是瞿秋白在"柔弱"表征下的高尚的精神品质，即人物的精神美。

梁衡在《我写〈觅渡〉》中说："我的目标是怎样发现人的价值，挖掘人的价值。"为了准确解释瞿秋白的精神品质，梁衡历时六年，三次造访瞿秋白故居，反复思考。

为了表现瞿秋白的精神价值作者设计了三个"如果"：

第一个"如果"："如果秋白是一个如李逵式的人物"，是想说他如何看待生命的价值——他不是普通人，他才华横溢，多才多艺，在民族大义面前，甘愿自我牺牲！

第二个"如果"："如果秋白的骨头像他的身体一样柔弱"，是写他如何看待死亡，他是英雄，但他不是普通的英雄，他虽身体柔弱，他是一个理性的为了共产主义与道义而从容就义的英雄！

第三个"如果"："如果他不写《多余的话》"，是说他如何看待自己的名誉——他是一个诚实的人，深刻地剖析了自己。对于他来讲，生死都置之度外了，名誉对他来说更是不值得一提！

接下来，更进一步揭示悲剧悲在何处。瞿秋白以柔弱的身躯、视死如归的大无畏的精神回答了三个"如果"。文章没有完，又更深层次地揭示出瞿秋白的悲剧悲在何处？一是他的才华没有得到发挥；二是党内的斗争。这也是后人为之惋惜的主要原因。

其次，文章是如何体现抒情美的？

叙事抒情相结合，看似叙事，实则抒情。抒情之美，美在和谐统一。

文中"书生""柔弱"两个描写人物身份、外貌特征的词，本来是刻画人物外在形象的，但是，我们能从字里行间，读出作者是在表达自己的深深的惋惜之情！甚至作者在文章的第三段用抒情的笔调写道："他是书生啊。"写他在监狱里的状况时说："其实，他实实在在是一个书生。"这分明就是直接抒情，甚至我能想象到梁衡先生写作时眼里噙着泪花！

最后，文章是怎样体现哲理美的？

所谓哲理美，就是文章写作要对自然、社会、人生的思考与感悟，是理性思考，在表达方式上属于议论。本文的哲理美，表现在记叙、抒情、议论的有机结合上。

例如：在第六段中写道："他一生在觅渡，可是到最后也没有傍到一个好的码头，这实在是一个悲剧。但正是这种悲剧的遗憾，人们才这样以其生命的一倍、两倍、十倍的岁月纪念他。"

又例如：在第六段还写道："最可惜的是他有十分才只干成一件事，甚至一件事也没干成，这才叫人惋惜。"

在这些文字中，表达出作者对于瞿秋白大才不得施展、忠心而含冤离世的极大惋惜与伤感之情，同时也是对瞿秋白精神品质的高度赞扬。记叙、抒情、议论结合得非常完美。

2. 写景物的：《壶口瀑布》

《壶口瀑布》这篇文章是三层美的和谐统一的典型，其写作思维路径为：人、事、物→情景交融→悟出哲理。我以小陈同学的读写故事来阐释这篇文章的三层美。

国庆节，小陈和父母一起到山西旅行，期间游览了壶口瀑布，壶口瀑布的雄壮之美深深震撼了年轻的心灵。恰好他刚刚读过《安塞腰鼓》《壶口瀑布》，于是他根据自己的经历，仿照两篇文章，写了一篇与梁衡同名的作文《壶口瀑布》。对于一名初二的学生来说，他的作文写得非常有文采，值得同学们学习。开学后，我就巧妙地利用这篇文章，引导学生与梁衡的《壶口瀑布》进行了比较阅读。

老师：同学们，今天这节课，我们拿小陈的作文《壶口瀑布》与梁衡的《壶口瀑布》进行比较阅读。

学生：哦——（全体投来羡慕的赞叹声）

老师：小陈，你觉得你的作文和梁衡的文章比较，谁的好？

小陈：我哪能和大家比呢？我觉得跟梁衡先生差远了！

老师：这可不一定，大家的作品也未必都好。你觉得你的作文哪些地方写得好？

小陈：我举得我的优点有三点：一是我写了我的真情实感，二是我模仿《安塞腰鼓》《壶口瀑布》还不错，三是我能在写景的基础上有抒情。但我觉得和大家比差得太远了。

老师：那么你能不能具体谈谈哪儿有差距？

小陈：我觉得各方面都有差距。

老师：同学们是怎么看的呢？

学生1：在写景美上，两人写得都很美。在抒情美上小陈也有抒情，但梁衡更胜一筹。

学生2：我同意前面同学说的。我认为主要差距在表现哲理美上，小陈没有理性思考，而梁衡对于自然、社会、生命有非常深刻的思考，表达了对中华民族精神的赞美。

老师：讲得非常好！两位同学抓住了阅读与写作层次的核心：无论是阅读散文，还是写作散文，最为基础的阅读与书写人、事、物美，其次要上升到借景抒情；三是在此基础上悟理，即哲理美。当然，并不是所有的散文都需要悟出道理来。

……

将学生作文与名家作品比较阅读，将看似高深的阅读与写作，一下子拉入到现实生活场景中，使学生的语文学习更生动，更亲切，更具有实实在在的收获。将读书与写作有机结合，既有利于提升阅读理解的深度，又有利于将阅读所得用于写作；极大地激发了学生的情感，丰富了学生的写作素材，提升了学生的思想水平。

无论是阅读散文，还是学习写作散文、游记、随笔，也要从这三层美的角度去构思、写作，这样学生的阅读才更高效，写作水平才会得到进一步提高。

三、怎样阅读这本书？

（一）阅读要专注

我们不能用阅读小说、故事类书的思维方式来阅读散文，因为小说、故事类书是以情节取胜的，人们阅读时对于情节是有预见性的，有些情节是可以猜到的，那么读这类书的时候可以跳读。而读散文，尤其是阅读梁衡的散文则绝对不可以，否则将收获甚微。

法国著名认知神经科学家迪昂，运用现代科技手段，对人的大脑在阅读时的状态进行了多年深入的研究。他在《脑与阅读》中说："只要是文字还是写在纸上，通过视觉来获取信息的方式就一定会减慢阅读的速度，形成不可逾越的壁垒。正因为如此，在看到那些声称可以让你的阅读速度达到每分钟1000词的快速阅读的广告时，就一定要持怀疑态度了。因为眼睛的生理极限不可能突破，除非你愿意承担因此而误读的风险。"同时他还举了一个有趣的例子：美国导演、编剧伍迪·艾伦说："我参加了一个快速阅读训练班，学会了用20分钟读完《战争与和平》，不过读完后，我就只记得这本书与俄罗斯有关。"

读小说尚且如此，更不用说阅读散文了。所以，我们还是静下心来，调动我们的生活经历，去跟随梁衡一起与伟人对话、与历史人物、与大自然对话，与梁衡同喜同忧，然后形成自己的思考，获得文学给我们带来的审美体验。

（二）要做圈点批注

在阅读的过程中做圈点批注，是最为有效的阅读方法，遗憾的是绝大部分学生以各种理由为借口不去做，从而大大削弱了阅读的收益。

迪昂通过科学研究得出结论："人类通过在纸上做少许的记号，便能极大地提高自己的记忆能力，这简直是一种奇迹。但人类能力的这种变化并不是与生俱来的。"他又说："每个孩子都是独一无二的，但在阅读方面，他们的脑并无太大差异。如果不教授孩子阅读方法，一味渲染阅读的乐趣是毫无意义的。"

在实际教学中，我们看到同一个班里的学生，在老师的指导与阅读要求一样的情况下，阅读"动脑子的书"，如散文以及其他理性较强的书籍时，学生的表现呈现出明显差异——那些按照老师要求做圈点批注的学生，无论是阅读成绩还是写作水平明显高于不做圈点批注的学生。相反，那些不做圈点批注的学生成绩明显低于前者。

所以，同学们要真想让自己的语文成绩取得显著提高，就必须走出阅读舒适区，走向学习区，并为此付出努力，改变阅读习惯——做圈点批注。具体批注方法：①在最令你感动的地方做批注；②在你有感悟的地方做批注；③在你认为语言表达有特点的地方批注；④用你熟悉的符号批注。

（三）要读写结合

如何使阅读变得更高效、更有收获呢？我觉得一定经过自己的思考，形成自己的理解，让读与写有机结合。

意大利文艺复兴启蒙诗人但丁在谈到"什么是理解时"说道："看到了，只有把它写下来、画下来、雕刻下来，才能形成真正的理解。"他讲的正是读与写的关系。

梁衡在《中学生怎样阅读写作》中说："阅读是吃进草，写作是挤出奶。"作者想强调的是：在成长为强壮奶牛的过程中，奶牛要吃大量的草，成为一只草原散养的牛。

我想说的是：牛在吃完草后，怎样才能挤出奶来呢？牛就要把吃进的草进行消化吸收。阅读也是如此，阅读后要进行思考，然后把阅读、思考的过程、思考的结果记录下来——练习写作，那么我们的语文核心素养就一定会得到提高。

阅读，应该是学生的一种生活状态；阅读，让学生精神成长；阅读，让学生生命成长！

纵使相逢应不识

——《雷雨》《复活》"重逢"情节跨文体比较阅读

刘丹妮

《雷雨》与《复活》这两部名著的节选分别出现在部编版高中语文教材必修下册第二单元及选择性必修上册第三单元。从文体上看，一部为20世纪中国现代经典剧作，另一部则为19世纪俄国现实主义小说。这两部作品不仅文体不同，而且成书年代、作者经历、作品风格也有很大差异。但是仔细分析这两处节选文字，又可发现在冥冥之中有颇多相似之处：部编版教材的两处节选部分不约而同都定格在了男女主人公"重逢"之时，这两段跨越时空的悲声折射了人性之复杂、情感之浓烈以及痛感之强烈。

一、叙事母题："公子"与"女仆"

敏感而伟大的作家能以作品为胶片，将时代的剧烈变化定格下来。

不论是20世纪的中国社会还是19世纪的俄罗斯，传统的婚姻形式、稳定的家庭关系在现代化的进程下遭遇了挑战，当资本主义给传统社会带来冲击的时候，最大的问题在于："一切固定的僵化的关系以及与之相适应的素被尊崇的观点和见解都被消除了，一切新形成的关系等不到固定下来就陈旧了。一切等级和固定的东西都烟消云散了，一切神圣的东西都被亵渎了。"[1] 在《雷雨》《复活》中均隐含着现代资本入侵所造成的城市与乡村的撕裂感。

面对巨变，纯真爱情遭遇到的打击与扼杀最是有冲击力的，这就成为伟大作家集中刻画的主题。

"始乱终弃"的爱情悲剧在古今中外的文学史中是一个常见的叙事母题。

---

[1] 马克思、恩格斯：《共产党宣言》，人民出版社，2014年，第30—31页。

不论是中国元稹的《莺莺传》还是日本紫式部的《源氏物语》，都展现了东方文学对于薄情男子的批评。放眼西方文学，古希腊悲剧家欧里庇得斯的代表作《美狄亚》也对始乱终弃的伊阿宋进行了不遗余力的批判。而《雷雨》《复活》则将这一母题的张力进一步拉大，刻画的是贵族青年与年轻女仆间的爱情悲剧，正是因为男女主人公在地位和身份上的巨大差异，当这种不伦之恋结束时，故事的悲剧性进一步加强。

这两部名著在人物设计和情节安排上有着极强的相似性：《复活》的男主人公聂赫留朵夫与《雷雨》男主人公周朴园一样，青年时代都是年轻英俊的浊世佳公子。锦衣玉食的生活并不能满足其情感需求，他们都引诱了家中无知、纯洁、善良、美丽的女仆，与其产生了一段孽缘。但是在情人生下孩子后，青年面对家庭或社会的压力，始乱终弃，抛弃情人。重逢之时，男主人公依然处于社会的上层，都保持了体面的生活，享受着金钱与地位带来的荣光。但是女主人公毫无例外的都遭遇了凌辱与折磨，年长色衰，或者委身于一个粗鄙的男人，或者从事着最卑贱的职业。"重逢"就是对男主人公良知的"盘点"，更是一场有关人性的审判。这一情节充满了戏剧性，两位文坛巨匠都抓住这一场面进行了精彩的描摹，成为整部作品中的亮点所在。

二、叙事留白："重逢"与"离别"

"重逢"预设了一个有待想象的维度——离别。

在诸多离别中，情人间的生离死别最能催发作者的创作欲望。这两部作品的节选部分就隐藏着相似的离别情节。"离别"是这两个经典文本的空白，我们并不能从文本中看出男女主人公离别后长达数十年的生活细节。但是"离别"也是文本中极富有创作价值的部分，读者的想象力从这里启航，在阅读"重逢"情节时，这段隐没了的生命线就在男女主角的只言片语中不断缝补、连缀，"离别"之后的生老病死、悲欢离合，就在"重逢"的刹那又一次出现在读者的脑海中。

在《复活》中，男女主人公历经十年之期才得以重逢。当玛丝洛娃再次出现在聂赫留朵夫面前时，"她从衣衫上看出他是个有钱人，就嫣然一笑"，我们可以从这处细节推想十年间玛丝洛娃的生存处境和职业特征。她对金钱和地位的敏感，对自身女性魅力不遗余力地使用都可以看出这个可怜的女人被侮辱、被损害的岁月痕迹。在"重逢"情节中，多次对玛丝洛娃的外形和神态进行了描述：如"玛丝洛娃转过身，抬起头，挺起胸部，带着聂赫留朵夫所熟悉的温顺表情"，又如"他心里想，同时望着这张原来亲切可爱，如今饱经风霜的浮肿的脸，以及那双妖媚的乌黑发亮的斜睨眼睛——这双眼睛紧盯着副典狱长和聂赫留朵夫那只紧捏着钞票的手……"我们从聂赫留朵夫的眼睛看出了玛丝洛娃那饱经风霜又风韵犹存的脸庞下隐藏着一切难以言传的秘密。

而在《雷雨》节选文字中，"三十年"这个短语出现多达十二次。由此观之，周朴园与侍萍重逢之时已经是人生的秋天，这三十个春秋在周朴园和侍萍心中都留下了长久的创痛。周朴园在虚幻中营造着自己对于爱情忠贞的想象，而侍萍则在三十年的时间里不断咀嚼痛苦，并且祈求自新。重逢之时，侍萍说道："你自然想不到，侍萍的相貌有一天也会老得连你都不认识了。"周朴园此刻"不觉地望望柜上的相片，又望侍萍"。这次重逢，岁月已经完全摧残了侍萍的容颜。读到这里，读者立刻可以自行填补无数的故事，侍萍三十年来所经历的苦楚，岁月的折磨，生活的蹉跎，都在这段细节描写中展现无遗了。

由此可见，以上两部名著的"重逢"情节都给予了读者极大的阅读空间和再创造空间，读者可以驰骋想象，用自己营造的世界为作品补白，最大限度地激发了"优质读者"的创作能力。

三、叙事镜像："不识"与"自欺"

作家对痛苦的敏感程度，往往决定了作家的写作高度。当作家对这些痛苦进行书写的时候，作品就开始具有了永恒的属性和不灭的光辉。"重逢"正是痛感最强烈的瞬间之一。

在《复活》《雷雨》的重逢情节中，均有一段饶有意味的描写：情人再次重逢时，有一方已经"不认识"当初的恋人了。

《雷雨》中周朴园与重逢之后的侍萍进行了很长时间的对话，侍萍在第一时间就发现了对方是周朴园，但是周朴园却始终没有发现对话者是侍萍，并且在侍萍自解身份之后，他还不敢想象眼前的老妇人是侍萍："哦，侍萍！（低声）怎么，是你？"类似的情节在《复活》中则发生了男女主人公心态的换位，文章写道："（玛丝洛娃）惊讶地盯着聂赫留朵夫，却没有认出他来"。那么，这两部文本中"重逢"时出现的"对面不识"的情况是一种巧合还是一种艺术创作的必然呢？

我们要关注的一个问题是：为何是周朴园和玛丝洛娃不认识对方了呢？

从最浅表的层面来说，我们可以简单地解释为因为时光流逝，侍萍和聂赫留朵夫在岁月的流逝下变化太大了，所以周朴园没有看出这位女仆模样的老妇人是当年的侍萍，而玛丝洛娃也同样没有意识到面前这个有钱人是当年欺骗自己的纨绔子弟聂赫留朵夫。

但是，这显然不能解决这样一个疑问：为什么鲁侍萍可以认出周朴园？为什么聂赫留朵夫会认出玛丝洛娃？

我们可以借助拉康的"镜像理论"来对这种"对面不识"的情况进行进一步分析。

在拉康的镜像理论看来，人类必须经历"镜像阶段"。镜前的自我与镜中的形象（镜像）不可能完全同一，"镜像"不过是一个虚幻的自我，一个通过想象的叠加而构建起来的虚假自我。从这个意义上说，镜像阶段是一个自欺的瞬间，是一个由虚幻影像引起的迷恋过程，因此，人通过镜像阶段确立起自我，但是这个自我确立的过程既有着游戏的成分，也有着自我欺骗的成分。[①] 从文本中看，这种"自欺"同时出现在了周朴园和玛丝洛娃的身上，这当然不是一种巧合，而是两个天才作家有意创作出的一个符合心理机制的细节。

《雷雨》中周朴园在回忆中不断美化侍萍形象："梅家的一个年轻小姐，很贤惠，也很规矩。有一天夜里，忽然地投水死了……"而当侍萍愤怒地揭示以上都是谎言时，周朴园的表现是："苦痛""汗涔涔""喘出一口气"……这些表现可以反映出，周朴园是非常清楚以上对于侍萍形象的美化是自己有意而为之的。在这种"自欺"被揭破之后，周朴园首先感受到的是痛苦，而不是愤怒。

托尔斯泰的作品中存在着大量的心理描写，这与托翁擅长的"心灵辩证法"有关。内心的独白是人性本质的一部分，我们可以看到《复活》节选片段中也有一段有关"痛苦"的内心独白，这段精彩的心灵描写把玛丝洛娃的"自欺"展露得淋漓尽致："玛丝洛娃怎么也没想到会看见他，特别是在此时此地，因此最初一刹那，他的出现使她震惊，使她回想起她从不回想的往事。……她感到痛苦，但她无法理解这事。她就照例把这些往事从头脑里驱除，竭力用堕落生活的种种迷雾把它遮住。此刻她就是这样做的。最初一刹那，她把坐在她面前的这个人同她一度爱过的那个青年联系起来，但接着觉得太痛苦了，就不再这样做。"因为《复活》与《雷雨》存在文体上的差异，所以我们可以更加

---

① 拉康：《拉康选集》，褚孝泉译，上海三联书店，2001年，第112页。

直观地从《复活》的人物心理活动中见到这种"自欺"的存在,玛丝洛娃拒绝回忆一切与聂赫留朵夫相关的事情,这体现了她对于"痛苦"情绪的有意识规避。由这里的"照例"一词可知,她十年来持续练习这种回避痛苦、掩盖痛苦的思考方式,她借助这种"自欺"熬过了漫长而苦难的岁月。

从《雷雨》和《复活》中都能看出,历经多年,周朴园和玛丝洛娃都在头脑中建构出一个"自欺"的世界来抵抗爱情破灭、爱人离去之后的沮丧。

周朴园使用了一系列的仪式和道具来强化这样的"自欺"行为:旧雨衣、旧衬衣、桌上的侍萍照片、永远关闭的窗户等。而玛丝洛娃则用自我催眠的方式来遗忘痛苦,以便让自己适应这种堕落的生活。比如,在面对聂赫留朵夫的时候,她开始意识到这人可能是当初的情人,文章这样写道:"玛丝洛娃听不清聂赫留朵夫在说些什么,但他说话时脸上的那副神情使她突然想起了他。但她不相信自己的眼睛。不过,她的笑容消失了,眉头痛苦地皱了起来。"这说明,回忆与聂赫留朵夫相关的信息,会打破玛丝洛娃"自欺"所营造的幻象,继而带来不适和痛苦感。

正如在拉康看来,真正令人焦虑的不是虚无本身,而是在本该保持虚无和缺失的地方,出人意料地涌现了某样东西,突然出现了某位"不速之客",使得原本作为人存在支点的空缺本身被侵占了。不仅如此。在预料之外突然出现的这样东西还是人们既陌生又熟悉的某样东西,并且正是由于这种既熟悉又陌生的感觉而越发显得诡异。[①] 熟悉又陌生的感觉在拉康看来就是"焦虑",当长期以来被压抑的情绪、物体和人在某一个特定的时间突然返回,就引发了"焦虑"。对已经习惯"自欺"的周朴园和玛丝洛娃而言,与"爱人"的重逢打破了之前的平静状态,这是在情感上无法接受的。因此,身为资本家的周朴园,多年的商场经验让他在慌乱中做出了错误而冷血的举动:开支票给侍萍,以便自己从这样的"焦虑"中脱身。而对于玛丝洛娃来说,用"斜睨"的方式审视突然出现的聂赫留朵夫,用"您"这一称呼来拉开与聂赫留朵夫的社交距离,并且在法庭上拒绝聂赫留朵夫赎罪的企图,以拒绝相认的方式来缓解内心的"焦虑"。这些文字的背后都隐藏着他们与情人重逢时"对面不识"的更深层次心理机制。

通过对部编版教材中这两段节选文字的比较与品评,我们从叙事学的角度

[①] 卢毅:《存在的创伤与主体的发生——存在主义与精神分析交互视域下的焦虑问题》,见《北京社会科学》,2020年第2期。

剖析了"重逢"情节的重要意义，开拓了新的阅读疆域，是一次有意义的跨文体比较阅读尝试。早在1915年，梁启超在《饮冰室丛著》中就说道："中国与俄国相类似之点颇多。其国土之广漠也相类。其人民之苦也相类……"① 从《复活》《雷雨》的节选文字中我们还可以读出中俄两国先后面临的现代性问题：资本的入侵、乡村生活的瓦解、精英与大众的隔膜……当中国在近现代遭遇了现代性的困境时，中国知识分子不断对中俄文学的"相似性"进行强调。如果我们能通过《复活》《雷雨》"重逢"情节的比较阅读，窥见百年来中俄文化的内在相似性，从民族心理、民族性格、民族文化等角度认识到两个伟大民族这两个世纪以来苦难与新生的道路，当对学生具有更深层意义。

"重逢"的不仅是周朴园与侍萍、聂赫留朵夫和玛丝洛娃，还有中国文学和俄罗斯文学。

---

① 梁启超：《饮冰室丛著四》，商务印书馆，1916年，第104页。

一个秋士的独白
——赏析《故都的秋》

朱思克

《故都的秋》创作于1934年8月。

1934年1月1日郁达夫在《元旦感想》中写道:"想起范石湖的'老病增年是减年',少不得又要黯然神伤了。"又在这一年的《新年试笔》中说:"假若要我说出新年的心愿,而来作我的一年的希望的话,那我只盼望着今年一年能够不动一动笔,不写一写字,而可以生活过去。"郁达夫的确有些"烈士暮年"的隐痛。其实,早在1933年郁达夫离开上海移居杭州便有隐居的意思。1933年4月的下旬,郁达夫在《迁杭有感》中写道"伤乱久嫌文字狱,偷安新学武陵渔";到了夏天他在杭州《闻杨杏佛被害感书》中写道"风雨江城夏似春,闭门天许作闲人";到了秋天,他在《无题》的序言中写道"自来故里,因夏日之可畏,所以不敢出头而露面。海上蚊章(小报之西译名),误传此意,谓某某之逃归,全系慑于丁死杨亡这结果。对镜抚背,我真有曳尾泥中之感矣!缀成四十字,聊代万言书:背脊驼如此,牢骚发渐幽。避嫌逃故里,装病过新秋。未老权当老,言愁始欲愁。看他经图者,叱咤几时休?"

在杭州的郁达夫是处在痛苦、纠结、嘲讽和众多不如意之中的郁达夫。何以解忧?唯有旅游。旅游何意?排遣孤寂。在杭州的他忘情于游山玩水。然而,他依然忧从中来,不可断绝。郁先生在《北平的四季》里曾说:"当一个人静下来回想起从前,上海的闹热、南京的辽阔、广州的乌烟瘴气、汉口武昌的杂乱无章,甚至于青岛的清幽、福州的秀丽,以及杭州的沉着,总归都还比不上北京——我住在那里的时候,当然还是北京——的典丽堂皇,幽闲清妙。"这是郁达夫的回忆,当然,也是他心声的吐露。这大概也是在《故都的秋》中一开头所说的"北国的秋,却特别地来得清,来得静,来得悲凉。我的不远千里,要从杭州赶上青岛,更要从青岛赶上北平来的理由,也不过想饱尝一尝这

'秋',这故都的秋味。""典丽堂皇"并没有涉及,"幽闲清妙"之感却是浓得化不开。

所以,郁达夫写《故都的秋》是有着强烈的思想底色的。

关于去北平,郁达夫写道:"原因是为了映霞(郁达夫的妻子)还没有到过北平,想在没有被人侵夺去之前,去瞻仰瞻仰这有名的旧日的皇都。"——这大概便是"故都"称谓的原因,"故都"便是"旧日的皇都"。但如果仅止于此,那还是很单薄的。先生在《北平的四季》里还写道:"北京以外的各地——除了在自己幼年的故乡以外——去一住,谁也会得重想起北京,再希望回去,隐隐地对北京害起剧烈的怀乡病来,这一种经验,原是住过北京的人,个个都有,而在我自己,却感觉得格外的浓,格外的切。"可见"故都"还是有"故乡"的意思。先生这一次到北京距离上一次离开北京已经十年有余了。因此说,北京于郁达夫来说,那是于国于家都十分有感情的地方。说起于国,那便是"想在没有被人侵夺去之前";说起于家"最大的原因或许是为了我那长子之骨,现在也还埋在郊外广谊园的坟山,而几位极要好的知己,又是在那里同时毙命的受难者的一群。"

就在郁达夫赶到北京之前,郁达夫在青岛见到了十年前在北京城住时的邻居邓仲纯,写下了"京尘回首十年余,尺五城南隔巷居""握手凄然伤老大,垂鬓我尚记当年"。因此,我们不能不用体会郁达夫先生丰富的内心世界——百感交集!再度进京,已是老大之年了,因此,读出北京秋意的"清""静"和"悲凉"来,当是先生排遣失意、挣脱世俗的一剂良药!

很多人并不重视先生在文中讲"秋士"的段落,其实那才是郁达夫"赏秋"最能表达心迹的"隐秘"地方。这一写法,我们又可以看出《故都的秋》与欧阳子的《秋声》、与苏东坡的《赤壁赋》文意的一脉相承,以及郁达夫先生与古今中外的文人学士一样"总能够看到许多关于秋的歌颂与悲啼"和"对于秋,总是一样的能特别引起深沉,幽远,严厉,萧索的感触来的"情怀,又有几人能神悟先生所说"都带着很浓厚的颓废色彩"的心苦。"秋士",书上说"古时指到了暮年仍不得志的知识分子",这也正如 1934 年 1 月 1 日郁达夫在《元旦感想》所说"弄弄幽默,淡淡风月,苟且偷生,总算又是一年过了",难道不包括今天的郁达夫吗?

这一段,不管是与主旨、文意、技法都营造了一种文化的氛围,于自然之外又开一片广博的天地,又可谓"形散而神聚"。这里纵横的笔触、敏捷的才思、宽厚的学养、宕荡的姿态,使文章从结构布局到文才情思都多彩多姿,显得丰态肥影，既有浓厚的文化底蕴，又有开阔的心胸气度。

然而，先生是豁达的，先生曾提倡"静的文学"。1935年的10月，郁达夫在《雨》中写道"至于秋女士的'秋雨秋风愁煞人'的一声长叹，乃别有怀抱者的托辞，人自愁耳，何关雨事。"先生在《北平的四季》中说"前两年，因去北戴河回来，我曾在北平过过一个秋，在那时候，还写过一篇《故都的秋》，对这北平的秋季颂赞过了一遍了。""对这北平的秋季颂赞"或许才是我们打开《故都的秋》的一把钥匙。

去北京前，郁达夫在青岛"一个夏天就整整的被这些活春宫冲坏了的，日里上海滨去看看裸体，晚上在露台听听淫辞，结果我就一个字也没有写，一册书也没有读，到了新秋微冷的时候，就匆匆坐了胶济车上北平去了。"我们预感到郁达夫在北京真的要"写几个字"了，据郁达夫先生的儿子郁飞在《关于我父亲的故都的秋》里回忆，本文应是"编者的函索坐索逼出来的急就章"——有着大才的郁达夫先生呈献给我们的这篇现代文学史上不可多得的散文佳构《故都的秋》。

郁达夫对于故都秋的"感觉"和"情趣"便是本文的文眼——北国的秋，却特别地来得清、来得静、来得悲凉。"清""静""悲凉"构成了郁先生笔下故都的秋景、秋意、秋情、秋思……一篇有声有色的"秋色赋"也就在作者的取舍、裁剪、润色下呈现在我们眼前了！

郁达夫时代的文人是很"挑剔"的，像朱自清先生笔下梅雨潭的绿那便是自己极为主观的颜色，因为"我曾见过北京什刹海拂地的绿杨，脱不了鹅黄的底子，似乎太淡了。我又曾见过杭州虎跑寺旁高峻而深密的'绿壁'，重叠着无穷的碧草与绿叶的，那又似乎太浓了。其余呢，西湖的波太明了，秦淮河的又太暗了。可爱的，我将什么来比拟你呢？我怎么比拟得出呢？"明明是各有所长，都极具风韵的美色，在他们的眼里成了"风景这边独好"，也难怪，这就叫"此一时也，彼一时也"，在来去之间，观景人的爱好、激情和追求大有不同。

郁达夫先生在《故都的秋》中所描绘的五幅秋景图，如同北京的名吃"糖葫芦"一样被他的对故都的"秋情"所贯穿着，先生的结构，可谓独具匠心了，以北京有关名吃的样式去写有关北京的名文，这更是郁先生的高妙。

在郁先生的文章里多次提到这个秋天，《北平的四季》中写道："自阴历八月至十月下旬，去住它三个月看看，古人的'悲哉秋之为气'以及'胡笳互动，牧马悲鸣'的那一种哀感，在南方是不大感觉得到的，但在北平，尤其是在郊外，你真会得感至极而涕零。""尤其是在郊外"是郁先生对故都秋意的独特感知点——在那里，可以完成先生对秋意"清""静"和"悲凉"的解读——这也正是先生"隐"的表现。

"北方的秋空，看起来似乎更高一点，北方的空气，吸来似乎更干燥健全一点，而那一种草木摇落，金风肃杀之感，在北方似乎也更觉得要严肃、凄凉、沉静得多。你若不信，你且去西山脚下，农民的家里，或古寺的殿前"。你看郁先生到了北京，故宫不去、颐和园不去，却偏偏"租人家一椽破屋来住着"，喝杯茶、看天气、听驯鸽、赏日光，真真的是"别有一番滋味在心头"。郁达夫先生对牵牛花的品赏是极个性的：背景是"破壁"，心态是"静对"，色彩是蓝白……秋花还须秋草的掩映，与陪衬"几根""疏疏落落的""尖细且长的"，这便是由景入象，由意象而入文境了，如若不是追求"清""静"的雅致，还真是难以理解。

先生是有情的人，虽然"别致"也当不失对秋的一腔赞颂。他那认真劲，他那判天地之美、析万物之理的情怀已跃然纸上。先生是淡雅的，北京的大街小巷多植槐树，秋天当然不是槐花盛开的时候，虽有恻隐怜悯之心，但也不会发起"悼红"的心思。他只在乎眼前满满的一地莫名的东西。先生是细腻的人，他在这一地的落物上面，用"脚踏上去"，感受着"一点点极微细极柔软的触觉"。

是"脚踏上去"吗？不，是"鞋踩上去"；不，是"脚踏上去"：郁达夫脱下鞋子，闭上眼睛，深深地吸气——声音也没有，气味也没有——静极了！——这便是故都秋的极细极柔软的触觉，这便是故都秋的极致！

细腻而独特的感觉、忧郁而优美的情怀，恐怕只有郁达夫这种文人才能体会得到、表达得出了！

先生何以要这样的呢？这便是正如朱自清在清华园里的释怀，苏东坡于大江之上"飘飘乎如遗世独立，羽化而登仙"的感觉。然而，郁达夫是一个有着平凡生活情趣的人，他不要做一个有"仙风道骨"的孑遗，因为，当他踱到雨后的斜桥边，听到了那些"着着很厚的青布单衣或夹袄的都市闲人"，缓慢悠闲的声调。他又看到了枣树上"像橄榄又像鸽蛋似的这枣子颗儿，在小椭圆形的细叶中间，显出淡绿微黄的颜色"——这是一年中的黄金般的日子。先生也是挑剔的，在《故都的秋》中，他的"静的文学"演绎到了极致，他的秋的凉意也绝不是"寒风刺骨"，他的秋也绝不可以杂有一点的渣滓。他虽然曾说："至于各节各季，正当移换中的一段时间哩，又是别一种情趣，是一种两不相连,而又两都相合的中间风味。"但,此刻,他只要"成熟到八九分的七八月之交,是北国的清秋的佳日",而不会要北国"尘沙灰土的世界"——"北平自入旧历的十月之后,就是灰沙满地,寒风刺骨的节季了,所以北平的冬天,是一般人所最怕过的日子……"

这是一个美丽的秋天,扬州的小桥边有美人伫立的秋天也是可爱的,但太销魂了;在杭州大江边有潮涌潮起的秋天也是可爱的,但太过激烈了。本来秋雾和残荷也是美的——留得残荷听雨声,可是这雾和残荷,一生在浙江和广州的秋天里,忽然就变得没有了一点颜色和诗意了。

北国之秋,是需要用生命去欣赏的,去玩味的!

先生在北京的心情是复杂的,如果我们只认为他到北京图个清静,发几句悲凉的叹息,那是一种误解——先生是一位极有责任感的知识分子,他始终没有"逃避"这个令他牵肠挂肚的积贫积弱的祖国。他对于"故都"有着一腔"悲愤"的情愫——这便是他的"悲凉"。当年,他又来到了北戴河的碣石山,看到祖国的大好河山,他情不自禁地发出了感慨:"山水的秀丽,不仅是江南的特产了,在关以内和关以外,何尝没有明媚的山川?但大好的山河,现在都拱手让人拿去筑路开矿,来打我们中国了,叫我们小百姓又有什么法子去拼命呢?古人有'马后桃花马前雪,出关争得不回头'的诗句,希望衮衮诸公,不要误信诗人,把这些好地方都看作雪地冰天,丢在脑后才好!"——这里曾是魏武挥鞭的地方。

如果说《故都的秋》是一片洋溢着闲适的"颂赞",一年后,先生写的《北平的四季》则是"聊作我对这日就沦亡的故国的哀歌"。也许,这才是郁达夫在《故都的秋》里没有展开的悲凉。先生依然是个文化人,他对故都的情感是不能自已的,他接着写道:"五六百年来文化所聚萃的北平,一年四季无一月不好的北平,我在遥忆,我也在深祝,祝她的平安进展,永久地为我们黄帝子孙所保有的旧都城。"

"故都"啊,难道真的要秋尽入冬了吗?——"天凉好个秋!"

以读促写 以文化人
——中学生个性化写作课程的实施与研究

张 雪

一、研究的背景

（一）研究的缘由

1. 传统认知中对于"读"与"写"关系的探求

自古至今，无论平民百姓亦或文人墨客都较为看重阅读积累之于写作表达的重要作用。唐代杜甫"读书破万卷，下笔如有神"之句，元朝程端礼"劳于读书，逸于作文""读书如销铜，作文如铸器"之言，更是明确指出了"读"对于"写"的促进作用。清代崔学方主张："须多选今古名对如诗话者，细讲熟玩，方可教习。"以上观点可视作我国古代"以读带写"这一理念的雏形。

2. 现当代学者对"以读促写"教学理念研究的现状

我国正式提出"以读促写"理论的当属语文教育泰斗叶圣陶先生。1942年，先生基于传统理论，深入研究分析，将其进一步显性化。他强调："阅读是知识吸收，写作是倾吐，倾吐能否合于法度，显然与吸收有密切的关系。单说写作程度如何如何是没有根的，要有根，就得追问那比较难以捉摸的阅读程度。"叶公认为表达源于积累，没有获得便没有产出，并且看重将读与写彻底落实于日常，唯有形成习惯，方能提高能力。张志公先生在《谈作文教学的几个问题》一文中指出："没有良好的阅读教学基础，单靠作文课并不能达到提高学生写作能力的目的……说到最根本处，要提高学生的写作能力，还得从阅读教学入手。阅读教学搞得好，学生一定会具有较好的表达能力，作文教学的根本问题就可以迎刃而解了。"张先生分析了作文课在教学中的局限性，提出以阅读教学为突破口的做法，釜底抽薪。朱建军的《中学语文课程"读写结合"研究》一文借他山之石，介绍了国外学者对读写结合的研究，如库塞认为："阅读和写作两个过程存在着共同的认知基础，是两个动态的、互相促进的过程，阅读和写作都包含有原有的记忆结构，都对文本结构进行分析，并且都含有理解及创作的成分。"这说明了读与写在"意义"中是如何紧密交融以及怎样发生的情况。也有不少学者指出读写结合教学实践中的一些问题，如华东师范大学的郑桂华教授在《"读写结合"写作教学存在的问题与对策》一文中认为"读写结合"中存在目的手段混淆不清、目标与途径不清晰这两方面的问题，并针对这两个问题提出了相应的对策：读为写提供积累与触发；通过缩写、扩写、改写、续写使读和写进行了深度的交融，进而培养学生的写作能力。再如李志平在《浅谈新课标背景下高中语文以读促写存在的问题及应对策略》一文中从"只读不写、读写分离"这两方面来论述了当今高中语文读写教学存在的问题。河南大学的王清在其硕士论文《中学语文以读带写教学模式研究》中则从"读得不够深入、写得没有创意、读写结合得不够"这三方面论述了以读促写的教学现状，认为造成这一现象主要是由于语文教材编写、教师指导、语文教研活动这三方面存在的不足造成的。

3. 现当代学者对"以文化人"教学理念研究的现状

所谓"以文化人"，也就是用文化去滋养、教育、熏陶学生的心灵与身体的成长。王继华教授，北京大学教育文化战略研究所所长，学校文化发展战略研修首席教授，教育文化发展战略和家庭文化育人理论创始人，在《教育新文化执行力》中提出："教育的真价值就是要在文化的战略中创新学校文化执行的永久性，以此体现社会发展的意志。应试教育用分数未竟的事业，教育家要用文化的方式来完成。"

国家提出学校着眼于提升师生思想政治素质，把理想信念教育放在首位，将正确政治方向、价值导向贯穿立校办学、育人育才全过程。我们在"文"的选择上传颂民族精神的中华优秀传统文化，传承了红色基因，坚持以"课堂教学、社会实践、学生主体、校园文化、网络阵地"等为着力点，扎实开展社会主义核心价值观教育，既是学校重视弘扬社会主义先进文化的有力彰显，也是广大学生文化自信的重要体现。

我们这里的"文"是一个狭义的概念，专指与我们的个性写作有关的文化、文章和文字，是指学生通过写作思想、写作技法、写作训练和写作教育获得意志的磨炼、性格的完善、知识的提升，修养的增加，从而学会写作，喜欢写作，从而喜欢语文，爱上语文，爱上表达。

4. 个性化写作课程研发背景

个性化写作课程开发与实施研究是在素质教育改革持续推进的背景下，以"以人为本，关注每一个学生的发展，为每一个学生进入社会和终身发展打好坚实的基础"为核心理念，以构建高中语文个性化写作课程体系和实施为目标，围绕校本课程框架下写作课程的开发与实施开展的应用性研究。本研究旨在探索一条培养学生个性、创意表达能力的有效路径，全面提高学生语文素养。

该课程架构了高中阶段校本课程框架下完整的个性写作课程体系，在培养目标上实现了与学校现有课程的有效衔接，与国家高中语文课程体系选修课程部分的有机结合，将学生实践课、综合素养提升课、国学课、人文学科基地课程纳入体系。在强调学科核心素养的今天，为学校提供了一个具体的个性化写作课程模式。

（二）研究意义

针对学生对语文教材的学习长期呈现出粗放与错位、学生课文阅读长期处于虚幻与空无的状态、阅读与写作能力参差不齐、读写教学无序化倾向明显、学生对写作思维能力及写作创造力有更高品位的需求等现象，我们提出"以读促写，以文化人"的读写结合教学理念，期待使以上问题得到进一步改善，令中学生阅读写作个性化课程更具实效性、系统性。

研究价值：在理论上形成一套适用于初高中语文学科六年教学循环的读写训练方案，最终以校本教材的形式呈现。此教材能够弥补现用人教版必修、选修教材在阅读写作教学方面的缺漏，于实践中实现对初高中生阅读、写作能力的更有效激发、促进、提升，系统建构学生的语文学科核心素养。

二、文献综述

（一）"以读促写"的心理学基础

1. 行为主义心理学

行为主义心理学家主张学习过程是有机体在一定条件下因刺激与反应之间的联系而获得新经验的过程。以读促写，要想在阅读中提升写作能力，首先需要强化对阅读能力的习得，让学习者在广泛的阅读中获得更加充盈的新经验，进而在系统的、不间断的模仿与写作练习中建立阅读与写作的联结。其次，还应注意适时适度调整读写指导策略。要让学习者在不停接受新刺激的过程中产生新反应，同时还要保持新鲜感及愉悦，以便个体学习程度的加深、广度的扩宽。

2. 认知心理学

（1）图式理论：把信息科学、计算机科学深入到心理学领域，运用心理学中关于人的认知的研究。

（2）陈述性知识与程序性知识：陈述性知识也叫描述性知识，是个人能用语言进行直接陈述的知识。这类知识主要用来回答事物"是什么""怎么样"的问题，可用来区别和辨别事物。程序性知识是一套办事的操作步骤，是关于"怎么办"的知识。

（3）写作心理转换理论、阅读——写作迁移理论：在刘淼老师撰写的《作文心理学》中详细揭示了该理论的内涵与外延，以及运用的方法与技巧。

3. 建构主义心理学

建构主义心理学强调"少就是多"和"学会如何学习"。建构主义者主张，最为重要的是要使学生理解科学知识的作用，形成获取、分析和整理信息的能力，学会如何获取和加工信息即获得加工信息的方法和策略。对当今学生而言，需要发挥他们对信息的质的理解而不是积累大量信息，知识学习在"精"而不在"多"。由此可见，"以读促写"理论有助于学生在读写转换中生成更强大的读写能力，从自我读写知识体系的自觉建构开始，逐步去粗取精，窥探信息的本质，最终达到由教到不教，由学杂到学精的优质高效的教学效果。

（二）"以文化人"的课程论基础

1. 语文课程性质的界定

进入21世纪，教育部颁布的《普通高中语文课程标准（实验稿）》对"课程性质"做了如下定位："语文是最重要的交际工具，是人类文化的重要组成部分。工具性和人文性的统一，是语文课程的基本特点。"有专家解释："'工具性'着眼于语文课程培养学生语文运用能力的实用功能和课程的实践性特点"；"人文性"着眼于语文课程对于学生的思想感情的熏陶感染的文化功能和课程所具有的人文学科的特点。

2. 人本主义心理学与语文课程目标

人本主义心理学研究者强调要促进人格的发展，尊重人的价值，发挥人的潜能，满足人的需求。这与语文课程的根本目标如出一辙，语文课程就是要把学生培养成认知和情感整合发展的人。基于对个体学生个体选择、个体差异和自我概念的尊重，语文教育工作者应该为学生尽可能多地提供丰富多样的语文课程资源，还需要将语文课程内容和现实社会问题联系起来，选用反映当今社会文质兼美的文章供学生学习。

3. 对于"文"的概念界定

"文"是"文章"之"文"，也是"文学"之"文"，更是"文化"之"文"。

4. "立言"以"立人"的课程观

现如今，我国学者已经达成共识：语文教育具有强烈的、浓郁的人文精神，要通过语文素养的培养，立"个性之人、主体之人、真实之人"，"解放人、充实人、提升人"。语文教育应给人建立一种精神底蕴，让学生感受语言文字的美，进而感受、体验人的精神的美，追求美好的理想，追求人与人的和谐，人和自然、宇宙的和谐，在人生的起始阶段，赋予他们的生命以最基本的亮色。

"以读促写"是语文写作教学的一种有效方式，即借助阅读为写作提供必要素材，通过话题激发学生浓厚兴趣，充分显示读写结合的巨大优势，从而最大限度地调动学生写作的积极性，助推学生综合素质的提升。"以文化人"是语文学科一种理想的价值诉求，借助经典文章及优秀习作等写作范本，用优秀的文化影响人、塑造人，引导学生树立正确的价值观、人生观、世界观。

三、研究设计

（一）研究目标

1. 搭建科学"读写结合"写作教学框架，开展有效"读写结合"教学实践。

2. 提升学生阅读、写作的能力，使其自由灵活应对学习、生活中的读写情境。

3. 关注学生的个性差异，尊重学生的读写体验，着眼于学生的长远发展，为学生的一生打下一个坚实的精神底子。

（二）研究内容

个性化写作课程开发与实施研究是在素质教育改革持续推进的背景下，以"以人为本，关注每一个学生的发展，为每一个学生进入社会和终身发展打好坚实的基础"为核心理念，以构建高中语文个性化写作课程体系和实施为目标，围绕校本课程框架下写作课程开发与实施开展的应用性研究。本研究旨在探索一条培养学生个性、创意表达能力的有效路径，全面提高学生语文素养。国际上许多国家已先于我们致力于母语写作课程的研究，并于课程的研发与实施领域取得突破性的成果，这引发我们对自身写作课程问题的诸多思考。在语文教学中，写作是最富有个性和人文色彩的一种创造性思维活动，是个体极具精神特征的思维产品，是最能显示个性的人类创造性活动之一。我们有必要也有义务强调个性写作在高中语文课程体系中的地位，并且在该领域中披荆斩棘。从教育为学生全面发展、终身发展、可持续发展奠基的角度审视学生的素质结构，从新课程强调培养学生创新和实践能力目标要求的角度审视教育实践，从落实立德树人根本任务、培养德智体美劳全面发展的社会主义建设者和接班人的角度审视课程结构，感到开发个性化校本写作课程，不但是学校长远发展的需要，更是社会与国家发展和国民素质提高的呼唤。基于上述分析，我们决定在校本课程中进行有特色的个性化写作课程的开发与实施研究，探索新时期发展学生语文核心素养的新路径。我校确立的多元立体推进，以"培养读写能力，提升文化品位；关注生命成长，丰富精神世界"为核心的读写课题研究，包括四项结合：必修与选修结合；课内与课外结合；快餐阅读与经典阅读结合；读写结合、以文化人；分为六个环节：必修课程（包括单篇短章阅读与专题阅读两个部分）、选修课程、读写训练、经典阅读、语文综合实践活动、"以读带写、以文化人写作教程"。

1. 建模的主要内容

（1）课程设置

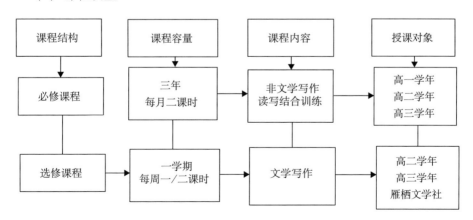

（2）课程定位

必修课程	选修课程	校本课程	地方课程	综合课程	实践课程	创新课程
全体学生必须修习	写作爱好者或写作能力较强者修习	置于本校综合课程体系框架下	置于地方课程框架下	注重语文学科素养的综合	强调写作实践体验	注重个性与创新培养

（3）课程目标

①基本目标

写作心理目标。写作心理目标规定与中学生特定阶段写作水平相适应的一般心理方面所应达到的具体高度，涉及记忆、观察、思维、联想和想象等方面的能力。

写作技能目标。写作技能是通过练习而获得的直接针对写作活动所表现出来的特殊能力，写作技能目标涉及单篇文章审题、立意、选材、构思、表达和修改能力，以及不同文体如记叙文、说明文和议论文的写作能力。在中学阶段语文课程标准中，对写作技能的要求主要突出了语言的表达方面，而对写作过程与文体要求的规定较为抽象。

写作态度目标。写作态度主要是指学生在写作活动中所表现的非智力因素。写作态度目标包括自觉的态度、严肃的态度和观察的态度，修改作文的习惯，独立完成写作的意识等方面。

②终极目标

使学生在个性化表达和交流的语文活动中，在语言建构与运用、思维发展与提升、审美鉴赏与创造、文化传承与理解几个方面都获得进一步的发展；坚定文化自信，自觉弘扬社会主义核心价值观，树立积极向上的人生理想，为全面发展和终身发展奠定基础。

（4）课程内容

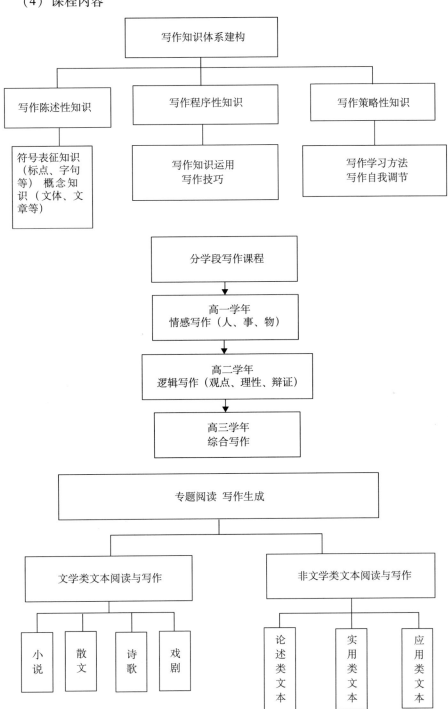

(5) 课程资源

①教学主体资源。教师具备的专业素质、文化素质等是教师在教学活动中可运用的资源。写作课的教师除了具有扎实的写作理论外，更应具有深厚的文字功底。我组语文教师无论在写作理论还是写作实践方面都极具优势，不仅能够对学生进行专业的写作指导，而且还可随时参与学生的写作实践，在"下水"作文的环节中，与学生实现交流互动、提升共促。

②学习主体资源。高中生作为个性化写作课程的学习主体资源，极具开发潜力。首先，每个学生都是独特的个体，在写作方面都有自己的偏向，或擅长逻辑推理式的议论，或喜好诗词歌赋般的抒情。他们的认知经验可形成丰富的资源库。其次，我校学生知识水平相对较高，思维相对更为活跃，学习能力相对较强，视野相对开阔，有助于在教学过程中生成更多有效的课程资源。

③教学客体资源。我校拥有丰富的文本类资源、实践类资源以及网络类资源。以文本资源为"经"，以生活资源为"纬"，以写作课堂为基础，以专业活动和实践为拓展，多位一体综合构建个性化写作课程资源，可真正为学生创设广阔的写作背景，有利于写作能力的切实提高。

(6) 教学方式

①回归生活，抒写个性化思想和体验。充分发掘各种语文教育资源，扩展学生的生活空间。重视对社会和生活中课程资源的开发，包括电影、电视、广播、网络、自然风光、风俗民情、国内外的重要事件以及日常生活话题。积极引导学生走出狭窄的天地，走向大自然，深入社会中去观察体验，增进人生阅历。鼓励学生拿起笔围绕自己所要表达的主题写出自己独特的认识和体会。

②读写并重，积累个性化知识。阅读与写作是语文课程教学过程中的两个非常重要的环节，两者关系紧密。学生通过阅读，与文本对话，积累材料，提高写作素养，同时激发了写作的愿望。通过写作，进行另一种形式的对话，重新审视自我见解和认识，对阅读进行反思、整理、过滤、积累与运用，最终获得读写能力的共同提高。教学中，教师充分尊重学生的独特感受、体验和理解。充分肯定、鼓励和尊重学生，不扼杀学生个性化阅读的积极性。教师作为读写教学的设计者，要引导学生产生与原有文本的灵魂碰撞，并强调将碰撞的火花转化为文字，表达成个性化文本。

③培养创造性思维，倡导个性化角度写作。遵循创新培养规律，正确处理写作创新能力和写作基本能力的关系。通过规范写作训练，使学生逐步具备基本的写作能力，进而提高写作创新能力。遵循从模仿到创新的写作规律。模仿

是写作创新的必由之路。当学生通过模仿，掌握了基本的写作技能，老师要及时引导学生摆脱模仿的影子和痕迹，转入独立创新写作阶段，不论从形式还是内容都要积极创新。创造写作情境，激发写作兴趣，培养学生创造性思维。创设的情境越是贴近学生的日常生活，就越能触动他们的内心和灵魂，就越能引起他们的共鸣，激发他们的创造性思维，从而推动他们的个性化作文写作。

④多种写作训练并举，鼓励个性化表达。在充分尊重学生尽可能自由表达的前提下，充分发挥自由作文和命题作文的互补作用，提倡多写日记、周记和读书札记，让学生自由自在地写自己喜欢写的内容。即使写作命题作文，也要紧贴学生的生活实践，让学生自由立意、自由选材、自拟标题，减少对学生作文的统一要求。使学生既能"入格"作文，又能"出格"作文。

⑤培养个性化特色语言，提高表达能力。个性化语言浸透着写作者鲜明独特的生活体验，最能表现人物个性特征，是写作者惯用的语言词汇和表达风格的突出表现。在写作实践中，让学生明白他们喜欢哪一种特色的语言，在哪一种语言表达上和自己的性格相符，就尽量在这方面充分施展自己的语言特色。随后进行不断的润色加工，使之形成富有个性化和情感特色的语言，并注重语言的锤炼和推敲。

（7）课程评价

①量化评价与质性评价相结合

量化评价即通过组织大大小小的测验，来评判学生在不同学习阶段的学习效果。质性评价是针对学生的学习过程与方法、情感态度与价值观等内容的评价，同时也适用于语文综合活动评价，比量化评价的目光远，但更加烦琐，操作难度大。我组在课程开发过程中，以量化评价作为结果评价的参考，同时发扬质性评价。

②过程性评价与形成性评价相结合

过程性评价是一种在课程实施过程中对学生进行评价的方式。采取目标与过程并重的价值取向，对学习的动机效果、过程以及与学习密切相关的非智力因素进行全面的评价，主张评价主体与客体的互动和整合，评价过程中，对评价内容做一定记录。形成性评价以目标作为价值取向，在短阶段对学生学习效果和达到教学目标的程度进行的评价，类似于阶段小测验。测验结果可以作为检验学生能力提升的辅助参考。

③终结性评价

终结性评价是对课堂教学的达成结果进行恰当的评价，运用于写作教学领域，主要是对学生不同阶段的写作质量做出结论性评价，以给学生作文打分、分等或者写评语的方式呈现。以这种评价方式与过程性评价相结合使用，不仅注重结果，而且注重全程关注。

④参与性评价

新课标倡导的评价理念中，倡导让学生成为评价的主人，而不是一味地被老师和学校评价。因此，我们在写作评价时注重鼓励学生参与，让学生的个人评价、小组互评同教师的当堂讲评、作文评语以及家长评价相结合，实现作文评价的多元互动，以此实现对学生学习主体地位的极大尊重和对学生能力的有效提升。

（三）研究假设

根据初高中学生的现有阅读水平和能力编写出有针对性的校本教材。这类教材不仅仅培养语文能力，更着眼于学生精神生命的成长与发展。教材内选择文质兼美、时代感强、可读性强的阅读材料，便于学生读后有理可说，有情可抒，有感可发。在内容上，教材涵盖范围广泛，包括时事与政治、文学与美学、青春与人生、人类与自然、心理素质与道德情操，等等。同时，我们还以脑科学原理为基础将读写训练有机结合起来。这种学习模式的重要意义其实就在于：教育者要创造条件，促进学生内隐心理活动——学生大量阅读与思考（学习心理学称为"内隐练习"），与外显心理活动——学生写作训练和阅读时的圈点批注（学习心理学称为"外显练习"）的有机融合，二者共同作用于学生语文能力的发展。

（四）需要解决的主要问题及本课程的创新突破点

1. 需要解决的主要问题

①构建与学校现有课程有效衔接，与国家高中语文课程体系选修课程部分有机结合的校本个性化写作课程体系。②以该课程为范本构建一种经过实践检验并有利于语文课程功能实现的课程建设模式。③为新形势下我校长期积累的教育教学改革经验的转化提升找到具体的表达路径。④个性化写作课程在培养学生创新精神和实践能力方面的实际作用，如何为学校乃至省内相关培养目标的制定与落实提供操作案例。⑤探索个性化写作课程师资队伍建设的基本路径，为高中语文教师个人职业发展提供经验。⑥探索高中阶段个性化写作课程开设的条件支撑问题，包括物质条件、师资条件、管理评价等。

2. 创新与突破方面

（1）本课程开发的创新点

创新一

①架构较为完整的个性化写作课程体系，在强调学科核心素养培养的今天，为语文学科提供了一个经过实践检验的写作课程模式。②开发较为丰富的个性化写作课程资源，为高中语文写作课程的具体表达和课程实施奠定了物质基础。

创新二

①提出秉承大语文观、立足个性化写作能力培养的校本课程。我们认为只有从整体角度、系统化为学生展现语文学科写作知识，激发写作兴趣，营造以人为本的写作氛围，培养个性化思维及写作能力，才能更有效地促进学生写作能力的提升，适应未来社会发展需要。②将个性化写作课程纳入原有语文课程体系。该课程更加注重研究宽广性、系统性以及操作性的具体落实。不仅致力于与其他类型语文课程的内容渗透，更注重探索相互促进、提升彼此的螺旋上升式学科发展模式。③提出"以读促写、以文化人"的课程设计理念，试图通过对阅读教学和写作教学的双领域研究，探索读写能力相互转化、促进的可行性路径，以期实现更为深远的学科教学影响。④将来拟以大学先修课程平台为依托，借助高校科研的实力和优势，提升我校校本课程研发的水平。利用高校优质文学写作课程资源弥补高中课程资源开发的不足，改变高中语文课程资源的过于感性、缺乏理性以及过于零散、缺乏整合的现状。

创新三

①培养大量优秀写作人才。本课程不仅为学生提供大量个性写作的机会，还与校外各大品牌作文竞赛强势联合，为学生搭建成才平台，收获佳作。②培养大量科研型、学者型教师。在课程开发过程中，尤为注重开拓教师科研视野，培养教师科研论文撰写的能力，鼓励教师以课题研究带动教学改革，目前有一定的成果。③编写一本适合我校学情的读写结合的校本教材，切实促进学生阅读、写作能力的提升。④生成若干篇依据学科前沿教学理论撰写的学术性论文，提高我校语文教师的科研能力。

四、研究方法

文献研究法。主要是针对一些理论方面的研究，尤其是前期的准备工作，针对古今中外的学者和教育家对此类问题的研究资料，参考工具书的时候采用此类的研究方法。

理论分析法。在运用理论进行解决实际问题的时候，我们需要对理论的针对性进行分析，选择最能表现我们需要的地方准确地运用。

调查研究法。针对研究过程中一些具体的问题，需要征求广大师生的意见和建议的时候采用这种方法。这种方法首先应该进行缜密的问卷内容的设计，然后对调查人群进行界定，达到准确、有效和高效。

案例分析法。尤其是在实验的过程中，针对一些具体的写作问题可能要对照正反两方面的要求，运用已经存在的研究实例进行分析。

五、研究对象及范围

研究对象：初高中六年制完全中学全体在校学生。

研究范围：中学阶段六年完整教学循环中的阅读与写作个性化课程的实施与探索。

六、研究的具体措施

（1）在课堂上培养学生的阅读习惯和能力，关键在于抓住学生的课堂发言。（2）将教材中单篇短章的课文阅读和分类别的专题阅读结合起来，使学生掌握相关阅读方法。（3）开设自主读写选修课程，关照学生独特的生命体验，拓展学生的知识视野，培养学生综合学习能力。（4）使用自主编订的校本写作教材，辅之以"自由点评"、仿写、改写、扩写、限时快速作文等写作训练。（5）精心列出 50 本中外古代经典和中外现当代名著，要求学生从中选定 3～5 本，初一、初二、高一、高二每学期至少精读 3 本书；并同步进行读法、写法指导。（6）由学校集体或教师个人组织学生参加语文实践活动，如硬笔书法比赛、演讲比赛、辩论会、文学社团、朗诵社团、话剧社团、微电影社团、参观访问文化名人故居与文化古迹等。（7）编写一本将"内容线""文体线"和"技能线"三线相结合的写作教材。

疫情下基于"小先生制"的文言文"云"学习
——记"'小先生'教小古文"活动的开展

樊微微

基于防控新冠疫情的实际,笔者利用"云"学习的方式引导学生以"小先生"的身份自主设计小古文微课。学生原创的视频微课作为学习资源供全班同学使用,授课学生即"小先生",学生按照学号轮流成为"小先生",每天每班有一名"小先生"组织全班同学学习小古文。这一活动的开展不仅成为"停课不停学,成长不停歇"特殊时期教学工作的有机补充,更激发起学生对中国传统文化的热爱与研讨,还缓解了疫情期间学生的焦虑不安情绪。

一、学情分析

笔者从 2018 年 9 月起承担两个自然班共 87 名学生的四年级语文教学工作,从接班开始便有意识地组织学生积累经典古诗词。四年级整个学年和五年级上学期均组织了"揭榜背经典"活动,四年级以"爱国""四季""哲理"等类别将适合小学生积累的诗词张贴在教室四周,五年级上学期以"飞花令"的形式将诗词张贴在教室四周,学生被赋予"小钦差"的身份,按照学号每位"小钦差"负责三至五首古诗词的测评工作,其他同学找"小钦差"背诵闯关,并要挑战"小钦差"出的几道关于这几首古诗词的题目。三个学期下来,两个班均形成了生生互动的古诗词学习氛围,学生的诗词储备量和在生活中运用古诗词的能力均有提升。

受疫情影响的学期为两个班学生的五年级第二学期,此时也是学生首次使用部编版语文教材(教育部审定 2019 年版)(以下简称"部编版教材")的第二个学期。部编版教材中加大了中华传统文化的内容,诗词、文言小古文的容量有显著增加,学生不仅处于新旧两套教材衔接的适应期,更处于需要大量积累短小的经典文言文的关键时期。正如《义务教育语文课程标准（2011年版）》中对第三学段的学生提出的要求："诵读优秀诗文，注意通过语调、韵律、节奏等体味作品的内容和情感。背诵优秀诗文60篇（段）。……课外阅读总量不少于100万字。"

笔者原计划在五年级第二学期将"揭榜背经典"活动的内容扩展到篇幅短小的文言文上，然而新冠疫情来袭，打乱了正常教学节奏，学生的学习很大程度上依靠各种网课开展。区别于"眼神对眼神"的授课和互动方式，"云"学习需要兼顾学生的用眼卫生、信息技术水平、时间分配等方面，往往存在教师对学生学习起点的把握只能凭借经验来判断，网课缺乏师生和生生互动，教师在屏幕上"一言堂"的讲授难以调动学生内驱力，不能做到及时的点评反馈等问题，"云"学习的效果也大打折扣。

笔者从学生的学习阶段，教材更迭，疫情期间的"云"学习特点，班级学习特色传统等多方考量，设计并开展了基于"小先生制"的文言文"云"学习活动，即"小先生"教小古文活动。

二、历史渊源和理论基础

"小先生制"是我国著名教育家陶行知先生的构想，这一构想始于1923年，考虑成熟、提出并实施是在1932年。这个构想的核心是："每个人，即使只学习过几个月，只要学到一点，就应当把他学到的教给别人，甚至很小的孩子也可当'小先生'。"

在笔者看来，"即知即传"的过程其起点在于"小先生"的自主学习和自己领悟，若想把别人教会，首先要自己弄懂。"小先生"的学习起点能够大体反映同水平学习者的学习起点，"小先生"所传递的学习要点往往也是他在理解相关内容时所克服的难点。虽然"小先生制"是陶行知先生基于当时社会背景的首创，但是在将近一百年后的当下，这一构想仍迸发出蓬勃的生命力。

文言文与现代汉语在表达上存在较大差异，如大量的单音节词、通假字、倒装语序、虚词等语言现象，再加上对文言文的理解往往需要一定的历史知识背景，这些都使得学生在读准文言文、理解文言文、积累文言文、运用文言文中存在着困难。作为"小先生"的学生要完成"教会他人"的任务，会持续驱动着他去主动查阅相关书籍、网站，或去请教他人来解决这些困难。这种实践也正是联结现代文与文言文、联结学生与古人、联结当下与传统最好的"桥梁"。

无独有偶，美国学者艾德尔·戴尔在1946年提出的"学习金字塔"理论，也用数据有力地证明了"教别人"的学习效果。这一理论是通过对不同的学习方式产生的学习效果进行对比得出结论。实验者分别采用听讲、阅读、视听结合、现场示范、小组讨论、做中学或实际演练、教别人或马上应用的学习方式引导被试者进行初次学习，两周后，被试者能够记住的学习内容比例分别为：听讲方式记住5%，阅读方式记住10%，视听结合方式记住20%，现场示范方式记住30%，小组讨论方式记住50%，做中学或实际演练方式记住75%，教别人或马上应用方式记住90%。

对比"云"学习的普遍方式——教师讲，学生听，很显然学习效果是在低水平徘徊的。有一部分资源能够结合人机互动或视听等多媒体参与，但是我们可以清楚地看到，学习效果达到50%以上的学习方式，都具有团队学习、主动学习和参与式学习的元素。

综上所述，疫情期间的文言文"云"学习，更需要创造一种团队学习的氛围，引导学生主动探究，并吸引更多的学生切身参与到活动中来。

三、活动的设计与开展

（一）学习材料的选择

开展"'小先生'教小古文"活动，需要一套合适的学习材料，它应具备以下特点：文言文选段经典且短小，适合小学高年级学生的认知水平，与教材选取的文言文选段从篇幅到理解难度上都应相当；文言文选段的数量应该大于班级人数，篇目数最好是班级人数的3~5倍，这样有利于形成学习接力的轮次，保证至少一个学期的循环用量；每个篇目应包含文言文选段原文、关键词句的注释、译文，最好再包含相关的国学或历史知识介绍，而且这些内容要正确，不可以误导学生。

笔者曾考查过市面上以"小古文""小学生文言文"等关键词语为题的出版物，发现此类出版物各具特点，质量良莠不齐。结合对部编教材的了解，笔者最终选择了北京出版集团的《小古文220课》这套材料，它共收录了236篇短小精干的小古文，如：《孔融让梨》《勿贪多》《王元泽分辨獐与鹿》《豺烹羊》《神农尝百草》等，这些小古文多出自《论语》《世说新语》《颜氏家训》《笑林广记》《诫子书》《孟子》《山海经》《礼记》《梦溪笔谈》等经典作品。每一课的文言文字数从几十字至一百余字不等，篇幅都不长，很多篇目本身就是有情节的小故事,读起来并不枯燥。每课不仅有相应的文言文、注释、译文、测试题目,还有拓展的国学小常识,便于学生将讲授、互动和点评融合在一起。这套材料所含内容足够形成全班五轮的"小先生"授课循环,能够支撑细水长流的学习过程。

在可以面对面授课的条件下,笔者会将这一套材料复印后按照学号将复印件拆分给学生,但是疫情条件下,这种领取材料的形式行不通,而且按照政策规定我们也不可以组织家长统一购买相关书籍或材料。因此,笔者将教材拍成图片,按照学号传给学生家长,"小先生"授课前,学生互相看不到其他课的内容,也保持了一定的神秘性,为"小先生"开展线上测评和互动留出了一定的空间。

(二) 提供多方面支持

笔者利用腾讯视频会议的形式召开"云"班会,向学生介绍"'小先生'教小古文"活动设计理念,学习材料选择的标准,具体的活动形式等,也同时听取了学生和家长的意见和建议,确保活动得以顺利并能持久地运转。在"云"班会中,笔者结合自己承担北京市和海淀区"空中课堂"微课录制的经验,对学生进行了方法策略和信息技术方面的在线指导。

1. 方法策略支持

笔者以微课必选内容和自愿补充内容给学生的微课安排做如下建议:

(1) 微课中必选内容:

①问候语:同学们好!我是飞翼班/启航班成员某某某,今天我给大家带来的小古文是……

②领读与带读:下面我一句句朗读小古文原文,请大家随我来读。(读完一句,空几秒钟,让同学能跟读。)

③白话翻译小古文:这篇小古文的意思是……(如有就说:它告诉了我们……道理。)

④下面我出一道关于这篇小古文的题,请大家在群内抢答,速度最快且答对的第 N 名,将获得我准备的一份神秘小礼品。(礼品一定不要选价格高的,更欢迎是自制的小手工作品。)

⑤谢谢大家的聆听。这节课就上到这里,同学们再见!

(2) 在必选内容基础上可以自愿补充的内容(可插在道"再见"之前):

①我再给大家介绍一段"国学小知识"吧……

②关于小古文的作者、创作背景、同类作品等：我还要补充一些内容……

③告诉同学们，在什么情境下可以使用小古文中的句子或典故。

④鼓励同学们背诵这篇小古文，并介绍背诵它的"小妙招"。

2. 信息技术支持

"'小先生'教小古文"活动以微课的形式出现，我们不能把提供信息技术支持直接默认为家长的任务，这势必会加重家长的负担。因此，笔者给予学生三种录制形式的选择，并重点指导了利用学生在信息技术上学过的 Power Point 软件（以下简称 PPT）制作简单的微课。

以下是四种备选方式的建议：

（1）简单版：把要讲的内容以图片形式传到群里，然后用微信自带的小视频录自己的讲授过程。一图配一段讲解，直到讲解完毕。

（2）升级版：用手机录像功能直接录制，学生在镜头中可以半身或全身出镜。可以借用家中的玩具白板、白纸等，边讲解边板书。

（3）高级版：利用 PPT 的录屏功能录制（笔者在"云"班会上一步步实操演示）。点开"幻灯片放映"选"录制幻灯片演示"，可以选"从当前幻灯片开始录制"一页页录声音和动画，也可以一气呵成地"从头开始录制"，然后再挑选有错的页，重新补录这页的声音。当全部的页都录完后，点"文件—导出—创建视频—使用录制的计时和旁白—创建视频"，最终得到一份 mp4 微课视频。

（4）其他版：使用其他自己顺手的软件或形式制作。

此外，笔者为学生提供了十余个适合制作小古文的 PPT 模板，供学生根据自己的需要自由选取。

3. 全过程支持

"'小先生'教小古文"活动的设计理念和形式得到了学生和家长的支持，但这不意味着活动中教师指导的缺席。"小先生"在设计并制作微课的亲身实践中，不断遇到真实的问题并寻求解决，此时便离不开有效的过程性支持。

在活动的开展过程中，特别是活动首轮的进行中，笔者与顾问团（部分从事语言文字、信息技术、教育培训工作的家长代表）及时为学生提供线上指导。例如，当"小先生"在朗读文言文的时候会遇到多音字拿不准读音，在何处停顿断句；在理解文意的过程中，常遇到一词多义、古今变化、词性活用等现象；还常有"小先生"从对单音节词的理解出发，产生了进一步探究汉字起源的学习愿望。此时，我们并非直接给予学生结论，而是引导学生查找《现代汉语词典》《古汉语词典》《汉字源流字典》"国学大师网"等工具书或工具性网络，学生自主搜集资料，不仅查找到了需要的内容，还掌握了学习文言文时搜集资料的方法。

例如，有的"小先生"把微课做完后先请笔者或顾问团把关，我们还会从课文语言组织、PPT页面布局、配色建议、字体字号和行距的调整等方面给出建议；有的"小先生"在传输文件时还会遇到文件过大需要压缩文件的问题，我们会为学生提供多途径解决方式，鼓励学生尝试后找到符合自己使用习惯的一种；还有的"小先生"提出了出镜时渴望穿着汉服，录制前撰写好脚本等想法，这些建议我们也进一步在全班推广，使"'小先生'讲小古文"的微课一节比一节有进步，一轮比一轮更精彩。

四、活动的效果与反馈

在活动开展的过程中，不断有学生和家长向我反馈对"'小先生'讲小古文"活动的喜爱，学生的综合能力得到了显而易见的提升。还有很多同学自发背诵当日的小古文，以录制背诵视频的形式传给"小先生"等待批阅。很多学生和家长一开始对微课制作并没有信心，但是当一节精美的微课诞生的时候，全家为之欢呼的场景比比皆是。到第二轮和第三轮微课在群内播出的时候，很多学生表示微课的全程制作都是自己独立完成的。还有热心家长收集全班同学的微课，以专栏的形式发布到荔枝微课平台上，这份原创的文言文学习资源不仅可供全班同学反复学习，还为学生的童年生活留下了一份宝贵的记忆。

随着活动的推进，笔者也能明显感受到，学生在预习五年级下册教材中的《四时田园杂兴》《稚子弄冰》《村晚》《草船借箭》《猴王出世》《红楼春趣》《从军行》《秋夜将晓出篱门迎凉有感》《闻官军收河南河北》《自相矛盾》《杨氏之子》等课文时，能熟练地运用据意定音的方法判断多音字的读音，能自如地查阅工具书（或网站）理解关键词句的意思，能将现实生活与历史背景有机结合并在生活场景中运用文言文典故或名句等。更加难能可贵的是，随着文言文"云"学习中生生互动形势高涨，很多家长也被卷入学习中，形成了亲子共同浸润传统文化的氛围。

此外，笔者还借助"手拉手学校""师徒结对"等平台，带动北京市昌平区东小口学校的高年级同学也同步开展了"'小先生'讲小古文"活动。现在，同一篇目至少有三位"小先生"分别制作微课，进而形成了跨区跨校跨班的同课异构资源,学生能够借助这些资源进一步相互借鉴与学习。

综上所述,疫情下基于"小先生制"的文言文"云"学习,采用任务驱动的形式,以文言文素材为载体,不仅提升了学生的阅读和理解文言文的能力,也全面提升了学生的综合素养,为特殊时期开展线上班级传统文化活动做出了探索性尝试。全面复课后,笔者所带的班级仍将继续开展"'小先生'讲小古文"的第三至五轮活动,为线上活动与线下教学的衔接做进一步研究和探索。

叙事性文本整体感知能力的表现特征和教学改进策略

侯杰颖

在 NAEP（美国国家教育进展评价）阅读评价框架体系中，将复杂的阅读过程离析为四方面能力，整体感知、形成解释、联系自身、做出评价，并认为通过这四个方面，可以有效检测学生的实际阅读能力。在北京教育科学研究院学业标准项目组制定的《义务教育学业标准与评价（小学语文）》中，整体感知与获取信息、形成解释、做出评价、实际运用，被列为阅读理解五大核心能力。"整体感知"是阅读过程中的重要环节，就小学阶段而言，是阅读能力培养的重点和难点。"整体感知"首次出现在 1992 年《九年义务教育全日制初级中学语文教学大纲（试用）》。2001 年《语文课程标准（实验稿）》和现行 2011 年《义务教育语文课程标准》中也有阐释。将"整体感知"放在"汉语言文字的特点"的语境中严谨表述，并提升到语文教育的三大特点之一。

综上所述，从阅读主体学生的角度出发，研究高年级小学生在阅读叙事类文本时整体感知能力的表现特征，将整体感知能力分为整体感知文本内容、文本结构、文本情感三个维度。基于学生在整体感知阅读能力方面的层级表现和水平分布，确定该能力发展的障碍点，提出教学建议以便设计符合不同层级阅读水平的提升路径和策略，从而促进学生整体感知能力的持续发展，提升学生的阅读能力。

一、设计阅读测试，完善评价量规

1. 从课内课外选取三篇文本，围绕叙事类文本"整体感知"阅读能力的三个维度，即整体感知文本内容、整体感知文本结构、整体感知文本情感，设计小学五年级阅读测试题目。三篇典型文本，阅读难度不同：《慈善的不是钱，是心》是一篇记叙文，按照事情发展的顺序记叙，事情的起因、经过、结果清晰明朗。《我的伯父鲁迅先生》通过多件事写一个人，倒叙的写作顺序，先果后因，几件事之间密切关联。《秋天的怀念》是一篇叙事性散文，叙事结构相对复杂，以明线、暗线两条线索串联起发生在"我"和母亲之间的事，在写人叙事中抒发了感受和情思。

2. 基于 SOLO（可观测的学习结果）分类理论对学生的学习成果进行考评和分等。SOLO 评价的目标是学习者学习行为的结果，透过学习结果，判断学生在回答某一具体问题时的思维结构处于哪一层次。从学习结果在结构上的复杂程度出发，评价学生的学习质量。由此将学生的行为结果分为五个不同的水平，即前结构水平、单点结构水平、多点结构水平、关联结构水平、抽象拓展结构水平。评价目标的界定清楚，目标明确，具有较高的评价效度和信度。依托 SOLO 分类理论，同时结合五年级学生的实际水平，设计评价量规。从学生作答结果在结构上的复杂程度出发，了解学生在整体感知文本内容、文本结构和文本情感时的思维水平。表 1 为用于参考的评价表。

表 1　评价表

评价内容	评价等级及标准描述			
整体感知文本内容	前水平	基础水平	提高水平	发展水平
整体感知文本结构				
整体感知文本情感				

二、数据分析与个案访谈，梳理整体感知能力表现特征

1. 选取 S 学校五年级两个教学班学生作为调研对象，先后完成三篇文章整体感知文本内容方面的阅读测试。统计每层级人数和百分比，明确在整体感知方面学生的主要问题、主要困难。

2. 在学生答卷后，针对学生作答情况，每个测试的每个层级，选出部分学生进行一对一访谈，进行个案分析。了解学生的思维过程，更加有助于进行层级表现描述。

3. 分析学生的案例表现，结合访谈了解思维过程，总结出整体感知三领域的层级特征和具体表现。

在整体感知文本内容时，基础水平表现为能够从文本中选取单一或少部分信息概括文章大意，忽略重要信息，内容不全面、不完整。提高水平表现为能

够结合文本中大部分信息概括文章大意，要点全面，内容完整；但信息间的关联度不够，语言啰嗦，不精练，不简洁，概括性不强。发展水平表现为能够整体把握文章大意，要点全面，内容完整；内容要点间建立关联，分清主次，合并相关信息，语言概括性强，表述简洁清晰。在整体感知文本结构时，基础水平表现为只能从文本中选取单一或少部分信息整体感知文章的结构，片面地判断文章的表达顺序及基本表达方法。提高水平表现为能够结合文本中大部分信息整体感知文章的结构，了解文章的表达顺序，初步领悟基本表达方法；但是各信息之间没有建立关联或者关联度不够，思维链不完整。发展水平表现为能够找到关于结构的全部信息，并且按照文章结构特点，各信息之间建立关联；准确地体会文章的表达顺序，准确全面地领悟文章的基本表达方法。在整体感知文本情感时，基础水平表现为能够结合文本中单一或少量的显性信息，体会此时此处的人物情感。提高水平表现为结合文本中的显性信息和部分隐性信息，体会人物情感较全面，较完整。发展水平表现为能够结合文本中的显性信息和隐性信息，揣摩人物情感，完整地把握情感发展脉络，探究情感背后的成因。

三、基于表现特征，提出教学改进建议

1. 设计有具体学习项目支持的教学流程

基于整体感知的思维路径，设计教学流程，并辅以学生学习工具，提示给学生操作方法及每一步的操作目的，让学生整体感知文本内容、情感、结构的思维路径可视化，一步步达成最终目标。

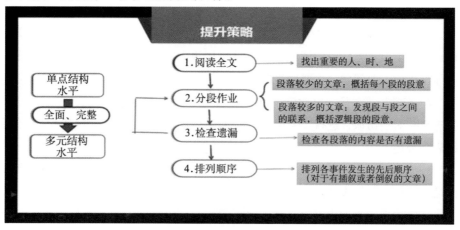

图1　从基础水平到提高水平——全面与完整

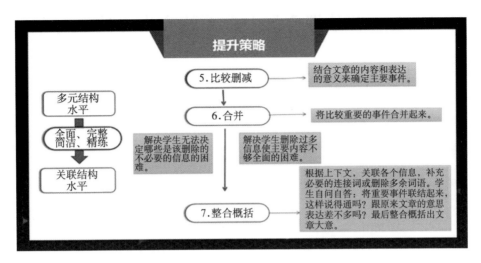

图 2　从提高水平到发展水平——简洁和精练

2. 建立依托语文教材的文本训练库

对高年级语文教材进行梳理，利用教材中的典型文本，构建文本训练库，4 册书，共 32 篇课文，贯穿高年段两年的学习，根据课文的文本特点，提供相应的教学策略，从内容、结构、情感等不同维度，有针对性地培养学生整体感知的能力。在日常教学中有目的、成系列地进行整体感知能力的训练，在训练中实现语文素养的扎根。

3. 创建师生共用的评价标准

评价标准切实可见。教师明了整体感知能力的不同层级表现，明确教学的方向。同时，评价标准供学生使用。在阅读实践中，师生共同讨论能力评价标准。学生根据标准，检视修改自己的整体感知阅读成果。在不断地阅读—交流—检视—修改的过程中，阅读成果趋向"最优化"，在这个过程中逐渐形成阅读经验。学生真正成为学习的参与者与评价者。

回顾整个研究过程，力争基于 SOLO 分类理论建立阅读能力评价模型，促进阅读教学改进，促进学生阅读能力的持续发展，培养独立的阅读者。

在"生态·智慧课堂"中培养核心素养的教与学

张燕菱

"生态·智慧课堂",关注每一个鲜活的生命个体,教中有学,学中有教,彼此依存,动态转化。在"生态·智慧课堂"的实践探索中,借助人民教育出版社《普通高中教科书 数学B版 必修 第一册》第二章"函数"第2.4.2"用二分法求函数零点近似解"这节课,努力实现教师和学生共同作为学习者的一种生态化混合式学习,努力进行基于核心素养的课堂教学实践研究。

一、情感场:创造多维互动、探究生成、思维活跃的个性化课堂,培养学生的创新素养

"生态·智慧课堂"注重教师和学生在不同教与学方式之间转换,多维互动,探究生成。"用二分法求函数零点近似解"这节课教授的用二分法求函数零点近似解是一种常用的计算方法,这一节内容放在了函数、函数的图像、函数的性质、函数的零点之后,在内容上衔接了上节函数的零点与方程的根的关系,希望学生通过本节课的学习能感受函数的思想以及函数与方程的联系。因此,本节课突出二分法方法的讲授总结与学生思维的训练,遵循"温故知新,设置情景——引导探究,掌握新知——归纳总结,明确方法——学以致用,感受新知——回顾小结,归纳提炼"的教学环节。

问题1:函数零点的概念和存在性。

问题2:求给出函数的零点,总结"求函数零点准确解"的方法,让学生回顾已学"求函数零点"的方法,让学生感受用代数方法求函数零点的准确解。

问题3:让学生写一写不会求解的函数,例如函数$f(x)=x^3+2x-8$,让学生自己提出问题,通过思考、查阅、了解三次函数、四次函数的求根公式过于

复杂，不适宜做具体运算，让学生理解寻求"求函数零点近似解"的必要性。

问题4：让学生结合函数的图像及基本性质，思考函数的零点是否存在。

问题5：学生讨论零点是多少，提出不同的思考角度，给出零点初始区间。

问题6：启发学生继续寻找更接近的零点，缩小初始区间，逐渐逼近零点，给出了二分法。

问题7：给出精确度，确定零点近似解。

教师通过这七个问题的层层创设，循序渐进训练学生思维，给学生更多独立思考的空间，采用教师启发引导与学生自主探究相结合的教学方法，努力给学生创造出一个自由开放的个性化课堂，有利于学生的情感世界在自由和谐的氛围中陶冶与美化。这正如生态·智慧课堂之核心，教学活动的过程是生成过程，要用生成论的思想方法去认识动态的教学过程，培养学生思考新问题、解决新问题的创新素养。

二、思维场：鼓励学生讨论式、参与式地多角度思考问题，体会数学思想方法，培养学生的合作与交流素养

课堂要指向让思维生长、审美层次提升的终极目标，寻找思维停靠点，课堂建构必须从传授知识、培养能力定位到"改变思维、启迪智慧、点化生命"的高度。用二分法求函数零点近似解其实并不是一种最优的方法，但是让学生学习用二分法求函数零点近似解操作简单，具有通用性，蕴含了数值逼近的思想、算法思想，以及数形结合的思想方法，并为人教社《普通高中教科书 数学B版 必修 第三册》中算法内容的学习提前做了铺垫。本课的教学重在思想方法的学习，教学设计中也处处围绕着思维方法进行展开。从求准确解到求近似解，从连续单调函数到一般连续函数，从确定零点初始区间到缩小零点所在区间，从计算尝试到算法演示，从数学到生活，处处鼓励学生讨论式、参与式地多角度思考问题，处处体现从特殊到一般和逐渐逼近的数学思想方法。

例如对于问题4，我们首先探究这个函数是否存在零点。学生讨论问题：这个函数有零点吗？有几个零点？为什么？学生需要利用已学知识，从不同角度思考，发散思维去思考。例如这是个连续函数，发现 x 很大时，函数值为正无穷，x 很小时，函数值为负无穷，值域为 R，故存在零点，由于三次方程最多有三个解，这个方程要有零点，最多三个；从整体看，函数在 R 上单调递增，由于值域为 R，故有且只有一个零点。这一讨论式、参与式的多角度思维过程，

让学生结合所学零点知识、零点存在定理进行思考探究。

例如在确定了存在一个零点后，问题5：如何确定零点的位置，又抛出了下一个需要讨论的问题。有的同学发现了 $f(1) \cdot f(2) < 0$，零点至少在（1，2）这个区间上，一起质疑只能这个区间吗？寻找零点的初始区间（a，b）如何确定？怎样寻找符合要求的近似解？这种寻求近似解的办法即用试值的方法求出近似解，但试值具有普遍性吗？对比着给出一个函数，改变了一次项系数，$f(x) = x^3 - 10x - 8$，使这个函数不具有单调性，即可能最多存在三个零点。有学生估计出在区间（3，4）内有零点，其实（-3，-2）、（-1，0）内还有两个零点，因此学生讨论得出对于零点个数不止一个的函数，试值的方法显然不具有普遍性。

这时思维的碰撞进入了高潮，有的同学联系零点概念体现着函数与方程的思想，思考可以画两个函数 $y = x^3$ 和 $y = -2x + 8$ 的图像，利用图像法，求交点的横坐标确定初始区间；当然，有同学说我可以选择画函数 $y = x^3 - 8$ 和 $y = -2x$，当然也都是可以的。$f(x) = x^3 - 10x - 8$ 也转化成两个函数 $y = x^3$ 和 $y = 10x + 8$ 有三个交点，即三个零点，通过作图可以估计零点的初始区间和零点个数。当然由于画图，对图像的准确性要求比较高，规范作图才能使初始区间范围缩小。

这种在教师的引领指导下，通过学生"探究思考—理解领悟—总结运用—深化认识"，让学生讨论式、参与式地多角度思考问题，研究问题，解决问题，课堂有利于学生高级思维的形成与发展，培养学生的合作与交流素养。

三、生活场：不盲从，多思考，培养学生的批判性思维素养

"生态·智慧课堂"要关注基于学科和生活主题的综合学科实践活动，让学生经历典型的学科实践过程，经历真实的探究、创造、协作与问题解决的过程，增强程序和模型意识，形成相应的思维方式、实践能力和责任担当意识。例如关于问题7，计算到何时停止？引入精确度这一概念，例如规定本题精确度为0.01，即区间长度小于给定精确度为止。在此设计了一个实践探究活动，一位同学用C++编的一个小程序，很快得出精确度较高的近似值，展示了算法的优越性。此后，提出一些启发批判性思考的问题：如果对于 $f(x) = x^3 + 2x - 8$ 改变初始区间，例如（-5，5）对结果有影响吗？学生先猜想，后用算法展示，证明对近似解没有影响，只不过计算多了几次而已。如果对于 $f(x) = x^3 -$

$10x-8$ 在区间（3,4）内有零点，那么输入（3,4）呢？就漏了两个负零点，其实（-3,-2）、（-1,0）内还有两个零点。因此，二分法适用于局部求零点，初始区间过大，如果区间内只有一个零点，只是计算次数增加，但近似解影响不大；如果区间内不只有一个零点，可能会因为初始区间的过大而漏掉零点。初始区间的确定很重要。这一环节学生通过真实的经历，不盲从、多思考的实验探究，让学生在活动中体验，在体验中生命得到成长，在思考探究过程中培养了批判性思维素养。

"生态·智慧课堂"的教学研究由"模式研究"走向"内涵探求"，开展基于核心素养的"生态·智慧课堂"实践研究，努力实现核心素养的教与学，培养卓越的有担当的社会主义未来人才。

在数学概念教学中提高数学阅读能力

田 媛

近几年,数学高考试题的题干文字数量不断增加,篇幅也逐渐增大,因此数学阅读能力已成为高考选拔人才的一个重点要素。在教学实践中,我们发现学生在数学学习中阅读视野较窄,阅读没有耐性,受社会上"快餐文化"的影响,喜欢读短小的文章,阅读能力不容乐观,对其数学学习极为不利。其实,学生的阅读理解能力与他们解决数学问题的能力密切相关,数学阅读不只是能够认识文字,更重要的是要能将数学问题中的信息提取并转换成数学符号,建构数学模型,概括提炼成数学问题,从而寻找方法解决问题。

数学概念是进行数学推理、判断、证明的依据,是建立数学定理、法则、公式的基础,也是形成数学思想方法的起点。因此,概念教学在数学教学中有着重要地位。在2019年底举办的"第九届北京数学教师论坛"中,关于高一数学概念课"向量的加减"的教学,旨在探索"通过数学概念课教学,提高学生数学阅读能力",主要针对"数学概念教学、解决实际问题、跨学科定义概念的比较和数学阅读能力的培养"等方面,通过激发学生的数学阅读兴趣,培养良好的数学阅读习惯,重视学生的数学阅读能力,使学生从被动学习到主动探究,将数学阅读内化为对数学概念的理解与认识。

一、设计阅读教学环节,培养学生的数学阅读习惯

教师在教学过程中要充分认识到数学阅读的价值及重要性,将阅读教学渗透于教学活动过程之中,积极开展有效的阅读教学活动,培养学生的数学阅读习惯。概念教学一般有以下四个环节:

创设情境 → 概念形成 → 概念辨析 → 概念应用

数学概念的抽象性决定了数学概念教学中"实例引入"是学生直观认识概

念的关键一步。其目的就是让学生感知概念，创设的情境中应该暗藏着数学概念的原型，为下一阶段数学概念的形成做好铺垫。

比如：在"向量的加减"的教学中，既要突出向量加法的运算本质，又要准确定义数学运算的概念。结合学生的亲身经历和相关事件作为阅读材料，设计课堂情境与问题。

阅读材料一：上午最后一节课是体育课，大家都到操场上课，同学甲下课后直接从操场到食堂吃饭，同学乙则是先回教室拿饭卡，再去食堂用餐。若用 A、B、C 分别表示操场、教室、食堂的地点（如图1），估计操场到食堂约 500 米，食堂到教室约 800 米，教室到操场约 1000 米。请问：（1）甲、乙两位同学从操场到食堂的路程各是多少？（2）甲、乙两位同学从操场到食堂的位移是多少？

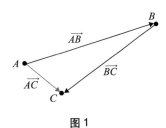

图 1

学生回答：（1）甲的路程为 500 米，乙的路程为 1000 米 + 800 米 = 1800 米；

（2）甲、乙两位同学从操场到食堂的位移相同（一样），表示两次位移的结果与一次位移相同。

通过阅读学生发现：路程是标量，即数量；位移是矢量，即向量，位移求和得到的和位移也是矢量（向量），矢量相加的本质是"累计"，不是简单的大小相加。

"向量数学"是 19 世纪末 20 世纪初才发展起来的，向量知识在数学、物理学、材料科学等方面有着广泛的应用，备受人们关注，进而很快形成一套具有优良运算通法的数学体系。由于它具有代数形式和几何形式的"双重身份"，能融数与形于一体，成为几何代数化的重要工具。数学中向量的加法运算是通过物理模型为原型构建的，它体现了"数学是模型的科学"。

教学中，为充分挖掘学生自身潜能，还应进一步设计阅读材料，逐步提高学生的数学阅读能力，培养其分析、解决实际问题的能力。

阅读材料二：学校的操场是南北方向的，上体育课的时候，突然刮起了 7 级劲风，风是从正北方向吹来，风速达 50 千米/小时，老师要求在操场的同学们紧急返回教室避风，操场出口在东北侧，同学丙此时正在操场的西北正对着出口约 80 米的位置处，他立刻以 12 千米/小时的奔跑速度直奔出口跑去（正东方向），若奔跑过程中不改变方向，请问同学丙能否准确到达出口？为什么？

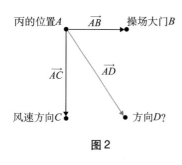

图 2

阅读能力较强的学生的回答是："不能，丙的实际速度不是正东方向，应该是风速与丙的速度的合成，利用平行四边形可以画出丙的速度方向（图 2）。"位移是向量，向量是有方向的量，所以向量的加法不单单要考虑大小，还要考虑方向。向量的加法是按照平行四边形法则计算的，不是代数和。

此时，有个别学生已经出现阅读障碍，在回答老师的问题时，很多学生说不出其中蕴含的数量关系，抓不住阅读素材中的本质问题。通过一些学生的演示与画图，才使更多的同学感受到数学阅读与理解数学概念是密切相关的，懂得了通过具体的生活实例去体会抽象的数学含义，认识到数学概念来源于生活，又服务于生活。这也反映了培养学生数学阅读能力对提高数学概念本质把握的重要性。

在教学实践中不能用教师的个体思维代替学生的个性思维发展，在实施阅读教学环节时，教师应给学生充足的时间对题目进行阅读及分析，让学生通过仔细阅读、认真体会、理解阅读素材中的核心问题，抓住问题的本质才能激发学生阅读的兴趣。在认识到这一点之后，教师不仅要在课堂中留出阅读时间，还需要从外部环境入手组织阅读教学活动，从而培养学生的阅读习惯。

二、实施提纲式阅读，鼓励学生探究兴趣，保障数学思维的流畅性

一般来说，数学概念要经历感知、理解、保持和应用四种心理过程。向量运算是数的运算、集合运算之后又一次对运算的扩充，是深化对运算的认识的契机。数学课堂离不开学生的探究活动，在课堂教学关键环节进行局部探究活动设计，可以帮助学生更清楚地了解知识的来龙去脉，理解相关知识的本质。

我们都渴望通过教学方式的变革促进课堂效率的提升，如何使学生将数学阅读变成学习的自觉行为？为了减轻学生阅读难度，教师在备课时应当编写简要的提纲，这种提纲不一定是逻辑关系的显示，而是对主题、概念的理解、概念的再认识、概念的应用和学习的重点等方面的展现（表 1），可以采用图表或问题串的方式引导学生审核题意、抓住关键，达到追溯概念、合理选择方法的程度。显然，设计环环相扣的问题串、借助现代教育技术直观演示、预设合理化实际问题等，都是实施提纲式阅读的有效策略。

表1

一级问题	二级问题	学生活动
问题1：向量相加以后是什么？	问题1-1：什么叫作"向量 $\vec{a}$ 和 $\vec{b}$"？	现在请同学们拿出纸和笔，自己随意画两个向量，记为向量 $\vec{a}$ 与 $\vec{b}$，长度、位置和方向由学生自己定。（遵守三角形法则）
	问题1-2：怎么样用平行四边形法则去求向量 $\vec{a}$ 与 $\vec{b}$ 的和向量？	
	问题1-3：请学生解释当向量 $\vec{a}$ 与 $\vec{b}$ 不在同一起点的时候，怎样求和向量。	
	问题1-4：向量和数有区别吗？数可以做加法，两向量相加的结果是一个数还是一个向量？	
问题2：向量的加法是怎么定义的？	问题2-1：什么叫作向量的加法？	（三角形法则 / 平行四边形法则 示意图）
	问题2-2：向量加法的平行四边形法则或三角形法则指的是什么？平行四边形法则和三角形法则的区别在哪里？	$\overrightarrow{OA} + \overrightarrow{AB} = \overrightarrow{OB}$；$\overrightarrow{BA} + \overrightarrow{AB} = \vec{0}$；$\overrightarrow{A_1A_2} + \overrightarrow{A_2A_3} + \cdots + \overrightarrow{A_nA_1} = \vec{0}$；
	问题2-3：向量的加法公式的结构特征是什么？	（多边形首尾相接示意图）

在数学课堂上师生之间应该建立亲和的对话平台，对话沟通的渠道，让学生觉得老师不是课堂教学内容的垄断者，更不是课堂教学的主宰；不是所有的问题都可以一锤定音，而是可以和学生面对面地交流，可以聆听学生的见解，激发学生探究数学问题的欲望，教师能够适时地对他们的观点给予"赞同、表扬或指正"。学生在数学课堂上不应该仅仅是学习活动的接受者，而应该充分体现其主体地位的作用，积极参与到一个新知识的思维过程中，学会独立思考。

比如，在证明向量加法的结合律 $(\vec{a}+\vec{b})+\vec{c}=\vec{a}+(\vec{b}+\vec{c})$ 时，鼓励学生主动构造平面向量图形，回顾与之相关的不等式知识，通过"自主提问"，利用"分类讨论思想"，发现并研究向量运算律的证明。

问题 1：

（1）是否需要用图形体现向量 $\vec{a}$，$\vec{b}$，$\vec{c}$ 的方向和长度？

（2）若向量 $\vec{a}$，$\vec{b}$，$\vec{c}$ 具有任意性，也许应该分类讨论了吧？

（3）若向量 $\vec{a}$，$\vec{b}$，$\vec{c}$ 具有特殊性，那么会有几种情况？

（4）若向量 $\vec{a}$，$\vec{b}$，$\vec{c}$ 没有特殊性，怎样借助向量的加法进行证明？

……

分类讨论：

（1）当 $\vec{a}$，$\vec{b}$，$\vec{c}$ 中有零向量时，显然成立。

（2）当 $\vec{a}$，$\vec{b}$，$\vec{c}$ 均不为零向量时：

证明：如图 3，设 $\vec{a}=\overrightarrow{AB}$，$\vec{b}=\overrightarrow{BC}$，$\vec{c}=\overrightarrow{CD}$，

则 $(\vec{a}+\vec{b})+\vec{c}=(\overrightarrow{AB}+\overrightarrow{BC})+\overrightarrow{CD}$

$=\overrightarrow{AD}=\overrightarrow{AB}+(\overrightarrow{BC}+\overrightarrow{CD})=\vec{a}+(\vec{b}+\vec{c})$

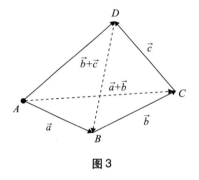

图 3

又如，结合三角形的性质，引导学生发现关于"向量三角不等式"的结论，并加以研究。

问题 2： 对于任意的两个向量 $\vec{a}$，$\vec{b}$，结合三角形中"两边之和大于第三边，两边之差小于第三边"的性质，探究 $\||\vec{a}|-|\vec{b}\|<|\vec{a}+\vec{b}|=|\vec{a}|+|\vec{b}|$ 的几何意义。

分类讨论：（1）当 $\vec{a}$，$\vec{b}$ 中有零向量时，显然成立。

（2）当 $\vec{a}$，$\vec{b}$ 均不为零向量时：

进一步分析：①当 $\vec{a}$，$\vec{b}$ 共线时，即 $\vec{a}\parallel\vec{b}$ 时，

当 $\vec{a}$，$\vec{b}$ 同向时，$\||\vec{a}|-|\vec{b}\|<|\vec{a}+\vec{b}|=|\vec{a}|+|\vec{b}|$；

当 $\vec{a}$，$\vec{b}$ 异向时，$\||\vec{a}|-|\vec{b}\|=|\vec{a}+\vec{b}|<|\vec{a}|+|\vec{b}|$。

②当 $\vec{a}$，$\vec{b}$ 不共线时，

在 △OAB 中，$\||\overrightarrow{OA}|-|\overrightarrow{AB}\|<|\overrightarrow{OB}|<|\overrightarrow{OA}|+|\overrightarrow{AB}|$，

即 $\||\vec{a}|-|\vec{b}\|<|\vec{a}+\vec{b}|<|\vec{a}|+|\vec{b}|$。

如图 4。

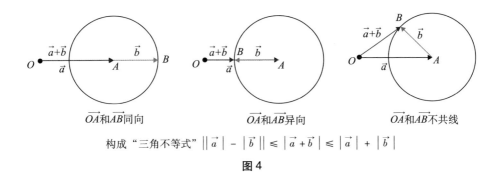

构成"三角不等式" $||\vec{a}|-|\vec{b}||\leq|\vec{a}+\vec{b}|\leq|\vec{a}|+|\vec{b}|$

图4

这说明，提纲式阅读教学围绕学生的思维发展进行教学设计，使问题贯穿始终，思想贯穿始终，探究贯穿始终，联系、发展贯穿始终。学生在老师的启发下，不断发现当前所面临的新问题，成为课堂探究活动的主线，沿着这条主线，教师将带领学生寻找区别和联系。课堂上，学生回答问题的过程自然而然地成为体验和完成一次科学探究的过程，成为培养"科学探究"素养的途径。

三、要领提炼式阅读，聚焦学生阅读素养，帮助学生提高解题能力

解题的前提首先是阅读，引导学生认真阅读题目表述的内容，阅读中抓住题目中隐含的条件，善于抓住解题的突破口，这些都离不开认真细致的阅读。许多数学阅读材料是通过不同题目来呈现的，各个题目之间有时类型相近，因此我们将类似的算式、类似的问题、类似的性质等信息，通过阅读并勾画材料的要点信息，达到"要点提炼与整合"，将其分条理呈现、归纳出来，准确理解题目的要求，尤其是其本质特点和附加要求的过程，就可完成要领提炼式阅读。

实际情况是，现在很多学生不会审题，不能从题目中很快地捕捉到有用的信息，总是丢三落四，会造成学习成绩上理想与现实的极大落差，这都与学生的阅读理解能力有直接的关系。在遇到这类问题时，我们大多归咎于学生的粗心，却很少会想他们是否真的读"懂"了题目。有的学生在做题时，根本没把题目读完，没有提炼出问题要领，只是根据平时的做题经验草草把题目做完；或者在读题的过程中，添字、漏字、遗漏关键条件等，对题目理解错误，出现解不对题也就不足为怪了。

比如，课上在给学生的巩固练习中，当学生能够很顺利地完成向量加法的运算之后，为了激发学生探求知识的兴趣和欲望，调动他们的学习主动性，唤起学习的内驱力，可以放手让学生自编问题、相互评价，有助于数学语言水平

的提高和数学交流能力的培养。

问题 3：如图 5，正六边形 $ABCDEF$ 中，已知各边和对角线，请选择图中的线段为向量，恰当使用向量的加法和运算律，自编问题，并给出解答。（学生自编问题、相互评价）

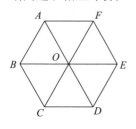

图 5

教师提供的备选问题：

(1) $\vec{OA}+\vec{OC}=$ ；(2) $\vec{BC}+\vec{FE}=$ ；(3) $\vec{OA}+\vec{FE}=$ ；

(4) $\vec{OB}+\vec{BC}+\vec{CO}=$ ； (5) $\vec{AB}+\vec{BC}+\vec{CD}+\vec{DE}+\vec{EF}+\vec{FA}=$ 。

这些小题的类型相近，但所表达的向量在图形中的位置是不同的，通过个数不同的向量进行加法运算，最终都得到一个确定的向量。此时，学生将会主动提炼问题的共性，寻找解题要点，总结一般规律。

问题 4：观察上面的式子，如果从等式的右边向左边进行运算，你会有怎样的发现？

通过引导使学生发现，任何一个向量都可以拆成多个向量的和向量，这样又大大激发了学生的好奇心与求知欲。其实，能够在许多形式上类似的数学式子中寻找共性，提炼要点，并产生逆向思维的阅读理解，都需要教师在教学中加强训练，在阅读中培养学生形成反思行为和逆向思维习惯也是数学阅读的重要任务。

这里"以向量所在空间的维度为基准，利用基底作为研究向量的平台，以向量加法的逆向运算为方法，进行向量的拆分"，初步形成"拆分向量"思想，将在今后的立体几何学习中得到加强，为学习以后的知识奠定了基础。

数学是一门系统的演绎科学，但在它形成的过程中又是一门实践性的归纳科学。在最初的数学概念学习中，我们就是要通过读一读、想一想、画一画、算一算、试一试等方式，让学生经历从阅读到理解再到应用的过程。数学阅读是学生学好数学概念的基础。数学阅读是数学专业语言的阅读。数学学科的语言有三种：文字语言、图形语言、符号语言。数学文字语言和符号语言最显著的特点是严谨性、抽象性、精确性。数学阅读要体现精准、有条理和灵活处理的能力特征。数学阅读的最终目标是明确数学条件和建立数学模型，是形成数学思想方法的出发点，达到追溯概念，合理选择方法，收获成功，实现创新的程度，从而促进数学思维能力的发展。

学生本来就是有差异的
——对三名学困生的跟踪与研究带来的启示

李爱民

在开年级组教师会时，会末各班科任教师经常会抱怨班里的个别学生脑子慢，或者调皮不学习，经常拖班级的后腿，我也深有同感，时常附和。抱怨多了，虽然图一时痛快，但发现还是解决不了问题。

原来我们学校的学生整体水平还比较好，但现在随着初中招生方式的改变，一些学习比较困难的孩子也进入了我校，学生们的学习成绩差异明显增大，也出现了一些学困生。因此，我还是要动动脑筋想想办法改善这种状况。学生之间本来就是有差异的，尤其不同的学困生的问题也是不一样的，不能一概而论，应该对症下药。对于这种学生我接触得并不多，不太了解有针对性的教育方法，所以从2007年9月接新初一开始，我有意识地对数学成绩比较低的学生进行追踪研究，期望发现这类学生问题的所在，寻找解决的方法。通过追踪三名学困生张同学、黄同学和李同学，我对这个问题的认识发生了变化。

一、冷静观察，了解学生起点

刚进入初一时，通过一段时间的观察、访问、检测，我从六班45名学生中选择了3名数学成绩比较低且有代表性的学生作为研究对象。

我参考海淀区教师进修学校学科调研的分析方法：通常是把一个班的50名同学每次练习的成绩按从高到低排序，平均分成G1、G2、G3、G4、G5五组。由于这个班有45人，前四组每组10人，G5组是成绩最低的一组，一开始有5人。

表1是三位同学初一第一学期期中前各次考试成绩统计（60分以下不及格用灰色底纹表示，"↑"表示成绩进步较大）。

表 1　初一第一学期期中成绩统计表（共45人，满分100分）

姓名	练习1	组别	练习2	组别	练习3	组别	练习4	组别	练习5	组别	6模拟	组别	7期中	组别
黄同学	71	G3	36	G4	74	G3	76↑	G2	71↑	G3	55	G4	45	G5
张同学	59	G4	7	G5	49	G5	50	G5	70↑	G3	51	G4	50	G4
李同学	61	G4	36	G4	24	G5	62↑	G4	69↑	G3	57	G4	48	G4
班平均分	69.84		50.86		74.98		70.34		69.02		66.53		61.82	

图 1 是根据上表制作的三位同学 7 次成绩的统计图。

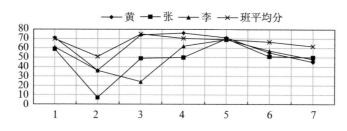

图 1　初一第一学期期中成绩统计图

三个学生的数学成绩基本都在平均分以下，李同学、张同学基本在班里 G4、G5 组左右，黄同学也处于中下水平。

根据各方面的情况，对三位同学个人学习能力的情况分析如表 2 所示：

表 2　初一第一学期期中时学习能力情况表

姓名	计算能力	新知学习能力	学习态度	课堂听讲	所处位置
黄同学	较弱	较弱	较好	较认真	G3、G4 组
张同学	很弱	很弱	较好	认真，但理解慢	G5 组
李同学	较弱	一般	不够好	不认真，不守纪律	G4、G5 组

初一入学后，开始一段时间，是师生互相了解的时期，我对他们进行了仔细观察，认真地分析，发现他们身上存在的问题还是比较严重的。他们都表现出基础弱特别是计算能力弱等特点，但是通过研究，我发现他们各自的特点是不同的。

张同学初一入学时数学成绩很低，连小学的简单算术都经常算不对，并且计算非常慢。平时不怎么说话，胆小、内向，眼神也是怯怯的，脸上基本没有笑容，见到老师总是躲得远远的。上课时很守纪律，从不说话，听讲很认真，但眼里总是显示出迷惑的神情，提问时连简单的问题也回答不上来。各科老师都反映她很笨，有和她在一个小学学习的学生告诉我，她是学校里成绩最低的学生，考试中很少有及格的时候。

黄同学的数学有一定的基础，但还不太会学习，性格也比较沉默，不爱说话，成绩在班里处于中等偏下，而且不太稳定。她和张同学经常在一起玩。

李同学是个男孩，数学基础较弱，学习习惯不好，计算能力较弱。性格开朗，课堂上比较活跃，爱说话，而且比较贪玩，不太自觉，用在学习上的时间较少。但是孩子比较聪明，有发展潜力。

但从平时的点滴观察，发现他们都有学好的愿望。例如黄同学在上完我的课时，眼里都是不懂的表情，好像想问又犹豫着不敢问，我主动把她叫过来给她讲解。放学后，张同学和黄同学又是一起来到办公室，还是不好意思问。李同学则是有比较强烈的表现欲，总想在课堂上回答对问题，但又经常计算不对，自尊心颇受打击，但他很不甘，仍然锲而不舍地抢着回答问题，而且他课外还请了家教。这些现象让我发现了学生身上隐藏着的学习愿望，这是可以让他们进步的原动力，需要有人适时引导挖掘，扬其所长，把他们隐藏的一面展现出来，让学生之间的差距逐渐缩小。我决定针对学困生的教育进行探索，多了解学习困难的原因，寻求解决问题的方法。

二、深入研究，构建差异化策略

在他们身上多下功夫。要求他们上课注意听讲，并且每天放学后到我的办公室补课。开始补课时，我采用的是三个人一起补课，但这三个人对同一个例题讲解的反应是不同的。黄同学反应稍慢，对讲解的内容需要一定的时间吸收消化，一旦学懂了就可以把题做对，只是所用时间稍长；李同学有一定的灵气，反应相对较快，但是一做就错，暴露出基础较弱的问题；张同学则是对我讲解的内容反应很慢，其他两个人都听明白的内容，张同学还需要再慢慢讲半天才能大概明白，甚至有些稍有难度的题根本听不懂。不得不承认，人的学习能力是有差异的，而且人的所长也是有差异的。三个人的理解差异造成不能同时补课，所以我对三个人的补课采取了不同的对策。

1. 慢是特点不是过错——耐心帮助张同学

当面对面补课时才发现张同学的基础有多弱。简单的加减运算要算半天，还不一定保证算对，更别说乘除法了。初一新学了负数、字母表示数等知识以后就更加混乱了。我只好在补课的同时连着小学的知识一起补，其间也了解了一些张同学小学时的学习情况，以及同学们和老师对她的态度。我也明白了为什么刚上初一时她躲着老师，学习成绩低在她的幼小心灵中留下了很深的伤害。

真正开始补课后，我的头更疼了。一个问题讲完之后，问她听懂了吗，她睁着困惑的大眼睛看着你，也不敢说话，我只好放慢速度再一遍又一遍地讲，直到她听懂为止。有时一个问题讲了好几遍，刚开始时还能做到不厌其烦，可是一个知识反复讲了多次，讲了一道题后再做一道类似的题还是不会做，我都要抓狂了，虽然还是很克制自己，但表情和语气已经有所变化。张同学很敏感，也不好意思再说不明白，赶紧说听懂了，但我心知肚明她还没有懂，还需要不断改变教学方法，直到她听明白为止。

在不断的接触中我发现，张同学理解新知识的速度很慢，记忆的时间很短，遗忘的速度很快。但理解得慢、记忆得慢不是过错。由于慢，小学时跟不上班里的教学进度，日积月累造成知识的漏洞越积越多，而以前的老师没有给予她过多的关注，所以造成知识越落越多。数学的特点是知识的连续性，因而造成她的基础越来越弱，对数学越来越没有信心，形成恶性循环。

别人听一两遍新知识通常就能理解，而她基本做不到，需要讲三四遍，后来经过查找资料，发现她特别符合一种叫作 LD（学习障碍，learning disabilities）的特征，智商在正常水平而成绩低，原因可能是她对声音的记忆和加工存在缺陷，所以通过"听"讲学习的效果不好。对于这类孩子，一方面需要注意加强视觉学习，比如，多引导他们看黑板、看书、做笔记；另外就是进行矫正，加强语音记忆与朗读的训练，要求他们利用声音来学习，如口算时可以要求他们大声地计算，将内部的思维过程说出来等。

她在新知的学习能力上存在很大的问题，因为理解得慢，单纯的课堂教学不能让她当堂学会新知识，所以对这样在理解力上有障碍的学生来说，老师的高度关注，及时地弥补知识的漏洞是必不可少的，当天的问题一定要当天解决。

这样几乎天天补课到晚上六七点。难能可贵的是张同学很有韧性，能坚持下来。渐渐地她敢说话了，也敢问问题了，跟我也渐渐开始亲近了。

上课时，让学生做题时，当我巡视到她身边时，她开始敢指着笔记说她听不懂了,这显然是一个好的现象,能主动地说自己的问题了,但是课上不能只给她一人讲解,下课再补。这样的情况次数多了以后,我又发现了一个问题,课堂所学的知识基本上她都不能理解,即她对新知识的理解、吸收、消化的速度很慢,别人听一两遍新知识就能很快地理解,而她基本做不到,需要讲三四遍,甚至更多遍才能明白,这还不包括掌握知识。

随着时间的推移,她的学习成绩有所进步,分数不是特别低了,也能有几次及格了,计算上出错也少了,这都是可喜的现象。并且从开始时什么都不明白,到现在能提出问题,指出自己哪里不懂,更是很大的进步。理解得慢不是过错,只要不放弃,付出比别人更多的时间和努力,就会有收获。俗话说"勤能补拙"嘛。

2. 在当"小老师"中成长

对于黄同学,她的计算能力较弱,新知学习能力较弱,信心不足,但学习态度较好,课堂听讲较认真。根据她的特点,我采用的更多的是激励的方法,她的基础不差,但是在数学上还没有入门。一直以来得到老师的关注少,造成她现在的沉默寡言,对自己信心不足,所以我经常利用各种机会在班里同学、家长和老师面前表扬她,帮助她树立学好数学的信心。她的基础比张同学好,我就利用补课时间让她帮助张同学,给张同学讲题,当小老师,而我在旁边当听众,遇到黄同学讲不清楚的地方我再给以指导或重新讲解。这样在给别人讲题的过程中,她就会发现自己的知识学得是否明白,自己是否真正理解了,哪个知识点没有搞清楚。如此训练的时间长了,对数学的学习逐渐入门了。黄同学对知识的理解更透彻了,不仅提高了数学成绩,而且树立了自信心,她能自己独立地学习了,也经常进入 G1 组,甚至是前三名。

经过一年多的手把手的辅导,黄同学终于脱离了老师这个拐棍,能自主学习了。在我的办公室里也很少见到她的身影了。

3. 一点就通的李同学

对于李同学,他的基础较弱,计算能力较弱,学习态度也不好,课堂听讲不认真,不守纪律,急需解决的主要问题是端正学习态度,培养良好的纪律和学习习惯,并且需要尽快补知识漏洞。

我想方设法接近他,与他聊天交朋友,让他对我产生亲近感,从而喜欢学数学。在课堂上经常提问他,先从一些简单的问题入手,让他比较容易回答正确。当他回答正确时我又大力表扬,及时鼓励,当他的成绩有进步时,我又逐渐加大提问的难度,使他不断获得满足感和成就感,从而树立学好数学的信心。

李同学的脑子够聪明,稍微点拨即能明白。经过一段时间连续的补课,其成绩也进步得很大,从班级的 G4、G5 组慢慢地进步到 G2、G3 组,有时还能进入前三名。

这三个孩子在学习能力和思维方式上显示出明显的不同,不同的学困生在思维上有显著差异,所以采取的策略也应不同,教师要注意因人而异,因势利导,发挥各自的长处和优势,放大他们的优点,弱化他们的缺点。

三、研究成果

1. 学业取得了进步

评价学生学业水平是否提高必须用数据说话。表 3 至表 11 是从初一到初三这三年三位同学的成绩统计表(不及格用灰色底纹表示,"↑"表示成绩进步较大,粗体表示进入前五名)。

表 3　初一第一学期期末成绩统计表(共 45 人,满分 100 分)

姓名	练习1	组别	练习2	组别	练习3	组别	练习4	组别	练习5	组别	练习6	组别	7模拟	组别	8期末	组别
黄同学	81	G2	91	G2	56	G3	92↑	G1	75	G2	**77**	**G1**	68	G1	91	G1
张同学	58	G4	51	G5	29	G5	58	G4	62↑	G4	50	G5	51	G4	89↑	G2
李同学	51	G4	70	G4	32	G4	81↑	G2	77↑	G2	60	G4	52	G4	81	G4
班平均分	69.11		80.41		54.23		76.98		70.44		66.43		60.41		85.23	

初一第一学期的成绩:

黄同学的成绩基本上从 G4 组进步到 G2 组左右,有时进入 G1 组;

张同学的成绩到期末时有所进步,并且离及格更近了一些;

李同学的成绩在 G4 组内也有所进步,偶尔能到 G2 组。

初一第二学期,因工作需要支援初三,这学期暂时不教该班,下学期又回来教。

表4　初二第一学期期中成绩统计表（共42人，满分120分）

姓名	练习1	组别	练习2	组别	练习3	组别	练习4	组别	练习5	组别	练习6	组别	7期中	组别
黄同学	**107**	**G1**	**95**	**G1**	100	G2	85	G2	108↑	G1	106	G2	102	G2
张同学	76	G4	29	G4	30	G5	60	G4	64	G4	85↑	G3	61	G4
李同学	102	G2	92	G1	104↑	G1	57	G4	91↑	G2	94	G2	**110**	**G1**
班平均分	90.79		69.83		83.62		71.45		88.33		91.61		89.36	

表5　初二第一学期期末成绩统计表（共42人，满分120分）

姓名	练习8	组别	练习9	组别	练习10	组别	练习11	组别	练习12	组别	13模拟	组别	14期末	组别
黄同学	94	G1	98	G1	**108**	**G1**	84	**G1**	69	G1	63	G2	83↑	G1
张同学	32	G4	72↑	G3	65	G4	22	G4	49	G4	50	G4	66	G4
李同学	58	G3	53	G4	77↑	G3	60	G2	71↑	G1	64	G2	82↑	G1
班平均分	65.44		77.1		80.25		54.19		59.32		58.61		74.81	

初二第一学期，三位同学的成绩都有不同程度的进步。

黄同学的成绩基本上从 G2 组进步到能经常进入 G1 组，消灭了不及格，偶尔能名列前茅；

因为学习的内容增多，难度开始增大，张同学的成绩起伏较大，但已能偶尔及格了，所以这期间，我对她辅导的力度开始加大，力争让她跟上进度，弥补以前的漏洞；

李同学的成绩从 G3、G4 组进入到 G1、G2 组左右，学业水平的发展是向好的。

表6　初二第二学期期中成绩统计表（共42人，满分120分）

姓名	练习1	组别	练习2	组别	练习3	组别	练习4	组别	练习5	组别	练习6	组别	7模拟	组别	8期中	组别
黄同学	83	G2	80	G2	64	G4	100↑	G1	77	G2	99↑	G1	80	G2	**104**	**G1**
张同学	74	G3	52	G4	82↑	G3	50	G5	56	G4	72↑	G4	68	G4	66	G4
李同学	**109**	**G1**	69	G3	93↑	G2	90	G3	61	G4	76	G4	80↑	G2	95↑	G1
班平均分	76.12		73.21		82.31		85.12		73.48		89.08		73.79		78.98	

表7　初二第二学期期末成绩统计表（共42人，满分120分）

姓名	练习9	组别	练习10	组别	练习11	组别	练习12	组别	13模拟	组别	14期末	组别
黄同学	102	G1	94	G2	101	G2	91	G2	96↑	G1	100	G1
张同学	88	G4	78	G4	60	G4	72	G4	53	G5	85↑	G3
李同学	105	G1	87	G3	88	G3	86↑	G2	82	G2	99↑	G1
班平均分	95.03		86.23		93.13		84.62		77.23		89.2	

初二第二学期，三位同学的成绩都有不同程度的进步。

黄同学的成绩基本上稳定在 G1、G2 组，平时的补课次数也有所减少，她的自主学习能力有较大提高，我逐渐放手让她自己学习；

张同学的成绩进步也较大，有一半及格的，这期间我对她的辅导重点是基础知识，对于她所不能理解的偏难题基本不涉及；

李同学的成绩基本上在 G2 组左右，但还不太稳定，这与他的知识漏洞和学习的认真程度有关。

表8　初三第一学期期中成绩统计表（共44人，满分120分）

姓名	练习1	组别	练习2	组别	练习3	组别	练习4	组别	练习5	组别	练习6	组别	7期中	组别	练习8	组别
黄同学	103	G1	72	G3	**96↑**	**G1**	88	G3	86	G2	94↑	G1	92	G2	80	G2
张同学	87	G3	66	G4	61	G4	75	G4	81↑	G3	64	G4	84↑	G3	55	G3
李同学	103	G1	88	G2	73	G3	95↑	G2	92↑	G1	88	G2	101↑	G1	62	G3

表9 初三第一学期期末成绩统计表（共44人，满分120分）

姓名	练习9	组别	练习10	组别	练习11	组别	练习12	组别	练习13	组别	练习14	组别	15模拟	组别	16期末	组别
黄同学	113	G2	94	G2	74	G3	84↑	G1	105	G2	84	G2	96	G2	96↑	G2
张同学	88	G3	78	G3	56	G4	69	G3↑	67	G5	66	G4	79	G4	76	G4
李同学	89	G3	91	G2	73	G3	70	G3	92	G3	98↑	G1	104	G1	**102↑**	**G1**
班平均分	94.5		86.3		69.8		70.7		96.3		80		89.1		88.6	

表10 初三第二学期期中成绩统计表（共47人，满分120分）

姓名	练习1	组别	练习2	组别	练习3	组别	练习4	组别	练习5	组别	练习6	组别	练习7	组别
黄同学	96	G2	94	G2	96↑	G2	72	G4	**119↑**	**G1**	75	G3	89↑	G2
张同学	66	G4	62	G4	66	G4	54	G5	80↑	G4	75↑	G3	58	G4
李同学	97	G2	96	G2	97	G2	102↑	G2	108	G2	91	G2	84	G2
班平均分	86.6		84.3		86		82		96.7		83.5		78.3	

表11 初三第二学期期末成绩统计表（共47人，满分120分）

姓名	练习8	组别	练习9	组别	10一模	组别	练习11	组别	练习12	组别	13二模	组别
黄同学	83	G3	92	G3	89	G4	98↑	G2	92	G3	85↑	G2
张同学	病假		69	G4	84	G4	81	G4	71	G4	70	G4
李同学	96↑	G1	95	G2	91	G3	90	G3	95↑	G2	98↑	G1

从初三的成绩看，黄同学的成绩基本上稳定提高，张同学的成绩也小有进步，李同学的成绩进步较大。

从历次考试成绩来看，三人的进步都较大，黄同学给别人讲题的意义在于整理自己的思维，提高了自己的元认知。黄同学和李同学的数学成绩已经进入班级的前列，并能很好地自主学习；张同学也从G4、G5组稳定到了G4组，并且及格的次数多了，即使不及格，分数也有提高。

中考时的数学成绩（满分120分），黄同学100分，张同学86分，李同学96分，其中黄同学、李同学发挥正常，张同学比平时超水平发挥，出乎我的意料，想想也在意料之中。一分耕耘一分收获，这三年的努力没有白费。

2. 增加了他们学习数学的信心

现在他们脸上的笑容多了，敢说话了，会做的题多了，不会的题稍加点拨就能较快地掌握，最主要的是他们开始学会自学，能提出问题表明开始学会思考了，由最初的什么都不知道，到现在知道自己哪儿会哪儿不会，说明能对自己的思维过程进行分析，思维品质发生了转变。对自己的数学学习开始有信心了。

四、研究带来的启示

这次追踪研究近三年时间，给了我很多收获，也带来了很多反思。

通过这三个孩子，我认识到没有抽象的"学困生"，学生的困难都是具体的，不能一概而论。学生正处在认知心理、情感心理的发展阶段，尤其在基础教育阶段大部分学生对于学习需要一个适应过程，适当的辅导能帮助学生更快地适应学习方式的转换、更好地主动学习。从这个意义上讲，教师的责任将更为重大，教师不仅面对知识，更重要的是面对"人"，教师不仅是教知识，更重要的是教会学生怎么"做人"，要根据学生的具体问题寻找帮助学生成长的对策。

教师的角色到底应该是什么样的？我认为教师的主要角色有以下几种：传授者、促进者、组织者、引导者、合作者。

1. 教师应该经常帮助学生，如制定适当的学习目标，并确认和协调达到目标的最佳途径；
2. 指点学习策略，培养学生良好的学习习惯；
3. 激发学生的学习动机，培养学生的学习兴趣，使学生产生学习"需要"；
4. 营造一个接纳的、支持性的、宽松的课堂气氛，特别是给学生提供"心理安全"和"心理自由"；
5. 为学生学习提供各种便利，提供最"优质"服务；
6. 作为学习参与者，与学生分享自己的感情和想法；
7. 注重培养学生的自律能力，让学生对自己的行为负责；
8. 和学生一道寻找真理，并且能够承认自己的过失和错误。

学生的学习，需要教师的引领和指导，这就要求教师以学生的身心发展和成长规律为出发点，采取有效的方式和手段，把沉睡在每个学生身上的潜能唤醒、激活；教师要善于捕捉和激发学生思维的火花和学习的灵感，发现和挖掘学生发展的潜能和兴趣；教师要引在关键处，引在抽象概括处，引在知识的联系处,引在加深理解处。

此外,还要有科学的方法,面对具有差异的学生,要选择差异化的方法,因材施教,事半功倍。

这么长时间的跟踪和研究也给了我一些重要的启示,讲新知识时,不能图快,要让学生有充分的理解与消化的时间,并且要不断地复习巩固,促使学生强化记忆,掌握知识。在教学过程中,要重视培养学生的思维,教会学生梳理自己的思维过程,才能提高学生的能力。学生之间学习能力存在一定的差异,这就需要教师分析、诊断学生,从学生的内部发展和外部激励两方面着手因材施教。对于学困生,我们更要分析他们的问题原因,不同的人的问题可能不同,要找出问题所在,对症下药,才能事半功倍。对于这部分学生,老师要做到不抛弃、不放弃,不能让一个学生掉队。

把握数学本质，研究"整座森林"
——高三数学专题复习的有效性研究

贺丽珍

2020年，北京将迎来高中课程改革后的第一届高考。数学高考将以对学生数学核心素养的考查作为考核目标：以知识为基础、以数学思想方法为引领、以情境为载体，注重综合性和层次性，在思想方法的灵活应用中体现个体差异性。在测量核心素养的过程中，更多地从学科的整体意义、思想含义上考虑问题，在数学思想、数学方法的灵活与综合应用过程中，检测知识的迁移、组合、融合的程度，甄别考生核心素养的发展水平和个体差异，实现高考的区分和选拔功能。

新的数学高考给高中数学教学和高三复习带来了多方面的影响。《普通高中数学课程标准（实验）》（以下简称《标准》）指出：在高中数学课堂教学中，教师应使高中学生的学习方式多样化，提高学生的学习效率，改进他们的学习方法。在数学教学和复习过程中，教师应该按照《标准》的理念和目标，结合中学生的认知特点与数学学科的特征，积极、主动探究适合高中生数学学习的高三数学复习方式。

在数学授课阶段，教师大多按照知识的逻辑顺序，围绕一个个具体的知识点展开教学。这样的学习方式环环相扣，符合人的逻辑思维规律，但也存在一个问题：不容易让学生建立知识点之间的联系，难以形成对数学思想的整体认知。从现实的高三数学教学现状分析，"教师占主体地位""学生学习效率、积极性不高""学习负担过重"等问题仍然比较突出，"教师讲得多，学生学得苦"是高三数学学习的现状。因此，高三数学复习和备考方式必须做出改进，以适应新高考对学生和教师的要求。

要想改变这种现状，在高三复习阶段教师必须引导学生建立单元整体知识的框架，建立数学各模块之间的横向联系，沟通数学与现实生活，把握全方位、多学科认识事物发展的规律。

整体学习，是指学习者着眼全局，通过自己的主观认识，综合运用学过的知识和自己的体验，对学习内容进行整体理解。孤立知识点和问题的教学，学生心中没有知识框架，难以形成核心素养。为此，进行单元教学，让学生整体把握课程内容和知识体系，通过研究一个个问题来发现整体规律，从而把握数学内容的本质，思考"整座森林"。

在高三复习阶段，可以从以下两个方面来把握数学本质，思考"整座森林"。

一、基于知识单元的整体复习

这种复习方式是在教师引导下让学生根据单元的内容，建立本单元的基本框架及知识之间的逻辑关系，形成对单元的整体认知。通过基于单元的整体复习，学生就有了单元的整体框架，对相关单元的逻辑体系便会做到心中有数，进而明确哪些内容是自己自学就能搞清楚的，哪些内容自学起来有一定难度，需要在后续的学习中高度重视等。

基于知识单元的整体复习分为以下三个步骤：

（一）建立框架

引导学生建立单元的知识框架和知识联系，画出单元思维导图。

在高三"函数与导数"这一单元复习中，教师首先对问题涉及的核心概念和知识逻辑进行深层次把握，把握函数思想在整个高中学段的地位，掌握函数与方程、不等式等内容的联系，研究函数综合问题解决的思维框架，即基于函数概念，通过代数运算和函数图像逐步深入地研究一类新函数的性质，从而解决问题。整体设计"函数综合问题"的单元教学（图1）。经历问题引领、问题梳理、自主归纳三个层次，思维逐步提升。

（二）拓展内容

围绕单元的核心知识和关键内容进行拓展学习。

而在单元内每个内容的扩展过程中，仍然要关注整体性。如"函数与导数"单元的第6课时"导数综合应用与探究（1）"这一案例，从一道题的一个小问开始进行探讨和研究，学生在分析问题的结构、恰当构建函数、研究函数性质、解决问题的过程中，感悟研究函数问题的基本思维框架，从而学会整体把握函数的图像和性质。老师引导学生继续探究、总结、归纳和创造，注重培养学生发现问题、提出问题的能力，实现把握学科本质的目的，在此过程中学生的直观想象和逻辑推理素养得到充分的发展。

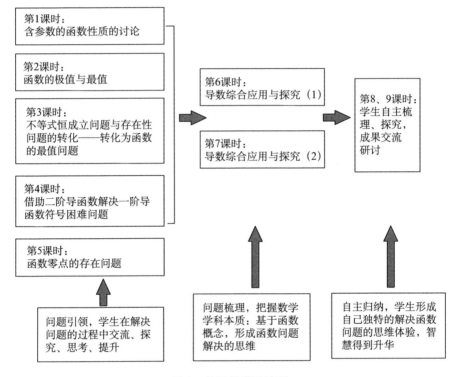

图 1　单元教学设计图

教师通过把握学生的思维障碍点来设计教学。经过"问题引领"阶段的学习，总结学生思维障碍点：学生遇到函数综合题还是机械求导，之后无从下手；原因是遇到方程、不等式问题，比较容易陷到暴力运算的陷阱中无法自拔，不能灵活地从函数、方程、不等式相互转化的角度解决问题。

因此本节课选取了这道题：

已知函数 $f(x) = \dfrac{\ln x + 1}{x}$，若关于 x 的方程 $f(x) = a$ 恰有两个不同的实数根 x_1, x_2，且 $x_1 < x_2$，求证：$x_2 - x_1 > \dfrac{1}{a} - 1$。

课堂探究：探究含有 $x_1 + x_2$ 的不等式，并证明。

此问题综合性较强，能充分暴露上述学生的思维障碍。这道题的实质是：

在方程有两个不同实根的情况下,判断两个实根间距与 $\frac{1}{a}-1$ 的大小关系。可构建不同的函数从多种角度解决问题,但都是把不等式转化为函数问题,把函数自变量的大小关系转化为对应函数值的大小关系的比较,实质相同,都是基于对函数概念的理解。可以通过研究这道题提炼解决函数综合问题的思维方法。选取此问题还因为可基于本题提出创新性问题,让学生进行创造、迁移。

教学过程分为以下四个阶段。

1. 基础应用,开启思维

首先呈现问题:已知函数,方程的两个不同的实数根 x_1, x_2,需要证明不等式 $x_2-x_1>\frac{1}{a}-1$。教师与学生共同提出以下问题:观察函数的结构,能发现它的什么性质?研究了这个新函数的哪些性质?能否根据这些性质画出函数示意图?

这些问题的提出和解决是突破难点的重要环节,是基于知识和经验的简单应用。学生在此过程中形成能力、发展素养,为创造迁移做准备。

2. 问题分解,思维突破

这个环节是整节课的核心,实现在单元整体教学的每一节课中,都通过具体问题来把握数学本质,研究"整座森林"。

首先分析条件:结合性质和直观图像,继续深入研究方程 $f(x)=a$ 两个实数根 x_1, x_2,以及 a 的几何和代数特征,分别用自然语言、图形语言、符号语言来重述问题,不等式 $x_2-x_1>\frac{1}{a}-1$ 转化为证明 $x_2>\frac{1}{a}$。如何证明呢?学生提出方法,师生分析:需要借助函数的性质来研究,自变量的值的大小关系通过函数值的大小关系来比较。在同一单调区间内,问题转化为比较 $f(x_2)$ 与 $f(\frac{1}{a})$ 的大小,即 a 与 $f(\frac{1}{a})$ 的大小。

接下来教师不是说"我们做下一题吧",而是鼓励学生提出其他方法,并且对两种方法进行分析。学生发现两种方法虽然构造的函数不同,但本质都是通过恰当构造函数,把不等式问题转化为"在同一个单调区间上通过比较函数值的大小得到自变量值的大小关系"。师生共同寻找解决函数问题的一般方法,探究解决函数问题的思维框架。

对于学生提出的其他方法,教师应给予充分肯定。因为学生自己的问题,才是万千玫瑰中朝自己微笑的那一支。

3. 创新探究，提升思维

接着师生进行课堂引申探究：本题能否探究 x_1+x_2 的取值范围呢？教师放开手脚，鼓励学生积极思考，感受如何提出问题并且进行研究；感悟研究函数问题的活动经验，并且把这个活动经验放到自己研究函数的问题中去实践。

学生猜想、讨论得到多个结论，并进行论证。

4. 归纳总结，发展素养

这个阶段是本节课的升华阶段，师生共同探索函数综合问题解决的思维框架（图2）：基于函数的概念，并以代数运算与函数图像为手段；以及如何提出新问题并且进行研究。函数图像能够直观形象地表示出函数的变化状态，逻辑推理和代数运算保证了严谨性。

学生掌握了研究"整座森林"的思维方法，对于其他的树，研究方法类似，当然可以做到了然于胸。

图2　思维框架

(三) 归纳创新

在单元复习的最后一个阶段，学生自主归纳，建构自己的知识、方法体系，创造自己的森林。图3、图4是学生们函数部分总结的优秀范例。

在复习过程中，我尝试创新复习方法，让学生原创、改编问题，创作自己的数学试卷，有的非常精彩，也有的是错题，但都非常有价值。同学之间交流讨论得非常热烈，收获也很大。

在复习过程中，针对学生在函数问题中的思维障碍和易错点，出成改错题，提升学生的数学阅读能力，锻炼其批判性思维和创新意识。

二、主动变式探究，体验数学发现

荷兰著名数学教育家弗赖登塔尔认为：数学教育方法的核心是学生的"再创造"，他反复强调：学习数学的唯一正确的方法是"再创造"，也就是由学生

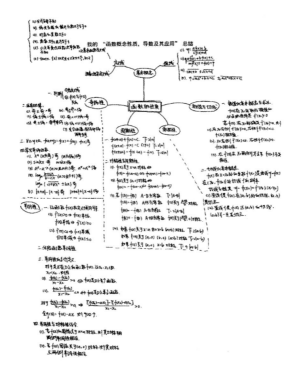

图3　学生总结范例1

本人把要学的东西在实践中发现或创造出来，教师的任务是引导和帮助学生进行这种再创造的工作，而不是把现成的知识直接灌输给学生。

在高三专题复习阶段，学生具备一定的知识基础，这时，如果能够以数学思想方法为引领，以情境为载体，引导学生经历由特殊到一般的提出问题、分析问题、解决问题的数学研究的过程，通过研究一棵树，从而研究"整座森林"，这对于提升学生数学核心素养具有重要的意义。

在解析几何专题复习中，我设计了"动中求定"这节探究课。目的是引导学生以直线与椭圆相交为载体，掌握用代数方法探究直线过定点问题的方法；体会特殊到一般、类比、数形结合、转化等思想的重要性。

（一）复习引入

我们已经研究了直线与圆锥曲线的位置关系、弦长、与弦中点有关的问题。今天，我们从动中寻定。

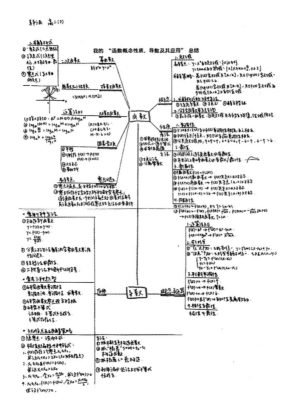

图 4 学生总结范例 2

（二）问题的提出与解决

问题 1：已知椭圆 C：$\dfrac{x^2}{4} + y^2 = 1$，不与 x 轴垂直的直线 l 过定点 $T(1,0)$，与椭圆交于两点 A，B，点 A 关于 x 轴的对称点 A_1。探究：直线 A_1B 是否过 x 轴上的定点？

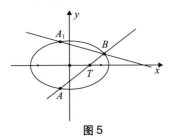

图 5

首先进行实验猜想：由特殊到一般，进行猜想，取特殊直线，进行合情推理。

然后分析求解：

（1）把问题中的几何条件代数化。

过定点 $T(1,0)$ 不与 x 轴垂直的直线 l 如何表示？交点 A，B 如何表示？对称点如何表示？直线 l_{A_1B} 变化由哪个变量引起，如何表示？"l_{A_1B} 过 x 轴上的定点"如何代数化？

(2) 问题解决：

设直线 $l: y = k(x-1)$，$A(x_1, y_1), B(x_2, y_2)$，由题意：$A_1(x_1, -y_1)$，

联立：$\begin{cases} y = k(x-1) \\ x^2 + 4y^2 - 4 = 0 \end{cases}$，得：$(1+4k^2)x^2 - 8k^2x + 4k^2 - 4 = 0, \Delta > 0$，

$x_1 + x_2 = \dfrac{8k^2}{1+4k^2}$，$x_1 x_2 = \dfrac{4k^2-4}{1+4k^2}$，直线 $l_{A,B}: y - y_2 = \dfrac{y_2 + y_1}{x_2 - x_1}(x - x_2)$，当 $y = 0$

时，$x = \dfrac{y_1 x_2 + y_2 x_1}{y_1 + y_2} = \dfrac{2x_1 x_2 - (x_1 + x_2)}{x_1 + x_2 - 2} = \dfrac{\dfrac{8k^2-8}{1+4k^2} - \dfrac{8k^2}{1+4k^2}}{\dfrac{8k^2}{1+4k^2} - 2} = \dfrac{-8}{8k^2 - 2(1+4k^2)} = 4$

所以直线 $l_{A,B}$ 过定点 $E(4, 0)$。

(3) 小结归纳：

①几何特征经过分析之后合理地代数化：数形结合。

②运算准确，证明规范严谨。

③由特殊到一般地思考。

问题2：把问题的结论"直线 A_1B 过 x 轴上的定点"一般化为"直线 A_1B 过定点"，去掉"在 x 轴上"这个条件，问题可以解决吗？

引导学生结合椭圆和直线的几何性质，论述直线 A_1B 若过定点，这个定点必然在 x 轴上，运用数形结合的思想解决问题。证明过程同问题1。

问题3：如果直线 l 所过的定点 T 变化，直线 A_1B 还过定点吗？

学生猜测，直线 A_1B 过的定点 E 与直线 l 所过定点 T 的坐标有关。

引导学生探寻定点 E 与定点 T 的横坐标之间的关系，把问题一般化。

已知椭圆 $C: \dfrac{x^2}{4} + y^2 = 1$，不与 x 轴垂直的直线 l 过定点 $T(m, 0)$（T 在椭圆内），与椭圆交于两点 A, B，点 A 关于 x 轴的对称点为 A_1，探究直线 A_1B 所过定点 E 的横坐标与 T 的横坐标之间的关系。

探究过程：与问题1相比，把点 $T(1, 0)$ 一般化为 $T(m, 0)$，

论证过程类似，求得 $E(\dfrac{4}{m}, 0)$。因此，探究得到结论：$x_T \cdot x_E = 4$。

小结：把点 T 坐标一般化之后得到了一般的结论。

问题4：还可以继续把哪个条件一般化，从而得到更一般的结论呢？

学生：可以把椭圆一般化为 $\dfrac{x^2}{a^2} + \dfrac{y^2}{b^2} = 1 (a > b > 0)$，$x_T \cdot x_E$ 应该与 a 和 b 有关。

探究过程：把问题 1 中的探究过程一般化，把点 $T(1,0)$ 一般化为 $T(m,0)$，代入椭圆的方程 $\dfrac{x^2}{a^2}+\dfrac{y^2}{b^2}=1$，论证过程类似，探究得到结论：$x_T \cdot x_E = a^2$。

小结：

把椭圆方程一般化之后，得到了更一般的结论，甚至可以作为椭圆的一个性质。

回顾运算和推理过程，体会代数方法解决几何问题的过程。

问题 5：椭圆与直线有这样的性质，这个性质可以类比到其他圆锥曲线中吗？如何类比？

学生：

（1）已知双曲线 C：$\dfrac{x^2}{a^2}-\dfrac{y^2}{b^2}=1$，不与 x 轴垂直的直线 l 过定点 $T(m,0)$，与双曲线交于两点 A，B，点 A 关于 x 轴的对称点 A_1。探究直线 A_1B 是否过定点。课后探究：是否过定点 $E(\dfrac{a^2}{m},0)$。

（2）已知抛物线 C：$y^2=2px$，不与 x 轴垂直的直线 l 过定点 $T(m,0)$，与抛物线交于两点 A，B，点 A 关于 x 轴的对称点 A_1。探究直线 A_1B 是否过定点。课后探究：是否过定点 $E(-m,0)$。

（三）总结提升

1. 体会过定点的弦变化过程中，相关几何对象的变化，探索定点问题；

2. 熟悉运用方程根与系数关系设而不求的思想，领会计算技巧和方法；

3. 学会运用特殊到一般、类比的思想提出问题的数学研究思路，大胆猜想，小心求证。

在这节课中，由问题 1 出发，逐渐地弱化条件，从"直线 A_1B 过 x 轴上的定点"一般化为"直线 A_1B 过定点"；再把直线 l 所过的定点 T 一般化，探究"直线 A_1B 过定点"这一结论是否还成立；然后把椭圆方程一般化，把一个直线过定点问题一般化为椭圆的一个性质；最后，类比得到其他圆锥曲线，双曲线、抛物线也具有类似性质。由特殊到一般，由"一棵树"到"一座森林"，学生进行深入思考，知识上承前启后，方法上复习巩固，思维上逐步提升，体验数学发现和创造的过程，以此发展学生的数学素养。

在主动变式探究的过程中，体会解析几何的核心方法，即用代数的方法研究几何问题，在解题过程中，首先要将文字信息、图形条件进行转换，通过代数语言描述几何要素及其关系，将已知的几何条件表示成代数式，然后进行适当的代数运算得出代数结果，最后通过分析代数结果的几何含义解决几何问题，在这个过程中要经历文字信息、图形特征和符号语言之间的多重转换。

在进行高三专题复习的过程中，在教师的启发下，学生逐渐能够主动地把一个数学问题进行进一步的延伸、拓展与变式，生成一类问题，从而提炼和总结出潜藏在问题背后的重要性质和思维方法，从而使复习更高效，真正实现把握学科本质，乃至研究"整座森林"。

空间观念怎样测评

邵 钦

空间观念是《义务教育数学课程标准（2011年版）》（以下简称《标准》）中提出的十个核心概念之一，随着课程改革的不断深入，如何对空间观念开展测评，成为课程改革的一项需求。怎样的题目可以测评出学生的空间观念？空间观念测评的核心是什么？测评空间观念水平高低的依据又是什么？本文试图通过对空间观念测评的相关题目的分析与解读，为"空间观念"测评的内容提供一些案例，为"空间观念"测评的核心提供一些角度，为如何测评出学生"空间观念"的水平提供一些思路。

一、空间观念的测评可以围绕"四条线索"展开

"图形与几何"领域的学习承载着培养和发展学生空间观念的重要任务，在小学阶段"图形的认识""测量""图形的运动"以及"图形与位置"是这一领域学习的四条线索，每条线索下又有着丰富的学习内容。因此，对空间观念的测评内容也应围绕这四条线索逐一展开。

（一）围绕对图形特征认识的过程开展测评

图形的认识是在对图形特征刻画的基础上发展学生空间观念的。那么，如何在对图形基本特征的认识过程中完成对空间观念的测评呢？下面是有关图形认识的一个案例。

题目1：在自制的陀螺上点一个黑点，陀螺在旋转时黑点可以形成一个圆形的痕迹（如下页图）。

空间观念怎样测评 | 169

小明也自制了几个陀螺,并点上了黑点(如下图,×标出的是插入火柴棍的地方)。

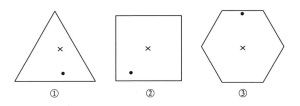

以上哪个陀螺在旋转时黑点可以形成一个圆形的痕迹?下面说法正确的是(　　)。

A. ①②③都不能形成　　　　B. 只有③能形成
C. 只有②和③能形成　　　　D. ①②③都能形成

这是一道有关圆的认识的题目,此题测评的重点是:学生能否抓住圆的特征,通过想象理解圆的概念。这一问题的解决对学生具有一定程度的挑战,因为无论在哪幅图中,陀螺旋转时黑点所形成的痕迹都无法直接看到,学生的一般策略是在头脑中将这三幅图分别找到定点和定长,然后进行旋转,想象出黑点所形成的轨迹。所以本题实际是借助制作陀螺这样一个素材,测评学生对圆的特征的认识,特别是学生头脑中对圆的表象的认识和理解。

(二)凭借对图形大小的理解开展测评

对于图形的测量这一线索,在课程改革之前,大家往往会认为这部分的内容是对图形大小的一种度量或是计算,随着课程改革的推进,需要通过对图形大小的把握来发展学生的空间观念。那么,对于教学的评价来说,如何依托图形测量的内容将测评的视角由度量和计算转为评价学生的空间观念呢?下面的题目则是利用这一内容进行空间观念测评的一个案例。

题目2:用12个小正方体拼摆成一个立体图形,如右图所示。至少移动其中(　　)个小正方体可以将这个立体图形变成一个体积不变的长方体。

A. 1　　　　B. 2　　　　C. 3　　　　D. 4

本题测评的是学生对长方体体积的认识，长方体的大小是由长、宽、高三者来决定的，也正是这三者构成了三维空间中的长方体。题目给定了长方体的大小，学生需要通过观察和想象得到一个符合要求的长方体。

在解决这一问题时学生通常要通过已知的长方体的体积想象或是推断出其长、宽和高，再进行小正方体的移动；或是通过在头脑中先对小正方体进行逐一的移动，当移动成为长方体时，回忆移动的块数，再比较几个方案移动块数的多少。因此，这道题实际上是依托对长方体体积的认识这一素材，测评学生是否能够对小正方体进行正确的移动，从而测评出学生的空间观念。

（三）依托图形运动的生活素材开展测评

图形的运动在小学阶段主要包括对称、平移、旋转和相似，在人类现实生活中存在着大量的这种运动现象，这些现象是测评空间观念很好的素材。利用这些素材，既可以测评学生的空间观念，又能够帮助学生动态地认识我们生存的空间。

题目3：张叔叔开车回家，在路口等红灯时，从车的后视镜看到了后面的公交车，如右图所示。根据图中信息，可以判断出公交车是（　　）路。

A. 28　　　　B. 58　　　　C. 82　　　　D. 85

本题是对现实生活中对称现象的测评，是公交车牌与公交车牌在后视镜中所成的像关于镜面对称的一种生活中常见的现象。学生在解决问题时要将后视镜中的数在头脑中还原为实际的车牌，当然，一些学生通过将试卷进行翻面来看到正确的答案也不失为一种策略，这一策略也正体现了他们能够将头脑中想象的过程用现实中直接的操作行为进行验证，从而得到结果。

（四）突出相对位置关系的理解开展测评

图形的位置这一专题，是以多种方式刻画图形（或物体）的位置，并应用这些方式确定位置及位置关系为主要内容，发展学生空间观念的。《标准》中也就这一内容提到了"想象出物体的方位和相互之间的位置关系"这一空间观念的具体表现。下面的题目则是结合这一内容的一个案例。

题目4：下面关于"中心广场"的位置，描述正确的是（　　）。

A. 中心广场的位置在太阳神车的东偏北70°的方向

B. 中心广场的位置在太阳神车的西偏南70°的方向

C. 中心广场的位置在太阳神车的南偏西70°的方向

D. 中心广场的位置在太阳神车的北偏东70°的方向

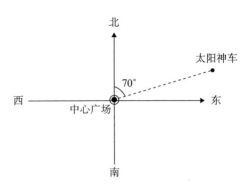

这道题从方位的角度确定和描述位置，是在相对位置关系理解的基础上，进行学生空间观念的测评。本题对学生的空间观念具有很大的挑战性，因为，对于中心广场与太阳神车这两个地点来讲，我们可以用任意一个地点为观测点去描述另一个地点的位置，当观测点发生变化时，另一地点与观察点的相对位置关系就会发生变化。题目给出了从中心广场观测太阳神车，太阳神车在观测点的北偏东70°的方向，依据这个关键信息，学生要想象出两个地点的相对位置关系，从而判断出从太阳神车观测中心广场的位置。

二、空间观念测评的关键是想象和推理

《标准》是教材、教学以及评价的依据，具体分析《标准》中对空间观念的相关阐述可以发现，对学生空间观念的形成与发展应通过观察、操作、想象、推理、表达等活动获取，也就是说，空间观念离不开这几个关键要素，因此，空间观念的测评也可以着眼于这几个要素展开。那么，如果把"想象"或是"推理"作为空间观念测评的一个角度，怎样的试题能够将"想象"或是"推理"测评出来呢？

题目5：李明沿右图中所示的粗实线和粗虚线剪开正方体纸盒，然后将纸盒各面向外展开，那么展开后的图形形状是（　　）。

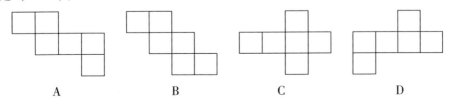

本题测评学生能否正确判断正方体与展开图之间对应的关系，即是否能够

将平面图形与立体图形进行相互间的转化。四个选项均为正方体的展开图，学生无法靠之前对展开图的记忆来进行选择，也无法靠现场操作立体图形或是平面图形来寻找正解。在解决问题的过程中，学生需要通过观察，并在头脑中想象将正方体盒子沿棱剪开的过程，思考剪开后面与面之间的关系，得到正方体对应的展开图。

题目6：淘气用一些大小相同的小正方体搭出了一个立体图形，并从不同方向观察后画出了下面的三幅图：

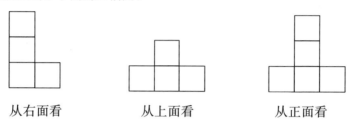

淘气所搭出的立体图形用了（　　）个小正方体。

对于这道题，学生需要根据三幅图进行立体图形的还原，并得到正确拼搭块数。解决这一问题对学生的思维有较高的要求，学生需要结合情境进行非形式化的推理。例如，他们需要多次在头脑中进行类似"如果……那么……"的尝试，需要有条理地在头脑中对三幅图进行逐一的操作，从而得出正确的结论。整个问题的解决突出了经历"提出假设—得出一个结论—证实或是否定这一结论"这样一个循环往复的过程。

通过上面的两道题可以发现，题目应以四条线索中的某一内容为载体，以想象、推理作为解决问题的途径和测评的最终目标进行设计。尽量避免学生通过现场制作一个符合题意的物品进行简单操作就能解决的问题，突显出想象和推理在解决空间与几何问题中的价值和意义，测评出学生的空间观念。

三、测评空间观念的水平要关注学生的表现

每个人空间观念的水平高低不同，因此我们需要寻求较为科学和有效的方式以测评学生空间观念的水平。根据学生的作答情况给予不同层次的评价是开展有效测评的方式之一。

题目7：玩具厂要将一批长方体木块原料切割成长方体小积木，如下图所示，这样的一块长方体木块原料最多可以切割出几块长方体小积木（不能拼接）？可以写一写、画一画，说明你的切割方案。

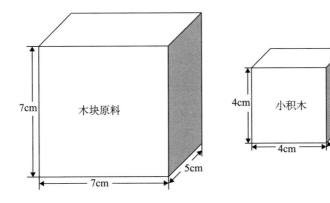

这道题研究的是关于能将一个"大体积"切割成几个固定规格的"小体积"的问题。从图形的测量的角度看，我们可以理解为"木块原料"是被测物体，"小积木"是作为测量标准的一个同类量，是在将待测的量与标准量进行比较的过程中，认识和把握立体图形之间的大小关系。

同时，试题所传递的不仅仅是单纯的体积测量问题。具体来讲：首先，测量的标准有"特定的规格"；其次，这种特定规格不能通过更小的标准拼接得到。因此，学生解决这一问题必须依靠空间的想象，并且对其中的正方体要不断进行旋转摆放，同时需要把这样的想象过程与想象后的结果通过写一写、画一画的方式表达出来。

由此可见，这道题是借助解决体积测量问题评价学生空间观念水平的高低。那么，如何测评学生空间观念的水平呢？

由于题目7本身是一道具有一定开放性的题目，学生在完成切割小积木的任务时，因切割方案不同，所呈现的结果也不同，反映出的空间观念水平也不尽相同，因此不能简单地对学生进行评价，需要制定出较为合理的空间观念水平的评价指标。

首先，将能否借助图形在头脑中进行旋转来解决问题作为评价空间观念水平高低的关键性指标。

其次，依据学生解决问题时表现出的一些基本特征，进行相关水平的层次划分，如表1所示：

表1 不同认知水平对应的特征

水平	特征
水平0 （前结构层次）	学生无法在头脑中对图形进行任何有效的操作，所得到的结论没有任何合理的解释；此层次的学生没有形成相应的空间观念
水平1 （单一结构层次）	学生不能在头脑中对图形进行有效的旋转操作，只能凭借计算或是直接摆放得到结论；此层次的学生空间观念比较薄弱
水平2 （多元结构层次）	学生能够在头脑中将图形进行有效的旋转操作，但不能结合两个正方体自身的特点进行综合考虑；此层次的学生形成了一定的空间观念
水平3 （关联层次）	学生能够在头脑中对图形进行多次有效的旋转操作，同时能够结合两个正方体自身的特点进行整体考虑；此层次的学生有较强的空间观念

再次，为了更准确地了解学生空间观念的水平，需要将表1中的特征进一步外显，外显后的各水平具体描述及学生的表现情况如下：

水平0（前结构层次）：切割的块数为1~5块以外的数，且无法直观表达出切割方案。

水平1（单一结构层次）：用算式计算出5块，没有用直观的方式表达出切割的方案，或直观表达了切割出1块的方案，或只写出了4块而没有切割方案的说明。学生典型作答：

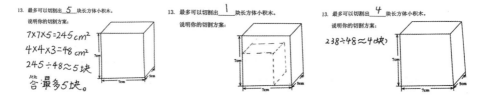

水平2（多元结构层次）：借助直观表达的方式，正确表达出切割方案为2、3的结果，或借助直观表达的方式，表达出的切割方案为4块，但无法实现这种方案。学生典型作答：

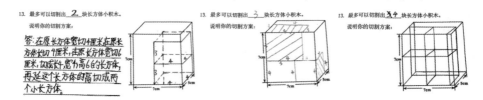

水平3（关联层次）：借助直观表达的方式，正确表达出切割方案为4的结果。学生典型作答：

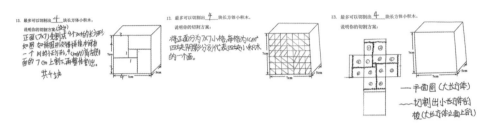

至此，依据学生的作答情况划分出了本题空间观念的不同水平表现，这样使得对学生空间观念的测评更为具体和详尽，同时也使得空间观念水平评价具有了一定的可操作性。

对空间观念的测评是图形与几何领域教学评价的一个新视角。测评中应挖掘空间观念的内涵及表现，聚焦"四条线索"的学习内容，关注学生推理和想象的过程，依托学生在解决问题过程中的不同表现，开展科学和有效的评价。

从"长方体认识"谈学情分析对变革学习方式的作用

孙雅娟

一、问题提出

认知心理学家布鲁纳曾说过:"个体的认知能力与其获得知识的方式存在一定的联系。"数学学科中的知识内容与基础技能的习得均需要在课堂学习中经由学生参与的学习活动内化为学生自己的知识结构体系,因此学习方式必定影响学生认知能力的提升。那么对于每个教学内容而言,什么样的学习方式更适合,更有利于学生学习?现有的学习方式需不需要变革?如何变革?想要回答这些问题,一方面需要教师对执教内容有深刻和全面的认识,另一方面更需要对学生有深刻和全面的认识。因为学生才是学习的主体,依据学生学习的特点、规律,从学生学习的整个"旅程"进行学习方式的设计与实施,才能使学习方式更适合学生这一学习主体。笔者选择"长方体认识"一课进行了学情调研,以期发现学情分析在学习方式变革中的作用。

二、研究设计

(一)调研对象

完整的学情分析应包含课前、课中和课后三个监测过程。因此,在调查对象的选择上,一方面从五年级14个教学班中随机选取了50名学生作为调查对象进行学习前测。在学习前测中,我们将充分采用观察法和访谈法监测学生整个前测学习过程,以弥补课中监测的缺陷。另一方面从六年级12个教学班中随机选取了100名学生作为调查对象进行学习后测。

（二）学生学习水平划分依据

对于学生在学情分析中出现的"千差万别"的表现，我们应该依据什么来说明什么样的教学定位和学习方式更适合学生的发展呢？"长方体认识"属于图形认识的范畴，因此本次调研中，我们主要依据范希尔的几何思维水平发展理论对学生的学习水平进行划分。范希尔几何思维水平发展理论将学生的几何思维划分为五个水平，由于小学阶段学生至多发展到第三个水平，因此本文中主要引用前三个水平的论断：

水平1：视觉。儿童通过整体轮廓辨认图形，能画图或模仿画出图形，初步描述图形，但无法通过图形的特征或要素名称来分析图形，也无法对图形做概括的论述。

水平2：分析。儿童能分析图形的组成要素及特征，并且在此基础上了解图形的一些特性，利用特性解决几何问题，但无法解释性质间的关系，也无法了解图形的定义。

水平3：非形式化的演绎。儿童能建立图形以及图形内部性质之间的关系，能探索图形的内在属性和其包含关系，使用公式与定义及发现的性质做演绎推论，但不能了解证明与定理。

范希尔几何思维水平发展理论还指出：学生几何思维发展水平是顺次的，但却又是不连续的。学生在进入某一个水平之前，必须要掌握好在这之前的水平的大部分内容。

三、研究过程：依据学情调研的量化结果看变革学习方式的必要性

（一）课前学情监测

我们先后进行了两次课前学情监测，其侧重点及收获各有不同，具体分析如下：

1. 第一次前测：了解学生已有的生活经验和认知结构，确定学生现有几何思维水平。

题目：你能在周围找到长方体的物体吗？

访谈五年级，50 人

结果	找到		找不到
个数	5 个及 5 个以上	5 个以下	0 个
人数与比例	46 人（92%）	4 人（8%）	0 人

结论：100% 的学生能够在日常生活中分辨出长方体，而且绝大多数学生对长方体的认识还是比较丰富的。说明学生能按照外观来识别长方体，已达到水平 1。

2. 第二次前测：哪种学习方式对学生几何思维水平的提升更具推进作用？

查阅了三个版本的教材，发现以往的学习方式是以观察和操作为主的探究性学习。具体活动包括：

（1）观察长方体，并对观察到的特征进行验证：

（2）用 12 根小棒搭建长方体：

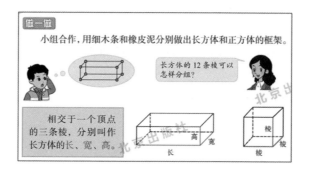

（3）选择合适的长方形拼成长方体：

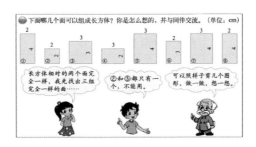

对长方体特征的认识是从整体感知"体"，到分步认识点、线、面，具体刻画特征的过程，对应着几何思维水平2。除图形特征外，图形关系的学习也是非常重要的内容。图形的关系具体分为同一图形各个要素之间的关系和不同图形之间的关系，对应着几何思维水平3。上述三种学习方式能否很好地帮助学生发展到水平2、水平3？此外，小棒搭建长方体和选择长方形拼成长方体都是以制作长方体为目的，那直接让学生自己设计长方形再拼成长方体是不是也可以？观察、小棒搭、选长方形拼、画长方形拼这四种学习方式哪种对学生几何思维水平的提升更有意义？

题目：观察老师的这个长方体，关于长方体你知道了什么？

访谈五年级，50人

关注项	面	棱	顶点
关注比例	100%	86%	54%

结论：大多数学生对长方体要素的关注顺序是面、线、点。这一点与范希尔几何思维水平发展理论吻合：图形是由一些要素组成的，学生对于几何图形的各组成要素在感知时是有选择性的。对于比较明显的、突出的要素感知起来比较容易，而对那些不明显的、不突出的要素则感知困难。面的特征最为显性，相对而言棱和顶点的特点相对隐性和复杂，部分学生是关注不到的。我们再对此结果进行更为细致的划分：

关注项	人数（比例）	不同表现	人数
关注面	50（100%）	有6个面	21
		有6个面且都是长方形	12
		有6个面且对面完全一样	10
		有6个面，都是长方形且对面完全一样	7
关注棱	43（86%）	长方体有棱	1
		长方体有棱，有12条棱	35
		长方体有棱，有长度相等的棱	5
		有三组长、宽、高	2
关注顶点	27（54%）	有顶点（有角）	20
		有顶点（有角），有4个角	2
		有顶点（有角），有8个角	3
		有顶点（有角），都是直角	2

结论：在50个关注到面的孩子中，有21人仅关注到了"有6个面"，对于面的形状及相互之间的关系并没有进一步的描述。在43个关注到棱的孩子中，有35个孩子停留在了对棱数量的描述上。对于顶点，不仅关注的人数少，而且其中绝大多数只看了有顶点而已，甚至有些认识完全是错误的。由此我们再次肯定：孩子们对于长方体面的关注大于对棱和顶点，对于棱和顶点的认识是非常欠缺的。因此这种以观察验证为主的探究式学习，能够帮助所有学生触碰到水平2，但学生在水平2上的表现差异性是较大的，对学生几何思维水平的提升未起到良好的推动作用。

选取五年级25人（在第二次前测中能够同时关注到面、棱、顶点三个要素的孩子），将其随机分为三组，A组：8人，B组：8人，C组：9人。让三组学生进行不同的学习操作活动，然后进行量化对比。

A组题目：请你从所提供的小棒中，选择适合的小棒搭成一个长方体。

B组题目：请你从8个面中挑出一些，拼成长方体。

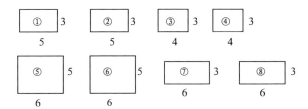

C组题目：请你在方格纸上自己设计出长方体的6个面，填好表格，最后制作成长方体。

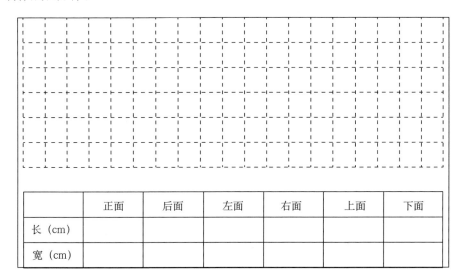

对比三组数据：

	A组（8人）	B组（8人）	C组（9人）
正确	8	6	5
不正确	0	2	4

对比三组数据发现：A组学生全部成功搭成了长方体，B组和C组两种操作活动造成的差距似乎并不是很明显。但我们继续划分C组孩子的"作品"，我们会发现，在制作成功的5人中，有4人制作的是特殊的长方体（即其中两个面为正方形的长方体）。

我们鼓励这4人继续制作一般长方体。最终有2人制作成功。那么以此为标准我们再次进行数据汇总，差距就比较明显了。

	A组（8人）	B组（8人）	C组（9人）
正确	8	6	2
不正确	0	2	7

为什么会产生这样的差距，我们对这25个孩子全部进行了访谈：

（1）针对制作成功的16个孩子：你真棒，你怎么一次就制作成功了呢？

（2）针对制作失败的9个孩子：第一次没成功，你觉得咱们的问题出在哪？

分组	完成情况		典型回答	人数
A组	成功	1	我就是选了一样长的小棒，每组4根，选了3组，一共12根，一下子就搭出来了	8
B组	成功	1	我想到了相对的面要完全一样，就选了3组	4
		2	我选了3组一样的面，然后想着面相接的时候，相接的那条边得一样长	2
	失败	1	我也不知道该怎么选才能对？光选了3组一样的面，不行吗？	1
		2	我觉得我选的时候，盯着相对的面了，没想到它们还得连一起呢	1
C组	成功	1	画了3组一样的面，然后就成功了	2
	失败	1	不知道问题出在哪儿	2
		2	光考虑相对的面一样好像不行，相邻的面也得考虑	5

结论：A组学生所经历的学习方式，成功率达到了100%，这种学习方式仅丰富了对棱的认识，仍旧缺失对面和顶点的认识。B组学生所经历的学习方式，学生都关注到了相对的面完全一样，只有不到50%的学生在活动中意识到了相邻面之间的关系，意识到了棱的存在，关注到了棱与面两个要素之间的关系。C组学生虽然成功率最低，但在经历活动后，9人中共有7人意识到棱的形成过程，关注到了面与棱的关系。因此相比较而言，独立制作长方体的学习方式比选搭或选拼长方体更能暴露学生的困难点，完成从水平1到水平2的过渡，并有可能促使学生过渡到水平3。

此后，我们让所有学生经历了独立制作长方体的活动，然后让他们观察分析刚才由 C 组学生所填写好的全部表格，我们又发现：25 人中有 18 人能够通过观察表格将自己的操作过程与表格中的数据进行联系，关注到了邻面，并且能够准确在相应长方体中找到每个棱的位置，也就是说他能够意识到每条棱是由哪两个面相交而形成的。还有 15 个孩子通过研究所有的表格，能够感受到每个表格中最多只能出现 3 个不同的数据。结合自己的长方体，在自己的推理中归纳出这 3 个数据就是长方体的长、宽、高，而且都是有 4 组。这其实就是归纳的过程，而且是一个不完全归纳的过程，说明学生达到了较高程度的水平 3。

（二）课后学情分析

题目：一个长方体棱长总和是 120 厘米，相交于一个顶点的三条棱的长度之和是（　　）厘米。

六年级，100 人

正误	正确	错误				
比例	68%	32%				
答案	30	40	20	10	15	60
计算方法	120÷4	120÷3	120÷6	120÷12	120÷8	120÷2

结论：仅有 68% 的正确率。在错误的答案中，40 和 10 的占绝大多数。答案为 40 的学生认为长、宽、高各有 4 条则一共有 3 组，因此用 120÷3。而答案为 10 的学生则知道长方体有 12 条棱，却忽略或者不理解"相交于一个顶点"。而这背后的根本原因则在于学生对长方体棱长的概念及性质理解不透彻。这说明以往的学习方式并没有帮助学生解决思维上的难点，学生对棱和顶点的感悟仍旧不清晰。从另一个角度验证了我们课前学情分析中所获得的结论，变革学习方式势在必行。

四、研究结论：依据学情分析变革学习方式以促进思维水平的提升

（一）依据学生思维起点，形成促进学生理解的核心问题

真正的学习一定是从问题开始的。教学设计与学习方式不符合学生的学习需求就会造成这样两种情况：起点定位过高，学生提出问题但没有办法解决问题，在学习时会出现思维障碍，进而导致对所学的内容一知半解，被动接受；

起点定位过低，学生提出的问题又不具挑战性，课堂平淡无味，学生思维得不到提升，使学生无法体验和感受数学思维的魅力。就像著名教育心理学家奥苏伯尔说过的那样："影响学习的唯一最重要的因素就是学生已经知道了什么，要探明这一点，并据此进行教学。"

从学情分析结果可以看出，学生在深入学习长方体之前其思维水平已经到达水平1。如果仍旧只采取以观察验证为主要活动的学习方式，一方面，低估了学生的思维起点，使学生在水平1上停滞不前；另一方面，他们不会有意识地去观察两个邻面的关系，也就没办法发现棱的存在，使那些即便到达水平2的学生仍旧存在认知上的不足。而让学生自己画长方形制作长方体的活动，则可以让学生在活动中不断地向自己提出问题：为什么只考虑相对的面完全一样不行？为什么会有3组不同长度的棱？……在学生不断提出问题、回答问题的过程中使学生的思维水平向水平2、水平3迈进。

（二）依据学生思维难点，设置合适的"思维支架"

无论是学生的后测与前测都反映出，相对于面，学生对棱的认识是困难的。对顶点的认识更在其后。这是因为棱不是简单的线，它是长方体两个邻面的交线，通俗一点说是两个面的公共边。通常我们都不太重视棱的认识，用长方体的框架认识代替了棱的认识，这其实是一种失败的教学，在学生心里，棱已经脱离了面而单独存在。用小棒搭长方体的学习方式只是再继续加重棱的这种脱离体验，没有让学生加深对棱的认识，使学生在水平2上停滞不前。棱的认识要由教师教授，学生被动接受吗？

荷兰数学教育家弗赖登塔尔一针见血地指出："要知道，泄露一个可以由学生自主发现的秘密，那是坏的教学法，甚至是罪恶。"通过学情调研我们可以看到，在用画长方形拼长方体的过程中，无论学生是一次设计成功的，还是在失败后修改成功的，他们都经历了三维—二维—三维的思维过程，将长方体的要素之间建立关联，这包括让学生体会到相对面之间的关联；相邻的面之间的关联；12条棱之间的关联，面与棱之间的关联……制作长方体就像一个"支架"，学生依据这个支架再次深刻地塑造长方体的形状特征，发展学生的空间观念。并且这个"支架"将学生头脑中一系列的思维活动外显出来，也为教师抓住适时干预的时机提供了参考。

当然，制作长方体的活动可以是"支架"，其他操作活动学习方式也可成为"支架"。但我们认为这种学习方式一定要能够体现面、棱及顶点的形成过程，让学生经历棱、顶点的形成过程，进而使学生感知到面与面，面与棱几个要素之间的关系，学生才能完善水平2的学习，并向水平3迈进。

（三）依据学生思维上升的空间与可能性，推进学生主动建构的思维过程

达到水平3的学生"能形成抽象的定义，区分概念的必要条件和充分条件"。处于这阶段的学生能注意到不同图形性质之间的联系，并能进行一些非正式的推理。但想象和推理都属于学生内在的思维品质，它们存在于学生所有的学习活动当中，且它们必须借助观察、操作等具体活动产生作用。通过本次学生调研我们可以看到，当引导学生对数据表格进行观察分析时，学生能够在头脑中还原出他们刚刚用长方形拼长方体的过程，并结合这一过程进一步推理出长方体各棱之间的关系，想象出面、棱、顶点三个要素的位置关系，形成关于长、宽、高的概念。这样一个思考过程为学生提供了思维水平进一步提升的可能，从较低的水平2到高一级的水平3。而原有的学习方式则完全没有为学生提供进行这些探索的可能。

通过对"长方体认识"的学情分析，我们看到学情调研有助于我们变革现有的学习方式以适应学生的真实需求。在后续的研究实践中，我们将进一步扩展学情调研的研究范畴，从多个学习领域探讨如何借助学情调研进行学习方式的变革。

以"长方体"为例阐述学习方式变革的重要性

马 洁

一、问题的提出

就小学数学学科来讲，和以往的学习相比，学习过程中学生思维的进阶应以一种什么样的学习方式来进行承载？这种新的学习方式下学生核心素养的发展又是如何体现的？带着对以上问题的深思，我开始了研究。

二、研究对象和研究方法

研究对象：五年级小学生

研究方法：案例研究法

我认为，要想促进学生高阶思维的生成与发展，就要从学生学习方式的变革开始，而学习方式变革要从以下四个要素着手来重新审视与研究。那就是单元学习主题、单元学习目标、深度学习活动和持续性评价。而我在此主要以第三个要素——创设有深度的学习活动来进行重点论述，以"长方体"一课为例，探索有深度的学习活动和促进学生高阶思维与核心素养的发展之间密不可分的联系。

学生学习的最终目标不是记住更多的知识、掌握更多的技能，以此来获得考试的高分，而是为了获得未来进入社会后能够生存，能够参与社会活动，能够为他人和社会做出贡献，能够幸福生活的核心素养。清楚了这一点，我意识到现在急需寻求一种新的学习方式，致力于改变知识重于素养理念的变革。

活动的设计与组织是开展这场学习方式变革的关键，因此我把本次研究定位在聚焦"创设有深度的学习活动"上。活动设计的重点应在于依托学习主题和学生学习特征创设适切的问题情境，提出引发学生深度思考的关键问题，进而组织学生围绕关键问题进行深度探究。力求在这样的学习活动中，每位学生都能收获属于自己的进步与成功，获得有价值的学科素养与综合素养，促进学生整体发展。

创设学生有效参与的问题情境是促进学生高阶思维生成的前提。

促进学生高阶思维的生成与发展，不仅要求学生懂得概念的浅层知识，还要求学生理解掌握复杂概念并灵活地运用到各种具体情境中来解决实际问题。这就要求创设一种新的学习方式，根据学习内容的特点、教学目标的要求、学生思维的发展状况适时创设能够促进学生高阶思维产生与发展的问题情境，并引导学生积极体验，最终达到将所学知识与情境建立联系并实现迁移的目的。

（一）反应数学学科本质的情境设计，才能引起学生的深度探究

情境的创设要体现数学学科的本质，与学生的经验和前概念有冲突，在解决冲突的过程中，通过探究理解知识本质，能达到培养学生核心素养的目的。情境的创设要让学生在情境中有问题可以思考、有活动可以探究，概念的建立在他的脑海里才是鲜活的，思维才是有生长的。

"长方体"一课，认识长方体的本质在于学生空间由一维到二维的进阶，达到进一步发展空间观念的学科素养。教师紧紧围绕"制作长方体"这个问题情境，为了解决这个问题，学生首先要明确我要设计的六个面是怎样的六个面，形状、大小又如何。这就需要学生思考"要想成功搭成长方体"的数学本质是"对长方体棱的关注"。对这个情境中这个问题的思考，不仅抓住了"长方体"概念的核心本质，同时也凸显了学生对"只关注面"与"不仅关注面还要关注棱"这个认知冲突。这样的情境给了学生探究的"大空间"，每个学生经历的过程有所不同，但对长方体本质的理解都是形象而深刻的。

（二）保证学生有效参与的情境设计，有可能激发学生认知冲突，进而引起学生有深度的探究

"学生有效参与的问题情境"是与学习的核心内容密切相关的，与学生现有知识有一定联系，并与学生的相关的前概念产生冲突的情境。在这样的情境中，每一位学生都可以参与学习，不同的学生可能有不同水平的呈现。通过这样的过程，逐步理解新的内容。

"长方体"一课，教师创设了把刚才从长方体上撕下六个面观察的过程反

过来，自己做六个面，自己搭长方体。看似简单的问题情境，解决时会引起一部分学生的认知冲突，这部分学生有着旧经验——长方体相对的面完全一样，而利用这个旧经验设计的六个面，在一会拼搭过程中是失败的。这种认知冲突体现了学生从一维空间到二维空间的学习难点。

（三）与学生的生活世界相联系的情境设计，才能引发学生体验性的探究活动

与真实世界和学生有关联的知识有助于学生进行体验性、探究性学习，课堂所学内容多为符号性知识，与真实的世界、学生的生活经验、原有基础和兴趣点少有联系。因此，既难以纳入学生的认识和经验结构，让学生理解其意义，又无法让学生认识到这是真正有用的知识，从而产生强烈的学习动机。只有与真实世界和学生产生联系的学习内容，才能引发学生通过体验、探究性的学习活动，生成理解，灵活应用。因此，情境的设计要与学生的生活世界相联系。

（四）设计具有挑战性的学习任务是确保学生高阶思维发展的关键

学习任务是学生深度探究活动的核心要素，学习任务的设计要具有挑战性和趣味性，并且能将课堂学习任务与现实生活的情境联系起来，来激发学生持续探究的兴趣，让学生沉浸其中并获得成功体验。因此，组织高阶思维的探究活动要从学习任务出发，找出探究活动中的关键问题，围绕学习任务和关键问题组织学生深度探究。

1. 学习任务的设计与组织要能体现学生思维水平的层次性及问题解决策略的多样性

学习任务的设计针对单元整体的核心目标，基于学生已有的基础，在学习任务设计时要给予学生自由个性的学习空间，允许不同学生依据自身已有的认知基础、思维习惯、学习水平开展学习，能够展现出不同的问题解决的策略和方法。学习任务要适度，应是学生独立或合作能够完成的；每个教学时间段内的学习任务也不宜过多，每个学习任务中应留有学生个体调整和反思的空间。

例如：以"长方体（一）"为例，主要有两个学习任务，任务1是观察长方体得出最表象特征，并把长方体的六个面从立体图形上揭下来贴在黑板上的过程，反过来，让学生先画出平面的那六个面，标注出长和宽，并把数据填在下面相应的表格中（图1）。这个学习任务要使学生清楚这六个面最终是要能拼成长方体的。这个任务会暴露学生不同的思维层级：有的孩子画之前头脑中事

先会考虑相邻面相接的边也要相等的问题；有的孩子自己设计面的过程中还停留在相对的面完全一样就能搭成长方体，这是尚处于一维空间还没有真正进入二维；还有的孩子仅凭想象去设计六个面是有困难的，画的时候其实是看着自己的长方体学具画的。从画的结果看也是分为三个层级：一般长方体、特殊长方体和搭不成长方体。这个学习任务的布置目的在于一会要引起学生在知识迁移过程中的认知冲突。

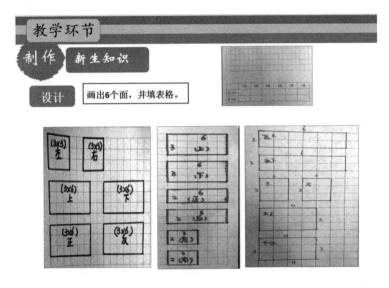

图 1

任务 2 是剪一剪，搭一搭，验证自己设计的六个面能否搭成长方体（见图 2）。学生可能会有两种不同的结果，一是一次成功，二是一次不成功，失败的可以调整、修改，直到成功为止。这一学习任务力求让学生从一开始关注面，慢慢地过渡到自觉地关注棱，空间由一维走向二维，思维由低阶走向高阶。

学习活动的设计要关注学生的差异和多种学习倾向。为其设计的学习活动应该在他们的最近发展区内，能够满足共性与个性的需求，给学生提供思考的时间和空间，便于其深度加工。

2. 渗透学习方法和过程的指导对于学习任务的达成的重要性

有效指导学生完成挑战性的学习任务对于学生任务的达成具有重要的作用。学习任务不仅仅是学生在课堂上需要解决的问题，而是要通过任务的完成经历一种学习过程，体验一种学习的方法。在学生探索解决挑战性任务的过程中，教师需为学生提供必要的有效的指导，为学生提供方法、工具、策略，让学生

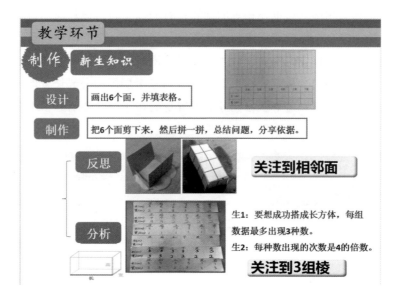

图 2

利用这些去实践,最终实现对问题的深入理解,思维及素养得到提升。

在"长方体"一课中教师提出了"自己设计六个面"的学习任务。在学习任务提出之后,教师会给学生提供一系列规范的学习任务指导,如:"先闭上眼想一想怎样的六个面才能成功搭成长方体呢?""这六个面的大小是怎样的,形状又是如何的呢(如果觉得光凭想象有困难,也可以借助桌子上的学具,看着学具来思考)。"这样可以引导学生逐一完成学习任务,有时需要及时纠错,帮助学生明确完成学习任务的方法和步骤,使学生的操作和探究更具有实效性。

我曾在给一位在方格纸上画立体图形长方体的学生及时指导,和他重新申明要求,把他引到正确的学习任务中来。

提出引发学生深度思考的关键问题是实现学生思维进阶的重要途径。

实现学生思维进阶的关键还在于提出的问题要能引发学生对核心内容和探究主题的深度思考,通过对问题的探究与思考深刻理解核心内容的本质,提高学生的学科素养和综合素养。

"长方体"一课的情境中,在学生完成设计并拼搭长方体的任务后,提出"一次就拼搭成功的同学总结你成功的原因(或者说你在闭眼想象时不仅关注了相对的面还关注到了什么使你一次就能成功),第一次失败的同学在你修改过程中反思你失败的教训(或者说你在设计时没有事先关注什么才导致的失败)"?对于这个关键问题的深入探究和思考,必然引发学生对相邻面相接的边的进一步关注，其实也就是对长方体的棱的关注，学生头脑中一旦把棱立起来，一维空间才真正走向了二维，那么这节课才真正谈得上学生空间观念的进一步建立。

再如本节课另一个关键问题："观察你们刚才填写的那组数据，你有什么发现？"（见图 2）有的学生发现：要想成功搭成长方体，每组数据最多出现 3 种数。有的学生发现：每种数出现的次数是 4 的倍数。在这个问题的引导下，学生对于棱的理解更进一步了，他们发现长方体的 12 条棱分为 3 组，每组 4 条棱相等，在此基础上进一步提炼相交于长方体同一顶点的 3 条棱就是长方体的长、宽、高。其实这一关键问题中也是蕴涵着推理能力的，表格的作用是让学生在反思的过程中通过数据进行发现、推理，发展学生推理能力。

在变革学习方式的研究过程中，我切实地感受到了学生学习方式的变革来源于教师研究理念的变革，尤其是课堂上，学生对数学中核心、关键概念的理解不能仅仅只是通过教师讲授，应在以单元学习主题的确立，单元学习目标的制定以及后续持续性评价的设计与实施的大的线索下，设计有深度的学习活动，课上学生有问题可以思考、有活动可以探究，他们的思维才是进阶的思维，核心素养才能在变革学习方式这样的理念下得以培养与发展。

基于观察的高中英语阅读教学问题探究

孔繁华

笔者作为教学比赛评委等听、评了很多学校、不同教师的阅读公开课、研究课、竞赛课、常态课等100余节，参与了部分课程的备课和指导，调研了十几所中学的师生，见证了教师们的阅读教学由青涩逐渐走向成熟的过程，对于很多教师精彩的阅读教学设计和课堂实施印象深刻。但是，在惊喜于教师们对阅读教学的认识不断提高和进步的同时，笔者也发现英语阅读教学中普遍存在一些问题，如教师对于阅读文本解读不充分、偏颇甚至错误；阅读教学设计浅层化等。本文将针对这些问题，以案例形式进行分析和探究。

一、阅读文本解读不充分、偏颇甚至错误

我们在课堂观察中注意到的最突出的问题是：部分教师在文本解读上存在着泛读、浅读、窄读、偏读、错读等问题。下面以北师大版教材第六模块第16单元第一课 *Stories from History* 的阅读教学设计为例进行分析和探究。

[教学文本简介]

第六模块第16单元的话题是"Stories"（故事），第一课是一篇故事，文章的标题是 *Pompeii: The City that Became a Time Capsule*，讲述了古罗马城市庞贝被火山毁灭、掩埋、遗忘，1600年后被科学家们重新发现而"回到人间"的故事。现在该城市还较完整地保存着古罗马时期的建筑物，参观者还能看到在火山喷发中丧生的人的印痕。历经繁荣昌盛、毁灭、沧桑的城市向人们诉说着那刻骨的灾难、无语的悲伤。

该课文的主要写作意图是让学生阅读故事，了解历史，认识灾难。教师在教学设计中要清楚语篇所谈论的主题，明确故事的主线，分析文章各部分之间的联系，理清文章结构，划分文章层次，并通过分析主题所提供的特定语境和

采用的手段，准确、深入地把握文章的主题意义。但由于部分教师对阅读文本解读不充分，理解有偏颇甚至错误，在本课设计上忽视了主题对于阅读的作用，导致教学设计零散，不成体系。下面是两位教师对该课的教学设计。

[**教学案例1**] 教师A对文章段落主旨的教学设计

Match the main ideas with paragraphs：

P1　　A. A volcanic eruption
P2　　B. The rediscovery of Pompeii
P3　　C. The results of the volcanic eruption
P4　　D. Pompeii——"a time capsule"
P5　　E. Pompeii——a popular tourist destination now
P6　　F. The shapes of dead bodies——the once living statues
答案：ACBDFE

[**教学案例2**] 教师B对文章段落主旨的教学设计

Read the passage quickly and find out the main idea of each part.

1. On August 24th, 79AD, _____. (Key：*a terrible volcanic eruption occurred*)

2. Over the centuries, _____. (Key：*there was a greater loss*)

3. More than 1,600 years later, _____. (Key：*the lost Pompeii was found by some scientists*)

4. By 1748, _____. (Key：*the city of Pompeii was dug out*)

5. Today, more than 250 years after scientists' discovery, _____.

(Key：*Pompeii, visited by many people, lives on nearly 2,000 years after its loss*)

[**案例分析**]

通过教学案例1可以看出：教师A为降低学生学习的难度，给出了段落主旨，请学生阅读文章后匹配段落与段落大意。按照该设计，本文的主要故事情节为：eruption（火山喷发）——→results（火山喷发导致的结果）——→rediscovery（重新发现）——→time capsule（庞贝古城像时光胶囊）——→shapes of dead bodies（尸体的形状）——→popular tourist destination（广受欢迎的旅游景点）。可以看出，这是一个破碎的故事，故事发展脉络模糊混乱，教师对文本的理解有偏颇。即使学生读完整篇故事后仍然缺乏整体意识，也理不清故事发展的脉络，信息提取零乱。

通过教学案例 2 可以看出：教师 B 给学生提供了故事发展的时间，让学生总结文段大意。第一段的大意是"一次火山喷发"，具体是哪座火山未提及，让人难以想到和庞贝古城的联系；第二段大意是"这是一次更大的损失"，具体是什么损失未交代，也未说明为什么损失更大；第三、四、五段思路比较清晰。看完整个教学设计后，我们依然不知道文章的故事线是什么，主要内容是什么。但上课时，教师讲得头头是道，学生阅读、做题也比较认真，可是文章真正读懂了吗？

从这两个阅读教学设计我们可以看出，两位教师对本课进行了思考，段落主旨呈现形式各不相同，但是设计各有缺陷，都未关注故事的特点、记叙文文本的特点、文章的整体脉络和作者的写作意图等。出现以上问题的原因在于教师对于阅读文本解读不充分、偏颇甚至错误。

[改进建议]

1. 形成解读阅读文本的意识

"解读"（analysis）是对事件、信息或行为的分析与理解［《朗文当代高级英语词典（英汉双解）》第四版］。文本解读是读者对文本和作者意图的分析与理解。[①] 从一定意义上讲，教师对文本解读到什么程度，决定着课上到什么程度；教师对文本的解读有怎样的高度，就会引领学生登上怎样的高度。教师要具有解读阅读文本的意识，备课前，教研部门、教研组或个人要一篇一篇认真解读文本，把这种活动当作一种常态，将文本解读进行到底！

2. 了解解读文本的方法

解读文本方法很多，可以从审美、历史、文化等角度解读文本，也可以从下面几个角度解读文本。

（1）从主题角度解读：主题是文章的主体和核心，它最大限度地覆盖全文要点，揭示文章的主要内容，体现文章的主题要旨。教师可以通过单元的标题、图片等把握单元主题，进而把单元的每个语篇置于整个单元的主题背景下，分析其与单元主题之间的关系，再明确该语篇的主题意义，为进一步探究该阅读文本的主题意义做好准备。

（2）从内容角度解读：分析文本各部分的内容是如何围绕主题意义组织起来的。

[①] 张秋会、王蔷：《浅析文本解读的五个角度》，见《中小学外语教学（中学篇）》，北京师范大学出版社，2016 年第 11 期，第 11 页。

（3）从文体角度解读：英语阅读语篇一般都会通过特定的文体形式来呈现主题和内容。① 高中英语教材中的阅读文本常见的文体类型有：记叙文、议论文、说明文和应用文。我们以记叙文为例："从本质上看，记叙文是叙述人物经历和事物发展变化过程的文体。"② 文体结构包括事件的起因、经过和结果，通常按时间先后顺序描述事件发生、发展的过程，表达作者的思想情感。每篇记叙文都有一个线索：人物线索、时间线索、地点线索和情感线索等，有时是多线索并行。作者通常会按照特定的线索去展开，这个线索就是文章的主线。

（4）从语言角度解读：在阅读文本中，作者通常会根据主题和内容的需要选择文本的语言形式。我们解读文本就要关注文本中的词汇、语法、句法和修辞特征（如对比、比喻手法）等，感受文章的语言所表达的思想感情，分析他们是如何为呈现主题意义服务的。

（5）从作者角度解读：从作者视角进行解读，关注作者的意图，尊重作者的本意。一方面要深入理解文本内涵，另一方面要分析作者态度，进行理性思考和批判性评价。

可以说，不同的教师、不同的阅历、不同的时段、不同的环境下对文本的体悟不甚相同，解读文本的方法也会有差异。但只有通过准确地分析文本，解读文本，基于学情，寻找学生在阅读学习中可能遇到的问题，根据英语学科政策，如核心素养的要求等，挖掘文本的教育教学价值，才能保证教学的科学性、准确性，才能促进学生的学习。

3. 本文的文本解读

首先，教师要清楚第 16 单元的话题是"Stories"，分课语篇分别是关于庞贝古城、姓名的由来、海伦·凯勒（Helen Keller）的生活故事，每个语篇置于整个单元的主题背景下，说明单元主题，让学生学习历史，学习故事人物自强不息的精神等。

本单元第一课谈论的主题是历史灾难，作者的主要意图是让学生阅读故事，了解历史，认识灾难；该文文体是记叙文，以时间线索展开，以不同时段庞贝古城的故事为链条，使文章形成整体，说明意义。本文的故事发展脉络应该是：庞贝被火山毁灭、掩埋、遗忘、重新发现、回到人间。教师的教学设计应让学生了解故事发展的脉络，通过阅读庞贝古城的故事，了解庞贝古城的历史，意识到庞贝古城的巨大历史价值，理解生命意义和人生价值等。

---

① 张秋会、王蔷：《浅析文本解读的五个角度》，第 13 页。
② 罗永华：《高中英语记叙类文本阅读教学的任务设计》，见《中小学外语教学（中学篇）》，北京师范大学出版社，2015 年第 4 期，第 28—32 页。

[改进案例]

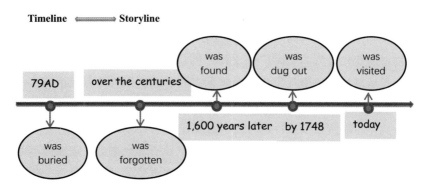

从改进后的案例可以看出，教师深入地研读了文本，避免了浅读、偏读、错读等现象，理解了文章的单元主题"Stories"和本课的主题，文体解读清晰，记叙文特点明显，故事的发展线（故事线和时间线）明显，关注了作者的意图，尊重作者的本意，为学生正确理解文本提供了保障。

二、阅读教学设计浅层化

阅读的过程应该是一个不断生疑、不断思考、不断探究的过程。克劳利（Crawley）和芒廷（Mountain）在 Strategies for Guiding Content Reading（1995）中采用布鲁姆的认知目标分类法，将阅读过程分为了三个层次：字面阅读、解释性阅读和评判性阅读。其中评判性阅读是指对文本的最高层次理解。[①] 阅读是有层次的，思维也是有层次的，问题的设计也应该是有层次的。这就要求教师在阅读教学中要注重文本的挖掘和学生思维品质的培养。

但通过观课、访谈等发现，很多阅读教学设计浅层化，阅读文本挖掘粗浅，虽有思维能力的培养，但是以复述、重复等为主，仅仅涉及布鲁姆的认知分类目标中的低级思维能力的培养，很少涉及分析、综合、创造等高级思维能力的培养。再就是对语篇的意义关注不够，对情感态度价值观的培养未落到实处。我们以北师大版教材第一模块第 1 单元 Lifestyle 第一课 "A perfect day?" 为例。

[教学文本简介]

本课是第一课第一课时，课型是阅读课，主要围绕生活方式这个话题展开，

[①] 参见郑萍萍：《基于文本解读的梯级问题设计探究》，见《中小学英语教学与研究》，华东师范大学出版社，2016 年第 9 期，第 18—21 页。

通过对比描述两种不同的生活方式，引发学生对健康生活方式的思索。以下是两位教师对该课的设计。

[**教学案例3**] 教师 C 的读后深层阅读教学设计 PPT

What does a "Couch Potato" mean?

"A Couch Potato" is a person who… 1

What does "A Workaholic" mean?

"A Workaholic" is a person who… 2

How do Bob and Brian feel about their lifestyle? How do you know that?

Both Bob and Brian feel
   happy
   satisfied   3

[**教学案例 4**] 教师 D 的读后深层阅读教学设计 PPT

What does a "Couch Potato" mean?

"A Couch Potato" is a person who … 1

What does "A Workaholic" mean?

"A Workaholic" is a person who … 2

The author's attitude:
　　　　A Perfect Day?

What suggestions can you give to improve their lifestyle?　　　　3

He should go out for work and do some exercise.

4

He may need more free time to enjoy his life with his family and relax himself.

5

[案例分析]

案例3中教师C的设计关注到了对文章小标题A Couch Potato 和 A Workaholic 的理解，关注到了Bob和Brian对自己生活方式的感受，但未涉及作者的写作意图，对语篇意义关注不够，更没有落实对情感态度价值观的培养。

案例4中教师D的设计同样关注到了对文章小标题A Couch Potato 和 A Workaholic 的理解，更重要的是他/她关注到了课文标题"*A perfect day?*"用了问号，表示虽然主人公喜欢自己的生活方式，但作者并不赞成两人极端的生活方式。

但文章的挖掘远不至于此。

[改进建议]

在教师C和D设计的基础上，可以进行更深层次的挖掘。生活方式多种多样，为什么作者为我们呈现了一篇有关极端的生活方式的文章呢？仅仅是告知读者他/她对他们的生活方式不赞成吗？不完全是。作者的写作意图实际上是通过极端生活方式的呈现，希望读者反思自己的生活方式，提醒读者应该有健康的生活方式。

[改进案例]

Why do you think Brian lives this kind of lifestyle?

Find the supporting idea in Passage 1.
(Tick or underline the words, phrases or sentences.)

2

Why do you think Bob lives this kind of lifestyle?

Find the supporting idea in Passage 2.

3

How do Bob and Brian feel about their lifestyles? How do you know that?

Both Bob and Brian feel
    happy
    satisfied

4

What is the author's attitude?

A Perfect Day?

Negative.

5

Can you describe a picture and give them any suggestions to make their life better?

6

Why do you think the writer show us these two passages?
What is the writer's writing purpose?
Is he only trying to tell us that their lifestyles are unhealthy?

7

> What is your lifestyle like?
> Do you need to improve it?
> How?
>
> 8

第 1 张 PPT 呈现了主题"Lifestyle",第 2、3 张 PPT 问学生为什么他们具有这种生活方式,让学生进行细致阅读,在文中找出依据;第 4 张 PPT 请学生在文中找出根据,说明 Bob 和 Brian 对于自己生活方式的看法;第 5 张 PPT 请学生思考作者对这种生活方式的观点,从题目中的问号可以看出作者的反对观点;第 6 张 PPT 先请学生选一幅图,对 Bob 或 Brian 的生活方式进行描述,然后给出建议;第 7、8 张 PPT 请学生了解作者的真正写作意图,思考并改进自己的生活方式,拥有健康的生活方式。

该教学设计是有层次的,思维也是有层次、有深度的,培养了学生的思辨能力、健康的情感态度与价值观,是一个比较理想的设计。

三、结语

英语教学的使命在于帮助学生完善语言系统、审美系统和价值观系统,而健康、到位的英语阅读能帮助完成这一使命。

发现阅读设计、阅读教学中的问题是改进阅读教学的前提,反思、探究并提高是改进阅读教学的过程,而真正依托阅读文本,提升学生的语言能力、学习能力、文化品格和思维品质,形成英语阅读素养,将是我们阅读教学的目标。

基于主题意义探究的学生思维品质培养实践研究
——高中英语文本阅读教学例谈

孙　娜

《普通高中英语课程标准（2017年版）》指出：在以主题意义为引领的课堂上，教师要通过创设与主题意义密切相关的语境，充分挖掘特定主题所承载的文化信息和发展学生思维品质的关键点。基于对主题意义的探究，鼓励学生学习和运用语言，开展对语言、意义和文化内涵的探究，同时通过中外文化比较，培养学生的逻辑思维和批判性思维，引导学生建构多元文化视角，树立正确的世界观、人生观和价值观，实现知行合一。

传统的英语教学中只关注词汇、语法和听说读写能力的训练，阅读教学只关注了语言基础知识层面和表层含义的理解，没有关注对文本深层内涵的挖掘，忽视学生思维的发展和培养，不能发挥学生的主观能动性，不利于学生思辨能力和创新能力的培养。基于此，笔者在高中英语阅读教学中，聚焦单元的主题语境，基于主题意义选取恰当的阅读材料，深度读解英语阅读文本，以思维训练为重点，设计能够开发学生思维的问题和活动，培养学生通过文本阅读发展观察、辨析、梳理、概括、分析与推断、比较、创新等思维能力。本课例将通过具体的阅读课教学研究实例，阐述如何基于同一主题意义进行多元文本阅读，搭建思维品质培养的阅读教学模式。

一、挖掘主题意义的内涵

挖掘主题意义是进行这一课例研究的根本。本课例是北师大版高中英语教材模块一第二单元 Heroes，主题语境是人与自我，主题群涉及生活与学习、做人与做事。对于现在的高一学生来说，随着年龄的增长，相比初中学段他们有了更多自己的独立思考的能力，有了一定的思辨意识，语言功底也愈加深厚，有利于他们进行深层次的主题意义挖掘。而"英雄"这一主题对于他们仿佛离得很远,对于这一概念的界定和理解也不是很明确,他们有自己崇拜的人物,但是是否能称其为英雄呢?英雄的内涵到底是什么?英雄的特质应该是什么?都是本课例最终要解决的问题。而对于现在的青少年,必须树立正确的人生观和价值观,也要有正确的英雄观,这对他们的身心健康成长和未来的发展非常重要。

本单元教材包括三个阅读文本及一个听力模态的文本材料,分别介绍了航天英雄杨利伟、政治领袖马丁·路德·金、孙中山、体育明星威廉姆斯姐妹、演员超人的扮演者克里斯托弗·里夫(Christopher Reeve)等形象。可见,这些英雄都是大家熟知的伟人和成功人士,通过自己的努力克服困难,为国家、为民族做贡献,成为大家敬仰的英雄和学习的榜样。主题意义很明显,通过本单元的学习,通过自己的阅读、学习、理解、思考和思辨,了解"人"的同时,反思"自我",帮助他们通过批判性思维来真正地认识英雄的内涵,让学生了解英雄,感受英雄,学习英雄,树立正确的价值观和人生观。无疑,这是高中生成长中一个重要的主题。

这一主题意义规约了语言知识和文化知识的学习范围,为语言学习提供意义语境。学生对主题意义和语篇理解的深度,直接影响学生的思维发展水平。所以,教师对文本的选择、处理和活动设计尤为重要,要体现深度学习,建构新概念,关注思维发展。

二、围绕主题意义,深入研读语篇

阅读教学中的语篇是教学的基础资源,赋予语言学习以主题、情境和内容,并以其独特的内在逻辑结构、文体特征和语言形式,组织和呈现信息,服务于主题意义的表达。

基于本单元的主题意义,笔者选择了中国人民大学出版社出版的《常春藤英语》(六级上)的4篇文本。文本的共同点:1. 有记叙文,有传记,都是偏记叙性的文章,通过此类文本的阅读学习,学生们能够学会阅读记叙性文章的方法和技巧,学会如何梳理故事脉络、理清人物关系、分析人物性格、学会总结和推断,体会文体功能;2. 文本内容与主题意义一致,都是讲述来自不同文化、不同时代、不同英雄意义的人物,内容涵盖更多层面更多角度,让学生了解不同文化背景下对英雄的理解,并通过自己的阅读来提高自己的判断力和思辨能力；3. 文本是原汁原味的英文文章，语言表述地道，是语言学习和思维培养的很好的载体；4. 按照克拉申（Krashen）的"i+1"原则，文本都难度适中，稍微偏难，具有挑战性，可以激起学生兴趣，有利于主题意义的深入和活动的开展。

除了共同点，这4篇文本又都有着各自的语篇特色。

文本一 *The Code Talker* 讲述第二次世界大战期间，美国与日、德战争中的密码战，美国军队的密码屡屡被日军破解而受到重创。美国人雇用了the Navajos，他们的Navajo语言只有极少数人使用，用Navajo设立的密码更是无人能解。于是，这些人参与了战争，帮助美国赢得了战争。战后的很长一段时间，他们都必须保持沉默，直到战争结束的25年之后的1971年，这些无名英雄才受到嘉奖和世界人民的赞扬。普通人在战争中勇敢地为国家奉献甚至牺牲，战后默默无闻，他们能被称为英雄吗？

文本二 *Sailing into the Unknown: Ferdinand Magellan* 讲述航海家麦哲伦的环球航行。本文介绍了麦哲伦以不凡的勇气和意志完成了人类第一次环球航行，以及航行过程中的经历和他的客死他乡。大家都熟知麦哲伦海峡是以麦哲伦命名的，他被称为第一个拥抱地球的人，但是他是不是英雄呢？

文本三 *Fighting the Good Fight: Emmeline Pankhurst* 讲述英国女性解放先驱Emmeline Pankhurst，介绍了她为妇女争取选举权的艰苦努力。她采取集会、示威游行、有节制的暴力行动、自杀式反抗、狱中集体绝食等各种方式为妇女争取权利，斗争艰难而痛苦。第一次世界大战的爆发使人们转向了战争，战争中妇女们积极地参与和无私地奉献，故在1918年妇女取得了选举权，她被誉为英国"妇女选举权之母"。那她算是英雄吗？

文本四 *Stop the Train* 也是一个真实的故事，讲述小女孩Kate在一个雷雨之夜发现一座大桥被损毁，她不顾个人安危，大雨中跑到车站，阻止了火车，拯救了旅客。那座桥被重建，并以她的名字命名。她是你心目中的英雄吗？

三、指向思维品质培养，设计教学活动

（一）设计依据

根据布鲁姆的认知目标分类理论和中学生英语学科能力框架：

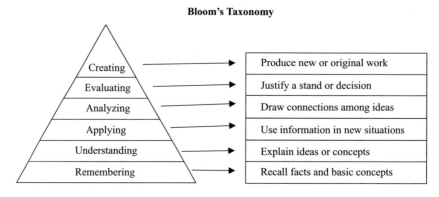

图 1　布鲁姆认知目标分类理论

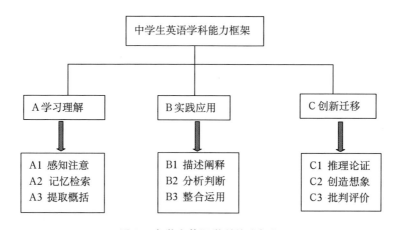

图 2　中学生英语学科能力框架

中学生英语学科能力框架清晰地阐明了学生英语学习要达到的不同层级的能力，与布鲁姆认知目标分类理论框架不谋而合，是英语教学的规律，从低阶思维到高阶思维，从知识的学习理解到应用实践，继而提升高阶的迁移与创新。

（二）设计思路

学生在阅读过程中并不是消极地接受与索取意义，而是联系自己已有的知识和经验，积极主动地发现和建构意义乃至创造意义。深度读解英语阅读的文本，从学习理解—实践应用—创新迁移几个层次，设计一系列融语言、文化、思维为一体的学习活动，让学生学会思考、乐于思考、善于思考，积极主动地进行英语学习，客观、公正地进行反思，进行批判性思维和批判性审视，培养创新精神和创新能力，也就是培养学生的批判性思维能力。

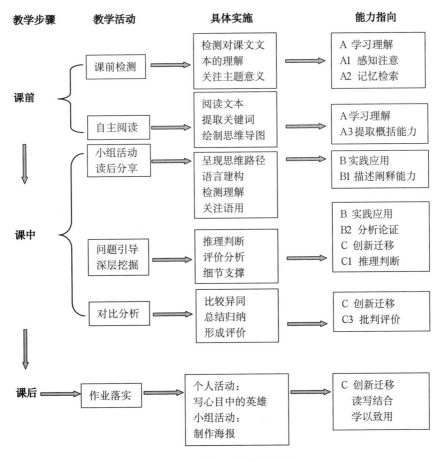

图3 活动设计的整体路径

（三）具体活动

课前活动

任务一：课前检测

通过对课文文本的学习，学生对于英雄这一主题意义的相关内容已有了解，语言表达上也有了一定基础，做一个学生对于英雄这一概念理解的小测试，一个目的是检测学生对于课文文本知识的掌握，另一个目的就是对后面的文本阅读提供设计依据。

	Character	What have you known about him/her?	Do you think he/she is a hero/heroine? Give reasons
Lesson 1			
Lesson 2			
Lesson 3			
Lesson 4			

图 4　课前检测样表

任务二：自主阅读

课下阅读文本，问题导学，描绘思维导图，让学生把文本脉络理清。基于学生已有的关于"英雄"这一主题的知识和经验，帮助激活大脑中已储存的相关知识和经验，引导学生通过自主阅读，获取、整合、梳理信息，找出关键词，绘制思维导图，直观地展示学生的理解程度和思维深度。以文本一为例：

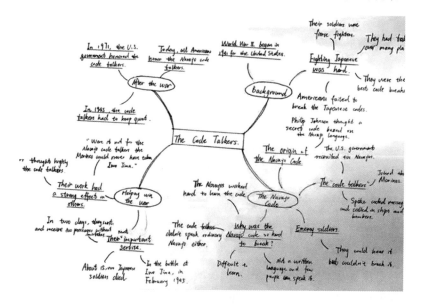

图 5　学生思维导图 1

图 5 是一个学生画的 *The Code Talker* 的思维导图，从 background, the Najavo code, helping win the war, after the war 几个角度，采用发散式的图示，清楚地梳理了故事的几个方面，有充分的细节支撑，直观、清楚明了，反映了学生清晰的思维脉络。

图6是另一个学生的作品,以清晰的流程图方式,按照时间顺序梳理故事的发生、发展和结果,令人一目了然。

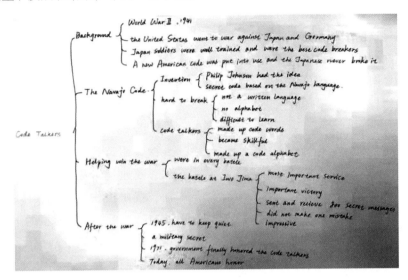

图6 学生思维导图2

课中活动

任务一:小组活动,读后分享。分享几篇文章的思维导图,每组选取一篇文本的思维导图,幻灯片展示思维导图,由学生来解释自己的思维导图。在这个过程中,学生通过互相分享,火花碰撞,了解不同的思维路径。同时通过组织语言,构建英语思维,用口语表达出自己的思维过程,实践应用文本信息。

任务二:问题引导,深层挖掘。深入分析文本,形成自己对本文英雄的评价,并从文本中找出细节支撑你的观点。

Q: Do you think he or she is a hero / heroine? List the evidences.

任务三:对比分析,总结归纳。比较几个文本中英雄的相同点和不同点,分析其背后的原因,并用三个词总结/概括英雄的特质。集体讨论,对两个问题的答案达成共识。

Q1. Find out the similarities and differences between the heroes/heroines described in the four passages.

Q2. Summarize the special features of "hero" by using three adjectives.

课后活动

作业一：自主作业，小写作——你心目中的英雄。

作业二：小组活动，组内交流，综合意见，制作海报。

通过这两个作业的落实，关注学生知识的内化和迁移，采用读写结合的方式，更深刻地掌握文本所承载的内容和内涵，学以致用。同时，这也是以学科素养为导向的教学评价，采取个人自评、组内互评、组间互评等方式，最后由学生集体打分评出最佳海报。

图 7　小组作品

图 7 是一个小组的作品，英雄人物介绍选择了周恩来、南丁格尔、爱迪生，身份分别是国家领袖、救死扶伤的护士、伟大的科学家，学生在制作海报的过程中，首先要对本单元所学的文本内涵有深刻的理解，并在班级讨论的基础上，小组再次深入讨论，选出自己心目中的英雄介绍给大家。这一过程，也是一个思维训练的过程，要搜集信息、整合信息，分析、比较，最后做出选择。然后再组织语言，抓住重点，同时还要照顾到海报的美感和设计感。这是一个全方位训练学生能力的过程。

同时，这也是项目式学习的一个实践活动过程。

四、结语

在教学过程中，学生们的思维之活跃有时候是超出我们的想象的。比如学生们对于麦哲伦是不是英雄的看法就很不一致，有人认为他是英雄，因为他克服千难万险，有毅力，有坚持，为人类社会做出了贡献；而有人则认为，他不是英雄，因为他残忍，为达目的不择手段。再比如，对于 Najavo 人的看法，有人认为他们是我们应该学习的无名英雄，在国家需要的时候挺身而出；而有的人却认为他们只是做了自己应该做的事情，不能称其为英雄。而最终在阅读了所有的文本，进行了深刻的思考和深层的挖掘之后，大家开拓思维之活跃，各抒己见，畅所欲言，最终形成了大家认可的英雄的特质：brave（勇敢的）、devoted（奉献的）、kind-hearted（善良的），其实，这三个词涵盖了更深层的主题意义。英雄之所以被称为英雄，就是要有勇气面对困难和挑战，具有利他的大情怀，为国家、为他人敢于奉献和牺牲，这才是真正意义上的英雄。

学无形，思无疆，教无痕。You are what you read. 我们倡导英语阅读，我们倡导基于主题意义的文本阅读，我们倡导能够提升学生思维品质的阅读。改变脱离主题意义的知识学习，将知识学习与技能发展融入主题、语境、语篇和语用之中，指向学科核心素养的培养，引导学生学会阅读、学会学习，促进文化理解和思维品质的形成。

英语学科核心素养视角下的高中英文原著阅读实践

霍艺红

一、课例背景

当前基础教育课程改革的重点是发展核心素养。《普通高中英语课程标准（2017年版2020年修订）》中指出："普通高中英语课程是高中阶段全面贯彻党的教育方针，落实立德树人根本任务，发展英语学科核心素养，培养社会主义建设者和接班人的基础文化课程。"[①]如何落实发展学生核心素养，促进学生全面而有个性的发展是教师面临的新挑战。英语学科作为高中阶段的一门基础学科，在促进学生全面发展、贯彻党的教育方针、落实立德树人根本任务等方面具有非常重要的作用。

英语阅读对于提高学生的英语学科核心素养起到重要作用。新课标选择性必修部分文化知识内容要求学生能够理解和欣赏部分优秀文学作品，从作品的意蕴美中获得积极的人生态度和价值观念启示。[②]名著阅读给学生提供了体会真实英语，体会语言的美和多样性的机会；也有利于增加学生的文化背景知识，激发学生的英语学习兴趣。所以，笔者在自己所授课班级进行了英文原著阅读的积极探索与实践。学生对于英文原著充满了期待，但有时因过大的生词量望而却步；还有些学生有阅读的愿望却没有进行过尝试。因此，笔者从英美文学的中短篇小说或部分章节入手，带领学生一起鉴赏语言，把握人物，感悟生活。

[①] 中华人民共和国教育部：《普通高中英语课程标准（2017年版2020年修订）》，人民教育出版社，2018年，第1页。
[②] 同上书，第33页。

二、教学分析

（一）教学内容分析

让学生阅读英美文学名著能够从阅读习惯角度培养学生；激发学生的阅读兴趣，培养学生积极的阅读态度，从而培养学生良好的阅读品格。*The Adventure of Tom Sawyer* 是美国文学的经典作品。作者马克·吐温（Mark Twain）用生动幽默的语言描写了一个少年的系列冒险故事，讲述的是少年的心理成长过程。中学阶段的学生能在其中找到共鸣。笔者选用了原著作品的第二章，基本保持了原著的主要内容，略做一些调整，字数1300左右。这章是小说的开篇，是同学们耳熟能详的故事，也是全书的经典章节之一。通过一系列的人物刻画，Tom Sawyer 这个人物跃然纸上，活灵活现地展现在读者面前。这章在语言表达上也充分体现了马克·吐温的特点，幽默的手法和细腻的心理活动描写。这篇文章作为文学作品与学生们一起赏析，是使学生们掌握如何去欣赏地道的语言表达的上佳选材。

（二）学情分析

授课班级为本校高一年级数学实验班，学生思维活跃，阅读能力较强。在初中和高一第一学期接受过文学作品的阅读和赏析的指导，包括 *A Christmas Carol* 和 *Harry Potter* 等。有积极的阅读愿望，但在文学阅读上有待教师的进一步启发和引导，从而形成良好的阅读品格。高中是学生思想逐渐独立，人生观形成的重要阶段。作为教师，承担着育人的重要任务，针对学生实际生活中所面临的选择——学习与玩，教师应该给予积极正面的引导，引发学生思考。本文原版小说语言有难度，生词量大，对高一学生有一定的挑战。

（三）教学目标及重点难点设计

（1）基于对教学内容和学生情况的分析，教师预设了以下几个教学目标：

经过本节课学习，学生能够理解本章节的主要情节和关键细节；学会如何欣赏作者的语言，即幽默手法的使用，生动的描写；学会从不同的角度理解文章的深层含义，学会多角度看待问题。

（2）教学重点难点设计：

教学重点：通过课堂教师引导及讨论，是学生对于小说文体如何进行文学赏析有亲自的体验，从而培养学生的语感与语言鉴赏能力，形成良好的文化品位。

突破途径：通过小组学习的途径让学生自我探究，充分分享观点，教师根据学生的回答进行归纳和补充。

教学难点：对于文章主题意义的探究，提高学生的鉴赏能力，培养学生辩证思维的能力，从而培养学生良好的思维品质。

突破途径：引发学生通过思考实际生活中所发生的现象对于小说的主题进行深度思考。

（四）教学设计思路

"英语不仅是交流的工具，也是思维的工具，也与英语国家的文化有千丝万缕的联系。学习英语的过程是学生接触其他文化、形成跨文化理解意识与能力的重要途径，也是促进学生思维能力进一步发展的过程。"① 因此，笔者在课堂教学设计中根据教学内容优化学习方式，为学生设计结构化、情景化、过程化的活动，充分调动学生的阅读愿望。

本节课设计遵循了合作学习的理论模式，阅读活动从对于文本的浅层理解到深度解读，教师引领学生通过小组合作讨论的方式对于文本进行欣赏，分析，思考。对于人物的深刻理解和分析有利于培养和发展他们健康的人生观和价值观。通过设计由浅入深的课堂任务，让学生从学习英语转变成用英语去阅读，理解，思考，欣赏，感悟，逐渐具备批判性思维能力。

三、教学过程

（一）Lead in（图片导入，把学生带入情境）

本章节的开篇是一段优美的描写夏天景色的文字。教师为学生播放校园春色的几幅图片，让学生用英文介绍校园景色，并启发学生使用优美英文。在教师的启发下，学生使用了原文中的句子进行景色描写。

All the summer world was bright and fresh, and brimming with life.

The locust trees were in bloom and the fragrance of the blossoms filled the air.

最后教师把话题带入到小说：

---

① 程晓堂、赵思奇：《英语学科核心素养的实质内涵》，见《课程·教材·教法》，2016年第5期。

The weather is fine, but sometimes life is not so beautiful. Let's see what happened to Tom Sawyer.

设计意图：在本节课开始巧妙利用现实和所读文学材料的结合，将学生自然而然带入语言环境，运用所学语言，真实体验大师语言精妙之处。

（二）Reading for understanding（整体理解章节，理清故事情节）

基于课前留给学生的问题，教师帮助学生共同完成本章节故事情节的梳理，为进一步阅读做铺垫。为了让学生能够学习得更加主动，教师让学生以二人小组复述故事的形式检测学生对于文本的理解。学生准备的过程是一个检测、反思和互相补充的环节，同时让学生有机会用英语练习表达。3分钟的准备时间之后教师找一名学生进行复述。教师所设计的六个问题实际上是本章节故事的主要情节，不涉及具体故事的细节。学生在第一遍阅读时达到整体理解的目的即可。课堂检测学生是否理解的这个环节达到了两个目的：一是检测了学生的理解程度，二是教师在有难度的地方给学生以适当的帮助。

课前问题如下：

1. What was Tom supposed to do that day?
2. How did Tom feel about his work and why?
3. Why didn't Tom want to whitewash the fence himself?
4. Did Tom succeed in making other boys do the whitewashing for him? Who are they?
5. What did Tom get at last?
6. What lesson did Tom draw from this incident?

学生复述之后，教师针对其中的第二个问题和第三个问题，追问了文章的出处，让学生把回答的依据从文章挑出。学生们互相补充，最后找到了文中所有支撑的依据。在回答第五个问题时学生能够从这个生词量比较大的文段中跨越生词的障碍找到所需的答案。

设计意图：文学作品阅读培养学生阅读的一个重要能力是速读的能力。教师把小说的整体阅读放在了课前，给学生提供了问题并规定了时间，要求学生在规定的时间内完成阅读，任务是找到这六个题的答案即可。这个课前的任务旨在训练学生能在规定的时间内完成阅读任务，养成良好的阅读习惯，不断提高阅读速度。

（三）Reading for comprehension（深层阅读主要情节）

在对于故事有了整体理解之后，教师询问学生：

How did Tom succeed in making other boys work for him?

学生们根据刚刚的阅读马上定位段落。接下来教师指导学生：

Please read through paragraph 3 to paragraph 17 and find out what Tom did. Use verbs to summarize what happened.

教师给学生 5~7 分钟阅读和思考的时间，并关注学生的学习情况，给予适当的指导。5 分钟之后，教师找一名学生到黑板上写下自己所归纳出的单词，并利用这些单词来讲解故事发生的过程。

教师预设的词包括：ignore, stick to, pretend, refuse。学生们所选用的词汇可能不尽相同，但只要符合故事情节即可。教师在评价学生所归纳的词汇过程中，指导学生在阅读小说等记叙文过程中，应养成边读边划出关键信息的习惯，如动词、人名、地名、时间等。

设计意图：培养学生在阅读过程中如何抓住主要线索，提高阅读速度和准确率；培养学生快速阅读的习惯，捕捉关键信息；培养学生归纳能力。这个阅读任务相对于第一遍的捕捉细节难度加大。这个任务在基于自己的理解之后通过小组合作的方式，让学生们能够互相激发灵感，共享观点，最后通过合作学习找到答案。

（四）Reading for appreciation（欣赏语言，品味经典）

教师启发学生：

The story seems simple, but whenever I read it, I feel attracted by the description and recall my own childhood. What in your opinion made the story so interesting?

基于课前和课上阅读，大部分学生可以感受到吸引力来自作者的语言特别是作者的幽默语言。教师进一步引导：

Please read the story again and pick out the sentences you like best and explain why you like it.

这个环节是本课的难点，教师为了激发学生的学习积极性，把这个环节设计成了学生分 4 人小组活动，而并不是直接来做教师事先设计好的题目。在这个 1300 字的文章中幽默的语言和生动的描写随处可见，让学生主动去体验、感受和分享更能够让学生主动学习，提高学习积极性。

经过充分的小组讨论之后，学生们积极分享自己的见解。对于作者的幽默语言，学生们找出了不同的例子，教师根据学生的回答进行适当归纳和补充。

例如：有的学生找到了以下两个例子：

Tom went on whitewashing—paid no attention to the **steamboat**.

Big Missouri worked and sweated in the sun, the **retired artist** sat on a barrel in the shade close by, dangled his legs, munched his apple, and planned the slaughter of more innocents.

学生们能体会出在这两个句子当中，作者巧妙地运用了 steamboat 和 Big Missouri 来指代 Rogers，而用 retired artist 替代 Tom Sawyer。这种幽默的手法是替代法。

另外，有的学生找到了这样的句子：

Tom gave up the brush with **reluctance** in his face, but **alacrity** in his heart.

学生们通过上下文不仅猜出了 reluctance 的意思，也能猜出 alacrity 是 reluctance 的反义词。教师归纳这种幽默的手法是对比。

除了典型的幽默手法外，学生还找出了大量的优美句子，有生动的动作描写，有细致的心理刻画。这个环节是本课的教学重点难点，也是本课的高潮。在教师的引导和小组成员的充分讨论下，作者语言的特点逐渐清晰，学生们归纳出了幽默的手法，心理的刻画，动作的系列描写，从而真正体味到了英语语言的魅力。他们联想到之前所读过的中文版本及英文简写版，此时真正读出了文学大家的文字魅力。

设计意图：高中学生应该具备一定的欣赏英语原版文学作品的水平。这部小说是马克·吐温的代表作，幽默手法的使用熟练地道并随处可见。教师在课堂起到引导的作用，让学生浸润在精妙的语言中学会如何欣赏英语语言。在这个步骤中笔者看到了学生对于语言鉴赏的提高。

（五） Reading for thinking（挖掘思想，多角度看待问题）

在对于文章内容和语言都有了进一步的理解和欣赏之后，教师引导学生思考作者的写作意图。

What is the purpose of writing?

What does the writer what to tell us?

学生们经过思考之后畅所欲言。有的同学认为这篇文章的主旨就是通过描写少年的冒险故事来展示天真无邪的少年形象；有的学生根据课前问题认为作者展现了主人公聪明机智、淘气、向往自由的性格特征；有的同学认为本章节引发读者思考如何平衡生活中学习与玩乐的关系。

最后教师对于学生的总结给予积极的评价，鼓励学生从不同的角度理解欣赏文章是我们欣赏文学作品时应该持有的正确积极态度。

设计意图：这个阅读设计体现的是批判性思维的训练。在阅读中，学生不仅能够提取信息，而且能够把信息进行分析和整合加工，形成自己的想法和观点。

四、教学反思

课后教师对于本节课进行了反思。本节课的成功之处在于：

1. 本节课达到了预期的目的，是一次在高中阶段指导学生阅读原著的成功尝试。在教师的带领和启发下，学生阅读英美文学经典作品，接触到地道的英语并欣赏语言大家的写作手法，体现了语言的文化性特点。

2. 教师对于学生的阅读速度、理解力和欣赏水平有比较准确的预估，设计的阅读任务既有挑战性，也适合学生的程度。

3. 课堂节奏掌握得较好，能够对于学生进行很好的启发和调动，促进学生在合作学习中积极阅读，对于学生的阅读能力和思维都进行了很好的训练。

需要改进的地方有如下几点：

1. 任务设计略多，还应该再给学生一些充分的时间阅读讨论和分享，相信学生们对于文章的理解会更有深度，充分体现自主学习的理念，培养学生自主学习的习惯。

2. 课堂可以更加开放，例如第一部分，可以采用学生分组进行表演的形式呈现小说的主要情节，不仅可以使课堂更加生动，也给学生充分的运用语言的机会。

英语课堂是教师开展教学、提高学生英语各方面能力的主要场所，在课堂上英语教师应以提高学生英语阅读素养的目标为核心，设计有效的阅读活动。这次课堂名著阅读是一次对于如何在课堂进行英语原著阅读提高学生阅读素养的有效尝试，激发了学生进一步用英语进行阅读的兴趣，教授了学生如何欣赏英美文学，促进了学生思维能力的提升。作为英语教师，我们要积极转变观念，设计有效的课堂教学从而全面提高学生的英语学科素养。

运用读书卡促进小学高年级学生英语阅读习惯养成的研究

王　朝

一、研究的背景与问题

（一）研究的背景以及教学现状

所谓"习惯"，是由于长时间、重复性地对一种事情巩固而形成的行为方式，它带有一种特殊性的倾向。国内对阅读习惯有不同角度的研究，如阅读习惯——阅读英语时习惯的阅读方式，包括：音读、心读、指读、复试等。但在本项研究中对阅读习惯的解读为持续进行阅读活动，并促使学生将阅读变成自觉、自愿的一种行为。良好的英语学习习惯是学好英语的基础和前提，也是小学英语教学的重要任务之一。英语阅读习惯作为提高学生综合语言运用的重要渠道，是养成学生自主学习能力的策略之一。大量的阅读正是语言输入转为输出的必不可少的途径。古人也早就总结出"熟读唐诗三百首，不会作诗也会吟"的有益经验。阅读正是巩固和扩大词汇量的好方法，它可以帮助学生获取信息，提高阅读能力，为学生的后续学习打下基础。小学中高年级的英语阅读是一种非常复杂的心理活动，它要求学生利用已知的背景知识对阅读材料进行感知、分析、记忆、综合、判断、推理等，这需要长时间、大量的阅读经验积累，养成良好的阅读习惯是提高阅读能力的基础。

（二）实际教学中的问题

在实际教学中，阅读教学已成为诸多教材中不可缺少的教学内容，已作为独立的课型受到专家以及一线教师的关注，在如何激发学生阅读兴趣、引导学生运用阅读策略等方面都有了比较深入的研究。而当学生在进行独立阅读以及完成阅读理解题目时，往往困难重重、无从下手，缺少独立阅读是造成学生阅读理解能力低下的原因之一。而大部分学校一周一节的阅读课，根本无法满足学生形成阅读能力的需要。这就需要学生在课外增加阅读量，将课内的阅读策略与课外的阅读经验融会贯通逐步体会阅读的乐趣，养成阅读习惯，提高阅读理解能力。

（三）本项目研究的实际意义和理论意义

众所周知，兴趣能激起学生阅读的欲望，策略能为学生理解文本提供方法，但如果缺少了量的积累又怎能形成阅读能力，养成自主阅读的习惯呢？增加阅读量成为养成阅读习惯的条件之一，既然是课外阅读，就需要学生利用课堂以外的时间独立完成，教师往往不易控制，很难掌握学生的阅读情况，缺少反馈信息。因此，教师需要通过一种媒介和制度帮助学生在课外坚持阅读，提高学生阅读量，了解阅读状况，促进学生阅读习惯的养成。基于以上分析，笔者在小学高年级段进行了如何开展课外阅读，帮助学生养成阅读习惯的研究。

二、研究设计

（一）研究对象

北京石油附小五年级3班37名学生，学生已经过5年的英语学习，积累了一定词汇量，对于通过图片预测文本大意，在上下文中猜测生词等阅读策略有初步的认识，每周一篇阅读篇目的阅读量。

（二）数据的收集

1. 前后期调查问卷的收集

本项问卷调查的目的是为了了解小学高年级学生进行独立阅读的情况，调查问卷的来源：一是有关的文献资料，二是笔者对于部分学生的访谈记录和已有的教学经验。分别对学生进行课外阅读的频率、方式、态度以及对阅读的喜好程度进行了问卷调查，所有问题用中文进行表述，要求学生根据自己的实际情况，对每一条陈述评价符合自己的程度。同时，为了更加真实地了解学生的阅读情况，在实验中期对家长进行了问卷调查，问题涉及学生在家进行独立阅读的频率、方式以及变化等。

2. 前后期试卷的制定

本试卷是对小学高年级学生阅读能力及阅读策略使用情况的水平测试，测试文本选自北京市海淀区五年级质量抽测试题。根据课程标准对五年级学生阅读能力的要求，结合阅读中预测阅读学习策略的研究重点，本测试包括"看图片预测阅读内容""限时 1 分钟检测阅读速度""快速阅读后选择故事大意""猜测生词在文章中的意思"四种题型。第一题，是考查学生阅读前是否具备通过主题图对文章进行预测的意识；第二题是对学生的阅读速度进行测试；第三题考查学生对文章内容的理解程度；第四题考查学生通过对上下文的理解能否正确推测出生词的意思。

3. 后期访谈提纲的制定

为了更有效地了解不同层次的学生使用读书卡的情况，对读书卡活动的想法，笔者制定了后期的访谈提纲，访谈的范围是若干名学习成绩较好的学生、若干名学习成绩一般的学生和若干名学习成绩稍差的学生，访谈内容分为：

（1）你还记得一学年我们都进行了哪些阅读活动吗？

（2）在你现在进行英语阅读时和有读书卡之前，你有什么变化吗？

（3）你完成读书卡的作业需要多长时间？和完成阅读题目相比，你更愿意完成哪项英语阅读作业？

（4）如果下学期没有读书卡，你还会坚持阅读吗？

三、读书卡活动辅助学生养成阅读习惯的实施

1. 填写读书卡引导学生体会阅读文本的方法

设计读书卡的目的不仅是为了促进学生坚持阅读，更重要的是帮助学生学会阅读，体会阅读的乐趣。因此在设计读书卡项目时，笔者也兼顾了激发阅读兴趣和体验阅读策略。首先学生需要填写所阅读文本的一些基本情况：Date（阅读文本的具体日期），Title（阅读文本的题目），Writer（作者姓名），Time（阅读时间），Words（阅读文本的大致字数）。填写阅读文本的时间是为了跟踪学生阅读情况，而作为阅读者面对阅读材料时，标题是预测文章大意的首要渠道，作者是阅读文章的重要信息，它们都可以帮助阅读者了解文章的大体类别和内容，利于学生自主选择阅读书目。填写阅读时间为了引导学生进行快速阅读，而文章字数则便于教师了解学生的阅读速度。读书卡的第二大部分，是了解学生对所读文本的喜好程度以及理解状况，笔者分别用涂♡和☆来辨识，如：涂满五个桃心的表示你很喜欢这篇文章，涂满四个的表示比较喜欢，三个的表示喜欢，两个的表示一般，一个表示不太喜欢，对文章理解程度则用星星来表

示。学生可以根据阅读情况选择涂色的数量，进行自主阅读评价。第三部分则是对阅读文本细节信息的填写。New words，即写出文章中你不认识的三个生词，在生词下面填写出你猜测此生词的中文意思。What do you think of it? Why? 要求学生用英文写出对所读文章的评价以及原因。最后一部分，是 Assessment of Parents 和 Assessment of Teacher，即家长评价和教师评价，分别用 Great、Good、OK、Hardworking 四个等级，家长和教师需要根据学生完成读书卡的状况和在课堂上完成读书分享的情况进行评价。学生在填写读书卡的过程中，不仅要阅读文章，还要动笔填写信息，书写句子，使读和写结合在一起，同时涂色也为学生增添了乐趣。在学生自主阅读中，笔者将自评、师评、家长评价也贯穿其中，使学生体会到家长和教师对课外阅读的关注，调动了家长鼓励学生在家进行英语阅读的积极性。

2. 读书分享活动将课外阅读和课内分享有机结合

读书卡的填写主要由学生回家自主完成，教师虽能看到读书卡上的信息，但对学生实际阅读理解文本的程度不易掌握。笔者利用每周第一节英语课上 10 分钟的时间设立了读书分享活动，请学生介绍所读文章的信息，包括：文章的题目、作者、阅读感受，之后提出一个相关问题给其他同学，回答对了教师将给予奖励。在活动中，笔者先请同桌两个同学互相分享，再用抽签的方式抽出两个同学向全班进行读书分享的汇报，并给予评价。读书分享活动将无声的阅读与有声的朗读结合起来，将个体活动与群体活动相互交替，将课外阅读和课内阅读联系起来，学生在交流中锻炼口头表达能力，在分享中提高听力理解能力，利于学生语言技能的发展。

3. 读书卡与读书分享活动的实施方法

在开展读书卡和读书分享活动中，笔者采取的循序渐进、逐步放手的方法。要读书，首先就要选好书。开学第一节课，我带了几本课外英语书，有的有图，有的全是文字，有的字数少，有的篇幅长，学生们分小组轮流传阅后彼此分享想读哪本书。学生大多选择有图片的，也有选择篇幅较长的。听到学生们不同的答案，教师又问他们：你能读懂哪本书？学生们开始仔细翻看，说出了一两本。教师适时告诉学生选书要看标题、作者，看你是否喜欢，还要看是否能读懂，选择适合你的书才是最重要的。于是第一周的作业就是选书，学生自主选书并将选好的书在第二周带来和同学们分享。第二周，同学们带着自己选的书互相交流，教师也借机了解学生对课外读物的喜好，确保学生有书可读。同时教师在课堂上带领学生填写读书卡，为学生提供填写的方法，使他们感到此活动十分简单。笔者先利用教材中的文本，统一内容，分步骤填写读书卡。引导学生查找标题和作者所在的位置，掌握文章字数快速统计的方法，在阅读完文本后，通过上下文来猜测生词，尽量忽略生词的真正意思，并大胆写在读书卡上。在读书卡上需要学生填写内容最多的就是对文章的评价，笔者引导学生用固定的句式来仿写，如：I think the story is fun. The boy Ben has a great weekend. He plays football, goes to the park and helps his classmate. He is helpful. 学生只要说明主要人物和主要事件即可。经过几次尝试，学生们已经跃跃欲试准备开始独立阅读了。在学生自主填写读书卡时，教师要特别关注学生填写情况，及时评价，选出填写完整的读书卡进行分享和表扬。通过倾听读书分享了解学生阅读中的困难，给予指导。当学生们能比较熟练填写读书卡后，就可以在班内进行读书分享了，教师要给学生基本的框架，如：The story is … The writer is … I think it is…The story is about…写在黑板上。在两两练习分享后，选出志愿者到前面向全班进行读书汇报，并由教师提出相关问题，请其他学生回答。经过一两轮的训练，学生们很快就能掌握进行读书分享的方法，进入自主完成读书卡和进行读书分享的阶段了。

4. 开展读书卡活动的几点注意事项

读书卡活动的目的在于鼓励学生阅读，体会阅读的方法，在活动的实施过程中，笔者也遇到了一些困难（如有的学生不能及时上交读书卡，有的学生填写质量较低等），从中总结了一些经验。

（1）贵在坚持

习惯的养成关键看持续的时间，学生学习习惯的养成要依赖于教师的坚持，教师首先要明确阅读习惯的重要，开展读书卡活动的目的，勇于尝试，只有教师坚持开展活动使其变成制度，学生才能在制度中养成习惯。教师要舍得花时间去开展活动，学生很愿意在课堂上展示自己的阅读成果，可40分钟的英语课要占去四分之一来进行读书分享，真的有些"奢侈"。当你想松懈时，学生们会主动要求，"老师今天该做读书分享了"。原来，学生们已经习惯并投入其中，阅读习惯的养成在于教师和学生共同的坚持。

（2）分层要求

本项研究的实验班共有37名学生，学生英语水平参差不齐，在五年级第一学期期末考试中，有25名学生成绩为A，9名成绩为B，3名成绩为C。在完成读书卡活动中，学生也出现了两极分化问题，成绩优异的学生完成得很轻松，而学习有困难的学生出现不能及时上交读书卡、填写内容不全或书写有困难的情况。笔者采取了分层处理的方法,有困难的学生可以用中文填写读书卡进行读书分享,对不能及时上交作业的情况,教师仍然以鼓励为主,只要上交的同学可以免写一次英语作业。这样下来,学生们都能按时上交,保证全员参与。

(3) 关注过程

小学生的行为往往容易受情绪或周围事物的影响,很难持续,习惯的养成也是如此,需要教师帮助他们树立持之以恒的信念,不断激励他们坚持这一行为而逐渐形成自主的行动。为了鼓励学生坚持阅读,教师还建立了阅读奖励制度,以促进学生认真完成读书卡的任务。每周的读书卡作业教师都会认真评价,对填写完整、字迹工整的读书卡加盖印章,积满五个印章的就可向老师借阅一本英文书。定期带学生去英语阅读室阅读,开阔学生视野,激发阅读兴趣。每周2篇的读书卡,一学期就是40篇文章,学期末笔者还根据学生们读书分享的汇报评选出"Good Rader"进行颁奖。这些奖励制度在不同阶段都激励着学生阅读,激发他们阅读的欲望,体验阅读带来的成就感,感受阅读的乐趣。

四、数据分析及结果

1. 学生阅读速度及阅读理解正确率分析

量变产生质变,学生阅读量的增加将对阅读速度和理解能力产生影响。在开展读书卡活动前,笔者对学生进行了阅读速度和阅读理解能力的测试,一个学期后又进行了后测。阅读篇目均选自海淀区五年级质量抽测水平测试卷,测试题目基本相同。笔者以一分钟为单位,请学生在一分钟之内进行文本阅读,计时结束后标注出阅读的位置,统计出每个学生在每分钟的阅读字数,即阅读速度。在测试题目中有两道阅读理解题,分别是选择正确故事大意和某一生词的意思,笔者统计能正确选择的人数,计算其正确率。

2. 前后阅读习惯调查问卷分析

笔者在2011年10月此项试验前进行了前测调查问卷,并于2012年10月用相同的调查问卷进行了后测,调查了学生的阅读兴趣、阅读频率、阅读目的、阅读方式等。对比数据如下:

图1的调查目的是为了了解学生对阅读的喜好程度,学生表示非常喜欢和喜欢阅读的人数均有所上升,而表示一般、不喜欢和根本不喜欢的人数都有所减少,数据表明在采用了读书卡活动后,学生的阅读兴趣并没有降低,而是进一步提高了。

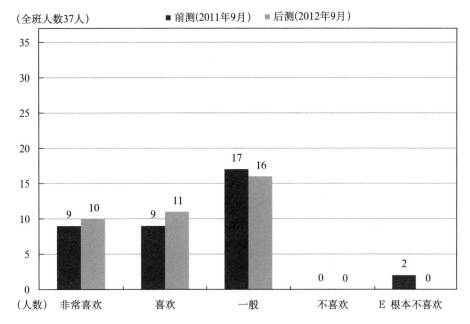

图 1　是否喜欢阅读英语读物

图 2 的调查内容显示的是学生阅读的频率，读书卡活动前有 7 人没有进行过课外阅读，25 人每周进行阅读，有 5 人每天都进行英语阅读。读书卡活动后进行的后测结果，28 人每周都读，9 人表示每天都读英语读物。数据的变化表明学生阅读英语读物的次数有所增加，频率直接影响到时间和数量，间接表示学生阅读时间和阅读量也都有所增加。

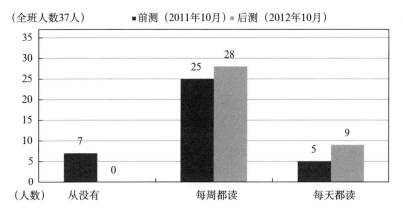

图 2　每周阅读英语课外读物的次数

图3是对学生进行英语阅读目的的调查，测试前部分学生的阅读目的为提高成绩或家长老师要求，测试后此部分学生的数量有明显的减少，而更多的学生选择了扩大词汇量、感到有意思和扩大知识面，说明学生已能体会到阅读的真正意义和目的。明确了阅读的目的才会产生阅读的动力，从而促使学生坚持阅读，养成习惯。

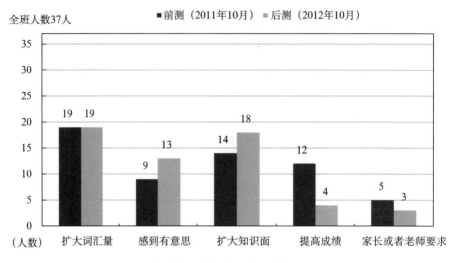

图3　阅读英语读物的目的（选1-2项）

图4是测试学生的阅读方式，选项为只读大意、逐词翻译、遇到不理解的情况就放弃，测试前后数据的变化显示，在开展读书卡活动后，大部分的学生都选择了略读的阅读方法，逐词翻译的人数有所下降，而遇到不理解的情况就

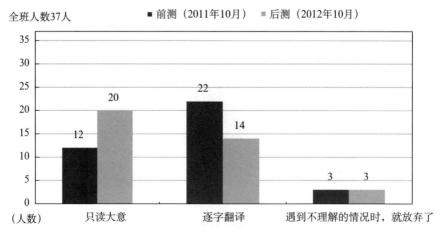

图4　如何理解阅读材料

放弃的仍然有，笔者分析是否有学生是遇到不会的词就不读了，而选择放弃的呢，有待于进一步的分析。但整体分析测试的结果表明大部分学生经过一年的阅读训练，领悟到了有效的阅读方法。

3. 后期访谈记录

后期笔者选择了 10 名学生进行访谈，4 名成绩优秀的，4 名成绩中等的，2 名学习有困难的学生。10 名学生都能说出本学期开展的英语阅读活动，如：读书卡、读书分享、写读后感、到阅览室看书等。同时 10 名学生都表示如果取消了读书卡活动还是会坚持阅读，问其原因：有的说生词记得多了，有的说挺有趣的，有的说比写作业有意思。当问及学生阅读中遇到的困难时，大部分学生感到单词和语法是阅读过程中最大的障碍。学生阅读的材料也各有不同，程度较高的学生更愿意读科技、小说类的，而相对弱一些的学生更愿意读配图故事、幽默故事或者儿童英文报纸。

五、结论

读书卡活动持续了一个学年，看到学生们的一本本读书卡，看到他们安静读书的神情，笔者很是欣慰。从测试、调查问卷和后期访谈中我们看到了学生的变化，学生们阅读的兴趣、频率、方法都有了明显的变化。读书卡活动确实促进了学生阅读习惯的养成，也许短时间内学生的英语水平不会有显著提高，但他们体会到了读书的乐趣，并愿意继续坚持。教师给予的不仅是知识，一种良好的习惯将让学生们受用一生。

小学英语绘本阅读教学中发展学生批判性思维的尝试

李润利

一、前言

英语学科素养背景下，关注语言学习的同时更要关注思维能力的发展，而思维水平更是学习水平的体现。近年来，批判性思维逐渐成为教育界关注的热点。批判性思维是创新能力的重要前提和组成部分，没有批判性思维就很难创新。学生的批判性思维是可以训练的，而通过绘本阅读训练学生批判性思维是一条有效的途径。本文尝试通过在英语绘本阅读教学中设计不同层面的问题和阅读活动，形成批判性思维训练的有效方法和策略，而这一尝试也正是一线教师不断研究的课题。

二、借助绘本阅读发展小学生批判性思维的意义

著名教育家杜威指出，教育的目的在于帮助学生从"学会"到"会学"。教师要引导学生对知识产生怀疑、引发思考、进行批判、深化理解。小学英语阅读教学应成为学生大胆表达观点、发展思维的途径，使学生在师生、生生、生本对话中不断完善自己的观点，达到思维能力的提升。

英语绘本阅读对于批判性思维的培养有着特有的优势。1. 绘本主要以色彩鲜明的图片为主，并附有简单的文字解释，减少学生阅读的压力。小学英语绘本阅读内容主要来源于实际生活，易产生共鸣，阅读过程便是与生活对接的过程，有利于培养小学生良好的思维习惯。2. 英语绘本主要以故事的形式呈现，情节比较生动，具有丰富的感情因素，故事的主题意义突出。为学生提供不同视角的思考空间，有助于培养小学生的批判性思维，提高小学生的自主分析能力。

三、英语绘本阅读教学中发展学生批判性思维的尝试

在以提高学科素养为目标的背景下，英语教学应该关注学生高层次思维能力的培养，如分析、比较、推理、批判等。其中绘本阅读教学可作为培养学生思维能力的有效途径，笔者从教学实践出发，基于文本，从三个层面，通过设计指向思维的逻辑性（指向性、对比性、关联性、推理性）、发散性、自主性和深刻性、评价和创新性等几个层面的绘本阅读活动，训练学生的批判性思维。

（一）基于文本内容绘制思维图，训练学生思维的逻辑性

绘本故事的情节多样，内容丰富，主题富有教育意义。对于一个故事每个人都会有不同的理解。为了帮助学生更好地理解故事，理清人物关系，情节之间的关系，深入走进文本，教师引导时应依据文本信息编织思维图，有效训练学生思维的逻辑性。小学阶段，我们经常使用的思维图有以下 4 种：

（1）使用气泡图梳理故事，发展学生思维指向性。气泡图（Bubble Map）就是用气泡形状设计的思维可视化图形。气泡图由中心圈和周围子圈构成，中心为主题事物，周围圈是与主题相关的形容词或形容词短语，用来描述中心主题。与圆圈图不同的是，气泡图主要用于定义和形容某个事物，有助于增强学生使用形容词描述事物特征的能力。这个图式适用于一些非故事文本信息的梳理。

（2）设计双气泡图和桥型图梳理故事，用于对于事物之间的比较，掌握事物的共性和区别。双气泡图（Double Bubble Map）主要用于比较两个主题事物或人物之间的不同点和相同点，将学生的对比思维显性化，从而帮助学生多角度观察和比较，帮助其做出选择或决定，以培养学生的对比思维方式和思维习惯。双气泡图由两个并列的气泡图构成，两个被比较的主题事物或人物放在两个中心圆圈内，外面单独连接的圆圈内展示两者的不同点，中间共同连接的圆圈内展示两者的共同点。对比思维方式和思维习惯能使学生更好地理解本质属性，掌握联系与区别，主要用来进行对比和比较，对学生的学习意义较大。

例如：《攀登英语分级阅读 6 级》的 *Two Janet* 这个故事主要讲述两个小姑娘，有着相同的名字，同样的优秀，不同的外形，不同的……最开始，她们都不喜欢对方，慢慢接触过程中，由于共同的爱好，让她们成为最要好的朋友。阅读中，教师引导学生结合故事的内容以及文本传递的信息，使用双气泡图绘

制故事地图。学生在绘制故事地图的过程中，更加清楚两个女孩的相同与不同，通过比较加深对两个人物特质的了解。也为故事主题的理解提供了有效的支持。

桥型图也是我们常用的梳理比较关系的图式，桥型图与双气泡图的区别在于对比和类比关系。桥型图（Bridge Map）主要用来进行类比、类推。桥型左边横线的上面和下面写下具有相关性的一组事物，按照这种相关性，在桥的右边依次写下具有类似相关性的事物，以能够形成类比或类推。例如：《大猫分级阅读2级》故事 Best Bird，学生理解故事大意后，教师引导学生使用桥型图梳理故事：Who are they? And what can they do? 学生在梳理故事地图的过程中，不但可以加深对故事内容的记忆，还能够理清楚每只鸟所擅长的事情；感受到不同的鸟擅长不同的事情，各有各的长处，没有可比性；进而很容易揭示故事的主题内涵。

（3）设计树型思维图梳理故事内容，发展学生思维的关联性。树型图（Tree Map）主要用于拆分和组合，帮助学生分析、理解事物整体与局部之间的关系，从而更好地认识事物。括号左边是事物的名字或图像，括号里面描述物体的主要组成部分，帮助学生梳理各个情节的内容，理解一个物体整体和其各个部分之间的关系，以建立良好的知识体系和逻辑思维。教学中，会根据故事情节的需要，将这个图变形为故事情节发展图（Beginning Middle and End）。这个类型的图适用于大多数故事，也是学生比较熟悉的思维图式之一。

（4）设计问题解决图梳理故事，发展思维推理性。问题解决图（Problem and Solution Map）主要用于问题解决类的故事。帮助学生分析主要问题，以及解决问题的办法和策略，理解问题和解决问题的方法之间的逻辑关系，以形成良好的解决问题的思路。这个图式也是日常教学中最常用的图式。例如：《攀登英语分级阅读5级》故事 It is Not Easy to Be a Mother，主要讲述小女孩 Lisa，妈妈经常会对她提一些要求和建议，她很生气。聪明的妈妈想了一个办法，就是妈妈和 Lisa 互换角色，Lisa 体验一天做妈妈的经历后，开始理解并接受妈妈的做法。初步理解故事内容，教师引导学生使用问题解决图绘制故事地图。学生在绘制故事地图的过程中，更加清楚地梳理故事情节的逻辑关系。在问题解决部分使用 T 型图比对 Lisa 和妈妈的行为，能够帮助学生清楚地感受妈妈的智慧，妈妈的辛苦，进而能够换位思考，理解父母的做法。深化对故事主题内涵的理解。

（二）联系文本优化问题设计，发展学生思维的发散性、自主性和深刻性

提问是激发学生思考的有效方式。好的问题能引发学生多角度思考、深层次思考。能够促进学生思维习惯和表达习惯的养成。创设适合的问题情景，能够使学生积极思考、主动参与、乐于表达，发展思维的主动性和发散性。

（1）设计开放性问题情景，训练学生的发散性思维。

问题是发展学生思维能力最直接也最有效的方法。在导入环节，基于话题设计开放性问题能够有效激活学生的思维，激发学生的表达欲望，锻炼学生思维的发散性。学生通过发散性的问题交流能够快速打开思维，主动建构与主题相关的信息，从而为接下来的绘本学习打下坚实的基础。

开放性问题能够给学生足够的空间，引导学生主动建立与主题相关的信息关联。教师可以根据绘本主题创设开放性问题情景打开学生思维，例如：五年级 Growing Up 单元融入攀登英语绘本，绘本题目是 *It is Not Easy to Be a Mother*。导入环节教师呈现一张妈妈的图片，提问：What do you say about your mother? 学生头脑风暴表达和妈妈有关的信息和内容，每个学生对自己的妈妈都很了解，学生可以结合实际发表自己的观点和想法。每个人的答案也不尽相同，学生可以从外貌、喜好、能做的事、需要做的事等不同视角去了解自己的妈妈，也可以利用绘本中的重点情节、图片、语言进行适当的思维发散。例如：《攀登英语分级阅读 4 级》故事 *Little Frog's Beautiful Jump*，小青蛙最后跳出井口后，教师提问：Does Little Frog like the world? Why? 通过发散的问题交流，使学生能够将绘本与生活经验进行充分的结合，尝试批判性地思考问题，为故事的深入理解以及主题意义的探究做好充分的准备。

（2）创设自主问题情景，训练学生思维的自主性。

绘本阅读教学中，一个重要的环节就是封面的阅读。封面阅读的功能就是引导学生结合封面信息对故事进行预测和质疑，产生阅读期待。以《攀登英语分级阅读 5 级》的故事 *It is Not Easy to Be a Mother* 为例，呈现封面后，引导学生提取信息预测故事发展，然后教师将提问的权力下放给学生。教师提问：What do you want to know about this story? 学生结合封面信息，结合自己的关注点对绘本进行提问：Who are in the story? Where does the story happen? Who says it is not easy to be a mother? Why it is not easy to be a mother? What happens between the mother and the kid? 教师将问题按照顺序进行整理，然后引导学生带着问题自主阅读。针对故事封面学生自主提问，是学生与绘本阅读主动联系的过程，也是培养学生思维自主性的有效途径。

（3）基于生活实际问题链，发展思维的深刻性。

在小学英语绘本的教学中，笔者在实践中发现：合理、精练的问题链的设计，能够更有效地将故事阅读与学生生活进行联系，助力学生发展思维的深刻性，形成深入思考问题的习惯。学生回答问题的过程既是联系生活解决问题的过程，更是深入探究故事主题的过程，过程中思维的深刻性得到了有效的训练。

例如：《攀登英语分级阅读 5 级》绘本故事 *It is Not Easy to Be a Mother*，教师整体设计了这样的问题，Q1：Is the mother angry with the girl when Lisa is angry with her mother? Q2：What does her mother do? Why? Q3：What do you think of this mother? Why do you think so? Q4：Is it not easy to be a mother or a kid? Why do you think so? Q5：Who is not easy in your family? Why do you think so? 问题链的设计从一些低层次帮助学生进行简单的知识构建的问题，到联系生活评价判断的高层次思维的问题，帮助学生实现从对故事的简单了解到深刻理解故事内涵的跨越。学生在解决问题的过程中，经历理解、分析推理、提炼归纳、比较评价等过程，思维的深刻性得到了有效的训练。

（三）跨越文本设计阅读任务，发展思维的批判性和创新性

（1）阅读后设计评价性活动，发展学生思维的批判性。

阅读后，需要引导学生超越文本，尝试对故事中的人物、故事情节或是作者的观点意见进行评判。学生在讨论中，提升语言能力；在对话中，训练批判性思维。

例如：《攀登英语分级阅读 5 级》*It is Not Easy to Be a Mother*，阅读后，引导学生再次回归文本，深入思考：Do you like this mother? Why or why not? 学生深入阅读故事，基于细节信息，以及自己的判断对妈妈做出一个合理的评价。

例如：《大猫分级阅读 7 级 2》*First Day*，阅读后，教师引导学生发现故事吸引他们的地方或是有质疑的情节。此时，学生针对故事的情节和内容进行深入的思考和解读。有的学生说发现了自己最感兴趣的情节并结合生活实际说明自己的理由，有的同学对妈妈讲的故事特别感兴趣，有的学生对故事的结尾很感兴趣，无论是哪个观点，学生都能清楚表达出来；也有的同学结合故事情节进行质疑：

Teacher：Are there any different idea about some plots of the story?

Student 1：Why did the parents tell these stories? Are they really useful?

Student 2：Why did Flynn also forget to change out of his pajamas? Can he be happy at this time? I think we should give him some advice to help him avoid to make a mistake on the first day.

Student 3: I think we do something well. We can be happy. We should do enough preparations for the first day.

通过学生的观点表达或是质疑，我们不难发现学生能够跨越文本走进实际生活去探讨故事的情节并充分说明自己的观点和理由。有效地训练了学生思维的批判性和创新性。

（2）阅读后结合生活实际设计任务，发展思维的创新性。

绘本阅读后，需要跨越文本，设计如改写故事结尾，创编故事情节或续写故事等拓展性或者创造性的学习任务，提升学生语言综合运用能力，发展学生创新思维能力。

例如：《攀登英语分级阅读 5 级》绘本故事 *It is Not Easy to Be a Mother*，学生续编故事。

Teacher: Next weekend arrived ...

Student: What does Lisa do? What does mother do?

Teacher: How about the ending of the story?

绘本的创作也是源于生活实际的，读完绘本后引导学生跨越文本将绘本故事情节与现实生活进行有效链接，产生新的思考后进行再度创作，训练创新性思维，这个过程更是帮助学生将想法转化成行动的很好途径。

例如：《大猫分级阅读 7 级 2》*First Day* 阅读后，设计任务：What do you want to say to Flynn? Do you have any tips for the first day? 学生尝试为 Flynn 提一些建议，表面上是为 Flynn 提一些建议，其实更是给自己提的建议。因为每一条建议都是学生结合自己第一次的经历，经过思考后形成的最实用的建议。这也是训练学生创新思维的有效策略。

四、绘本阅读教学发展学生批判性思维能力的建议

（一）意——文本大意要理解

教师可以借助问题设计引导学生走进文本进而逐步理解文本。在学生理解文本的基础上，构建多维网络结构。思维图可以帮助学生梳理人物关系、理清文本意义、整理文章脉络，还可以帮助教师看清学生状态、发现推进问题、回收动态生成等。

（二）绎——文本与生活要关联

阅读过程就是读者与文本，文本与生活建立联系的过程。教师在日常教学

中可以通过设置问题或是阅读任务帮助学生将文本与生活建立联系，提升整体思考和实际解决问题的能力。

（三）疑——开放问题指向深度思考

阅读的目的在帮助读者积累经验，应用生活实践。阅读后，设计跨越文本结合生活提问的机会，可以引导学生对文本提问，对作者提问，对故事情节提问，能够引导学生深层思考，结合实际思考，突破传统思维框架思考问题，训练批判性思维发展。

五、总结

总而言之，在小学英语教学中，培养学生的批判性思维是非常重要的。因此，绘本阅读教学过程中，教师以故事文本为载体，通过问题或是阅读任务设计指向文本理解、指向主题内涵探究、指向实际问题解决等不同层次的活动，训练学生思维的逻辑性、发散性、自主性、深刻性、评判性和创新性，从而有效提升学生的批判性思维水平。

有效提高普通校学生英语阅读理解力的朗读训练

王 阳

一、引言

近年来，笔者观察到，在学生英语基础薄弱的高中英语课堂上，学生们往往不愿意回答问题或主动进行表达，现行的高中英语教材对于他们而言，内容过难、要求过高，学生们学习热情不高。如果教师任由这种状态发展下去，学生们大多数会渐渐放弃英语的学习，英语会成为他们终生的痛。

《普通高中英语课程标准（2017 年版）》强调指出，保持积极的学习态度是英语学习成功的关键，应激发和培养学生学习英语的兴趣，使学生树立自信心，养成良好的学习习惯和形成有效的学习策略。也就是说，英语教师应该针对学情，帮助学生采用相应的学习手段，使这些对英语望而生畏的学生们逐渐树立自信。

笔者所在学校学生英语基础普遍薄弱，结合本校的学情，笔者尝试从训练学生的朗读入手，从高一初始帮助他们张开口去感受文字，熟悉文章脉络，最终理解所读文章的内涵。

二、文献综述

"英语诵读教学法"，即许多英语教师形象地称之为"look and say"教学法，从 19 世纪开始就在英国中小学被广泛采用。它是一种清晰响亮准确地把词汇、句子、文章等语言文字材料念出来的教学方法。实践证明它是一种激发和培养学生学习兴趣的行之有效的教学方法，能让学生在轻松愉快的气氛中学得知识，习得规律，获得快乐。

《教育大辞典》对朗读下的定义为："文言文教学的传统方法之一，让学生高声朗读，识文字，通义训，明文法，察语气，辩词采，理解作品的思想内容和写作特点，培养语感，达到顺于口，熟于心，得心应手。"① 就是在反复朗读的过程中，读者逐步达到字、词、句、章、篇，以及意、趣、神、色的融合，这是一个思维分析与理解的过程，而不是一个死记硬背的过程。

王宗炎教授在《朗读与英语学习》中谈到朗读对英语学习的促进作用时指出："朗读有助于熟记语言材料。朗读时，我们会在无意中进行思维，理解掌握句子的结构模式，上下文的联系方式。朗读让我们学到的不只是个别的英语项目，而是英语的整个体系。"② 叶圣陶先生也曾在《文心》第十四章中提到："他们朝夕诵读，读到后来，文字也自然通顺了，文义也自然了解了。"③ 由此可见，朗读与英语理解力的关系十分密切，它是英语教学的一种有效手段，学生不仅能体会到运用重音、节奏、语调等语音手段把语言材料中的思想感情表达出来，还可以清晰响亮地把词汇、句子、文章等语言文字材料念出来，从而提升学生对文章的理解力。

三、根据学情，确定朗读训练突破口

在朗读训练开始前，笔者对本校高一年级一个普通教学班的学生进行了问卷调查，结果表明全班 42 名学生有 25 人不能正确拼读英语单词，有 20 人有逐字阅读的习惯，有 16 人有指读的习惯，有 28 人不能流利朗读英语课文，有 35 人极少在课后朗读课文。这个结果说明学生的英语朗读时间过少，朗读能力偏低，这就导致学生不可能形成足够的语言积累。没有足够的输入，学生就无法形成流利的输出。

从调查中还发现在文章理解方面，有 37 名学生常有的习惯是捡自己认识的词汇去理解，然后猜测大意。还有 36 名学生在句子太长的时候不知在哪里停顿。这说明学生常常只着眼于孤立的词，这势必中断意群，因而不能正确理解句子。所谓"意群"（sense group）是指几个相邻的在意义和语法结构上都紧密联系的表示同类意思的一组词语。意群是由单词组成的表意单位，是介于单词和句子之间的中间层次。它可以由一个单词、词组或短语组成，也可以由一个从句，或一定的语法结构组成。根据调查结果，笔者确定了最终的朗读训练突

---

① 顾明远主编：《教育大辞典》，上海教育出版社，1998 年，第 930 页。
② 王宗炎：《朗读与英语学习》，见《外语与外语教学》2002 年第 8 期。
③ 夏丏尊、叶圣陶：《文心》，生活·读书·新知三联书店，2008 年，第 108 页。

破口，即以基于意群为单位的朗读方式来改变学生不良阅读习惯，帮助学生抓住中心句，抓住关键词，为培养阅读理解能力打好基础。

四、行之有效、循序渐进的朗读训练

（一）选择适合学情的朗读材料，一举两得

高一初始，由于学生来自不同的初中，英语朗读基础各不相同，有的学生甚至连音标都不太认识，加之学生的学习时间和能力有限，学生朗读的主要内容为教材中的课文。随着课文长度和难度的不断增加，可以有选择地进行文章筛选，也可以根据学生的实际情况区别对待。对程度较好的学生要求朗读的内容多些，稍差的学生每单元至少有一篇课文要能熟练朗读，使不同的学生在读有所获的同时也不会产生畏惧感。

在学生对朗读逐渐形成习惯后，针对教材中每个单元的主题内容，每周选择1~2篇的各类经典文章或者优美的散文和诗歌在周末作为泛读内容。这样学生不仅扩大了阅读量，丰富了视野，还让学生知道英语文字的美无处不在，大大增加了学生阅读的兴趣。

（二）选择适当的朗读训练方法，循序渐进

1. 初始阶段（约一个月时间）纠正语音，打好基础。

教师利用教材中标注音标的单词表，进行每天5分钟的音标拼读、单词的重读音节和读音规则的读词训练，培养学生独立拼读英语单词的能力。这也是学生今后独立使用词典等工具书进行朗读和阅读的基础。在这个月中，可以让学生先不着急开始朗读，只是一遍遍反复地听录音，熟悉语音语调。

2. 培养阶段（约三个月时间）

（1）理解在前，朗读在后。笔者在指导学生朗读一篇新的课文之前，首先引导学生进行整体阅读，弄懂文章的中心内容，掌握文章内容的主脉络。再引导学生进行该句意群的大体划分。此时句子意群的划分不是细讲语法，而是帮助学生划出主要两个层次。一是句子的中心成分（主语、谓语或系动词、宾语或表语等）和主要修饰成分（定语和状语）的关系。二是主句和从句关系，帮助学生确定状语从句、定语从句和名词性从句的附属意义。学生在课本上进行不同记号的标注，随后再进行朗读就言之有物、读之有理了。

（2）先听再读，引领示范。在这个阶段，教师一定要利用课堂时间集中带

领大家进行朗读训练，帮助学生形成正确的朗读方法和习惯，笔者经过摸索，制定了"五步复现法"：

第一步：教师先进行朗读示范。抑扬顿挫的语调、快慢适中的语速，清晰分明的意群可以加深学生对文章的体会，激发学生的朗读欲望。

第二步：教师进行领读，学生跟读。这是学生学习和模仿的过程。教师在领读短句时，速度由慢及快，逐渐增加学生跟读难度。领读长句时，将一个长句分为若干个意群，该停顿的地方停顿，将各意群读熟了以后再读整个句子。

第三步：放课文录音，鼓励学生去模仿录音的语音语调，同时巩固朗读。

第四步：让学生自己放声朗读，但绝对不是齐读。教师在教室间行走倾听，提醒声音微小的学生或进行答疑。

第五步：教师随机抽查几名学生，此时既是对学生的考验和激励，也能及时纠正学生的问题，引发全体对该问题的关注，为学生的课后朗读复习再次减少障碍。

这种"五步"复现的过程让学生有意识地体会意群的划分，加深意群的理解，从而更有效地促进学生阅读能力。笔者坚持了3个月后，学生对文章的理解和句子关键词的把握能力明显提升。

3. 巩固阶段（约两个月时间）

鼓励独立，维持习惯。在这个阶段，学生们对意群的划分已经有了较为清晰的概念，此时教师应放手让学生独立划分意群，将课文预习的句子意群划分和课文的课后复读作为家庭作业，教师只是利用课堂上10分钟左右的时间进行答疑或检查。这样既节省了课堂时间，也加强了学生自主学习的能力。

4. 提升阶段

树立榜样，精益求精。在朗读训练进行了半年之后，就可以进入百花齐放的阶段了。教师利用英语晨读和每天课堂的前5分钟，采用跟读录音、齐声朗读、伴随情景朗读等不同的朗读形式。还可以挑选优秀的学生和进步大的学生做示范朗读，不仅树立了榜样，也让学生相互学习，形成激励。此时，教师可以引导学生开始关注朗读时语音的重弱读、语调的优美和情感的投入，让学生真正体会英语文字的魅力。

（三）选择有效的监督检测手段，合作与竞争并行

有效的检测手段才能保证朗读训练的顺利进行。合理的评价方式不仅能够全面了解学生的学习状况，也能够激发学生的积极性，树立学习英语的自信心。

1. 过程性评价积分计入学生的模块总分

学生每天上交朗读记录本，本上有家长的签字证明（在家长会上与家长事先沟通好），要求学生每天保证 10 分钟朗读课文，每天积 1 分。

每周指定一篇课文进行朗读检查，每次积 5 分。这是对学生朗读水平的直接表现，允许学生可以有多次重读的机会，随时可以修改成绩，从而鼓励学生反复进行朗读。

每个模块学习结束后（约两个月时间），教师公布积分情况。每个学生都期待拿到高分，积极踊跃，大大激发了学生的朗读兴趣。每天都能看到学生在笔者面前认真朗读的情景，虽然在这一阶段教师真的很辛苦，但是学生们的努力让一切的付出都觉得是值得的。

2. 形成小组，刺激竞争

在学生们基本形成朗读习惯之后，从高二开始，教师可以采取小组合作制。因为朗读内容即使再有趣、老师再鼓励，也比不过同伴之间的激励和督促。教师根据学生的表现，先在班中选出 9 名朗读佼佼者作为朗读小组组长，然后让学生双向自由选择，最终形成 4~5 人的朗读小组。组长负责督促和指导组员的课文朗读，制定小组训练时间。学生们在一起读书，互相纠正错误，比起教师一对多人的形式更有效。教师每周检测小组的课文朗读情况，并给出小组总分而不是个人分数，每个小组只有一次机会。检查形式是齐声朗读和个人朗读交叉进行。在个人朗读完成之后，只要组员能指出并纠正同伴的断句或语音错误就不扣除相应的分数，这就要求全组成员集中精力跟随，事实上这也是一种复习提升的过程。小组合作形式既可以节约教师的时间，也可以更为有效地发挥团队的力量。每个成员都不愿意成为那个拖后腿的人，这也激发了学生朗读的积极性。

五、朗读训练实施的效果与反思

（一）效果

1. 朗读加深了学生们对课文的理解。学生们开口读英语的时间多了，不仅扩大了英语阅读量，更增强了对文章主题和写作风格的领悟和理解，真应了"书读百遍，其义自见"这句话。学生学习英语的兴趣和自信心大大提高了。

2. 朗读增强了学生们的记忆能力。英语基础薄弱生最怕的就是背诵单词，不少学生认同朗读在词汇记忆方面带来的帮助。以往学生们只是在考试前通过反复抄写或者一个一个字母来记忆单词，很少使用拼读的方法，更谈不上对单词的准确理解和运用。朗读使学生觉得在课文中记忆单词不容易忘记，不仅能深刻理解用词的正确性以及表达的规范性，还能对单词的拼写以及语音、语法和句子结构等各种基础知识有进一步的认识。

3. 朗读培养了学生们的语感。语感，是比较直接、迅速地感悟语言文字的能力，是对语言文字分析、理解、体会、吸收全过程的高度浓缩。英语课文中有许多"只可意会，不可言传"的佳句，这不是简单的学习就能立刻感受到的，学生通过大声朗读，在一遍遍重复的基础上才能慢慢地感受到英语语言的"美"。有一位学生在访谈时的回答很有趣，她说："我就是觉得读着读着课文就没那么难理解了，老师，我是不是有了语感了？"由此可见，朗读不仅提高了他们的理解能力，更提高了学生的思维能力，的确有助于培养良好的英语语感。

（二）反思

我们可以看到这种方法不是短期能奏效的，需要长期的坚持。这就意味着教师在培养他们良好的阅读习惯的同时，还应注意以下几点：

1. 普通校的学生在英语学习的过程中受教师的影响较大，所以教师选择的朗读教学方式也就是学生所采用的学习方式。由于学习任务较紧，学生本身的能力有限，学生对朗读方法的掌握和对材料的选择还是要依靠教师的帮助。

2. 很多基础薄弱生学习的自觉性不强，如果没有老师的督促很难长期坚持朗读。每天布置了有关朗读的作业，必须有相应的检查手段。所以教师首先要具备勇敢面对种种困难与挫折的毅力和持之以恒的精神。只有日复一日的坚持，才能让学生慢慢品尝到积累所带来的成功喜悦，从而最终爱上朗读。

六、结束语

虽然朗读表现的形式是用清晰的有声语言转换书面的文字语言，但绝不是单单大声读出这样简单。通过朗读，学生能正确划分意群，准确断句，促进文字的形音义紧密结合，把理解的东西生动形象地反映到大脑，在读中体会、领悟和升华。当不断的朗读促使学生对英语的整体感知得到提高时，学生学习英语的自信心就能增强，从而最终促进学生的英语阅读理解力。这对于英语基础薄弱的普通校学生来说是值得一试的。教师们应该正确面对学情，重视学生朗读，认真加以指导和培养，坚持不懈地去努力，让学生们养成一种受用终身的好习惯。

依托模拟政协 培养学生批判性思维

李 杰

模拟政协提案展示活动在全国已经举办五届，吸引了越来越多全国知名高中优秀学子的积极参与。我校模拟政协自2016年成立至今，展示提交的三个提案，均取得非常优秀的成绩。现在我校积极报名参加模拟政协社团和选修课的学生越来越多。模拟政协有何"魔力"，竟引得如此多的学子愿意积极参与？

这个问题，我曾经采访过学生，他们告诉我：在模拟政协，他们收获颇多。我问：有何收获？他们谈的最多的一点就是由原来"愤怒的青年"变成了有责任意识和担当精神的理性公民。以前他们看到生活中不好的现象，会愤怒、指责、抱怨，现在他们看到后会理性反思，会思考这个现象出现的原因是什么？我们如何找到合理的办法解决它？我欣喜地发现：学生通过参加模拟政协活动，批判性思维能力在提升！

什么是批判性思维？批判性（critical）这个词源自希腊文"kritikos"，意思是辨别力、洞察力、判断力。批判性思维是对"相信什么"或者"做什么"做出合理决定的思维能力。具有批判性思维的人善于反思生活，能够根据客观实际和逻辑推理去做出合理决定，进而推动事物向前发展。具有批判性思维的人不偏执、不盲从、不迷信、不受情绪支配，而让理性主宰自己的言行。

西方教育素来重视批判性思维能力的培养，苏格拉底在《申辩篇》中宣称："未经省察的人生不值得过。"他认为："理性是驾驭灵魂的马车，使人能够管理好自己的生活，使其达到良善！"如何让学生变得理性？他不主张把知识直接告诉学生，而主张让学生自己思考得出结论。他主张的"产婆术"教学法就是通过反问、诘问，让学生自己反思自己秉持的观点是否准确、合理、全面，让学生通过自我省察走向理性。

一直以来大多数人认为强调批判性思维是西方的文化传统，其实我国传统文化中也有强调批判性思维的相关论述。《礼记·中庸》提倡我们"博学之、审问之、慎思之、明辨之、笃行之"。只有"审问""慎思",即自我反思,我们才能"明辨"是非,臻于理性。《大学》有言:"大学之道,在明明德,在亲民,在止于至善。"亲是通假字,亲乃是"新",一个人只有自我反思,自我批判,自我革新,方能达到"至善"的境界。

高中思想政治课是以立德树人为根本任务,是帮助学生树立正确的政治方向,提高思想政治核心素养,增强社会理解和参与能力的综合型、活动型课程。模拟政协活动就是让学生模拟政协委员的履职行为,帮助学生理解我国的政党制度,提高学生理解社会、参与社会能力的实践活动。

政协委员的一项重要工作就是针对社会问题,进行调研,向人民政协提交相关提案。学生模拟这一项履职行为可以有效地培养学生的批判性思维,进而涵养学生的思想政治学科核心素养。

一、引导学生反思生活,确立提案选题

一个好的提案最重要的是选题。如何确立提案的选题?我们就要引导学生反思生活,在生活中发现真问题。

2016 年我们针对八达岭野生动物园一个游客私自下车,老虎袭来,母亲下车施救,导致其母不幸被老虎咬死的事件进行了反思,发现公众的规则意识有待提升,比如"中国式过马路"现象屡见不鲜,我们认为迫切需要对公众加强法治教育。建成法治国家的希望寄托在青少年身上,于是我们就提出了《关于改进中小学法治教育形式以提升其法治意识的建议》。

2017 年,同学们发现每次大型考试布置考场,总有很多同学扔掉不看的课外书,而同学们回到农村老家,发现许多农村孩子根本就没有什么课外书可看。于是同学们想到能否由有关社会组织来负责推动城乡图书的流动,于是我们提出了《关于建立城乡图书流动机制的建议》。这一提案荣获全国第四届模拟政协提案展示活动最佳提案。这一提案被北京市政协委员语文教师金英华看中,为了更适合提交到北京市政协,提案名称改为《关于京津冀地区城乡图书流动机制的建议》,这一提案被北京市人民政协列为正式提案,并交由政府相关部门落实。2018 年北京高考政治试题 28 就是以此作为背景命制的。

> **关于建立"京津冀地区城乡中小学图书流动机制"的建议**
>
> 通过对京津冀地区中小学生图书占有情况的调研,本研究小组发现三地的人均图书占有数量和种类存在差距。为此,我们建议建立"京津冀地区城乡中小学图书流动机制",鼓励市民捐赠闲置图书,免费借阅,让图书在城乡、地区之间流动。具体方案如下:
> ……

某校中学生提出的图书流动机制建议
① 可以扩大学生阅读量,有利于文化产业的发展
② 有利于发挥市场在优化图书资源配置中的作用
③ 着眼整体,共享文化资源,促进京津冀协同发展
④ 体现了中学生积极参与公共事务,担当社会责任

A. ①②   B. ①③   C. ②④   D. ③④

我们学生的提案能够作为背景出现在北京高考政治试题中,也从一个侧面说明了模拟政协活动是符合当下以核心素养为宗旨的教育教学方向的。模拟政协让学生在模拟政协委员履职的过程中更深理解了我国政党制度独特的优势,增强了政治认同;通过调研访谈、查阅文献,学生学会了实事求是,根据我国国情和事物发展规律提出意见和建议,这就涵养了学生的科学精神;在提出意见和建议的过程中,学生要查阅我国相关的法律、法规,在法律框架内解决当今社会问题,这就提升了学生的法治意识。通过模拟政协活动,学生发现自己的提案可以经过政协委员带入"两会",这极大地激发了学生参与公共事务、勇于承担社会责任的意识。

批判性思维的第一个特点就是反思性,在确立提案的过程中,学生只有学会反思生活,才能找到生活中的"痛点",这些"痛点"正是我们需要去改变的地方。我们只有发现矛盾、承认矛盾,才能去解决矛盾。

二、指导学生调研访谈,寻找问题根源

如何解决社会矛盾?我们首先要了解事情的真相,找到问题的症结。这就需要我们进行调研和访谈。

在2017年放高考假期间,我校模拟政协学生为了了解农村学生课外书的情况,深入到河北、山西等农村学校调研。当他们了解到农村的同学几乎都没有课外书,虽特别希望父母给买,但是经济状况不容许时,内心受到了深深的触动。学生们坚定了一定要把这个提案做好的决心。他们通过调研邮局、共青团、

学校等部门，探索出了城乡图书流动机制。提案小组学生在现场的含泪陈述，深深打动了观众和评委。学生的责任意识和担当精神令人感动！

2018年我们关注家庭教育问题，无论学生还是作为班主任的笔者，越来越感受到家庭对一个学生的价值观、性格的影响有多么大！而许多父母不懂家庭教育，盲目的爱、不懂规律的教育反而造成孩子的任性和逆反！我们一直在探索问题根源，寻找问题的解决之道。我们有幸访谈了首都师范大学家庭教育研究专家康丽颖教授，康教授告诉我们，在中国许多父母根本没有经过任何教育便上岗，他们的很多教育行为是自发的、非理性的，但是家庭教育对于学生成长的影响远远超过学校。我们问康教授能否强迫家长接受相关教育后，颁发父母合格证方可生孩子，成为家长？康教授告诉我们家庭属于私人领域，公权还不便于直接干预。我们很是焦虑，请教康教授能有什么办法让家长按照教育规律去教育自己的孩子？康教授说：我们可以在他们遇到家庭教育问题时给他们提供咨询服务。我们追问：这个服务谁来提供？家长愿意来咨询吗？康教授让我们进行调研和访谈去寻找答案。

为此我们采访了多所学校的心理咨询室，问他们是否愿意承担此任务，心理咨询室老师告诉我们很是愿意，因为他们发现学生出现心理问题的根源还是家庭，如果家长能来咨询可以更好地解决问题。我们又担心家长是否愿意去学校咨询，为此学生设计调查问卷，在网上进行调查，在清华北大校门口对来自全国各地的家长进行纸质问卷调查，根据三千多份问卷数据统计，我们发现：88%的家长认为自己对孩子的家庭教育存在问题，72%的家长愿意花时间去学校的家庭教育咨询室寻求咨询。于是我们正式确立了提案：《关于在中小学建立家庭教育咨询室的建议》，这一提案荣获第五届全国模拟政协最佳提案，调研报告荣获最佳调研报告。

批判性思维的第二个特点是合理性，即思考任何观点或者结论的理由，用事实依据和因果推理决定自己的信念和行动。学生在调研和访谈中，掌握了真实的社会情况，弄清了问题的症结，进而才能为问题的解决提出合理的意见和建议。

三、组织学生讨论协商，提出意见和建议

批判性思维并不为批判而批判，其最重要的特点是建设性，即根据实践发展的需要，制定更好的政策，做出合理行动，推动实践发展。

在确立选题和调研之后，我们开始针对社会问题提出建设性的意见和建议。在开始撰写提案之前，我们会进行文献研究，查阅古今中外的相关问题的文献，学习借鉴前人或他人解决这一社会问题的智慧，在此基础上开展小组讨论，同学们各抒己见，充分协商。批判性思维强调在提出恰当问题的前提下做出合理论证的能力。学生集思广益，才能让解决问题的建议符合实际和客观规律、符合大多数人的长远利益。这样的建议才能推动社会问题的有效解决，推动社会不断向前发展。

柏拉图曾说："教育非他，乃是心灵的转向。"模拟政协活动的开展，让学生发生了很多变化：由"愤青"变为理性公民；由关注自己到关注社会。北师大肖川教授曾说："一个好的社会不会从天上掉下来，它取决于我们每一个人的责任担当的意识和能力。"作为一名政治教师，我们的使命就是帮助学生完成社会化。在课堂中，我们带领学生一起探寻经济、政治、文化现象背后的本质和规律，理性认识社会；在课堂外，我们依托模拟政协，培养学生的批判性思维，引导学生理性改变社会。习近平总书记曾说："青年一代有理想、有本领、有担当，国家就有前途，民族就有希望！"依托模拟政协，我们可以让更多青年学生成为有思想的行动者，有行动的思想者，他们一定会成为中华民族实现伟大复兴的栋梁之材！

浅谈高中思政课文化模块教学的三重韵味

殷卫霞

习近平总书记强调，思想政治理论课是落实立德树人根本任务的关键课程。青少年阶段是人生的"拔节孕穗期"，最需要精心引导和栽培。我们办中国特色社会主义教育，就是要理直气壮开好思政课，用新时代中国特色社会主义思想铸魂育人，引导学生增强中国特色社会主义道路自信、理论自信、制度自信、文化自信，厚植爱国主义情怀，把爱国情、强国志、报国行自觉融入坚持和发展中国特色社会主义事业、建设社会主义现代化强国、实现中华民族伟大复兴的奋斗之中。

以文化人、以文育人，增强学生对中华优秀传统文化的认同，培育学生的文化自信，是落实立德树人根本任务的主要抓手。如何在高中思想政治课文化模块的教学中把中华优秀传统文化的精神内核和时代价值熔铸于立德树人根本任务中？笔者在高中思想政治课教学实践中进行了探索。

一、扎根传统文化，让课堂充满欣赏的韵味

习近平总书记在党的十九大报告中指出，文化是一个国家、一个民族的灵魂。文化兴则国运兴，文化强则民族强。没有高度的文化自信，没有文化的繁荣兴盛，就没有中华民族的伟大复兴。

中华优秀传统文化是中华民族悠久历史传承与发展的精神之源，是当代中国特色社会主义文化持续焕发生机的精神支柱。2014年教育部颁布的《完善中华优秀传统文化教育指导纲要》，2017年中共中央办公厅、国务院办公厅印发《关于实施中华优秀传统文化传承发展工程的意见》，都强调将中华优秀传统文化贯穿于国民教育，强化中华优秀传统文化的价值挖掘与教育普及。

在高中思想政治课文化模块的教学中，笔者注重引领学生扎根中华优秀传

统文化、充分领略传统文化的魅力、汲取传统文化的思想精华、深入挖掘传统文化的时代价值,从而增强学生的文化自信。

教学活动离不开具体的生活情境。奥利弗是瑞士和法语地区家喻户晓的超级明星主持人。他主持的《奥利弗游中国》以幽默的语言讲述一个个关于中国的小故事,成为世界了解中国的一扇窗口。我校配合中共中央对外宣传办公室拍摄《奥利弗游中国》,基于这样一个学生身边真实的生活情境,我给同学们布置了一个任务:请你为奥利弗选择一份具有中国传统特色的、能够传递出中华民族特有的价值理念的礼物。

在任务驱动下,同学们主动打开传统文化宝库之门,探寻其中的宝藏,去欣赏和领略浩瀚的传统文化。有的同学选择京剧脸谱,并介绍说:京剧是我们的国粹,京剧脸谱被列入"人类非物质文化遗产代表作名录",是一种具有中国文化特色的特殊化妆方法,它运用不同的色彩和线条构成各种图案,以象征剧中人物的性格和各种特质,是传播中国传统艺术文化的重要媒介。有的同学选择剪纸,因为剪纸带有浓郁的中国民俗味道,是汉族最古老的民间艺术之一,是一种镂空艺术,在视觉上给人以透空的感觉和艺术享受,托物寄语,可以用来寄托人们对美好生活的向往、对吉祥幸福的期盼。有的同学选择书法,因为在全世界浩瀚的文字海洋中,汉字书法是独具一格的艺术瑰宝,被誉为:无言的诗,无行的舞;无图的画,无声的乐……

中华优秀传统文化是中华民族的"根"和"魂",也是增进文化自信和价值认同的重要来源和丰厚滋养。同学们在选择"具有中国传统特色的、能够传递出中华民族特有的价值理念的礼物"的过程中,亲近了古老悠久而又生机勃勃的传统文化、接受了优秀传统文化的熏陶和感染、领略了中华文化的深厚博大和勃勃生机。这一环节充满了欣赏的韵味,学生的人文素养和传统文化素养在欣赏中得以提升,文化自信得以涵养。

二、深挖思想内涵,让课堂充满品读的韵味

优秀的传统文化形式多样,其中蕴含着"自强不息""天人合一""和而不同""厚德载物""见贤思齐"等中华民族的精神、气质、思想和智慧,是中华民族独特的文化基因,具有丰富的文化价值和精神内涵。只有在欣赏传统文化的过程中,深入挖掘其中蕴藏的独一无二的思想内涵和价值理念,才能理解传统文化的魅力、滋养民族精神、增强民族气质、涵养文化自信。

在推荐礼物的基础上，笔者又给同学们布置了一个任务："请深入分析你所选择的礼物承载了中华民族哪些特有的价值理念？"其中一个推荐手工绘制团扇的同学指出：千字文有"纨扇圆洁"句，湘竹为骨，新裂齐纨。扇与"善"谐音，而圆洁纨扇更象征着圆满，象征执扇之人心境净洁、志得意满。团扇蕴含着中华民族的审美趣味和天人合一、团圆美满的美好愿望，将纨扇作为礼品，借"扇"寓"善"，可以表达对友谊长久圆满的期盼。扇面为荷花，荷花出尘离染，清洁无瑕，是圣洁的代表，被称为"花中君子"；另外，"荷"与"和""合"谐音，中华传统文化中，经常以荷花作为和平、和谐、合作等的象征；荷花品种丰富多彩，"荷（和）而不同"，但又共同组成了高洁的荷花世界，表现出"荷（和）为贵"，体现了中华文化的"和合"思想。

学生们开始深入思考并挖掘博大精深的中华传统文化中所蕴藉的丰富内涵，通过探寻，知道了传承久远、历久弥新的"和合"思想不仅是中华文化的精髓所在，更是中华文化的重要价值取向。

究竟什么是"和合"？接下来，师生共同对"和合"思想产生的历史背景、发展做了进一步的探索。经过探索发现："和""合"二字在甲骨文和金文中都曾出现。"和"的初义是声音相应和谐；"合"的本义是上下唇合拢。"和"强调的是整体中个体的独立性和共存性，"合"强调的是整体中个体之间的配合性和融合性。"和合"二字联用，构成一个范畴，最早见于《国语·郑语》："商契能和合五教，以保于百姓者也。"意思是说，商契能把"父义、母慈、兄友、弟恭、子孝"等"五教"加以和合，使百姓安身立命。可以说"和合"是中华民族独创性的词汇和文化理念。这一理念，一方面尊重了世间万物殊异的客观现实，承认不同事物之间的差异、分歧和矛盾所具有的积极意义；另一方面通过整合疏解这些差异、分歧和矛盾，促就人与自然、人与社会、人与自身的关系保持和谐状态。

通过探讨，同学们理解了"和合"思想的深刻内涵。为了深入理解、感悟"和合"思想这一中华民族一直追求的价值理念、中华优秀传统文化的核心和精髓，品味这一中华民族内在的精神特质和中国本土文化最富生命力的内核与因子，接下来我给同学们布置了第三个任务：请任选一种具体传统文化形式，阐述其中蕴含的"和合"思想。

有的同学选择《从太极拳看中华传统文化的核心与精髓——"和合"》，有的同学选择《传统思想中的"和合"》，有的同学选择《天国神殿——从天坛建筑看传统"和合"思想》，有的同学选择《中国画中的"和合"思想》……

博大精深的中华传统文化蕴含着丰富内涵，累积着深厚底蕴，其中传承久远、历久弥新的"和合"思想，不仅是中华优秀文化的精髓所在，更是中华民族的重要价值取向。正是在这个意义上，习近平总书记指出，要深入挖掘和阐发中华优秀传统文化讲仁爱、重民本、守诚信、崇正义、尚和合、求大同的时代价值，使中华优秀传统文化成为涵养社会主义核心价值观的重要源泉。

挖掘传统文化中的价值理念、解读"和合"思想、寻找传统文化中的"和合"理念，使课堂充满了品读的韵味，对传统文化价值理念的品读唤醒了学生的文化记忆、凝聚了学生的精神情感、涵养了学生的文化自信。

三、思考当代价值，让课堂充满感悟的韵味

德国哲学家伽达默尔认为，真正的历史对象根本不是对象，而是自己和他者的统一体，或一种关系，在这种关系中同时存在着历史的实在以及历史理解的实在。当代社会由传统而来，传统的文化习俗、价值观念虽与现在存有时间距离，但这种时间距离不是断裂的、阻碍理解的历史鸿沟，而是接续性的关联统一体，它既内含传统，又联系现在，对传统文化经典的理解也必须从其与当代社会的关系之中去把握。当代社会内承于传统文化，尽管传统文化经典的现代氛围与古典时期有很大差异，但对其经典文本的理解必须要有实践智慧参与，要将经典文本与读者实存的生命感受、当代社会的具体问题联系起来，切己地体验与领悟经典文本中随着世易时移而仍旧留存下来的生命实践智慧。

为引导学生对优秀传统文化在当今时代的现实意义有更深入的认识，能用国际视野去审视"世界文明中的中华文明"，挖掘"和合"思想在当代社会的价值，笔者给同学们布置了第四个任务：21世纪人类共同面临人与自然、人与社会、人与自身的冲突，引发了生态危机、社会危机、精神危机……任选一个角度，谈谈如何用"和合"思想化解21世纪人类面临的冲突和危机。

有的同学说："和合"思想的思维范式就是要把世间万物看作有生命、有情感的存在，人要尊重、容纳它们。即使是竞争、冲突，也不应以消灭对方为价值目标，而应以和合为价值导向，实现和谐共生。有的同学说："和合"思想可以用以化解人与自然的矛盾与冲突。"和合"思想强调在正视事物之间差异和矛盾的基础上，尊重差异、协调矛盾，主张人与自然共存共荣，倡导有节制地、适度地开发利用自然资源，这对于缓解自然资源紧张局面、化解当今生态危机提供了智慧。有的同学说：要用"和合"理念来思考不同文明之间的关

系，要把全人类的文明看作一棵大树，各个文明就是大树的不同部位，它们之间不是对立、分别的，而是形成了一个整体、一个系统，只有大树本身的繁荣、枝繁叶茂、根深蒂固，树上的各个部分才能够生机勃勃……

通过探究，同学们深刻理解到"和合"思想作为中华民族的创造，是一张亮丽的中国名片，它既是中国的也是世界的，是传统的也是现代的。无论是在人与自然的关系、人与社会的关系，还是在文明与文明的关系上，这一思想都能够为化解冲突和危机提供宝贵的借鉴，其智慧光芒穿透历史，思想价值跨越时空。这一环节充满了感悟的韵味，同学们感悟了"和合"思想的强大生命力。文化自信源于充分的"文化自知"，对传统文化的价值理念在当今时代的现实意义和积极价值有了充分的认识，增强了学生对自身文化的认同感和自豪感。

文化是民族的血脉、人民的精神家园。文化自信，是民众对祖国传统文化和核心价值观念的充分肯定，它积淀着民族文化的基因与精神，寄寓着人民的选择和希望，连接着国家的历史和未来。高中思想政治中文化模块的内容本身充满着文化的韵味，我们可以通过扎根传统文化，让政治课堂充满欣赏的韵味；通过对传统文化思想内涵的深入挖掘，让政治课堂充满品读的韵味；通过对传统价值理念在当今时代价值的思考，让政治课堂充满感悟的韵味。让学生在充满文化韵味的课堂中，去领略中华文化的博大精深与独特魅力，感受文化气息、享受文化魅力、增强文化自信。

以美育涵养政治认同素养之学科活动探索

葛本红　任晓娜　甄　禛

近代学者王国维在《论教育之宗旨》中说:"教育之事亦分为三部:智育、德育(即意志)、美育(即情感)是也。"他认为美育较之其他二育尤为特殊,一面使人的感情到达完美之域,一面作为德育和智育的手段。教育家蔡元培在《哲学总论》一文中说:"纯粹之美育,所以陶养吾人之感情,使有高尚纯洁之习惯,而使人我之见、利己损人之思念,以渐消沮者也……美育者,与智育相辅而行,以图德育之完成者也。"在这些近代倡言美育的思想先驱看来,美育不仅在丰富情感世界、净化灵魂、提升人格等方面的功能无可替代,而且在提高文化素养、培养高尚德行等方面也是不可或缺的重要路径。

有人认为真正的美育是"将美学原则渗透于各科教学后形成的教育",这样的教育潜移默化并深远持久地影响着学生的认知、情感、意志和行为。高中思想政治课着力于培养有信仰、有思想、有尊严、有担当的新时代公民。其中培养学生有信仰即有政治认同,是"思想政治学科最根本、最核心的任务"。从心理学视角看,政治认同的形成过程应是政治认知、政治情感、政治信念、政治行为达成有机统一的过程。其中,政治情感是影响正确政治认知形成的重要因素,同时也是激发政治信念和政治行为的重要动力,因而培养学生拥有美好的政治情感是培养学生政治认同素养的有效路径之一。在培养学生政治认同素养的教学实践中,以美育涵养政治情感,让学生在陶冶性情、身心愉悦中达成政治认同当是学科教师的一种智慧选择。本文将以美育的视角探讨几个学科活动在培育学生政治认同素养中的价值。

一、游学,在现实美中升华民族情感

游学活动是活动性学科课程的重要载体,为政治课教学提供了更广阔的空间、更丰富的资源、更真实的情境，为教师进行教学设计提供了珍贵的素材。同时，游学对学生拓宽视野、增加阅历、丰富审美体验、树立正确的知行观有着重要意义。基于奥苏泊尔的有意义学习理论，游学活动恰好符合有意义学习的两个要件：学习者必须具有有意义学习的心向，学习材料必须对学习者具有潜在的意义。因此在进行教学设计时，充分抓住学生的求知欲这一主观要件和游学体验这一客观要件，引导学生在具体情境中发现美、认同美、创造美，在恰当的学科任务中，激发学生将积极的审美情感升华为积极的政治情感，为政治认同素养目标的达成做好铺垫。

以高二学生的徽州游学活动为例。在游学活动之前，教师精心设计了一份游学任务清单，其中一项任务是要求学生以学科视角观察、思考、感悟在游学过程中所看到的现象、所做的活动等，最终以照片和微点评的形式呈现"徽州之美"。

罗丹曾经说过："美到处都有，对于我们的眼睛，不是缺少美，而是缺少发现。"徽州自古至今都是很美的，游学后的课堂上教师以《无梦到徽州》为课题引领学生展开学习过程，学生用照片展示了徽州传统饮食、传统建筑，传统文艺、传统思想等传统文化。照片不仅记录了徽州之旅中美的瞬间，也凝固了学生的审美体验。通过学生的展示和讲述，学生再次沉浸在旅游美、摄影美、演讲美的陶冶之中。认同是个体把他人的目标和价值看成自己的目标和价值的过程。课堂上学生在审美体验上产生共鸣，很容易产生情感上的认同，并将这种认同上升为对民族文化的认同。在以小组合作探究的形式开展的关于传统村落保护问题的深度学习中，学生探讨了"保护传统村落与获取经济利益"是否矛盾以及如何解决这对矛盾的问题，理性思考之中学生领悟了人与人之间、人与自然之间的和谐之美，在美的感召下学生进一步明确了保护传统文化的价值所在，以及身为游客在保护传统文化方面的责任与担当。蔡元培在《教育大辞书》的美育条目中说："美育者，应用美学理论于教育，以陶养感情为目的者也。"徽州游学中的审美体验，情感得到陶冶，品格得到完善，身心得到发展，行为得到美化，升华了民族情感，增强了文化自信。

二、"手抄报"展，在艺术美中陶养家国情怀

在八年级（下）的《道德与法治》教材中，"祖国取得的伟大成就"是"关心国家发展"中的重要学习内容，学生通过学习祖国在政治、经济、文化、

军事、综合国力方面取得的伟大成就，增强爱国意识，关心国家发展，对未来充满信心。基于学生心理、生理发展不成熟，对于政治学习兴趣不足、理解不到位、知行不一致的情况，教师设计了"手抄报"展，旨在让学生以祖国成就为主题进行艺术创作，充分发挥手抄报活动的实践性和艺术美陶冶性情的作用，利用学生天然的对于美的感受、认同和创造，引导学生关注祖国之美，有利于实现思想政治教育对学生的价值引领，使学生树立正确的价值观，在艺术美中陶养家国情怀。

手抄报由学生自主构思、设计、创作，最终的作品以图文并茂的形式呈现，学生在手抄报的制作过程中不仅融入了自己的思考，展现了才艺，丰富了业余生活，更在于通过对主题手抄报所涵盖的大量图片和时政资料进行搜集、整理、呈现，进一步加深了创作者对祖国发展成就的认识，是陶养学生家国情怀的一种有效形式。学生以"我眼中的祖国发展"为主题，分别从文化建设、综合国力、民主法治建设、经济增长、科技创新、社会保障、国防和军队建设的角度搜集信息制作手抄报，自主设计版面，内容涉及我国已经取得的成就、目前存在的问题、已经采取和即将采取的解决措施、我的观点和看法等，优秀作品公开展示。

艺术美是一种反映客观现实生活的美，让人在接受艺术美的熏陶中培养对现实美的感悟能力。学生画出"华表"（又名"望柱"）、天安门城楼，对上面的细节进行了分析和把握后将之复原，用国花牡丹来进行装饰，在感受艺术美中了解了祖国传统建筑的文化特点、丰富的文化内涵和历史寓意，体会文化建设让中华文明焕发出蓬勃的生机，认同祖国文化建设成果。学生选取了许多我国民主法治建设进步的具体案例，配图中选用了法官的形象和"天平"，在分析艺术美中增进了对我国民主法治的了解，体现了对我国民主法治建设促进公平和正义实现的认同。学生手绘的手机移动支付、火箭、卫星、宇航员，与文字内容相辅相成，在创造艺术美中既有对祖国科技创新成就的了解，也有对祖国科技创新成就促进我们的生活水平提高和综合国力提升的认同。各班在装饰展板时有的以毛笔字来书写标题，有的以树干和树枝来呈现对祖国发展成就离不开各方支持的认识……手抄报制作与展示的过程就是学生感受祖国美、发现祖国美、认同祖国美、创造祖国美的过程，在感受祖国之美的同时认同祖国的发展，实现了在学科活动中的美育与政治素养的有机融合。

三、志愿服务，在劳动美中践行社会主义核心价值观

基层群众自治制度是我国人民依法直接行使民主权利的基本政治制度，是"人民当家做主"这一社会主义民主本质的重要体现。为此，组织高一学生走进社区，调查了解民主管理的形式、内容，并通过志愿服务参与社区的民主管理是学生从直观感知到深刻理解相关内容的重要途径。清理社区环境卫生是较为常见的接地气、好操作、有实效的中学生志愿服务形式，是践行社会主义核心价值观的生动实践。学生在服务社区的劳动奉献中创造劳动美，并在其中陶冶情操、树立正确的知行观，提高思想道德修养和科学文化修养。

劳动美是人们在生产劳动中形成和表现出来的美。劳动创造了美，它直接表达人的才能、智慧、品格等。通过清理社区环境垃圾，擦拭楼道内楼梯扶手、社区内体育器械、垃圾箱、宣传栏，以及摆放自行车等志愿服务活动，能增进学生对社区内居民自我管理、自我服务、自我教育的民主管理内容的理解，提高劳动智慧、技能以及团队合作意识，同时学生在志愿服务中所感受到的劳动辛苦，以及劳动后清洁的环境带来的身心愉悦，可以激发学生发自内心地尊重劳动、崇尚劳动，发现劳动的价值，进而认同劳动创造未来、劳动实现梦想，认同服务奉献的价值观，并以此滋养心灵，提高境界。"劳动者创造美的事物的同时，其自身也被美所塑造，于是，劳动美的外延合乎逻辑地从劳动产品之美向劳动者内在之美延伸。"①

教师的创造性体现了教学智慧。将现实美、艺术美、劳动美等各种美的内容及美的形式渗透于政治学科活动之中，使"美"借由学生感官直达学生内心，使美育成为教师对学生生命直觉的引导和直达心灵的教化，使学生在纯洁心灵、愉悦精神的过程中产生积极的政治情感，以及创造一切美好事物、追求高尚行为、实现中华民族伟大复兴梦想的动力。

（本文系北京市教育科学"十三五"规划 2019 年度一般课题"提升高中生思想政治学科政治认同素养的议题式教学模式构建的行动研究"的研究成果，课题编号：CDDB19223）

---

① 刘向兵：《劳动的名义》，中国工人出版社，2018 年，第 85 页。

博物馆校本课程开发初探

邢秀清

博物馆像一本教科书，是人文素养的必修内容。博物馆是一扇门，打开它，就可以了解一个地方的过去和现在；博物馆是一部物化的历史，靠近它，就可以穿越时空的阻隔，看看先人们生活的风风雨雨。在那里，每一块石头会说话，每一件展品有故事。在与文物的对话中，如烟往事可以在想象中化为现实经历，抽象的概念可以呈现出鲜活的音容笑貌。基于对博物馆的热爱，北京一零一中历史组尝试开设了校本选修课程"走进奇妙的博物馆"。

一、博物馆校本课程开发的必要性

国际博物馆协会对博物馆下的定义为："博物馆是一个为社会及其发展服务的、向公众开放的非营利性常设机构，为教育、研究、欣赏的目的征集、保护、研究、传播并展出人类及人类环境的物质及非物质遗产。"博物馆具有的独特的育人功能，已经成为世界共识，各国都在探索如何利用其价值，我们也不例外。

历史课程标准对地方和学校实施本课程的建议中，明确提出要加强课程资源的开发与利用，其中特意提到了校外的社会资源，包括历史遗迹、遗址、博物馆、纪念馆、展览馆、档案馆、爱国主义教育基地等，建议学校和教师应充分开发各种校外课程资源，逐步建立校内外课程资源的转化机制，实现课程资源的广泛交流与共享。在注重核心素养的立意指引下的校本课程开发，博物馆是我们首先选择的探索方向。

开设这样一门课程，为学生的人文底蕴留下厚重的色彩，是我们的目的。博物馆界名著《新世纪的博物馆》中将教育比喻为博物馆的灵魂。对博物馆资源进行分类整理和开发利用，将有利于丰富历史课程，激发学生的兴趣，进而促进博物馆社会教育与学校教育的有效衔接。

二、博物馆校本课程开发的可行性

首先我们有地利之便，北京一零一中就在圆明园里，圆明园遗址公园、北大赛克勒博物馆、清华大学博物馆我们触手可及，随时可以约时间去参观。每当国家博物馆、首都博物馆有特展，我们就会精心设计活动带学生参观。博物馆具有实物性、直观性、广博性、情境性、开放性等特点，把课堂设在博物馆，学生很容易产生代入感，对文物、对历史很快产生共情，有了探究的欲望。

其次，我们有一支非常强大的教师队伍，这是一个疯狂迷恋博物馆的团队。志趣相投，爱好与共，有一点空闲就相约于博物馆。朋友圈里晒的也往往是观展感受，字里行间，发散着热爱的光芒，点点滴滴，都是文物浸润的收获与满足。

最后，人文大气的学风是我校的特色，每次这门选修课开设，学生都热情高涨，学校也最大限度地提供条件支持我们的外出参观。

三、我校博物馆校本课程开发的探索

一门成熟课程的开设是以前期充分的准备和积淀为基础的。教师在开发与利用博物馆课程资源时应遵循目标性、思想性和可行性等原则，针对学生和课程资源的实际情况进行设计。我们的探索经历了四个时期。

首先，参观体验。"走进奇妙的博物馆"以国家博物馆"古代中国"、首都博物馆"故都北京"常设展馆的展品为切入点，介绍一些博物馆参观的基本常识，然后带学生走进博物馆，实际参观体验。来到博物馆，可以感受到历史的气息，一件件文物承载着过去的凝重，见证了历史的沧桑，浓缩了时间的味道，成为学生们与过去对话的纽带。

其次，问题导引。教育的终极目标是学生的成长，教师引导着，学生追随着，在一个个任务目标的引领下学生逐级而上，日渐成熟。我们先后参观了北大赛克勒博物馆的"敦煌壁画展"、国家博物馆特展"大英博物馆100件文物中的世界史"、首都博物馆特展"文艺复兴时期意大利艺术、文化与生活"等展览。通过教师先设计问题清单，学生带着问题观展，并提出新的问题再去解决，学生对文物的理解不再是感性的好奇，而是逐渐进入理性思索的阶段。

再次，品鉴导读。经过一段时间的积淀后，可以提出更高的要求了，于是引导学生自己来品读文物,以器物本身的视觉效果,用自己的眼光去感受当时的生活品质,体会那一时期的社会风貌,并做出自己对这一文物的解读,是这一阶段我们课程的主要活动。结果学生的品读让我们眼前一亮。谭心瑶同学对文物镶贝壳鎏金鹿的品读,超越了文物本身,能体现文化的张力:"汉朝文物。以海贝与铜组合而成,而海贝不产于内陆,在汉时显得十分珍贵。这件青铜器属于精美的工艺品。鹿是卧状,以海贝为鹿身,鹿体鎏金清晰可见。鹿首耳后及角伸于海贝,以将铜与海贝主体紧密固定,鹿腹及四肢蜷缩,边缘上卷。造型新颖别致,以铜与海贝组合为鹿,以海贝的花纹表现鹿身的花纹,匠心独运,为汉代独特的艺术风格。人类的艺术发源于对自然的观察,原始人在岩壁上描绘了动物,便是绘画的起源。西汉时的青铜器纹样也同样包含了动物的元素在其中,本件更是取材于自然,以自然一物直接描绘另一物形象,并以青铜为辅使形象更加生动,体现出独特的生命活力。"王宇琪同学对文物王子午鼎的品读,能从一个时代的特点出发进行思考:"一个时期的作品,就像是一个时期的一面镜子。楚王好细腰,宫中多饿死。三足鼎,鼎的中部'穿戴'着一条精细的花纹带,这条刻纹'束'出了鼎婀娜的身姿,使得上下粗细有致,必有风韵。正是这别具一格的束腰器形,直接地反映了当时楚国以杨柳细腰为美的风尚。王子午鼎出土于河南,它并不是孤身一人深埋于土下,历经几千年沧桑,苦待岁月寂寞,他还有六个孪生弟弟,器形刻纹均一致,只不过小了些。"

最后,升华创作。学生对单个文物的品读逐渐熟练后,我们探索了第四个阶段,那就是创设情境,对整个展览进行入境式的再创作。例如在参观首都博物馆特展"大元三都"时,我布置的任务主题是"神入元都",要求学生在观展的基础上,写一篇题为"回到元都做……"的文章。

为了激发学生的兴趣,我自己先写了一个下水文:"好不容易来一次大都,我揣上一份地图逛一逛大城市。首先要去大名鼎鼎的商业街羊角市扫货。正东张西望时,一匹快马疾驰而过,原来是快递小哥,显然有紧急投递。刚缓过神来,对面熙熙攘攘过来一支队伍,不知是哪个王爷路过,侍从们带着一应俱全的生活用品,我看上了一个带靠背的马扎,真是高端啊!我看到了萌萌哒的骆驼,上前问问价格,牵骆驼的胡人却说:骆驼不卖,只卖驼背上的兽皮。继续前行,路边一个抄着手腋下夹着把菜刀的小伙子吓我一跳,他这是要拼命吗?我绕过他,看到了一个精致可爱的火盆架,还有一个青花鸳鸯纹大盆,可是我拿出钱刚要买,掌柜的却说不收纸币。罢了不买了,去看看热闹吧,前方吹拉弹唱的是在上演杂剧《木兰从军》,尤其是那个边打板儿边吹口哨的配角,如此抢戏。我大声叫好，却被身边的人推醒，原来是做了一个梦，谁让历史老师布置了一个参观首博大元三都的作业呢。"

学生积极性非常高，杜益萌的《梦醉瓷魂》写道："梦回元朝，我竟成了浮梁瓷局的一名技工。我制青花。青花瓷雅致素洁，于素坯之上勾勒图案，笔法精致。或描绘花团锦簇的牡丹，花朵争妍攒斗，竞相开放，其美富贵。……制瓷是一个飘飘然享受的过程，我时常陶醉于瓷器的气息。瓷器的味道，来自其由内而外质感凝重的恬淡，来源于瓷魂，是泥土经历了火中的涅槃，又被近千年的风雨洗刷，也因此拥有来源于远古的凝重气息。宁静而淡泊，博大而宽广，只是将肃穆呈于世人，令人回味无穷。秋叶飘摇，一梦千朝。百年欢宴，瓷魂几许？"这是对细节的描绘。

马晨阳的《无言的王朝》里写道："他人站在那儿，魂儿却飘回了八百年前的某一个平常的秋天。一天早晨起来，先得把自己家种的各类果子挑到和义门外，抢占人流最大的街口，趁着果子新鲜卖出去。有时候赶在集市散场之前收摊，便到钟楼附近的米市面市上买些必需的东西。偶尔手里头有闲钱了，他愿意到省前东街的文集市去淘换些书册，或者是丽正门的菜市买些什么改善伙食。他最喜欢手头没有活做的下午，可以在瓦舍好好地听一场戏，或者在院子里读书。按照元代统治者的规定，自己并不能拥有一个正儿八经的名字。除此之外，倒并没有感受到所谓四等人的待遇，或是传说中黑暗的社会环境，和其他封建王朝没有什么两样。小马同学幡然醒悟。课本上对于元朝的着墨不多，因此元朝的种种制度，掩藏在紧闭的沉默无言的大门背后，被历史的风沙平添了一层神秘的意味。"这是对时代宏观特点的探索。

喜欢博物馆的学生一定是高素质的孩子，因为他们眼中有他人，他们心中有世界。从横向说，无尽的远方，有无数的人们都与我有关；从纵向看，那些从远古款款走来的人与物，赋予了每个学习者洞察现实的视角和胸怀。从这些作品中我们可以看出他们的成长，也看到了他们对历史更理性的理解。我把学生的优秀作品推荐到了《中学时事报》，被采纳后发表。

总之，经过几年的探索，我们的博物馆选修课程不断深入，支持我们的是对文物共同的热爱。历经千年的时光雕琢，文物见过了多少沧海桑田，今天带走我们瞻仰的目光，走向也许比我们还要久远的未来。我们的生命都有消逝的那一天，唯有留下的遗址遗迹见证着历史的发展，在文物面前，孩子们无言却在思考。这大概就是博物馆课程开发的最大意义。

批注式阅读在高中历史教学中的有效运用

孙淑松

2017年，教育部制定颁布了《普通高中历史课程标准》，确定了历史学科的五个核心素养：唯物史观、时空观念、史料实证、历史解释和家国情怀。其中，史料实证是指"对获取的史料进行辨析，并运用可信的史料努力重现历史真实的态度与方法"。历史过程是不可逆的，只能通过现存的史料才能重新认识历史，必须重视史料的搜集、整理和辨析，并在此过程中增强史料意识。对于中学生而言，要求他们去搜集和整理史料，已经超越了他们现阶段的能力，但是培养他们从史料中提取和整合信息，在此基础上提出自己的观点和看法，养成他们以实证的精神看待历史与现实问题，则是比较现实的教学目标。

一、批注式阅读的初衷

李晓明曾指出："近现代以来，批注式阅读仍然是伟人和有思想的文人读书的重要方式之一。毛泽东就有不动笔墨不读书的习惯。《毛泽东点评二十四史》对中国历史的研究和独到见解为世人所叹服。鲁迅先生也提出读书要眼到、口到、心到、手到、脑到。国外的很多文学家和伟人也有批注式阅读的习惯。如列宁的《哲学笔记》就是由他读书时的批注和笔记汇编而成的马克思主义哲学的经典著作。"[①]

自从新课改实行以来，中学历史教学对史料的阅读越来越重视，对学生的史料实证的考查越来越关注。然而，学生阅读材料与提取信息的能力的培养绝非可以一蹴而就，是要经过长期的训练和培养才能形成的。

在日常教学中，教师经常会印发给学生一些课本之外的阅读材料来拓展学

---

① 李晓明：《总序·一套批注式阅读的好书》，见《名家精品阅读·鲁迅小说》，高长春编，吉林文史出版社，2006年。

生视野，提升学生史料实证的能力。但这些材料大都是基于教师个人的判断，来源庞杂，选择标准不统一。同时对于如何提高学生的阅读能力，如何培养学生正确的批注习惯，都没有形成统一的标准。在教学中，我们还经常看到，有的学生将历史的批注和语文的批注混淆了。其实二者之间并不相同，语文的批注侧重于对字词的理解和分析；历史的批注侧重于对材料信息的分析和整合，对字词的理解并不是重点。

笔者在高二年级选修历史学科的学生中推行了批注式阅读。在此过程中，暴露出一些问题，也收获了一些经验。针对学生在批注式阅读中暴露出的问题，笔者尝试总结了一套批注式阅读的方法。

二、批注式阅读的三个层次

批，即点评、分析；注，即注释、注解。批注，是指阅读过程中，在文中空白处对文章进行批评和注解，作用是帮助自己掌握书中的内容。批注式阅读表面看就是对史料进行批注，但批注的内容各有不同，有的侧重于摘录经典内容，有的侧重于记录阅读者自身的感受，有的侧重于解析文章内容的逻辑，有的侧重于对文章观点的吸收与批判。

从总体上看，依据难易程度，历史学科的批注式阅读大致可以划分为三个层次：

（一）分析概括

史料实证的基本要求是学生要通过阅读材料提取材料中的有效信息，进行归纳概括，并运用历史的学科语言进行表达阐述。这既是历史学科的基本素养，也是高考考查的主要能力和素养。

为了完成这一目标，学生要对史料进行逐句的详细阅读，找出每句中的关键词或关键信息，并进行标识。如果该句中没有关键词，那就概括提炼出该句的主要内容。在逐句概括信息的基础上，对每一段的信息进行梳理和归纳，最终进行合理阐述。这就是《普通高等学校招生全国统一考试说明》中文科综合能力测试的考查目标和要求的第一种能力："获取和解读信息"的能力。

在阅读《史记·夏本纪》中，我给学生摘录了一段材料，并提出了一个问题"总结夏朝灭亡的原因"。

帝桀之时，自孔甲以来而诸侯多畔夏，桀不务德而武伤百姓，百姓弗堪。乃召汤而囚之夏台，已而释之。汤修德，诸侯皆归汤，汤遂率兵以伐夏桀。桀走鸣条，遂放而死。桀谓人曰："吾悔不遂杀汤于夏台，使至此。"汤乃践天子位，代夏朝天下。

——《史记·夏本纪》

这段话言简意赅，学生的批注五花八门，有的关注到了夏桀的问题，有的关注到了商汤的做法。通过逐句阅读，我们可以看到材料对夏朝灭亡的原因主要是从两方面阐述的：夏桀的暴政和商汤的仁政。除此之外，诸侯的态度也是一个重要的原因。经过梳理，我们可以归纳出：1. 从夏桀的角度来看，夏桀不能以德治民，损害百姓利益，引起百姓的强烈不满；2. 从商汤的角度来看，商汤以德治国，得到了百姓的拥护；3. 从诸侯的角度来看，诸侯背叛夏桀，归顺商汤，商朝势力强大；4. 从策略的角度来看，夏桀将商汤囚禁在夏台，后来又释放了他，而不是将他杀害，这对夏桀而言，是一种策略失误。这四个方面的原因，就是我们对夏朝灭亡原因的梳理和概括。当然，如果再深入分析，我们还可以进一步挖掘，比如：诸侯归顺与否，成为夏朝灭亡和商朝建立的重要原因，反映出夏朝和商朝时，四方诸侯是相对独立的，有很大的自主权，并没有受到夏朝和商朝的直接控制，这就是内外服制度。又比如，材料中反复提及，夏桀"不务德"，导致百姓不堪忍受暴政，商汤"修德"，通过两人的对比，我们可以看到司马迁很重视统治者的"德"，这反映了司马迁受到儒家"以德治民"思想的影响。

要对材料进行概括，一定要对材料进行全面分析，并对材料信息进行整合，形成综合性的信息解读。同时，一定要运用历史学科的专业语言进行阐述，这也是调动和运用知识的过程，体现了历史学科的素养，尽量不用太口语化的语言。

（二）理清逻辑

如果只是对各部分内容的主要观点进行概括阐述，这样的阅读还是初级层次。批注式阅读需要进一步理清材料各部分之间的内在逻辑，培养学生的逻辑思维。逻辑思维是人们在认识事物的过程中借助于概念、判断、推理等思维形式，能动地反映客观现实的理性认识过程。只有经过逻辑思维，人们对事物的认识才能达到对具体对象本质规律的把握，进而认识客观世界。它是人的认识的高级阶段，即理性认识阶段。

在我们选择历史阅读材料时非常关注史料之间的关联性和逻辑性，要求学生也要从中提炼出这种逻辑性，并运用比较、分析、综合、概括等思维方法，理性认识历史事件和历史问题。

我们节选了《史记·商君列传》的部分内容印发给学生阅读，文章第一段中叙述了商鞅在魏国的一段经历：他本来在魏国丞相公叔座门下做了个"中庶子"的侍从，公叔座临终前，魏惠王前来问候，公叔座向魏王推荐了商鞅，但魏王不置可否。公叔座见状，屏退左右，建议魏王要么任命商鞅为丞相，要么杀掉他。魏王对此有何反应呢？在第一段最后，有这样的记述："惠王既去，而谓左右曰'公叔病甚，悲乎，欲令寡人以国听公孙鞅也，其不悖哉'！"这段话反映了魏惠王对公叔座的临终之言并未重视，对商鞅也没有重用，但仅仅如此吗？这句话还有别的作用吗？有的学生已经关注到了这句话的意义不止于此。

通过分析《商君列传》的后续部分，我们可以分析出这句话的作用，大致可以总结为两个方面：一是与下文秦孝公重视贤才、招揽贤才形成鲜明的对照。在《商君列传》和《秦本纪》中，我们可以看到司马迁的一种观点：秦国历代国君非常重视招徕贤才，秦穆公重用百里奚和蹇叔、秦孝公信用商鞅、秦昭王重视范睢，秦国的强大离不开国君重视人才。反观魏惠王，拒绝听从公叔座的建议，重用商鞅，导致商鞅投秦，这与秦孝公形成鲜明对比，也为魏国的日渐衰落埋下了伏笔。二是为后文商鞅攻魏做好了铺垫。几年后，齐国大败魏国，俘虏太子，杀死大将庞涓，商鞅建议秦孝公趁机进攻魏国，迫使魏国割让河西之地，并迁都大梁。魏惠王叹息说："寡人恨不用公叔座之言也。"这句话的含义很丰富，既显示魏惠王后悔不听从公叔座的建议，重用商鞅，又凸显秦国重用商鞅，富国强兵，其中到底有没有商鞅借助秦国报了在魏国不受重用之仇那就不得而知了。

通过分析文章前后的关联，既有利于培养学生的逻辑思维和分析能力，又有助于引导学生从整体上把握历史事件，更深入地思考事件之间的内在关联。

（三）反思质疑

批注式阅读不仅要引导学生阅读材料，概括信息，分析逻辑，更应该深入一层，关注"为什么会这样"，鼓励学生提出问题，培养质疑精神，并尝试分析问题，提出自己的认识。在批注式阅读中，学生要不满足于对材料的简单概括，而是要多问几个为什么？少去进行价值判断，多去进行理性分析，不盲从、不极端、不自负。

在阅读《商君列传》和《秦本纪》的材料中，学生自己根据材料内容提出了很多问题，我将这些问题进行了归纳。有的同学阅读了商鞅拜见秦孝公的部分，提出了质疑：秦孝公为何在商鞅推荐的道家、儒家和法家思想之中，最终选择了法家思想治国？有的学生根据《秦本纪》中"卒用鞅法，百姓苦之；居三年，百姓便之"，提出了这个问题：百姓为何对商鞅变法先"苦"后"便"？有的学生对比研究了商鞅变法和王安石变法，提出问题：为何商鞅变法成功了，而王安石变法失败了？有的同学研究了《商君列传》和《秦本纪》中对商鞅结局的记载，提出了问题：商鞅变法实现了秦国的富国强兵，为秦国立下了功劳，秦惠文王为何要将他车裂而死？

提出问题，只是完成了反思质疑的第一步，接下来，学生还应该根据材料信息和所学知识，自己尝试对这些质疑进行回答。他们的回答未必尽善尽美，但只要是自己思考得出的答案，只要言之成理，教师就应该给予鼓励和肯定。比如：商鞅变法为何能成功？有的学生总结了几点原因：1. 时代背景，当时周王室实力衰微，诸侯之间兼并战争频繁，为了赢得战争，就需要富国强兵。商鞅变法废除陈旧的世卿世禄制、井田制，推行军功爵制、县制和土地私有制，迎合了时代需要，实现了秦国的富国强兵。2. 秦国国内的原因，秦国立国较晚，国内贵族势力相对较弱，而旧贵族是反对变法的主要力量。这样就使商鞅变法的反对力量相对较弱，有利于推动新法的实施。3. 秦孝公的大力支持，秦孝公鉴于当时诸侯争霸，而秦国国力较弱，遭到各国轻视，"诸侯卑秦，丑莫大焉"，下定决心变法，并拒绝了国内反对变法的杜挚和甘龙的意见，义无反顾地支持商鞅。而王安石变法时期，宋神宗开始时是支持的，后来因为反对意见太大就动摇了，导致新法几乎被全部废除。4. 百姓支持，商鞅变法废除了世卿世禄，实行军功爵制，按照军功大小授予爵位和田宅，并承认土地私有，奖励耕织，这些都使原来固化的阶层出现了流动，出身贫贱的人可以依靠军功跻身贵族的行列，为底层人升迁提供了一条通道，所以民众支持。当然，这些答案未必非常合理，但这是学生综合所学知识和材料信息得出的看法，是自己理性思考的结果，应该要鼓励。

三、批注式阅读还需注意的几个问题

历史学科推行批注式阅读，对培养学生的历史素养和能力有非常重要的意义，但批注式阅读本身就是一个非常严谨和科学的工作，从阅读材料的选择，到阅读方法的引领，到阅读效果的评价，是环环相扣的。在推行批注式阅读的过程中，教师还应该注意以下几个问题：

（一）选择阅读史料要有针对性，要与课本所学内容相结合

从根本上说，批注式阅读是要加强学生对所学内容的理解，提高学生史料实证的能力的，因此从阅读素材的选择方面来说，应该以选择与所学内容有关的材料为主，这样既可以让知识回归原典，又可以减少学生的阅读障碍，而不应该选择学生不熟悉或阅读难度很大的材料，这就偏离了批注式阅读的本意了。

具体来说，我们在选择中国古代史部分的阅读材料时，选取了跟课本内容关联度较高的史料。在学习夏商的政治制度时，我们摘编了《史记·夏本纪》和《史记·周本纪》中大禹治水、王位世袭制、九世之乱、嫡长子继承制等内容。在学习西周和东周政治部分时，我们摘编了《史记·周本纪》《史记·秦本纪》《史记·商君列传》中武王伐纣、武王分封、商鞅变法等内容。在学习春秋战国文化部分时，我们摘编了《史记·孔子世家》《史记·老子韩非列传》《史记·孟子荀卿列传》中孔子、老子、庄子、韩非子、孟子和荀子的相关介绍，对课本知识进行补充。在学习秦汉历史时，我们摘编了《史记·货殖列传》《史记·秦始皇本纪》《史记·孝武本纪》《史记·吴王濞列传》中秦朝皇帝制度、三公九卿制度、郡县制、七国之乱、推恩令和内外朝等内容。这些材料都非常经典，能够与所学知识遥相呼应，可以加深学生对所学历史知识的理解。

（二）选择阅读史料要难度适中，要适合学生阅读水平

在材料选取过程中，教师要把握好难易程度，既不能过于简单，那样就没有挑战性了，又不能过于困难，那会使学生陷入对字词的注解，耗费大量时间，事倍功半。笔者认为，教师可以选择阅读难度适中的原典提供给学生阅读，比如秦汉以前的部分，可以《史记》为主。古代史部分可以《二十四史》和《资治通鉴》为主。近代史的部分可以各类条约原文和当时人的著述为主，比如梁启超、毛泽东等人的著作，也可以参考当代学术权威的作品，如陈旭麓的《近代中国社会的新陈代谢》和徐中约的《中国近代史》。世界史部分可以各类原始文献和文件为主，比如《大宪章》《九十五条论纲》《权利法案》《人权宣言》等，也可以借鉴当代学者的论著，如上海社会科学出版社出版的《世界历

史文化丛书》和人民出版社出版的《国别史系列》等。

教师尽量少选择今人的论著，因为今人的解读主观色彩浓厚，大多是一家之言，也未必能还原材料的本意和历史的真相，容易引发分歧。与其这样，不如把最原始的文献交给学生，让他们来解读和诠释。

（三）注重批注式阅读后的反馈和评价，提升阅读质量

教师将阅读材料印发给学生，由学生对材料进行阅读和批注，这只是完成了第一步。更重要的是，教师要对学生的批注内容进行详细阅读批改，对学生阅读中暴露的问题进行反思和总结，对学生的亮点进行分享和展示，并予以鼓励。

在教学过程中，评价和反思是一个重要的环节。教师要进行评价，才能掌握学生的学习情况；学生也要进行反思，才能有所进步；这就需要教师对学生的批注情况进行详细阅读。在批改过程中，笔者发现，学生主要存在以下几类问题：1. 照抄原文，不进行概括和归纳。对材料信息进行分析和整合，体现了历史学科能力和核心素养。学生如果只是照抄原文，就起不到锻炼的效果，教师应该引导学生对材料信息进行归纳和概括。2. 不能熟练使用历史学科的语言，过于口语化。每一种学科都有自己的语言，学生只有调动和运用所学知识，才能恰当地对材料信息进行表述。但有的学生历史知识不扎实，只能用口语化语言表述材料内容。面对这种现象，一定要引导学生认真理解背诵课本知识，积累历史语言。3. 只关注材料的内容，很少问"为什么"。对材料内容进行分析和整合，只是历史能力的一个方面，学生还要学着运用判断、归纳、演绎、分析、比较等逻辑方法，利用相关学科的原理针对材料提出问题，探讨问题，培养创新性思维。在阅读材料过程中，学生要多问几个"为什么"，并尝试依据自己的所学解决问题，提出自己的观点和论据，这样才能够最大程度地发挥史料阅读的效果。

总之，在当前的课程改革和核心素养的大背景下，历史学科的批注式阅读越来越重要，是一个值得深入探讨的问题。批注式阅读是历史教学的延伸，使教学内容得到强化。有效的批注式阅读能提高学生阅读的质量，让学生养成良好的阅读习惯，受用终生。

"一带一路"建设高质量发展亟须加强世界地理教育

何 群

教育发展应服务于国家战略已经成为全社会的共识，因而进一步提升地理教育对于"一带一路"建设的支撑和服务能力是国家之需，也是世纪之需。自2013年提出并实施以来，"一带一路"建设已经取得了巨大的成就，成为世界上大多数国家开展新型国际合作的平台，推动世界治理体系改革发展的平台，以及沿线各国共同打造人类命运共同体的重要实践平台。根据中国科学院进行的第三方评估，我国与沿线国家的连通性指数从2013年的23.08上升到2017年的38.91，提高了68.6%；2019年进一步上升到43.04，比2013年提高了86.5%。[①] 但是，该评估也发现，由于我国企业"走出去"的时间短、经验不足，一些建设项目出现了问题。其中一个重要原因是我国企业对沿线国家了解不够，特别是对我国与这些国家之间的制度和文化差异重视不够。可以说，缺少全球视野、缺乏有关人才，已经成为"一带一路"建设深入发展的重要制约因素。为此，我们建议在中学地理教育中加强世界地理教育，从简单的介绍各大区域的自然地理，向让学生了解和理解各国之间的制度和文化差异转变，培养实现第二个百年目标所急需的人才。

一、"一带一路"建设回顾

"一带一路"倡议源自习近平总书记在2013年9月和10月对中亚和东南亚出访期间的两个倡议。9月7日，在哈萨克斯坦纳扎尔巴耶夫大学发表演讲时，习总书记提出"为了使我们欧亚各国经济联系更加紧密、相互合作更加深入、发展空间更加广阔，我们可以用创新的合作模式，共同建设'丝绸之路经济

---

① 刘卫东等：《"一带一路"建设案例研究：包容性全球化的视角》，商务印书馆，2021年，第5—7页。

带'"。① 10 月 3 日，在印度尼西亚国会演讲时他又提出，"中国愿同东盟国家加强海上合作……共同建设 21 世纪'海上丝绸之路'"。② 同年 10 月中旬，中国政府决定将这两个倡议合并作为国家层面推动的一个战略构想，并启动了相关的规划工作。2015 年 3 月，经国务院授权，中国国家发展改革委员会、外交部和商务部联合发布了《推动共建丝绸之路经济带和 21 世纪海上丝绸之路的愿景与行动》，简称《愿景与行动》。

八年多来，"一带一路"建设取得了举世瞩目的成就。截至 2021 年底，我国已同 147 个国家和 32 个国际组织签署 200 多份共建"一带一路"合作文件。③ 2017 年 5 月，我国成功地举办了首届"一带一路"国际合作高峰论坛，来自 140 多个国家和 80 个国际组织的 1600 位嘉宾出席了论坛，包括 29 位外国元首和政府首脑、近百位外国政府部长级以上官员；2019 年 4 月举办的第二届"一带一路"国际合作高峰论坛，吸引了 150 多个国家的 6000 多位代表参会，包括 37 个外国首脑或领导人和近 400 位部长级官员。④ 自 2018 年以来连续每年举办的"中国国际进口博览会"，是世界上第一个以进口为目的的国家级展会，成为"一带一路"建设的另一个标志性成果。与此同时，在"一带一路"框架下，一大批建设项目在沿线国家落地生根，造福了当地社会，实现了合作共赢。根据国务院国有资产监督管理委员会发布的信息，截至 2019 年底，共有 81 家中央企业在"一带一路"沿线承担了 3400 多个建设项目，涉及基础设施建设、能源资源开发、国际产能合作等领域。⑤ 同时，大量民营企业也开始加速走入"一带一路"沿线国家，投资建厂或经商。

"一带一路"建设在取得了巨大成就的同时，也出现了一些不可忽视的问题。中国科学院完成的《"一带一路"建设进展第三方评估报告》中曾列举反思了一些问题。⑥ 例如，具体建设方式和工作有待进一步探索，企业尚未发挥主体作用，市场机制和商业规则有待强化，一些项目脱离当地实际需求和运营能力。在此背景下，如何让"一带一路"建设更加成功，成为一个亟待解决的关键问题。

---

① 习近平：《习近平谈"一带一路"》，中央文献出版社，2018 年，第 1—5 页。
② 同上，第 10—13 页。
③ https://www.yidaiyilu.gov.cn/xwzx/roll/77298.htm [引用日期 2022 - 02 - 23]
④ 刘卫东等：《"一带一路"建设案例研究：包容性全球化的视角》，商务印书馆，2021 年，第 3 页。
⑤ http://finance.sina.com.cn/roll/2020 - 01 - 15/doc - iihnzahk4304236.shtml [引用日期 2022 - 02 - 23]
⑥ 刘卫东等：《"一带一路"建设进展第三方评估报告（2013~2018 年）》，商务印书馆，2019 年，第 4 页。

二、"一带一路"建设高质量发展及其地理学命题

针对取得的成绩与存在的问题，在2018年8月举行的"一带一路"建设工作五周年座谈会上，习近平总书记提出向高质量发展转变是下一阶段推进共建"一带一路"工作的基本要求。所考虑的重点工作包括：共同绘制好精谨细腻的"工笔画"；注意实施雪中送炭、急对方之所急、能够让当地老百姓受益的民生工程；围绕共建"一带一路"开展卓有成效的民生援助；规范企业投资经营行为，合法合规经营，注意保护环境，履行社会责任；高度重视境外风险防范，完善安全风险防范体系，全面提高境外安全保障和应对风险能力。

在2019年4月举办的第二届"一带一路"国际合作高峰论坛开幕致辞中，习近平总书记再次提出，"聚焦重点、深耕细作，共同绘制精谨细腻的'工笔画'，推动共建'一带一路'沿着高质量发展方向不断前进"[①]；而且，强调要在建设项目上下功夫，让共建"一带一路"成果更好惠及全体人民，为当地经济社会发展做出实实在在的贡献。画好"工笔画"，就是要做好每一个建设项目，让这些项目真正秉持"共商共建共享"的原则，实现开放、绿色、廉洁的理念和高标准、惠民生、可持续的目标，真正实现互利共赢。

因此，向高质量发展转变已经成为"一带一路"建设的核心目标，而且高质量发展的原则、理念和目标已经清晰。但是，如何让高质量发展落地，是一个需要在实践过程中去不断探索的命题。这既对中国企业"走出去"提出了新要求，也对学术界和教育界提出了新命题。其中的核心需求是具有全球视野的人才，这些人才要熟知沿线各国之间的地理差异、特别是在制度和文化上的差异。

"一带一路"建设包含丰富的地理学知识和命题。首先，挖掘"丝绸之路"的历史文化内涵，需要地理知识，特别是历史地理知识。就连"丝绸之路"这个名词都是德国地理学家李希霍芬在1877年发明的。其次，根据学者们的研究，"一带一路"是过去几十年全球经济地理格局变化的结果，其中经济全球化机制和全球产业转移是最重要的影响因素。第三，"一带一路"建设的核心内容是与沿线国家的基础设施联通、经贸合作等，这离不开对这些国家地理国情的了解和认识。第四，"一带一路"将重点打造六大陆路经济走廊（即新亚

---

① http：//www.mofcom.gov.cn/article/i/jyjl/l/201904/20190402857837.shtml［引用日期2022－02－23］

欧大陆桥、中蒙俄、中国—中亚—西亚、中国—中南半岛、中巴和孟中印缅）和三条海上运输通道（印度洋、太平洋和北冰洋），这些走廊和通道的建设和发展需要地理学知识的支撑。第五，推进"一带一路"建设高质量发展，必须重视各国之间的制度和文化差异，走包容性全球化的新道路。

自《普通高中地理课程标准（2017年版）》实施以来，培养学生的全球视野一直是中学地理教学的重要目标之一。在《地理 选择性必修2 区域发展》第四章第四节"国际合作"中，对"一带一路"倡议做了非常简要的介绍，对于培养学生的全球视野具有一定的作用。但是，相对于"一带一路"建设高质量发展的需求而言，当前中学地理教材中的"世界地理"内容偏弱，尚不适应国家战略的需要，是亟须加强的教学内容。

三、加强中学地理"世界地理"教育的建议

以人教版教材为例，涉及世界地理的教学内容主要在七年级下册，主要包括亚洲概况以及欧洲西部、撒哈拉沙漠以南非洲、东南亚、中东等地区和一些主要国家的介绍。一方面，这些教材内容以介绍自然环境和经济活动为主；另一方面，介绍的国别以发达国家为主，很少涉及"一带一路"沿线国家。此外，在高中阶段，地理教育根本就没有国别地理的学习内容，地理教育重点也不包括让学生领略和认识我国与这些国家之间的制度和文化差异，缺少了全球视野的培育。可以说，现有中学地理教育内容尚不足以满足"一带一路"建设高质量发展的需要。为了更好地服务于"一带一路"建设，建议增加或强化以下几方面教育内容。

（一）全球经济格局变化

过去三十年全球经济格局发生了巨大的变化；这既是"一带一路"提出的主要背景，也是"一带一路"建设所必须考虑的世界大格局。只有让中学生了解这个巨大变化，才能让他们更加深入地理解"一带一路"，在未来更好地参与"一带一路"建设。

在这方面应该让学生了解经济全球化过程及其导致的全球经济格局变化。一方面，发达国家经济不断"金融化"和"高科技化"，而制造业出现"空心化"；另一方面，以我国为代表的部分发展中国家崛起成为制造业大国。20世纪80年代以来，我国不断深入地参与了经济全球化的进程，通过引进资本、技

术和管理经验推动了经济的腾飞。所以，我国的经济高速发展得益于经济全球化，同时也对世界经济增长做出了巨大贡献，改变了世界经济格局。改革开放之初，我国国内生产总值（GDP）占世界的份额只有1.8%；出口额占世界的比重不到1.5%；到2020年，我国GDP占世界的份额已上升到17.4%，出口额所占比重上升到15%。相应地，2010年我国成为世界第二大经济体，2013年成为世界第一大货物贸易国，2014年成为世界第三大对外投资国。

（二）全球产业转移

在目前的中学地理教材中，产业转移是一个重要知识点，但主要讲述的是以东亚为例的产业转移，即劳动密集型产业向我国的转移。但是，"一带一路"的突出特征是我国企业的大规模"走出去"，即我国的产业向外转移。因此，应该补充和加强关于过去三四十年全球产业转移过程的教学内容，并介绍以我国"走出去"为特征的第二轮全球产业转移，让学生基本能够了解这个最重要的经济地理过程。

其中的主要目的是让学生了解，伴随经济全球化的过程，劳动密集型的低端制造业在全球范围内的空间转移具有基本周期律，即每三四十年发生一轮大规模的空间转移，以寻找廉价劳动力区位。伴随全球产业转移，只有那些能够通过技术创新实现产业升级的国家和地区，才能在经济发展上走上更高的台阶。近年来，我国持续了三十多年的"人口红利"逐渐消失，劳动力成本迅速上升，导致部分劳动密集型产业正在失去竞争优势，必须向劳动力成本更低的国家转移。另外，随着经济增长放缓和国内需求强度下降，我国的原材料产业和装备制造业出现了比较严重的产能过剩，需要向外转移。此外，我国巨大的消费市场也孕育了一批大企业，正在成为具有跨国投资和全球运营能力的跨国公司。这些因素叠加起来使我国产业正在进入大规模"走出去"的时期。

（三）跨国交通运输走廊

"设施联通"是"一带一路"建设的重大内容，其中最重要的是国际陆路运输大通道建设。通过新建线路、改造旧有线路和促进贸易便利化来推动欧亚大陆的铁路货物运输发展，是"一带一路"建设的重要目标。"亚洲基础设施投资银行"的重要作用之一也在于此。因此，了解跨国交通运输走廊，是培养具有全球视野的人才的重要教学内容。但是，目前中学地理教材中关于铁路运输通道的介绍以国内为主，除了介绍过俄罗斯的第一亚欧大陆桥外很少涉及欧亚大陆上的其他跨国铁路运输线路。

根据《推动共建丝绸之路经济带和21世纪海上丝绸之路的愿景与行动》,[①]"丝绸之路经济带重点畅通中国经中亚、俄罗斯至欧洲,中国经中亚、西亚至波斯湾、地中海,中国至东南亚、南亚、印度洋"的通道,"21世纪海上丝绸之路"的重点方向是"从中国沿海港口过南海到印度洋,延伸至欧洲,从中国沿海港口过南海到南太平洋"。《愿景与行动》还提到"共同打造新亚欧大陆桥、中蒙俄、中国—中亚—西亚、中国—中南半岛等国际经济合作走廊",以及推进中巴、孟中印缅两个经济走廊建设。因而,为配合"一带一路"建设的人才需求,教材中应适当增加一些跨国铁路运输线路及"中欧班列"(如"渝新欧"等)的知识内容。

(四)"一带一路"主要沿线国家

"一带一路"建设是与沿线国家的合作发展、对接发展。只有深入了解对方国家的地理概况、民族文化、市场需求等,才能发展出互利共赢的合作项目,真正让"一带一路"建设落地并造福沿线各国。而沿线国家绝大部分是新兴经济体和发展中国家,普遍处于经济发展的上升期,资源禀赋各异,发展水平不一,经济互补性较强。这就要求在中学地理教学中更加重视"一带一路"沿线主要国家的国别地理教学内容,特别要加强对于我国与沿线国家在制度和文化差异上的认识。

在人民教育出版社《地理 七年级下册》现有的俄罗斯、印度等重点国家的介绍基础上,可以适当加强对"一带一路"沿线其他国家的政治经济文化风俗等人文地理的概况介绍,特别是东南亚、南亚、中亚、北亚乃至西亚国家政治、经济、文化等方面的介绍。例如,通过学习"印度尼西亚"来加深对"东盟"的了解,通过学习"哈萨克斯坦"来深入对"中亚"的了解。沿线国家普遍国情复杂,宗教信仰、地缘政治、民心社情等比较复杂,地区、阶层、宗教派系差异性大,只有全面了解民间需求与广泛民意,才能更好地促进合作,更好地建设"一带一路"。

---

① http://www.xinhuanet.com/world/2015-03/28/c_1114793986_2.htm [引用日期2022-02-23]

以城市为主线的人文地理实践课初探

金梓乔

一、人文地理实践课概述

地理活动有广义和狭义之分。狭义的地理活动是指"课堂教学以外的、教师指导学生进行的各种有关地理学科的课外、校外、野外学习活动"。目前，诸多学校已将兴趣小组、地理实践活动等活动课程纳入教学计划之中，但这些兴趣小组、地理实践活动多隶属于地方课程和学校课程。就国家课程层面而言，地理课堂教学仍为教师教学、学生学习的主要形式。本文所指的人文地理实践活动，是以国家课程教学内容为基础，以实践、反思为主要形式的地理活动课程，是地理课内教学的有机组成部分和延伸。

本文以一次以城市为主线的人文地理实践课为例，分析人文地理实践课的特点、设计及展望。

二、实例：以城市为主线的人文地理实践课

（一）教学背景

北京一零一中学是一所位于北京市区边缘的完全中学，生源多为来自海淀区及少量其他区县的北京本地城市学生。尽管学生多为北京生源，但他们的生活范围较小，对北京缺乏整体的时间和空间上的认识，这给"城市内部空间结构"一课的教学带来一定影响。在课堂教学中，教师通过图片、动画等手段增强教学内容的直观性、增加学生对地理表象的认识，但限于客观条件，这种认识仍然是有限的、平面的。为此，笔者尝试设计以考察活动为主的人文地理实践课，加深学生对"城市内部空间结构的形成及其原因"这一原理的理解。

（二）考察活动设计及其目的

本次考察活动从学校出发，经过北京不同的城市功能区，沿途设计二十个考察点，最终返回学校，预计时长为半天（约 4 小时），如表 1 所示。

表 1　考察点、考察活动及其设计目的

考察点	考察内容	设计目标
火神庙	了解火神庙的来历	文化景观及其功能
北四环路	观察建筑物高度、密度	对比南四环，产业分布对城市景观的影响
学院路	记录学院路上高等院校的名称与定位	空间定位、地图认读、行政因素对功能区形成的影响
北京北站	思考北京北站在二环路旁位置是否合理	通过对火车站的区位分析，理解历史因素（城市发展）对城市内部空间结构的影响
月坛	标出日坛、月坛、天坛、地坛的位置	地图认读，了解"天人合一"的思想在城市规划中的体现
西二环	观察建筑物的密度和高度	对比市郊，分析地租对不同地方建筑物分布的影响
金融街	记录建筑物名称	对比国贸 CBD（中央商务区），分析北京两个 CBD 功能的不同
北京建都纪念阙	观察周边环境，观看纪念阙介绍	了解北京建都史，分析自然因素对北京城市选址的影响
牛街	观察建筑物特点，对比伊斯兰教建筑	了解牛街的发展史，通过建筑物风格比较认识城市发展中的文化融合及社会因素对城市内部空间结构的影响
西单—西四—平安里—新街口	记录道路两侧零售业的分布	认识城市中的产业集聚和柔性专业化现象
鼓楼西大街	记录鼓楼西大街与二环路外的城市道路的区别	认识京味儿文化元素在城市风格中的体现
德胜门—沙滩	观察建筑物高度和密度	皇权至上思想在城市规划中的体现

续表

考察点	考察内容	设计目标
德胜门—沙滩	记录沿线胡同名称	了解地名所反映的过去的城市功能区，感受城市演变及历史因素对城市内部空间结构的影响
美术馆—朝阳门	观察建筑物高度和密度	经济因素对城市功能区分布的影响
国贸 CBD	记录建筑物名称，观察建筑物高度和密度	认识国贸 CBD 的特点，对比金融街 CBD，分析北京两个 CBD 功能的不同
富力城、垂杨柳、劲松	观察三个住宅小区的不同	了解不同年代住宅区的特点，了解人口迁入对住宅区的影响
大羊坊路	记录两侧市场的名称	解释家居建材产业集聚现象
南四环路	观察建筑物高度和密度	对比北四环，了解产业分布对城市景观的影响

为帮助学生把握考察线路及活动线索，笔者还设计了"学生工作单"，内含活动线路全图、考察点线路图、考察任务要求及问题等内容。

（三）后续活动

在考察活动中，学生主要的任务是观察、记录。在考察后，为加强考察活动与课内原理相结合，能够运用课内所学地理原理解释身边的地理现象，在考察活动后，笔者设计了一些可供探讨的问题，供后续课堂教学中使用。

问题示例：

1. 考察活动中，我们在哪里遇到了交通阻塞/车流量大？为什么？

2. 在城市化过程中，西方提出了两种解决交通问题的途径：一是发展大容量交通工具，二是建立更加便利的交通体系。你认为哪一种更适合缓解北京的交通问题？给出你的理由。

三、对人文地理实践课的几个探讨

下面，我们基于上述案例，探讨人文地理实践课的特点和设计，并以此为基础讨论人文地理实践课的展望。

（一）人文地理实践课的特点

（1）以国家课程标准为依据

笔者认为，本文所指的人文地理实践课是课内地理教学的有机组成部分和延伸，有别于选修、兴趣小组等活动类课程。人文地理实践课是课内地理课程的有机组成部分，与课堂教学一起共同构成了课内地理课程。"课堂教学是整个地理教学的中心环节"，我国中学地理课程标准规定的教学内容，大多通过课堂教学的形式实现。而人文地理实践课与人文地理课堂教学在目标上具有一致性，均以国家课程标准为依据，是相同教学内容的不同教学方式。

（2）实践性

《普通高中地理课程标准（实验稿）》在"知识与技能""过程与方法"等课程目标中明确提出学生应"进行地理观测、地理实验、地理调查"，"初步学会通过多种途径、运用多种手段收集地理信息，尝试运用所学的地理知识和技能对地理信息进行整理、分析"，"提出解决问题的对策"。在教学或活动建议中也给出了部分活动建议。可见，实践教学在普通高中地理课程中具有重要地位，它既是高中生的学习目标，又是完成学习目标的重要过程与方法。而目前，我国课内地理教育多偏重课堂教学，弱实践教学，尤其人文地理实践教学更是偏少。人文地理实践课则可以弥补课内教学中实践层面的不足。通过课上的人文地理实践活动，可以增加学生对人文地理的教学内容的直观感受和感性认识、增强学生对人文地理现象的空间感，为理解人文地理原理、上升到理性认识提供丰富的素材和基础。

（3）乡土性

人文地理实践课服务于课内地理课程，通常不会单独设有课时，这在时间和空间上限制了人文地理实践课的开展。从形式上看，人文地理实践课的开展在时间上可以短课时教学为主，在空间上可以近距离为主。因此，以乡土地理事物和地理现象作为实践对象是较为理想的选择。这也使人文地理实践课具有很强的乡土性。例如学习城市内部空间结构，生活在北京的学生可以选择北京市作为实践对象。通过实践活动，了解自己的家乡、认识自己的家乡。

（二）人文地理实践课的设计

系统论认为系统中各要素不是孤立地存在着，每个要素在系统中都处于一定的位置上，起着特定的作用。要素之间相互关联，构成了一个不可分割的整体。作为课内地理课程系统的有机组成部分，人文地理实践课的设计需要考虑其在整个课内地理课程体系中的作用及其自身的结构。

（1）实践内容的设计

实践内容的设计首先要考虑与课内地理课程的衔接，因此在内容选择上具有对应性。例如在以城市为主线的人文地理实践课中，我们选取了城市内部空间结构作为主要的考察内容，同时设计了产业集聚和功能区区位作为次要考察内容。这些内容均在必修2的课堂教学中有所涉及，学生在考察前已经具有一定的理论基础，在考察中可以将理论和实践活动相结合。

实践内容的设计其次要考虑身边的教学资源状况。鉴于实践活动源自身边地理事物和现象，且外出实践机会不多，因此一次实践活动的内容选择还应具有拓展性。拓展的内容可以是沿途所见所闻，也可以是课内教学内容的深入。例如，对北京建都纪念阙的考察，既是课内城市内部空间结构教学的拓展，即考察古代城市的选址与空间结构，同时可以看到历史因素在今天城市内部空间结构变化中的作用，又是考察线路中的重要地点，具有鲜明的京味儿特色。再如，对牛街的考察，既为城市内部空间结构的社会因素提供了生动的例证，也是拓展的未列入国家课程标准的文化传播与文化融合的实例。

最后，实践内容需要进行整合设计。实践的时间线索和内容线索可以作为两个维度，构成二维的内容整合框架，辅助后续的教学，如表2所示。

表2 实践内容整合的二维框架示例（部分）

教学内容 \ 考察点	考察点1	考察点2	……
文化景观	√		
城市内部空间结构		√	
……			

在考察过程中，学生依据工作单按照考察的时间线索完成考察任务。在考察活动结束后，教师可以按照教学内容进行归纳、总结、提升、迁移。

（2）实践活动的设计

实践活动自身是一种活动系统，其开展可以分为考察前活动、考察活动和考察后活动。三类活动在时间上具有顺序性，在功能上具有相关性。考察前活动通常是实践活动的铺垫，学生可以了解考察活动的背景和相关的基础知识。考察活动是实践活动的主体。在考察过程中，学生最主要的任务是观察、思考和记录，将沿途所见所闻在工作单的引导下记录下来，以便后续整理使用。例如，在以城市为主线的人文地理实践课中，学生活动以观察、记录为主，比较、思考等活动也是在观察、记录的基础上进行的。

(3) 实践组织与管理

人文地理实践活动"是个开放的教学系统，在空间上具有广泛性"，因此组织的好坏是活动质量高低的重要影响因素。

在活动前，教师需要对整个活动设计进行整体把握。例如，人文地理实践课活动前，全组教师对设计的线路进行了实地考察，包括每个考察点的考察内容、活动安排、行车线路走向、停留时间、休息时间、安全性等方面。在活动时，安全是教师的首要任务，如纪律要求等，尤其保证车下活动学生不打闹、不掉队等。

（三）人文地理实践课展望

前面以一次实践课为例，讨论了人文地理实践课的特点与设计。笔者认为，对人文地理实践课从内容、组织形式等方面进行有规划的设计，可以建构人文地理实践课程。随着新一轮课程改革的深入开展，人文地理实践课程将在中学地理教学中发挥更为重要的功能。

"教、学、评"一体化的物理课堂构建策略

付鹂娟

一、问题的提出

面对立德树人的根本任务要求,要实现发展学生核心素养的课程目标,教师要整合教学内容,选择适切的教学方式,设计多样的评价方案,构建"教、学、评"一体化的物理课堂。

"教、学、评"一体化是指教学、学习与评价不仅具有一致性关系,还是三位一体的关系,评价持续地镶嵌在教与学的过程之中,为教学目标的达成和教学策略的改进提供证据。教学、学习、评价三者共享目标。"教、学、评"一体化是落实物理核心素养,提升教学有效性的途径。

本文以高三电磁学复习"场的描述"一课的教学为例,阐述基于物理核心素养设计评价目标构建"教、学、评"一体化的物理课堂的策略。

二、"教、学、评"一体化物理课堂构建的案例

(一)核心素养导向下复习单元的架构

在传统教学中,高三第一轮电磁学复习通常将静电场、恒定电流、磁场、电磁感应和交流电划分为五章。教师在复习中虽然会渗透"场"的观念,但由于教学内容的限制,这种渗透是隐性的,学生对电场、磁场和电磁感应的认识是相对孤立的。

用"场"的概念建立起各章的本质联系,把静电场、磁场、电磁感应和交流电整合为一个大的复习单元,体现物理学研究方法的内在一致性,凸显物理观念。具体内容如表1。

表 1　场的复习单元设计内容

	主题内容	指向物理观念的素养目标
1	从物理学的视角认识"场"	①物质观和运动观——认识"场"存在的物质性,没有物质就没有运动; ②相互作用观——粒子与"场"的相互作用,电场和磁场的相互作用; ③能量观——认识相互作用中的能量,电磁场中的能量。
2	用物理学的方法描述"场"	
3	用力学规律解决带电体在"场"中的运动问题	
4	用物理学的规律揭示电场和磁场的相互作用	
5	电磁场的初步理论	

(二) 课程目标统领下评价目标的设计

清晰的评价目标是实现"教、学、评"一体化的前提。要制定清晰的评价目标,应该处理好课程目标、教学目标和评价目标之间的关系。

在课程目标的统领下,把教学目标转化为可观察、可测评的评价目标,以体现知识的掌握、获取知识过程中思维的发展以及方法的应用情况,是实现"教、学、评"一体化的关键。"教、学、评"一体化的课堂目标设计的流程可用表 1 表示。

"场的描述包括力的描述范式和能量的描述范式,这两种描述范式既可以描述重力场,又可以描述静电场,这就把不同章节、不同知识联系在了一起,并且能够从一个全新的角度来诠释不同物理知识形成的来龙去脉,揭示物理知识的本质。"因此,用"场的描述"作为主线复习可以促进学生知识的结构化,提高复习效率。根据课程标准中关于电场、磁场、电磁感应和交流电的课程要求,本节课围绕"场的描述"设计的评价目标如下:

(1) 能通过实验论证说明场是一种客观存在的物质以及场具有力和能的性质,建立从力和能的角度描述场的认识角度。

(2) 能归纳物理学描述"场"的方法,并能用不同的方法描述重力场和电场,理解场的统一性。

(3) 能从力和能的角度选择合适的描述方法解决带电粒子运动的综合问题。

(4) 能从描述场的物理量"势"的角度理解场的多样性。

（三）指向学生高阶思维的问题框架设计

对学生素养的评价要体现知识的掌握、获取知识过程中思维的发展以及方法的应用，因此设计的问题应具有一定的综合性和开放性，问题间有内在的逻辑关联，问题指向学生的高阶思维。基于评价目标，本节课设计的问题框架如下：

【问题1】教师演示三个实验：实验1，通电导线在磁铁中运动；实验2，带电金属球周围锡纸球摆动；实验3，电磁炉使小灯泡发光。通过这三个实验你能分析推理得到什么结论？

【问题2】用物理语言描述静电场、磁场和涡旋电场，你会想到哪些方法？

【问题3】如何描述重力场？

【问题4】空间一为静电场，存在与 x 轴重合的电场线，电场的电势 φ 在 x 轴上的分布如图1所示，在 x 轴上释放一个带负电的粒子（不计重力），粒子将做什么运动？

【问题5】你能画出涡旋电场的"电势"随空间位置变化的图像吗？

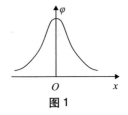

图1

问题1让学生通过对实验现象的观察，收集证据论证"场"的存在性以及场力和能的性质，评价学生基于证据的分析推理能力。问题2设问开放，学生总结描述"场"的方法，要以静电场、磁场和涡旋电场具体的描述方法为抓手，在调用知识的过程中，主动建立知识的联系。问题1和问题2引导学生从力和能的角度，用不同的方法描述场，初步建立场的"认识模型"。问题3从"场"的角度认识重力的作用，是认识角度的拓展，用建立的"认识模型"描述重力场，在解决具体问题的过程中，完善"认识模型"。问题4通过 $\varphi - x$ 图像分析带电粒子的运动，学生应用"认识模型"寻找有效的问题解决策略，评价学生在问题解决过程中的思路结构化水平。问题5对学生有一定"误导"，但如果学生能从"势"的概念深入理解不同"场"的性质，提出对问题的质疑，则体现了质疑创新的精神。课堂实践表明，围绕这些问题开展学习活动，可评价学生思维发展和方法的应用，使教学目标有效达成。

（四）指向目标达成路径的评价量表的设计

"教、学、评"一体化的课堂力求通过学习评价科学地反馈目标达成情况，展现学生思维发展的路径。学习评价的设计和实施是实现"教、学、评"一体化的关键。一方面学习评价的维度、标准和不同的层级，可以反馈学生知识掌握、问题解决能力的不同水平，另一方面借助评价学生可以自我调控，发展思维。[1] 本节课各环节设计的评价量表如下，5 个学习活动与前述问题框架中的 5 个问题对应。

【学习活动 1】观察实验，论证说明场是一种客观存在的物质以及场具有力和能的性质。

【评价目标】能通过实验论证说明场是一种客观存在的物质以及场具有力和能的性质，建立从力和能的角度描述场的认识角度。

【评价量表】

表 2　学习活动 1 评价量表

水平一	水平二	水平三	水平四
对实验现象的描述不正确。（看到导线在磁铁里运动想到切割磁感线等）	对实验现象的描述正确。无法清楚表达看到的现象和结论之间的推理过程。	对实验现象的描述正确。能比较清楚表达看到的现象和结论之间的推理过程，但只能找到一个角度。	对实验现象的描述正确。能从力和能的角度清楚表达看到的现象和结论之间的推理过程。

【教师小结】

表 3　学习活动 1 教师小结

现象的描述	现象的分析	认识的路径
通电导线运动	通电导线周围有磁场，导体由静止到运动，磁场力对导体做功使它的能量发生了变化。	运动状态变化 ↓ 受力 ↓ 力做功 ↓ 能量发生变化
锡纸球运动	带电金属球周围有电场，电场力对锡纸球做功使它的能量发生了变化。	
小灯泡发光	电磁炉中变化的磁场产生涡旋电场，涡旋电场力对小电荷做功形成电流，让小灯泡发光，产生电能。	

---

[1] 付鹏娟：《高中物理"教－学－评一体化"课堂教学探索——以"示波器的原理——带电粒子在电场中的偏转"为例》，见《物理通报》，2020 年第 4 期，第 36—41 页。

【学习活动2】归纳用物理语言描述场的方法。

【评价目标】能归纳物理学描述"场"的方法，体会这些方法都围绕力和能的角度描述。能建立不同描述方法间的联系。

【评价量表】

表4　学习活动2评价量表

水平一	水平二	水平三	水平四
在同学和老师的提醒下能完整总结描述场的各种方法。	能独立、完整地总结描述场的各种方法。	能独立、完整地总结描述场的各种方法。能找到各种方法间的联系。	能独立、完整地总结描述场的各种方法。能找到各种方法间的联系，并能从力和能的角度认识不同方法。

【教师小结】

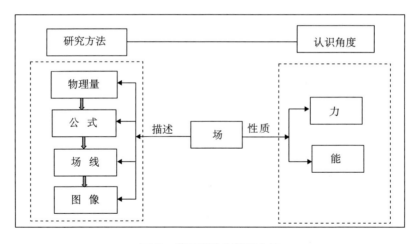

图2　学习活动2教师小结

【学习活动3】用不同的方法描述重力场。

【评价目标】能用不同的方法描述重力场，理解场的统一性。

【评价量表】

表5　学习活动3评价量表

水平一	水平二	水平三	水平四
不会通过和静电场类比，从"场"的视角认识重力的作用，不能建立"重力场强度"和"重力势"的概念。	能通过和静电场类比，从"场"的视角认识重力的作用，建立"重力场强度"和"重力势"的概念。	能通过和静电场类比，从"场"的视角认识重力的作用，并有意识从力和能的角度来描述重力场，建立"重力场强度"和"重力势"的概念。还能通过和匀强电场类比，画出重力场线。	能通过和静电场类比，从"场"的视角认识重力的作用，并有意识从力和能的角度来描述重力场，建立"重力场强度"和"重力势"的概念。还能通过和匀强电场类比，画出重力场线以及重力势随高度变化的图像。

【教师小结】

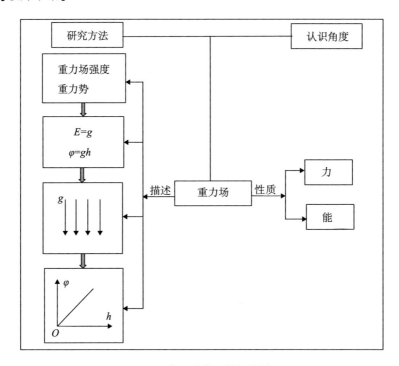

图3　学习活动3教师小结

【学习活动4】在学案上完成问题4：空间一为静电场，存在与 x 轴重合的电场线，电场的电势 φ 在 x 轴上的分布如图1所示，在 x 轴上释放一个带负电的粒子（不计重力），粒子将做什么运动？

【评价目标】能从力和能的角度选择合适的描述方法解决带电粒子运动的综合问题。

【评价量表】

表6 学习活动4评价量表

水平一	水平二	水平三	水平四
只能从 $\varphi-x$ 图像中寻找不完整信息。如随 x 增加，电势升高还是降低，电势升高的越来越快还是越来越慢等，因而不能对电子受力进行分析，无法正确描述电子的运动。	能从 $\varphi-x$ 图像中寻找完整信息。理解 $\varphi-x$ 图像斜率的物理意义。但不能对场的分布进行全面正确的描述，因而不能对电子受力进行完整的分析，使得正确分析电子整个运动过程受阻。	能从 $\varphi-x$ 图像中寻找完整信息，理解 $\varphi-x$ 图像斜率的物理意义。能对场的分布正确描述，对电子受力进行完整的分析，半定量分析电子整个运动过程，考虑到电子从 $x=0$ 处释放的特殊情况。但无法判断是什么样的静电场，不能用 $E-x$ 图像正确描述。	能从 $\varphi-x$ 图像中寻找完整信息，理解 $\varphi-x$ 图像斜率的物理意义。能对场的分布正确描述，对电子受力进行完整的分析，半定量分析电子整个运动过程，考虑到电子从 $x=0$ 处释放的特殊情况，并区别于简谐运动。能用 $E-x$ 图像正确描述静电场。

【教师小结】

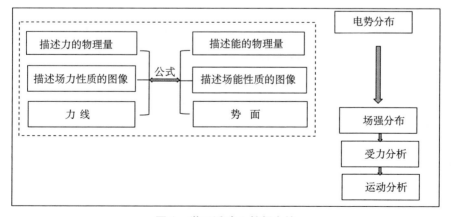

图4 学习活动4教师小结

【学习活动 5】画出涡旋电场的"电势"随空间位置变化的图像。

【评价目标】能从描述场的物理量"势"的角度理解场的多样性。

【评价量表】

表 7　学习活动 5 评价量表

水平一	水平二	水平三	水平四
画出错误的 $\varphi-x$ 图像。	无法画出 $\varphi-x$ 图像，但不能明确原因。	能从涡旋电场线闭合角度说明涡旋电场没有电势。	能从涡旋电场线闭合角度以及涡旋电场力做功与路径有关的角度说明涡旋电场没有电势。并能从有无"势"的角度把静电场、磁场和涡旋电场重新分类。

【教师小结】

采用不同的方法对场进行描述是由其性质决定的。例如研究实物粒子我们关注一个粒子运动情况的变化，因此通常会画粒子位置、速度、加速度随时间变化的图像。由于场可以布满整个空间，研究场更关注其空间分布，所以我们通常会画电场强度、电势随空间变化的图像。物理学主要研究物质及其相互作用，所以无论是实物粒子还是场，我们都要从其相互作用、运动还有能量的角度进行描述和研究。

三、结论

"教、学、评"一体化是指围绕目标，教师的教学、学生的学习以及教师对学生的评价组成一个有机的整体，"教与学""教与评""评与学"之间相互影响、彼此制约。要实现"教、学、评"一体化，教师不仅要把教的内容、学习活动、学习评价三个要素作为一个系统进行整体设计，而且要保证三要素内在的一致性。

本着围绕目标、评价先行的设计思想，"教、学、评"一体化课堂设计强调把握知识的整体结构，用核心概念引领，按照学习目标—学习评价—学习活动的顺序进行设计。其设计流程如图 5。

学习
目标
确定目标
（1）核心概念
（2）素养目标
学习
活动
活动设计
（1）驱动性任务
（2）问题框架
学习
评价
评价设计
（1）评价维度
（2）表现水平

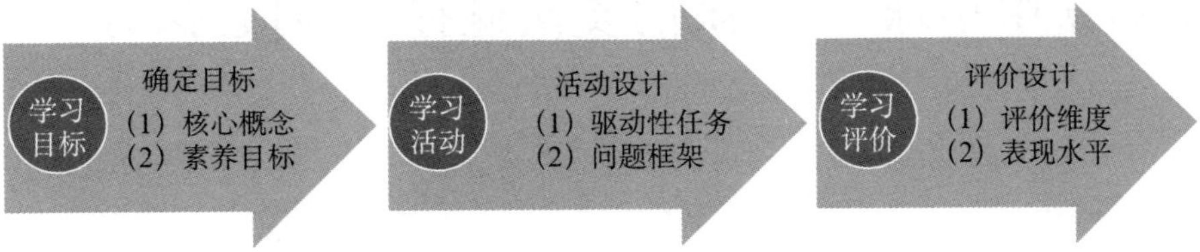

图5 “教、学、评”一体化课堂设计流程

牛顿摆中小球 "隐蔽的多次碰撞" 问题探讨

詹光奕

2020年北京物理等级性测试题目中，选择题第13题是牛顿摆问题，考查学生对碰撞、能量守恒、动量守恒的理解。初步分析题目，答案是D，但是对其中的多次碰撞的隐蔽问题详细推演后，发现A选项也是有可能的。

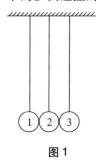

图1

13. 在同一竖直平面内，3个完全相同的小钢球（1号、2号、3号）悬挂于同一高度；静止时小球恰能接触且悬线平行，如图1所示。在下列实验中，悬线始终保持绷紧状态，碰撞均为对心正碰。以下分析正确的是（　　）。

A. 将1号移至高度h释放，碰撞后，观察到2号静止、3号摆至高度h。若2号换成质量不同的小钢球，重复上述实验，3号仍能摆至高度h

B. 将1、2号一起移至高度h释放，碰撞后，观察到1号静止，2、3号一起摆至高度h，释放后整个过程机械能和动量都守恒

C. 将右侧涂胶的1号移至高度h释放，1、2号碰撞后粘在一起，根据机械能守恒，3号仍能摆至高度h

D. 将1号和右侧涂胶的2号一起移至高度h释放，碰撞后，2、3号粘在一起向右运动，未能摆至高度h，释放后整个过程机械能和动量都不守恒

初步分析如下：A选项，1号与质量不同的2号相碰撞后，1号速度不为零，则2号获得的动能小于1号撞2号前瞬间的动能，所以2号与3号相碰撞后，3号获得的动能也小于1号撞2号前瞬间的动能，则3号不可能摆至高度h，故A错误；B选项，1、2号释放后，三小球之间h碰撞为弹性碰撞，且三小球组成的系统只有重力做功，所以系统的机械能守恒，但整个过程中，系统所受合外力不为零，所以系统动量不守恒，故B错误；C选项，1、2号碰撞后粘在一起，为完全非弹性碰撞，碰撞过程有机械能损失，所以1、2号再与3号相

碰后，3号获得的动能不足以使其摆至高度 h，故 C 错误；D 选项，碰撞后，2、3号粘在一起，为完全非弹性碰撞，碰撞过程有机械能损失，且整个过程中，系统所受合外力不为零，所以系统的机械能和动量都不守恒，故 D 正确。

进一步详细推演 A 选项中的"隐蔽的多次碰撞"：

设 1 号被拉起高度 h 由静止释放，回到最低点与 2 号碰前速度为 v_0，设以下的碰撞过程时间均极短，且为弹性碰撞。

碰撞过程一：1号碰2号，设碰后1、2号的速度分别为 v_1, v_2，则

$$m_1 v_0 = m_1 v_1 + m_2 v_2 \quad ①$$

$$\frac{1}{2} m_1 v_0^2 = \frac{1}{2} m_1 v_1^2 + \frac{1}{2} m_2 v_2^2 \quad ②$$

联立①②两式，可以解得 1 号和 2 号速度分别为

$$v_1 = \frac{m_1 - m_2}{m_1 + m_2} v_0 \quad ③$$

$$v_2 = \frac{2 m_1}{m_1 + m_2} v_0 \quad ④$$

碰撞过程二：2号碰3号，设碰后2、3号的速度分别为 v_2', v_3，同碰撞过程一的分析，可以得到 2 号和 3 号的速度分别为

$$v_2' = \frac{m_2 - m_3}{m_2 + m_3} v_2 = \frac{m_2 - m_3}{m_2 + m_3} \times \frac{2 m_1}{m_1 + m_2} v_0 \quad ⑤$$

$$v_3 = \frac{2 m_2}{m_2 + m_3} v_2 = \frac{2 m_2}{m_2 + m_3} \times \frac{2 m_1}{m_1 + m_2} v_0 \quad ⑥$$

碰撞过程三：2号与3号碰后若返回，则会与1号再碰撞，1号与2号再次碰撞后设速度分别为 v_1', v_2''，则

$$m_1 v_1 + m_2 v_2' = m_1 v_1' + m_2 v_2'' \quad ⑦$$

$$\frac{1}{2} m_1 v_1^2 + \frac{1}{2} m_2 v_2'^2 = \frac{1}{2} m_1 v_1'^2 + \frac{1}{2} m_2 v_2''^2 \quad ⑧$$

联立⑦⑧两式，可以解得 1 号和 2 号再次碰后速度分别为

$$v_1' = \frac{(m_1 - m_2) v_1 + 2 m_2 v_2'}{m_1 + m_2} \quad ⑨$$

$$v_2'' = \frac{(m_2 - m_1) v_2' + 2 m_1 v_1}{m_1 + m_2} \quad ⑩$$

分析等级性测试题目 13 题的 A 选项，可知欲使 3 号与 1 号等高，3 号质量又等于 1 号质量，则一定有 $v_1' = 0$，即

$$(m_1 - m_2) v_1 + 2 m_2 v_2' = 0$$

将③和⑤代入，又因为 $m_1 = m_3$，则上式可以变为

$$(m_1 - m_2)\frac{m_1 - m_2}{m_1 + m_2}v_0 + 2m_2\frac{m_2 - m_1}{m_2 + m_1} \times \frac{2m_1}{m_1 + m_2}v_0 = 0$$

整理可得

$$(m_1 - m_2) - 2m_2 \times \frac{2m_1}{m_1 + m_2} = 0$$

即

$$m_1^2 - m_2^2 - 4m_1 m_2 = 0$$

解得

$$m_1 = \frac{4m_2 + \sqrt{20m_2^2}}{2} = (2 + \sqrt{5})m_2$$

碰撞过程四：2 号碰 1 号后，1 号的速度变为零，若 2 号再次向右运动碰 3 号，设 2 号再次碰 3 号后，2 号和 3 号的速度分别为 v'''_2，v'_3，则同理可得

$$v'''_2 = \frac{(m_2 - m_3)v''_2 + 2m_3 v_3}{m_2 + m_3}$$

$$v'_3 = \frac{(m_3 - m_2)v_3 + 2m_2 v''_2}{m_2 + m_3}$$

若使 $v'''_2 = 0$，3 号可运动到与 1 号等高，则

$$(m_2 - m_3)v''_2 + 2m_3 v_3 = 0$$

将⑥和⑩代入，又因为 $m_1 = m_3$，则上式可以变为

$$(m_2 - m_1)\frac{(m_2 - m_1)v'_2 + 2m_1 v_1}{m_1 + m_2} + 2m_1 \frac{2m_2}{m_2 + m_1} \times \frac{2m_1}{m_1 + m_2}v_0 = 0$$

整理可得

$$(m_2 - m_1)^2 \frac{m_2 - m_1}{m_2 + m_1} \times \frac{2m_1}{m_1 + m_2}v_0 + 2m_1(m_2 - m_1)\frac{m_1 - m_2}{m_1 + m_2}v_0 + \frac{8m_1^2 m_2}{m_1 + m_2}v_0 = 0$$

再次整理可得

$$(m_2 - m_1)^3 - (m_2 - m_1)^2(m_1 + m_2) + 4m_1 m_2(m_1 + m_2) = 0$$

$$(m_2 - m_1)^2(m_2 - m_1 - m_1 - m_2) + 4m_1 m_2(m_1 + m_2) = 0$$

$$2m_2(m_1 + m_2) - (m_2 - m_1)^2 = 0$$

$$m_1^2 - m_2^2 - 4m_1 m_2 = 0$$

即

$$m_1 = (2 + \sqrt{5})m_2$$

由上述推导结果可知，当 $m_1 = m_3 = (2 + \sqrt{5})m_2$ 时，3 号理论上来说有可能上升到与 1 号等高度的位置。上述结果利用仿真实验室进行检验，如图 2 所示，和理论推导结果一致。

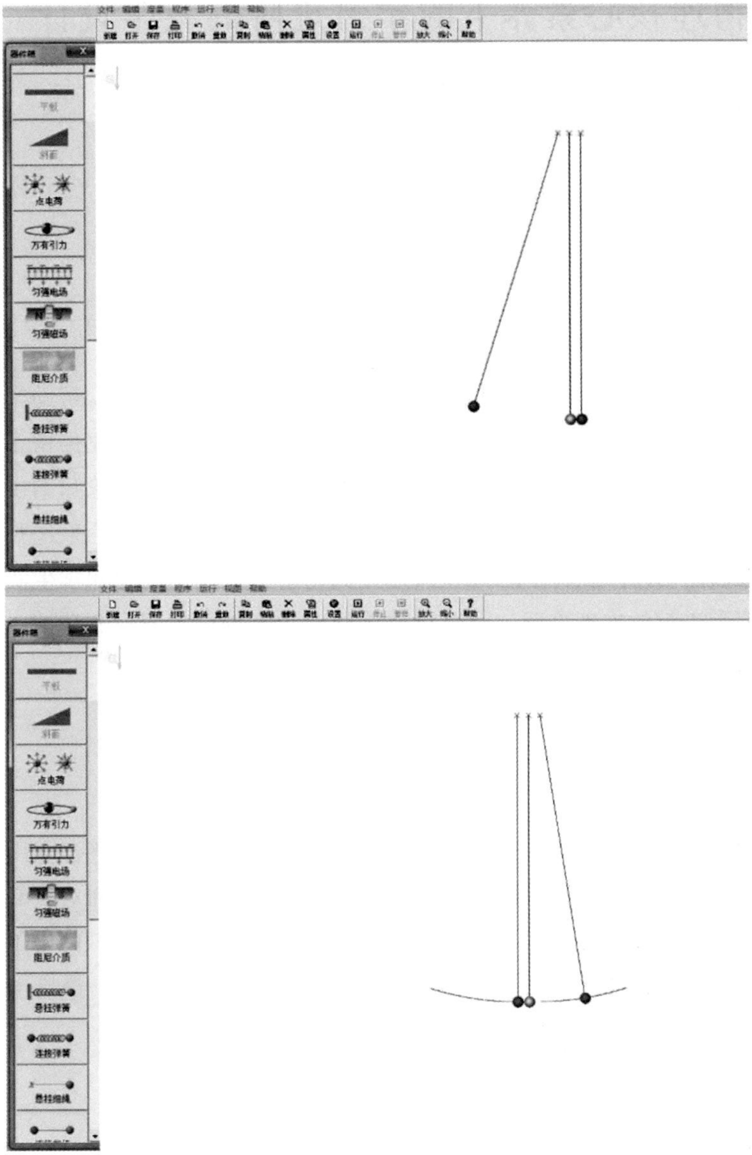

图 2

综上，2020 年北京物理等级性测试题目中选择题第 13 题，从理论上来说 A 选项也是有可能的。

基于物理核心素养下的学习进阶的教学设计

周革润

为了体现高中阶段学生探究产生感应电流条件的思维过程，帮助学生建构和理解磁通量及磁通量变化的概念，顺利完成从初中阶段学生仅停留在操作层面的认识——部分导体做切割磁感线运动，提升到高中阶段抽象归纳出本质原因——闭合回路的磁通量发生变化，这需要应用学习进阶的理论来进行教学设计，开展教学活动。在科学思维和探究方面，学生对演示实验和学生实验现象的产生原因进行的推理论证，可以有效培养学生合理做出假设和猜测、获得证据和分析证据、交流和表达科学探究结果的能力。

一、设计流程

按照学习进阶的理论——事实经验、映射、关联、系统、整合应用的五个环节来进行教学活动设计，通过学生积极参与一系列探究活动和对探究活动的思考，不断推动和发展学生思维，让学生将感应电流产生条件不仅仅单独与磁场变化、面积变化关联起来，而且进一步将二者同时建立关联，最后引入磁通量变化总结探究实验的结果。具体设计流程如下页图1。

基于物理核心素养下的学习进阶的教学设计

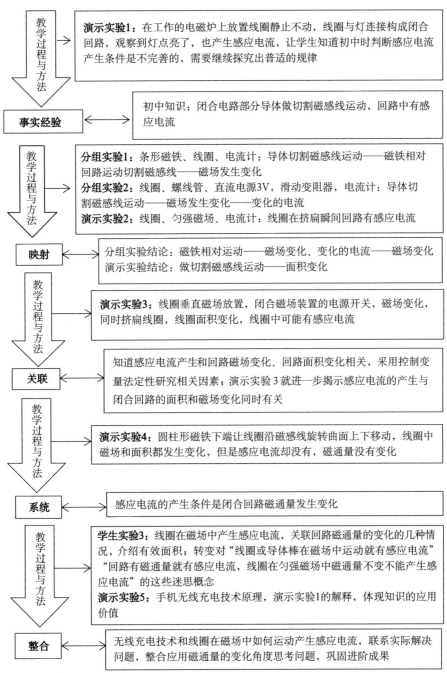

图 1

二、教学活动

(一) 教师活动 1

演示实验 1：电磁炉上放一个金属碗，导线与灯相连构成闭合回路，接通电磁炉，将部分导线绕成线圈放在电磁炉上静止不动，观察灯泡是否发光。

学生活动 1 观察实验现象思考原因。

活动说明：通过创设情境引导学生观察实验现象，通过现象引发认知冲突，激发学生的好奇心和学习热情，引出探究主题。学生意识到初中时从切割磁感线运动判断感应电流的产生条件不完善，不是普适规律，需要修正完善，找到本质原因。

(二) 教师活动 2

探究主题：产生感应电流的条件

学生分组实验 1：如图 2 所示，线圈、电流计、条形磁铁、导线两根。

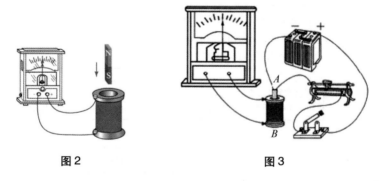

图 2　　　　　　　　图 3

学生分组实验 2：如图 3 所示，直流电源 3V、带铁心的螺线管、滑动变阻器、导线若干、电键、线圈、电流计。

问题 1：分组实验 1 用条形磁铁探究，分组实验 2 用通电螺线管探究。探究如何操作可以产生感应电流，你的实验结论是什么？

学生活动 2 学生根据探究方案自主进行实验探究，基于实验现象分析得出实验结论。

分组实验 1：将条形磁铁插入或者拔出大螺线管，或者将线圈套在条形磁铁外、线圈远离条形磁铁等。分组实验 2：开关闭合或断开，在开关闭合时移动滑动变阻器改变通电螺线管的电流大小，移动通电螺线管，改变螺线管与线圈的相对位置。学生结论：无论相对运动还是变化的电流，线圈中磁场发生变化。

活动说明：本环节是让学生完成从现象到本质的思考，从导体运动进阶到导体和磁场相对运动，从导体和磁场的相对位置发生变化进阶到线圈中磁场发生变化，从通电螺线管变化电流进阶到线圈中磁场发生变化，最终与磁场变化建立关联。

（三）教师活动3

问题2：线圈与电流计连接成闭合回路，闭合产生匀强磁场的装置的电源开关，你会看到什么现象，为什么会出现这一现象？如果挤扁线圈，此过程线圈回路有感应电流吗，理由是什么？

问题3：线圈在磁场中切割磁感线运动就一定会有感应电流吗？线圈在匀强磁场区域内整体平动切割磁感线，你看到了电流计指针偏转吗？说明切割磁感线运动不是感应电流产生的根本原因，根本原因是什么发生了变化？

演示实验2：如图4所示，线圈与电流计连接成闭合回路，在匀强磁场内，挤扁线圈的过程中，回路有感应电流。

学生活动3 分析论证实验结果并观察实验现象确认。依据线圈切割磁感线运动，判断有感应电流。通过观察对比线圈整体平动切割实验说明"切割磁感线"不是产生感应电流的

图4

本质。依据实验过程挤扁线圈，想到线圈的形状发生改变，即回路面积发生变化。

活动说明：通过观察磁场不变、回路面积发生变化，闭合回路产生感应电流，引导学生从切割磁感线运动进阶到回路面积发生变化，从而将闭合回路产生感应电流的条件与磁场发生变化、面积发生变化两个因素建立关联。

（四）教师活动4

问题4：我们用控制变量法研究了 B 变化、S 不变，B 不变、S 变化，闭合回路产生了感应电流，大家还想探究什么情况下，闭合回路能产生感应电流？提出你的实验方案并猜想实验结论？

问题5：感应电流的产生不仅仅与回路面积变化、磁场变化两因素有关联，

而且应该是二者同时共同作用的结果，能找到一个物理量来兼顾这两个因素？能用最简洁的语言概括一下：产生感应电流的条件到底是什么？

问题6：闭合回路 B、S 都发生变化，一定有感应电流吗？为什么？

演示实验3：将产生磁场的电源开关闭合瞬间，同时把线圈挤扁，线圈中有感应电流。

演示实验4：如图5所示，将线圈套在曲面下部，将线圈沿曲面向上移动，线圈内磁感强度变大、面积变小，无感应电流。

图5

学生活动4 学生观察实验现象，分析归纳总结产生感应电流的条件。依据与磁场、面积变化同时有关，学生猜想是闭合回路的磁通量发生变化。对演示实验4的解释，基于磁感线分布的立体模型理解线圈的磁通量不变，形成从磁通量变化的角度分析是否产生感应电流。

活动说明：推理感应电流的产生条件的共同特征，从个别到一般，从现象到本质，帮助学生意识到磁通量变化是产生感应电流的条件。通过演示实验磁场变化，面积变化，闭合回路的磁通量不变，没有感应电流，验证结论的正确性。

（五）教师活动5

问题7：利用实验装置，你还可以有哪些操作也能产生感应电流？

问题8：线圈放在电磁炉上，为什么线圈有感应电流？猜测一下：具有无线充电功能的手机内部一定会有什么？这是打开手机后壳的图片，看到了多匝铜质线圈，现在能想到无线充电的原理吗？你能想到无线充电器内部一定会有什么？

演示实验5：手机无线充电过程。展示打开手机后壳的图片，让学生看到线圈。将手机上拆下的线圈与小灯泡连接成闭合回路，放置在无线充电器上，如图6所示，发现灯泡点亮，验证猜想。

图6

学生活动5 学生分析、推理实验现象产生的原因。根据探究结论想到线圈磁通量发生变化，电磁炉产生了变化磁场。学生分析手机无线充电的原理。

学生实验3 学生操作线圈在磁场中运动产生感应电流并解释原因。

活动说明： 通过对实际生活中无线充电技术的逐步剖析，让学生认识到其工作原理，充电装置利用线圈通交流电产生变化磁场，接收装置内置线圈因磁通量变化产生感应电流，体现知识应用和服务生活的价值。

三、活动总结

1. 基于物理学科素养的有效渗透，要为学生的学习营造一个利于学习的生态环境。在具体教学活动中，注重学生间平等民主，互动合作，自主探究，从"接受型教学"向"质疑型教学"转变。本节教学设计以教学活动中的8个问题为纽带，让学习真实地发生，创建了一个有利于学生学习的生态环境，教师和学生活动是交互式的，帮助学生形成抽象思维，发展学生的发散思维和批判性思维。这样学生改变了以往盲目的接受型思维习惯，激发学习欲望并不断思考，在探究的过程中培养学生自主获取知识和运用知识解决问题的能力，发展学生思维能力和创新能力，以问题、询问为基础的学习就属于深度学习方式。

2. 基于物理学科素养的有效渗透，要培养学生成为拥有"主体性觉悟"的"探究者"，而不是"记忆者"。在具体教学活动中，通过探究活动的实施，让师生成为"探究的共同体"，通过课堂的交互作用与探索思考，让师生成为"学习的共同体"，合作学习能够提高学生的参与度和学习效率，陪伴学生自主学习的同时关注学生学习过程和辅助学生顺利实现学习进阶。本节课通过精心设计的3个学生实验和5个演示实验活动，让学生自主思考，积极推动学生科学思维的发展，抓住学生的原有认知，通过探究实验和演示实验的现象来分析背后的原因，从具体到抽象，实现物理逻辑思维的连贯性和进阶性。在学生活动中，不断重复"描述实验现象—总结规律—解释原因"的科学研究的三个环节，帮助学生从现象走到本质，如何观察和研究现象，找到发生现象的原因。这是在发挥物理学科科学育人的功能，用科学方法来探究问题，在解决问题中理解方法，获得知识，培养学生的归纳和科学推理能力。学生收获的不仅仅是知识层面，也有科学探究的方法，为学生后续学习和持续发展奠定基础，这正是学生应具备的能够适应终生发展需要的关键能力，是实实在在培养学生的核心素养。

3. 基于物理学科素养的有效渗透，要重视物理实验的设计与研发。物理学科是一门以实验为基础的自然学科，要重视实验研究，演示实验和分组实验以探究性实验为主，引导学生思考实验背后的原因。加强实验研究，可以改变教学方式，借助实验帮助学生建构概念、学会抽象思维、理解规律。学会将物理知识联系生活实际，用物理视角分析生活现象，让学生知道物理有用，有趣，这是加深概念和理解规律的有效方法，发展和培养学生的核心素养。

古诗词在初中物理教学中的应用研究[①]

胡雪兵

一、问题的提出

（一）选题缘由

1. 方针政策的要求

我国《国家中长期教育改革和发展规划纲要（2010—2020年）》明确指出"要加强中华民族优秀文化传统教育"。2014年教育部发布《完善中华优秀传统文化教育指导纲要》，要求进一步加强新形势下中华优秀传统文化教育。

2. 素质教育的要求

素质教育对人才的培养提出了科学素养与人文素养兼备的新目标，物理学是学生科学素养的关键成分，而学习和欣赏古诗词对每个人在人文素质方面的提高很有帮助。

著名物理学家杨振宁曾引用诗句"性灵出万象，风骨超常伦"来描述狄拉克方程和反粒子理论，由此可见，诗词歌赋与物理学有着和谐而统一之处。

3. 文理融通的需要

早在20世纪初，蔡元培先生就高瞻远瞩地提出了要在大学教育中"融通文理"。在21世纪的今天，自然科学与人文社会科学从研究对象到研究方法正日益交叉结合，科学技术与社会愈来愈紧密地联系在一起，这些都说明：文理交融应当成为时代的潮流。将古诗词应用于物理教学正是这一时代潮流的需要。

4. 学生兴趣的需要

为了在传承古代文化的同时获益隐藏其中的物理知识，为了保证研究的科学性和针对性，课题组对初三139名学生做了问卷调查，回收试卷137份，其

[①] 北京市教育科学"十三五"一般课题"古诗词在初中物理教学中的应用研究"，课题负责人：胡雪兵。

中有 48.97% 的学生对古诗词比较感兴趣，有 42.53% 的学生对物理比较感兴趣；97.81% 的学生认为古诗词对学习物理是有帮助的，48.18% 的学生非常愿意、26.28% 的学生比较愿意利用古诗词来学习物理知识。

基于以上原因，本课题组提出了"古诗词在初中物理教学中的应用研究"课题。

（二）研究意义

1. 有利于增强学习物理的兴趣

将物理知识渗透在我国优秀的古诗词中讲解，有利于激发学生学习兴趣，有利于提高物理课堂效率。

2. 有利于语文和物理学科的融合

将物理知识渗透在我国优秀的古诗词中讲解，有助于融通语文和物理知识，对于学生的古典文学审美能力和对物理知识的深刻理解都具有促进作用。

3. 有利于学生核心素养的形成

将物理知识渗透在古诗词中讲解，是可以同时满足课程标准要求和学生自身发展需要的一种教学方法，对学生学习活动的多方因素都有良好的促进作用，有利于学生核心素养的形成。

二、研究设计

（一）研究目标

1. 整理古诗词并形成以物理知识为专题划分的诗词库

将初中物理的每一部分内容都配上相应的古诗词，这些古诗词首先在小学六年和初中三年的语文课本中选取，其次在课本以外的优秀古诗词中选取。并将这些古诗词按照物理学力、热、光、电四部分内容进行分类形成诗词库。

2. 探索出古诗词在初中物理教学中的应用策略

探索古诗词在"课堂引入""新课讲授""课后巩固"三个环节的应用策略。

（二）研究内容

1. 古诗词中蕴含物理知识的分类研究

（1）整理中小学语文课本中蕴含物理知识的古诗词，并将其按物理知识体系分类。

（2）没有在语文课本中找到对应古诗词的物理知识，在课本以外的优秀古诗词中选取与之对应的古诗词。

2. 古诗词在初中物理教学中应用策略的研究

（1）古诗词在"课堂引入"环节中应用策略的研究。

（2）古诗词在"新课讲授"环节中应用策略的研究。

（3）古诗词在"课后巩固"环节中应用策略的研究。

3. 古诗词的应用对学生学习物理的兴趣和跨学科解决问题能力的研究

研究前后，通过调查问卷分析古诗词的应用是否可以提高学生学习物理的兴趣，提升学生跨学科解决问题的能力。

（三）研究方法

1. 文献法：查阅文献，围绕关键词整理相关资料，分析归纳形成本课题的研究基本理论框架。

2. 行动研究法：在研究的过程中，根据学生的学习情况不断调整古诗词在初中物理教学中的应用策略。

3. 调查法：在研究前、后，通过调查问卷调查古诗词的应用是否能提高学生学习物理的兴趣以及跨学科问题的解决能力。

三、研究的实施过程

（一）在物理学习中古诗词应用情况的调查研究

1. 调查时间

2017 年 11 月 6 日。

2. 调查对象

榆垡中学初三年级全体学生。

3. 调查内容

学生问卷主要从个人对诗词的兴趣，对"物理诗词"的了解和认识，对诗词中蕴含物理知识的掌握情况三方面进行调查，以期能够正确全面地把握诗词在初中生物理学习中的使用现状。

4. 调查方法

问卷调查法。

5. 统计工具

本次调查使用的是课题组自行研制的问卷，借助问卷星统计软件对测评数据进行统计与分析，数据分析具有科学性。

6. 调查步骤

（1）设计试卷（2017年10月）

（2）发放与回收试卷（2017年11月初）

（3）统计、分析数据（2017年11月中旬）

（4）撰写报告（2017年11月下旬）

（二）古诗词分类整理的研究

初步整理蕴含物理知识的古诗词，整理的内容为：诗句、出处和作者、原意、诗句中蕴含的物理知识，并将其按力、热、声、光、电的知识体系分类。

（三）古诗词在初中物理教学中的应用策略研究

诗词中对物理现象的描述还是相当精准与形象的，有的例子浅显易懂，适合于新课的导入；有的例子属于对知识点的拓展，适合于对知识的巩固与应用，可以根据不同的需要灵活选择诗例来帮助学生对物理知识点的理解与学习。

课题组根据诗句的特点，将诗句应用于"课堂引入""新课讲授"和"课后巩固"三个环节，并初步确立了各个环节的应用策略。

四、研究成果

（一）在物理学习中古诗词应用情况的调查结果

1. 结论

通过学生问卷调查分析的结果，得出以下结论：

（1）绝大多数学生愿意通过古诗词来学习物理知识。

（2）教师没有充分重视古诗词在物理教学中的应用。

（3）学生对古诗词在物理学习中的使用不够熟悉，主要原因是由于无处索取系统汇总的古诗词实例。

（4）古诗词融入初中物理课堂的现状不容乐观，种种原因使这种新颖别致的教学手段没有得以普遍的应用。

2. 建议

为了更好地将古诗词融入物理教学中，对能够体现初中物理知识的诗词进行整理、总结，设计并实践在物理教学中引入古诗词的具体教学案例。

（二）整理蕴含物理知识的古诗词，并将其按物理知识体系分类

下面以力、热、光、电各举一例说明。

1. 力学

古人对于力的原理并不一定明白，但是却对力的作用效果根据自身的生活经验给出了生动形象的描述。熟悉背诵这些诗句，同时弄清其中包含的物理知识，当然学习效果会更好，下面举一例说明。

诗句：洞中方一日，世上已千年。

出处和作者：《志林》，虞喜。

原意：在这儿待一天，而外界的变化就像是过了一千年。

诗句中的物理知识：从物理的角度分析，此诗句包含有狭义相对论这样非常抽象的知识。如果我们单纯地对狭义相对论进行讲述会发现学生理解起来十分困难，可以引导学生这样理解：如果在飞行速度接近光速的宇宙飞船中飞行，那么时光的流逝就会变慢，如此在飞船这个"洞"里待一天，地球上已经过了好多年。其中包含的物理知识属于狭义相对论范畴，同一物体的运动进程在同一个惯性系中是同时的；但是相对论认为在 A 惯性系中同时发生的两件事，在 B 惯性系中可能不同步。广义相对论中认为在非惯性系中时空不均匀，也就是即使在同一个非惯性系统内，同一个物理进程也具有不同时性。这就是说静止的钟比运动的钟走得快。

2. 热学

古人对热现象的认识大部分是对生活和生产经验的总结，虽然没有将这些现象上升到理论的高度，但是对各种热现象的叙述是十分精准的，下面举一例说明。

诗句：又被兰膏香染，色深沉。

出处和作者：《南歌子》，张元干。

原意：梳子被美人头上的发乳日积月累得染上了香味，颜色也变深了。

诗句中的物理知识：由于梳子经常来梳理头发，头发上的兰膏与梳子经常摩擦接触，这种润发油上的分子便扩散至梳子上，日积月累浓度变大，使梳子本身也散发出香味，颜色也改变了。

最常见的扩散现象可能就要属花香了，山中、水中和路边，各种鲜花各种气味都是因为分子的热运动才能被人闻到；而最后一例中梳子被香脂染上了香味，而且颜色也变深了，是液体与固体之间发生的一种扩散现象。

3. 光学

光现象是极易被观察到的，即使我国的古人当时并不了解光的本质是什么？各种光现象的原理是什么？但是，古人们早已注意到了这些现象，古代诗歌中对于光的描写众多，下面具体举一例说明。

诗句：举杯邀明月，对影成三人。

出处和作者：《月下独酌》，李白。

原意：举杯向天，邀请明月，与我的影子相对，便成了三人。这里成三人有三种看法，（1）是明月，李白和影子；（2）李白与地上的影子以及酒杯里面的影子；（3）其实只是李白心情太过惆怅、唏嘘。一人孤独，二人冷清，醉酒后眼观影成多像，竟成三人。故一人独酌，呈三人聚，但众所周知，高人作诗，灵感一到，张口即来，古诗词里面，这样的手法无非是想更加突出主人公的孤独。大家广泛认可的是前者。

诗句中的物理知识：通过对人、影子以及月亮之间的关系描写将孤独、寂寞、举目无亲友的心情表达得活灵活现，千百年后读者读来仍感同身受。从物理现象上说是影子的形成原理，在光照到不透明的物体上（诗人李白）时，物体向光的表面被照亮，在物体背光的一面就会形成一片黑色的区域，就是物体的影子。在讲述光的传播现象时将这句古诗穿插其中，可为学生枯燥难懂的物理知识学习过程增添别样的情趣。

4. 电学

古人没有应用电的技术，所以描写电学现象的诗词很少，课题组查阅了大量古诗词，仅找到了一些与闪电有关的诗句，看来我们的先人早就注意到闪电这一自然现象了，只是没有加以利用而已，下面举一例说明。

诗句：欻如飞电来，隐若白虹起。

出处和作者：《望庐山瀑布二首》，李白。

原意：来时的速度像飞来的闪电，隐藏的时候又像日月周围产生的白色晕圈。

诗句中的物理知识：闪电是一种自然放电现象，气流在云中会因为水分子的摩擦和分解产生静电。这些电分两种：一种是带有正电荷粒子的正电，一种是带有负电荷粒子的负电。正负电荷会相互吸引，就像磁铁一样。正电荷在云的上端，负电荷在云的下端吸引地面上的正电荷。云和地面之间的空气都是绝缘体，会阻止两极电荷的电流通过。当雷雨云里的电荷和地面上的电荷变得足够强时，两部分的电荷会冲破空气的阻碍相接触形成强大的电流，正电荷与负电荷就此相接触。当这些异性电荷相遇时便会产生中和作用，即放电现象，激烈的电荷中和作用会放出大量的光和热，这些放出的光就形成了闪电。

（三）确定古诗词在初中物理教学中的应用策略

古典诗词的渗透需要教师做到及时、适时与准确，即在每一个适合渗透古典诗词的物理教学环节中，教师均要不遗余力地进行精妙渗透，激发学生学习物理的兴趣。

1. 古诗词在"课堂引入"环节中的应用策略

良好的课堂导入能为构建高效物理课堂奠定基调，因而教师通过诗意盎然、意境幽远的诗词进行教学导入，吸引学生的有意注意十分必要和重要。鉴于此，教师要基于教学内容与学生学习兴趣进行古典诗词导入。

策略一：应用古诗词营造提问情境引入新课。

策略二：应用诗词朗诵或诗词歌曲营造学习氛围引入新课。

注意："课堂引入"环节中应用的古诗词，只做简单解释或不解释，待"新课讲授"环节完成后，再运用物理知识做详细解释。

例如：在"光的直线传播"教学中，教师便可以利用诗词进行如下导入：谁伴明窗独坐，和我影儿两个。灯烬欲眠时，影也把人抛躲。（可以多媒体直接展示诗句、可以用诗朗诵的形式展示诗句、可以用歌曲的形式展示诗句）这些诗对大家来说并不陌生，里面提到了日常生活中常见的物理现象——影子。学生可以闭上眼睛，想象一下诗歌所营造的意境，大家在生活中见到过类似的情境吗？待学生兴致勃勃地讨论后，教师可以接着提问："生活中为什么会有影子呢？光是如何传播的呢……让我来学习有关'光源'的一些物理知识。"很显然，诗词导入极大激发了学生的学习兴趣。

2. 古诗词在"新课讲授"环节中的应用策略

在物理课堂中，学生们总感觉物理难学，教师也一致认为物理难教。这主要是因为中学物理中存在很多的概念、规律及公式。如果教师们在课堂中不加入一些新的元素来辅助课堂教学，只是一味地讲解物理概念和规律，这难免会让学生感觉枯燥，使课堂失去活跃的气氛。面对该种情况，作为教师就要让该节课具有趣味性、新颖性，这样才能吸引学生的眼球，使学生们能够回归到课堂中。于是教师可以通过古诗词这一新的元素帮助学生们理解物理概念和规律。

策略一：应用古诗词营造提问情境，帮助学生理解物理概念和规律。

策略二：应用古诗词营造学习氛围，帮助学生理解物理概念和规律。

注意："新课讲授"环节中应用的古诗词，要及时运用物理知识做详细说明。

例如：在讲到流体压强与流速的关系时，教师可以用此知识点来解释杜甫的《茅屋为秋风所破歌》中的"八月秋高风怒号，卷我屋上三重茅"的原因是：茅屋里面空气的流速慢，压强大，茅屋顶面上的空气流速快，压强小，因此茅屋里面与茅屋顶面上就形成巨大的压强差，屋上的茅草就被风无情地卷走了。这样不仅活跃了课堂的气氛，而且还能够加深学生们对流体压强与流速关系的理解。

3. 古诗词在"课后巩固"环节中的应用策略

在初中物理教学中，古典诗词的融入无处不在，它不仅体现在课堂教学上，还体现在课下作业布置上。通过作业布置的方式融入古典诗词，不仅能最大限度巩固学生所学的物理知识，使得巩固练习更加趣味生动，避免了单纯物理习题的枯燥与乏味，能达到良好的物理学习效果。

策略一：教师精选与本节课所学内容相关的诗词，让学生分析诗词中蕴含了哪些物理知识。

策略二：学生精选与本节课所学内容相关的诗词，并分析出诗词中蕴含了哪些物理知识。

注意：（1）要选择最能体现物理课堂知识的古典诗词，即精选物理诗词，不能敷衍了事。

（2）古诗词作业布置要与一般作业布置相融合，相促进，共同服务于学生的物理学习。

例如：在"光现象"单元教学结束之后，教师可以为学生进行单元知识作业设置，整个测试题目中，既要包括光的直线传播、光的反射、光的折射等各个小章节的基础知识，还要包括蕴含诗词的题型。

以下诗词体现了何种光的现象？"重重观阁，横枕鳌峰，水面倒衔仓石""独夜背纱笼，影著纤腰画"。前者是"光的反射"，后者是"光的传播"。这样就做到了诗词作业布置与一般作业布置的结合。

"水溶液中离子行为"的单元教学中核心概念的建构

陈 争

新课程改革已进行了十多年,中学化学教学模式和教学策略已有了非常大的改变,课堂更加注重知识给出的方式、教学情景的设置以及学生活动的设计,这些改变都使中学化学课堂充满了活力。但是随着我们不断地学习国外先进的教育教学理论以及对外交流,发现我们的课堂教学中缺少对单元教学的整合,缺少对内在的永恒不变的能够留在学生的未来和生活中的化学思想的探寻。近几年英美各国的科学教育都偏重于核心概念(big idea)的教学,有的时候也被称为理解力培养的教学。

核心概念是一门学科的核心思想。它居于学科中心,具有超越课堂之外的持久价值和迁移价值;核心概念不是具体的知识,是对知识和事实的高度概括,并揭示学科最本质的研究方法,蕴含丰富的学科思想。

核心概念教学认为科学教学应该围绕学科的核心概念展开,让学生学习的重心从记忆事实转移到理解可迁移的核心概念和对更为根本的知识结构进行深层的理解。这种教学观点对教师提出了新的挑战——如何进行核心概念教学?

在教学过程中经常会出现学生在学完了一节、一个单元甚至一本书之后,还不能够理解知识之间的联系,以及如何在解决问题的时候检索有用的知识。书中的"概念"只具有可记忆性,学生流于学习"被记忆的知识",而不是在分析问题的时候能够利用的知识和概念。

经过对高二化学反应原理模块的教学实践,笔者认为在教学中对学生理解力的培养,可以从以下两方面进行研究。

第一,要对一个单元的教学内容进行整合和分析,确定本单元的核心概念。

第二,要采取有效的框架式问题驱动的方式促使学生在解决问题的过程中主动建构核心概念。

下面以"水溶液中离子行为"一章的单元教学为例进行探讨。

一、"水溶液中离子行为"核心概念的确定

（一）分析本单元教学内容的教学价值

学生在必修阶段形成的对离子反应的认识是表面的，多停留在宏观、定性、孤立、静态的层面上，对离子反应的本质缺乏足够的理解。学生了解离子反应在自然界是广泛存在的，离子反应的发生往往伴随着沉淀、气体或弱电解质的生成。还有一些规律，比如强酸制弱酸，微溶物可以制不溶物等。而他们对这些规律和现象的认识，仅停留在对物质及其性质的认知层面，不能将微粒、平衡移动和宏观现象联系起来分析。

如何帮助学生在宏观现象和微观解释之间建立有意义的联结，让学生对水溶液中的离子行为的认识从定性到定量，对离子反应的认识从表层到本质；并学会分析、预测、控制离子反应，实现从理论向实际的认知跨越；正是"水溶液中离子行为"一章需要实现的教学功能。

（二）实现教学价值必须确定本单元的核心概念

核心概念应该揭示教材知识中一般概念之间的内在联系。通过分析教材知道，水溶液中的离子平衡种类之间存在一定的关联性，水的电离平衡决定了氢离子浓度和氢氧根离子浓度的乘积是一个定值；弱酸的电离平衡使氢离子浓度和多数阴离子浓度建立定量的联系；弱碱的沉淀溶解平衡又使氢氧根离子浓度和多数阳离子浓度可建立定量的联系。而各种类型的平衡都受平衡常数的制约。

水溶液各种离子之间的相互制约关系可用图1定性地表示：

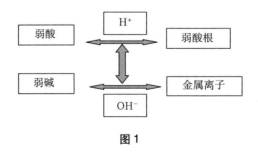

图1

在教学过程中我们发现，虽然人民教育出版社教材对平衡常数的计算要求不高，但是理解平衡常数的数值大小的含义，对学生学习化学平衡移动，并能

够将其应用于解决实际生产生活中的问题却具有重要的意义。所以，在学习本单元的过程中，将终极目标定位于学生对平衡常数的理解，以及能够应用平衡常数的数值对实际问题进行分析，是提高学生思维能力的根本。

所以笔者将本章的核心概念确定为：水溶液中的离子存在多种平衡，而平衡常数的定量制约着水溶液中离子行为的变化存在一定的顺序。引领学生掌握这个规律，可以帮助他们预测和控制离子反应。

（三）明确核心概念和教材中的一般概念之间的联系

在"水溶液中离子行为"一章中的一般概念和核心概念之间的关系可由图2加以说明。

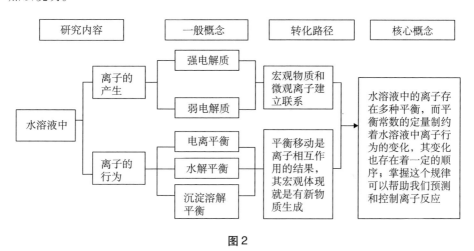

图2

抓住本章的重点，解决离子间存在的平衡种类之间的关联性，我们发现溶液中氢离子和氢氧根离子的浓度对溶液中其他离子存在状况的影响是很大的，从宏观上表现出来的就是pH值对在水溶液中其他离子的影响是很大的。所以如果以溶液pH值的研究为契机来学习水溶液中的离子行为，将能够有效地实现学生从宏观进入微观，并且在平衡理论的指导下，可以抽象出微观粒子的行为模型，并把不可见的微观行为，用宏观的可测量的数值表征出来。所以，借助pH值这个桥梁，实现宏观微观的转化和解释是很有意义的。

二、利用有效的框架式问题驱动的方式促使学生在解决问题的过程中主动建构核心概念

通常驱动性问题具有一定的综合性。为了最终能够促使学生理解平衡与平衡移动的意义并能将问题解决，需要对学生的思维发展过程进一步解构。可以将学生的思维发展过程分成三个级别，由教师设计三个级别中的问题，并引领学生解决这一问题链，形成对总的驱动性问题的认识，最终达成对平衡研究的意义的认识。

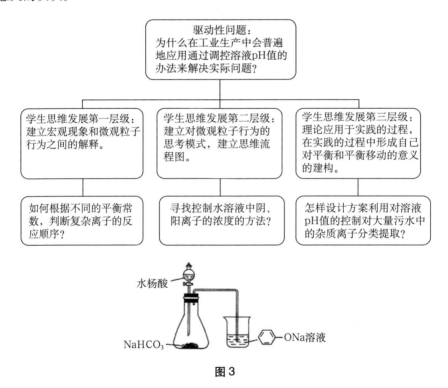

图3

（一）如何让学生建立宏观现象和微观解释之间的联系，能够根据平衡常数的不同，判断复杂离子的反应顺序？

这个目标的达成需要经过学生的认识从课本中熟知的反应，过渡到对未知的反应现象的预测。在预测的过程中，不是盲目的，需要学生主动寻找理论的依据以支持自己的判断。这时就需要借助平衡常数的数据。教师可以设计一个简单的实验。

活动 1：如何预测该实验装置中可能发生的实验现象？

当学生认识到平衡常数可以帮助人们预测化学反应的发生这个功能后，就要应用平衡常数解释，为什么溶液中微粒种类不同，会导致水溶液中的 pH 值改变？改变的程度又和什么定量的数据有关呢？

活动 2：相同温度下为什么等浓度的下列溶液 pH 值不同？

溶液	CH_3COONa	$NaHCO_3$	Na_2CO_3	NaClO	NaCN
pH 值	8.8	9.7	11.6	10.3	11.1

在学生认识到水溶液的 pH 值和平衡常数具有密不可分的关系后，进一步认识盐溶液的 pH 值和其对应的酸的电离能力密切相关（由该酸的电离平衡常数决定）。所以，这些相互关联的知识都可以作为证据来预测化学反应是否能够发生。

活动 3：判断下列反应是否能发生。

$CO_2 + H_2O + 2\ NaClO = Na_2CO_3 + 2HClO$

$CO_2 + H_2O + NaClO = NaHCO_3 + HClO$

$CH_3COOH + NaCN = CH_3COOH + HCN$

$NaClO + CH_3COOH = HClO + CH_3COONa$

通过上述三个不同层次的活动，让学生了解：水溶液中弱酸存在电离平衡；不同的酸平衡常数不同；而平衡常数的大小代表着弱酸电离的能力差异，也可以代表弱酸根离子结合氢离子的能力差异。利用平衡常数的比较，可以帮助我们预测离子反应是否发生，同时也可以用于控制氢离子的量及溶液中弱酸根离子的含量，从而建立微观离子行为思考模式。

在这个层次中应该实现学生对学习化学平衡理论的重要意义的认识。因为化学就是在分子、原子层面上研究物质变化的一门科学。而平衡理论为我们揭示了许多化学变化的本质，使人们可以预测化学反应、控制化学反应。

（二）能否建立对水溶液中的微观离子行为的思考模式，寻找控制水溶液中阳离子的浓度的方法？

这个问题的设计意图是让学生把上一个活动中初步建立的微观离子行为思考模式，迁移应用到分析水溶液中阳离子的浓度上来，进而使这种思考模式有序化，并内化为学生自觉的思考习惯。

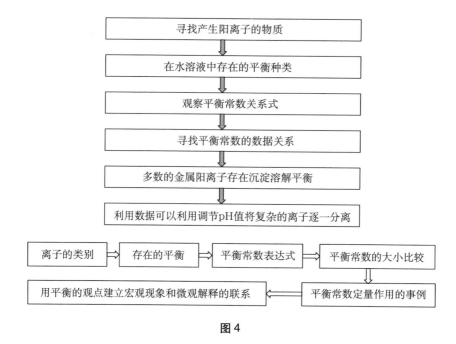

图 4

学生在解决上述两个问题的过程中，充分体会到溶液 pH 值是如何定性调控阴阳离子浓度的。然而这只是停留在理论上。如果能让学生解决一个实际问题，他们能够更好地理解溶液 pH 值的调控在生活、生产和科学研究中的重要作用。

（三）利用实验设计和操作，来检验所学习的理论在转化成实践的过程中是否有良好的思维模式和图形转化的能力

工业污水治理过程中，能否设计方案将大量污水中的杂质离子分类提取并加以利用？

比如我们会在活动中为学生提供配制好的模拟工业废水。学生要从 pH 值的信息判断污水中可能存在的离子种类。通过实验对模拟污水的样本进行处理（污水中阳离子浓度均为 0.1mol/L），将离子实现有效的分离，并制作实验报告，将在实验前对调节 pH 值使用的 0.1mol/L 的氢氧化钠的加入量，与溶液 pH 值的变化趋势用图像表示出来。

例1：提供给学生以辅助实验设计的资料

污水中的杂质离子可能是？

| 阳离子 | Fe^{3+} | Al^{3+} | Mg^{2+} |
| 阴离子 | Cl^- | CO_3^{2-} | SiO_3^{2-} |

污水不断涌出，水量每小时达数吨。
pH值约为1（假设可能存在的离子都有）

水溶液中离子沉淀是否完全？判据是离子浓度是否低于10^{-5}mol/L。当溶液中pH值达到某数值时，利用沉淀溶解平衡常数的关系式，可以判断金属阳离子的浓度大小。

当溶液中大量存在可以生成沉淀的金属离子时，溶液的pH值不会随加入的氢氧化钠的量发生大的变化。但是这种离子沉淀完全后，加入一滴氢氧化钠，就会带来pH值较大的变化。这样的变化，类似于酸碱滴定突跃。而工业上就可以利用这一特点，通过调节pH值并监测其突跃的变化，对污水或者矿石中的复杂离子进行逐一分离。

例2：学生画出的随着氢氧化钠的加入，溶液pH的变化趋势示意图。

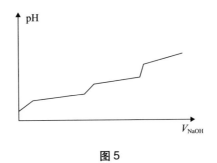

图5

通过实施上述活动，可以让学生认识到，离子反应的发生从宏观上看是有新物质生成，而其具体表现是有沉淀、气体，或弱电解质的生成。但是究其本质是水溶液中的离子存在多种平衡，在一定条件下平衡被打破，平衡移动建立新平衡的过程中，就会有一些宏观的表现。这就是上述的实验现象表明的事实。化学是研究物质和变化的科学，要不断运用科学的研究方法创造新的物质。我们学习化学的目的不是学习单纯的化学知识，更重要的是学习研究的方法，能够利用化学反应原理从本质上分析问题，并能够利用科学规律解决实际问题。

回顾本单元的核心概念：水溶液中的离子存在多种平衡，而平衡常数的定量制约着水溶液中离子行为的变化存在一定的顺序，掌握这个规律，可以帮助我们预测和控制离子反应。通过教师设计的三个层次的思维活动，学生的思维成长是显而易见的，达成了对核心概念的理解。学生还认识到，研究化学反应原理最核心的价值就是对化学反应进行预测和控制。

三、促使学生主动建构核心概念对于转变学生的学习方式具有重要意义

学生学习方式的变革是从思维方式的改变开始的。如果学生在学习过程中只能被动地接受知识，而这些知识又大多以结论性的形式加以呈现，长此以往，学生的思维能力很可能就弱化成单一的记忆能力了。

如何才能促使学生在学习过程中主动思考，这就需要教师给学生布置合理的台阶式的任务，让学生从学习的开始阶段就确定为一个终极目标的实现做准备，在每一个阶段都努力在做知识和能力的储备，在每一项活动中主动去寻找完成一个任务。教师在教学活动中提供给学生所需要的工具和资料作为支持，帮助学生多层次地建构学习体系，实现对核心概念的主动建构。这样就使学生的学习方式从被老师给予型向自己主动索取型转化。这样的教学方式是有深远意义的。

基于学生主体的设计高效促进学科能力的发展

王曹送

一、引言

随着教学要求不断提高，教师对教学设计越来越重视，也出现了很多精彩的教学设计。笔者结合自己的教学实践，也观摩了很多课堂教学设计，发现在设计过程中存在的问题主要包括：教师在教学设计过程中，更多依据自己的预设，而没有去调研自己的预设和学生的实际是否一致；设计教学时更多受限于学科传统教学方式，很少能开创性地去创造条件为学生提供更为开放的、更为广阔的学习空间；在设计中更多地依赖于学科的课程标准中的知识目标，没有足够重视学生学科能力的发展。

能力反映知识的利用效率，从高考考查来看，要求学生具备微粒观层面的思考能力、信息的获取能力以及知识迁移应用的能力，这些能力的养成并非考前的习题训练能实现的，学生通过自身对知识的整合、思考和应用却能够全方位地形成这些能力。

综合以上思考，笔者以氮气及其化合物的教学设计及实施为例，进行学科能力培养的实践研究。

二、传统教学和思考改进

在传统教学中，内容处理上一般按照氮气、氨气、氮氧化物和硝酸的顺序进行，课堂模式更多采用先讲后实验或者边讲边实验，老师们倾向于认为教学过程中的主动权应把握在教师手中，对学生的自主学习和能力发展缺少信心。

但是，学习应该是不断发展进步的，以前学生获取化学知识几乎只有教科书一种手段，随着信息化时代的到来，学生既可以从网络获得相关的教材内容，还能扩充教材内容的背景知识，包括相关的化学史以及知识在化工中的应用等。所以，从这个角度看，学习的主动权应该交还学生，鼓励学生利用多种信息渠道完成知识的提前学习。实际上，学生的能力发展只有通过自己对知识的思考和实践才能逐步养成，教师需要提供学生自主学习的时间和空间，同时创设足够的实验条件帮助学生提升知识的实践环节，帮助学生能力的进一步提升。

基于以上思考，笔者在教学设计的过程中产生了以下的改进。

（一）尊重学生学习现状，设计教学的起点和方式，让学生感受主动学习的过程

传统教学在进行教学设计的时候，往往根据教师自己的教学经验来预设学生掌握知识的状况和学生的学习过程，然后进行一系列的后续设计，不管具体的设计多么精妙，因为设计的学习之路不属于学生，所以学生的学习还是被动的。即使在教学设计中，很多教师加入了思考元素，貌似学生参与的程度大大增加，但毕竟不是学生的认知方式，所以教学过程中不能实现学生在自身基础上的个性化、针对性的学习提升。笔者在教学设计的起点方面，让每个学生在自己的知识基础上进行教材内容的整合，逐步实现个体的学习。

在氮气及其化合物的备课环节中，专家曾建议用工业制备硝酸作为课堂教学中学生思维冲突的环节，因为大家预设学生并不清楚真实的工业制备，这样他们将会在是从氮气和氧气反应开始还是从氮气和氢气反应开始中进行思维冲突，进而实现思考方式的转变。当时我也觉得这是一个很好的设计，毕竟这样能够比较顺利地实现教学目标——各种重要物质的转化。但是，当我和学生交流时，发现有些孩子通过自己的自学，实际上他们已经知道工业上是如何制备硝酸的，如果按照原来的设想，课堂教学将成为教师和一部分学生的课堂，课堂效果也会因此而大打折扣。于是，我开始思考更为开放式的学习，既然学生已经有部分的自学，那么他们从网络或教材上就可以获取更多的相关知识，这样教学的第一个环节就是教师布置任务让学生自己整理重要物质的知识。在完成知识整理之后，经过学生自主设计实验并完成实验之后，回到课堂交流的时候，原来预设的学生思维冲突就相应调整为学生在知道两种制备硝酸的途径之后，分析为什么选择利用合成氨氧化制备硝酸了。本以为这样的设计已经很符合学生实际的认识了，可是在学生实施完实验之后，和学生交流时，因为学生在实验室已经实施了氮气和氧气高压放电反应的实验，让学生认为氮气和氧气反应制得的一氧化氮刚好可以用来连续反应制备硝酸。这样，我不得不戏剧性

地把课堂思维冲突环节改回到以前,即学生自行设计工业制备硝酸的原理。但是,中间经历的对学生实际的调查分析和两次更改告诉我,设计与学生认识一致的教学环节,需要时刻调查了解学生的阶段认知方式,而不是来自教师自己的主观臆断。

(二)突破传统教学方式,更为开放地重排知识教学,尽可能地为学生提供更大的学习空间

按照教材的顺序,氮气及其化合物的教学和硫的相关内容是搭配在一起的,并没有独立形成一节内容。但是,经过我们的认真分析,学生在元素化合物学习方面,经过对金属的学习,慢慢认识到二维图对学习的指导意义,又经过硅和氯元素重要物质的验证,到硫和氮的化合物学习已经属于高级阶段,应该立足于二维图将两种元素的重要物质各自归为一个整体进行学习,这样就把氮气及其化合物作为一个单元整体教学。

按照开放的学习设计,我让学生首先对重要物质的文字知识进行了整理,可以通过教材和网络进行整理。这个过程我们有很多老师担心学生不能很好地完成任务,而实际上学生的表现超过了老师的预期,图1就能说明这一点。

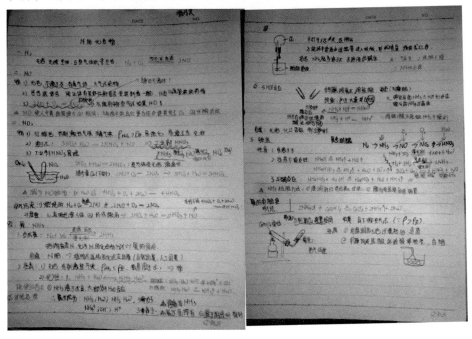

图1 学生笔记

经过学生对知识的整理，我要求学生设计自己感兴趣的实验或者选教材中的重要实验，然后按照小组进入实验室实验，这相当于教师要陪着至少4个小组做同样的实验，而按照传统的教学，全班学生只要进一次实验室就可以了。在实验室老师的配合下，克服种种困难，最后学生还是比较成功地完成了自己的实验。值得一提的是，在面对很多学生自己有想法的实验时，教师真的需要有足够的勇气和智慧支持学生。以氮气和氧气的反应为例，我和实验室老师从物理实验室借来了高压线圈，解决了高压放电的条件，又为了解决封闭环境反应的问题，根据线圈尺寸，实验室老师创造性地定制了玻璃管并配好橡胶塞，得到了最后付诸实验的装置（图2）。

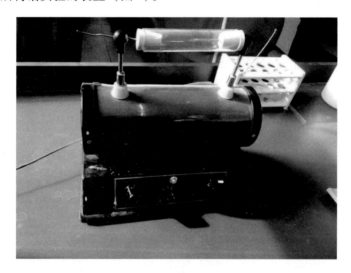

图2　实验装置

（三）开放式的以学生实际为中心的教学设计中，教师要更多关注学生能力的发展，而不仅是知识的简单完成

在氮气及其化合物的教学设计中，第一个环节中学生整理知识，根据自己的喜好呈现出多种表达方式，锻炼了学生整理知识并简单总结的能力。第二个环节中学生独立完成自己关注实验的设计并进行小组交流和再整合，学生的实验设计能力和思维能力都得到了很好的提升。最后的课堂交流环节，为了考查学生对知识的重组和应用能力，我设计了固氮和汽车尾气治理两个任务来实现氮的转化和循环，需要学生在二维图中形成相应的转化和制备思维模型（图3）。

这两种思维模型对学生提升学科能力的帮助是非常明显的，在课后王磊教授对学生的访谈中,学生充分利用自己习得的思维模型完成了对多种陌生物质性质的分析,其水平超过了原来入学成绩高于他们的学生。

在学生设计实验方面,学生也展示了自己独特的智慧,出现了很多独具匠心的设计(图4)。

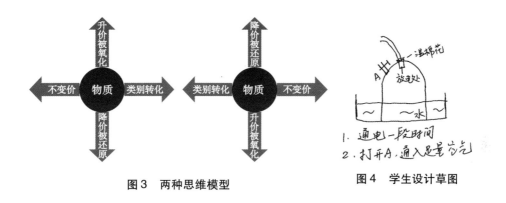

图3　两种思维模型　　　　图4　学生设计草图

整体看来,无论是哪个环节,当我们把重心放在对学生能力培养上时,学生在解决任务的过程中,能力的增长盘活了知识,进而促进了学科思维水平的提升。

三、结束语

通过这次对氮气及其化合物整体教学的设计和实施过程,我充分体会到符合学生学习实际的真学习,才是我们设计教学的真正依据,这样设计的教学环节是学生自己主动要走的学习之路,学生发挥主动性收获的不仅只有文字呈现的知识,还有自己解决任务时获得的能力,这些能力发展最终促使他们完成学科素养的提升。

基于"问题引领"下的化学教学设计

李从林

一、问题的提出

课堂教学改革不但要改善教师的教学行为,也要促进学生学习方式的转变,要把教学重心前移,在教学过程设计上有创新、有抓手、有实效。"问题引领"是课堂环境下的北斗导航系统,根据教学内容而设计的问题指向明确,分工不同,有学科知识的形成问题,有思维方法的养成问题,有学习方法的转变问题,通过这些集中而有序的问题呈现,把学生引入一个思考的世界,养成一种思考的习惯,同时揭开课堂中的一个个谜团,提高课堂的"能见度"。"问题引领"下的教学问题设计应建立在学情分析的基础上,构建课堂教学的内在线索,这一线索可以从学科知识的表达、学科思想的呈现和学生思维过程的发展三个方面的融合来完成,设计出有启发性、探究性、生成性的问题来推动教学过程。

二、"问题引领"下的化学教学设计方法

教师在课堂教学中设计的问题或以深化知识点为目的,或以体现学科思想、发展学生能力为目的。教学过程在问题的提出、解决过程中不断向前推进,学生的学习方式也由被动接受逐步转变成主动思考,这种在问题引领下的学习活动才是积极有效的学习方式。下面结合教学实际谈谈"问题引领"下的化学教学设计方法。

(一)以聚焦式的问题设计瞄准重点

教学重点是依据教学目标,在对教材进行科学分析的基础上所确定的最基本、最核心的教学内容。对于教学重点的处理,可以采用聚焦式的问题设计,

把重点内容的前后联系点，重点知识的发生与发展的关联处用相应的问题逐层加以深化，让学生能够较好地掌握一节课的重点知识。

案例 1 难溶电解质的溶解平衡是在学生学习了弱电解质的电离平衡、水的电离和溶液的酸碱性、盐类的水解平衡之后的教学内容，教材编写的目的是让学生全面了解水溶液中离子平衡的相关理论，更为透彻地理解在溶液中发生离子反应的原理。难溶电解质溶解平衡概念的形成是教学的重点，为了让学生能理解这一概念，我们在教学设计过程中补充两组实验，提出六个问题，把问题聚焦在概念的形成上：

（1）化学平衡状态有哪些特征？（把学生原有的知识经验与教学内容形成关联）

（2）展示室温下的 NaCl 饱和溶液，如何判断该溶液是否为饱和的 NaCl 饱和溶液？使该溶液中溶质 NaCl 析出有哪些方法？

补充实验 1　取 4mL NaCl 饱和溶液，滴加 1～2 滴浓盐酸（约 12mol/L），有大量白色沉淀产生。

（3）你认为产生白色沉淀的原因是什么？（说明 NaCl 的溶解过程是可逆的，在 NaCl 饱和溶液中确实存在着溶解平衡。）

补充实验 2　取 2cm 长的镁条剪碎再加入约 5mL 水中，微热，滴入 1～2 滴 1% 的酚酞溶液，溶液立即变成浅红色，停止加热后溶液的红色会逐渐加深。

（4）$Mg(OH)_2$ 溶液的红色为什么会变深？（通过溶液颜色逐渐加深的动态变化，体会难溶电解质在水溶液中建立溶解平衡的过程。）

（5）Mg^{2+} 和 OH^- 的反应能进行到底吗？（把"固体溶解的问题"转化成"生成沉淀的离子反应"问题，变换观察问题的角度重新认识，这种讨论不仅仅是为了讲解一个知识点，更是对思维方式的探讨。）

（6）难溶电解质的溶解平衡和难电离物质（弱电解质）的电离平衡是一回事吗？（对容易混淆的概念辨析的过程，也是让学生准确把握并深刻理解难溶电解质溶解平衡概念的过程。）

设计意图：问题（1）、（2）是利用已有的知识经验作为学习新知的基础，问题（3）、（4）借助补充实验是概念形成核心环节，问题（5）、（6）则是概念的深化、思维方式的转变。六个问题，不同的角度，共同聚焦在同一个概念上，完成对难溶电解质存在溶解平衡的理解。

（二）以台阶式的问题设计化解难点

通常意义上所说的教学难点，是指新授内容与学生已有的认知水平之间的落差而导致的学生学习上的困惑。分析这个落差，设计有梯度的问题来搭建合适台阶，循序渐进地教学，才能解决学生心中困惑，攻克教学难点。

案例2 化学能与电能的教学难点是原电池的工作原理，即通过对原电池实验的探究，引导学生从电子转移的角度理解化学能向电能转化的本质。虽然在前一节教材中有所论述："化学能是能量的一种形式，可以转化成其他形式的能量，如热能和电能等"，但从思维的角度看，实现"化学能直接转化成电能"还是难以理解的，是对学生思维方式的突破。在教学实践中，我们使用灵敏电流计设计实验，搭建好问题台阶，有效地实现了学生对原电池工作原理的认识。

实验设计：把一块锌片和一块铜片插入盛有 0.5mol/L 稀硫酸的烧杯里，并用导线把锌片和铜片连接起来，在导线中接入灵敏电流计。现象：铜片上有大量气泡，电流计指针偏转。

（1）铜片上为何会有气体？是什么气体？（从稀硫酸溶液的角度分析产生了氢气）

（2）氢气是如何产生的？（溶液中 H^+ 得电子产生氢气）

（3）电子从何而来？到哪里去？（电子从锌片沿导线流向铜片）

（4）电流计指针为什么会偏转？（导线中有电流，化学能转化成了电能）

（5）你能用已知正负极的干电池做对照判断锌片、铜片谁是正极、谁是负极吗？

（6）你能写出正负极的电极反应式吗？

设计意图：从直观现象出发，让电子的转移"看得见"，搭建问题台阶：铜片上产生氢气→氢气产生原因→电子在导线中转移→灵敏电流计指针偏转→有电流产生→化学能转化成电能，前一个问题的解答就是回答后一个问题的台阶，通过这种由现象到本质的逐步推进，完成对原电池工作原理的认识。

（三）以多角度的问题设计实现知识有序整合

学生掌握的知识往往是孤立的，他们难以在知识点之间建立起有效联系，导致对问题的理解不够深刻，在知识的运用上不够灵活。教师需要多角度设计问题，帮助学生把零散的知识有序整合起来，把学生已有的知识通过一定的方式联系起来，逐步完善学科知识体系。

案例3 在学生建立盐类水解概念之后，以 Na_2CO_3 溶液为例，从以下不同角度设问，建立盐类水解与反应限度、能量变化、离子反应发生的条件、平衡移动的影响因素、水解原理的典型应用之间的联系：

（1）Na_2CO_3 的水解反应能进行完全吗？（从化学反应的限度上认识盐类的水解）

（2）Na_2CO_3 的水解是吸热还是放热？（与化学反应的热效应联系）

（3）影响 Na_2CO_3 水解程度大小的因素有哪些？（勒夏特列原理在水解平衡中的应用）

（4）水解反应满足离子反应发生的条件吗？（与复分解反应发生的条件相联系）

设计意图：选取四个不同的角度设计问题，避免学生把盐类的水解作为一个孤立的知识点去学习。在学生分析、回答问题的过程中，逐步建立以盐类水解的概念为核心，以盐类的水解与化学反应限度、能量变化、离子反应发生的条件、平衡移动的影响因素相联系的学科知识的有序整合。（图1）

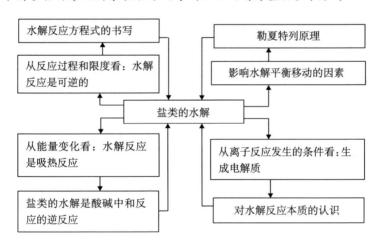

图1 盐类水解知识的整合

（四）以探究式的问题设计培养学生思维品质

教学设计中提出的问题要有探究性和创新性，一些具有思维深度的问题往往是培养学生良好思维品质的绝佳机会。在课堂教学中，要先引导学生了解问题的指向，通过步步设问、层层探究，逐渐揭示并逼近问题的本质。

案例4 在讲授 Fe^{2+} 的检验时，先在 0.01mol/L $FeSO_4$ 溶液中滴加 3～4 滴 0.01mol/L KSCN 溶液，无明显变化，当我们再滴加 1mL 10% H_2O_2 溶液后，溶

液立即变成血红色，同学们露出了满足的表情：Fe^{2+} 被氧化成了 Fe^{3+}！接着，我们又让同学们仔细观察，试管内有少量气泡正在不断逸出，再用手触摸试管外壁，变热了。这些现象可是同学们事先没有预料到的，有人在小声议论，这时，我们用力振荡试管，慢慢地，溶液的血红色褪去了，这一下，同学们再也按捺不住自己困惑的情绪，大声议论起来……多年的教学经验告诉我们，这将是一个培养学生思维品质的大好机会，于是，我们针对刚才的现象，设计了以下几个探究性问题，让同学们在这些问题的推动下逐渐揭开化学现象的神秘面纱：

（1）试管内产生的气体是什么？如何产生的？

（2）试管壁为什么会发热？

（3）溶液为什么会褪色？是 Fe^{3+} 没有了还是 SCN^- 没有了？（在同学们讨论的基础上，取褪色后的溶液，再加入 1~2 滴 0.01mol/L KSCN 溶液，又出现了血红色，说明 SCN^- 被消耗完了。）

（4）是什么物质与 KSCN 发生了反应？（组织学生猜想：是产生的氧气、加入的 H_2O_2，还是温度的升高？）

（5）如何设计一个探究方案检验刚才的猜想？

最后一个问题的提出把刚才的探究活动推向高潮，以下是同学们根据自己设计的方案进行的实验探究，见表1。

表1 Fe^{2+} 检验时异常现象的实验探究

方案	褪色原因猜想	实验操作	现象
1	氧气	取一滴管 0.005mol/L $Fe_2(SO_4)_3$ 溶液，滴入 3~4 滴 0.01mol/L KSCN 溶液，用二氧化锰催化 H_2O_2 分解制取 O_2 并通入溶液中。	血红色不褪
2	H_2O_2	取 3~4 滴 0.01mol/L KSCN 溶液于试管中，滴加一滴管的 10% H_2O_2 溶液，充分振荡后，再滴加一滴管 0.005mol/L $Fe_2(SO_4)_3$ 溶液。	产生气泡，溶液变成血红色，很快褪色。
3	温度	取一滴管 0.005mol/L $Fe_2(SO_4)_3$ 溶液，加入 3~4 滴 0.01mol/L KSCN 溶液，水浴加热。	血红色不褪

续表

方案	褪色原因猜想	实验操作	现象
4	氧气和温度	取一滴管 0.005mol/L $Fe_2(SO_4)_3$ 溶液，加入 3~4 滴 0.01mol/L KSCN 溶液，通入 O_2 并水浴加热，观察现象。	血红色不褪
5	H_2O_2 和温度	取 3~4 滴 0.01mol/L KSCN 溶液于试管中，滴加一滴管的 10% H_2O_2 溶液，水浴加热 30s 后，再滴加 0.005mol/L $Fe_2(SO_4)_3$ 溶液。	未出现血红色

设计意图：没有对反应的现象进行观察就不可能提出问题，没有问题就不会去思考。上述的问题设计实现了从现象到本质的探究，设计的问题就是启发思考的导火索，正是在思考这些问题的过程中，培养了学生的问题意识，提升学生的思维品质，促使学生形成科学的思维方法和促进学习方式的转变。

三、基于"问题引领"下的化学教学问题设计的思考

（一）问题设计应在启迪思维与解决困惑上挖掘

问题设计要从围绕学生容易引起疏漏和产生困惑的地方展开，引导学生抓住最本质的现象进行思维。例如，在对放热反应和吸热反应的理解上，学生容易产生困惑的是放热反应反应物的总能量大于生成物的总能量，而为什么反应物的键能之和却小于生成物的键能之和，要解决学生心中的困惑，就需要从化学反应能量守恒的角度设计问题，让学生建立化学反应从物质观（质量守恒）到能量观（能量守恒）的认识转化。

（二）问题设计应在知识发生和发展的关联处深化

知识之间的内在联系以及表述方式犹如一条链子一样环环相扣，任何一节的松动就会造成链子的脱节。因而知识之间的关联处是学生有效理解和掌握教材内容并形成化学能力的关键部分，若处理不好，则很容易成为制约学生正确掌握教材内容的关卡。例如讨论影响化学反应速率因素的问题时，学生已知足量的锌和 100mL 0.1mol/L 的稀 H_2SO_4 反应，加入 NaCl 溶液能够减缓反应速率又不影响产生氢气的总量，这是从减小 H^+ 浓度对反应速率的影响的角度，那么，

如果把 NaCl 溶液换成 NaNO₃ 结果还一样吗？如果是加入少量的 CH₃COONa 固体呢？这两个问题一个关联硝酸的氧化性，一个关联弱酸盐与强酸的复分解反应。因此，在设计问题时要充分考虑哪些是教材中的关键性知识，探讨知识的发生和发展过程，理顺知识之间的内在联系，让学生能够理解教材知识的前后关联，从而达到深化学科知识内涵的目的。

（三）问题设计应在学生自主构建知识网络上用功

问题设计不应停留在第一发展水平，要定向在"最近发展区"，在那里寻找思维的生长点，让学生"跳一跳，够得着"。设计的问题要成为帮助学生架设探索未知的桥梁，要能帮助学生实现对知识的自主梳理，要能有效地发挥问题在学生自主构建知识网中的作用，实现学生的认识水平向更高的台阶迈进。例如基于速率方程去理解影响化学反应速率的因素：方程式中哪些变量会影响速率？浓度如何影响化学反应速率？速率方程的系数 k 和哪些因素有关？影响的结果又如何？通过这些问题的设计，帮助学生自主构建基于速率方程认知影响化学反应速率的知识网络。

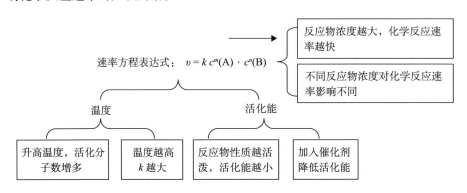

图2　速率方程与影响化学反应速率的因素

（四）问题设计应在化学问题的质与量上平衡

问题设计要有"质"的突破。浅层问题，缺乏指向性和目的性的问题都难以发展学生的能力，如何设计高质量的问题，是教学设计环节需要思考的问题。但是，提出问题的总量又要适度，并不是什么内容都可以通过"问题引领"解决的，核心观念的建构、概念原理的阐释还是需要教师的引导分析，所以问题的设计需要在"质"和"量"上保持平衡。只有适度适量地建立在理性思维基础上的探究性和创新性问题才能激起探究的欲望，思考的愿望，通过师生的交流对话，学生的思维外显，老师才能了解学生学习的程度，以便及时调整教学的节奏和教学方法。

设计高质量、有梯度、有指向的问题为教学导航，让学生在思考问题、解决问题的过程中提升思维品质，培养学生的核心素养，一直都是课堂教学追求的目标。

以课题研究促团队建设

刘 军

在北京市中高考考试招生制度改革以及育人理念的变化下，教育领域进入了深化综合改革阶段。北京市教委副主任李奕建议学校和教师要对一些具体的变化有清晰的认知，并依此及时调整教育教学策略。例如教学转型要关注课堂是否给学生以启发，是否有思维的延伸；教师转型则要关注教师对学生个性爱好的发现；学校转型则应关注学校对不同类型学生发展的促进程度。

在深化教育改革这个大背景下，一零一中石油分校化学教研组与北京师范大学高端备课专家团队共同探讨，以"促进学生学习方式转变的教学设计与实施改进——基于行动研究的案例分析"作为教研组的研究课题，以此提升教研组的团队凝聚力，转变教师的教学理念，促进教师专业发展，使化学课堂教学更具有实效性。

一、课题研究背景

（一）理论层面

教育改革的核心环节是课程改革，课程改革的核心环节是课堂教学。基于此理念，化学教研组决定在教师课堂的教学设计与实施上进行改进，以此来达到对学生化学核心素养"微观辨识与宏观探析、变化观念与平衡思想、证据推理与模型认知、实验探究与创新意识、科学精神与社会责任"的培养。

（二）实践层面

此课题的确立源于化学教师日常教学时的一些困惑。如：进行元素化合物主题教学时，化学教师需要解决以下一些问题：（1）记忆内容太多，烦琐；（2）如何落实化学反应方程式；（3）习题中知识的迁移如何解决；（4）有关计算的落实（学生空白）；（5）元素化合物的系统是什么，在教学中如何体现它的系统性；（6）元素化合物体系规律性差、散、本质不明显；（7）元素化合物中氧化还原的概念不清；（8）元素化合物内容只要一天、两天不学、不记，学生就混乱、不想学了；（9）教材内容乱、不符合学生的认知规律等。

二、课题研究意义及目标

课程改革的重要标志是教师教学行为的变化和学生学习方式的转变。教师的教学行为尤其是教学方式，直接影响甚至决定学生学习方式的选择和运用。因此，只有改变教师的教学设计与实施，才能促进学生学习方式的转变，使学生具备实践能力和创新精神。这也是化学教研组的研究目标。

三、课题的具体实施过程

（一）理论学习

课题确定伊始，北师大专家团队的老师们就在理论层面给了化学教研组老师们引领，每一次的高端备课都是一次很好的理论学习与提升。同时，老师们还利用业余时间阅读理论文章，如：吴俊明的《把转变学习方式作为新一轮课程改革的重要内容和标志》，范魁元、杨家福的《论学生学习方式的转变》，陈兆基、王荣梅的《学生学习方式调查分析及教学改进》等，以此提高自身的理论水平。

（二）以元素化合物主题的研究带动课题开展

通过对前期四节高端备课即"铝的重要化合物""铁的重要化合物""金属矿物的开发和利用""海水资源的开发和利用"进行梳理，找出学生学习元素化合物的障碍点、学生对核心知识的认识方式、课堂的有效教学策略，等等，使老师们更清楚地认识到"二维图"的认识模型对学生学习元素化合物的重要性。统一认识后，由高一年级孙翠霞老师进行了新一轮实践。

本次研究的主题是"二氧化硫的性质"，采用了行动研究的方式，通过多轮次的教学设计与实施改进，以期对促进学生学习方式转变起积极的效果。本研究涉及的学习方式转变包括学生认识方式的转变和学习行为即探究物质性质的思路和方式的转变。

表1 行动研究方案和数据收集方法

阶段	内容	目标	策略	研究方式
一	常态教学	认识二氧化硫的物理性质和化学性质及部分应用。	基于学生学情定位教学目标；选取生活情境；进行演示实验。	问卷、访谈、录像
二	备课研讨	认识二氧化硫的性质；依据物质分类、核心元素化合价两个角度研究物质性质的方法；将性质应用到实际生产生活中，解决生产生活中的问题和环境问题。	建立认识模型；情境线索化；实验探究化；思路外显。	问卷、访谈、录像
三	试讲	认识二氧化硫的性质；从物质分类和氧化还原两个角度分别进行预测—设计方案—解释和论证物质性质。	通过问题驱动认识模型的建立；实验探究的方案精致化；通过阶段性小结实现思路外显。	问卷、访谈、录像
四	正式讲	培养学生依据物质分类的思想对非金属单质和氧化物的主要化学性质进行归纳整理的能力。培养学生依据氧化还原的原理认识物质性质的基本思路：确定目标物，找到核心元素，确定核心元素化合价，分析核心元素可能的化合价，预设核心元素化合价可能的变化；选择相应试剂，找到试剂中的核心元素，确定该核心元素化合价，分析核心元素可能的化合价，预设核心元素化合价可能的变化；分析某产物中核心元素可能的化合价，确定核心元素化合价，预设产物，将之与目标物建立氧化还原的关联。分析其他产物，配平氧化还原的方程式的能力。	认识模型中物质分类和氧化还原两个维度的生成和发展进阶；实验探究的方案与实施精致化；通过知识、情境、认识、实验四个维度进行小结，帮助思路外显。	问卷、访谈、录像

课后孙翠霞老师进行了教学设计反思，其中还提出了再教设计：

（1）考虑到整个授课过程中知识点密度大，时间过于紧张，可以将二氧化硫与水的反应和二氧化硫的还原性整合起来，让学生讨论完毕后一起实验，为后续二氧化硫的除去和用途节约时间。

（2）在讲解完二氧化硫如何除去后，将二氧化硫的去除方法与酸雨的防治相关联，使得情境线更加完整，也使得学生认识到化学来源于生活，并能解决生活中的问题。

此次反思与修改，为后续再上课的老师提出了很好的教学设计建议，使得这份教学设计发挥了不可估量的作用。

接着又在高二年级进行了电化学主题的行动研究，三位老师就"原电池"这个核心知识进行了三节联动的课堂教学，探索如何通过教学行为的转变来转变学生学习方式，从而提升电化学学科能力。

四、课题的效果

经过一年的研究、实践，化学教研组在元素化合物主题的研究上已经基本成型，老师们统一了认识：二维图在学生学习化合物知识时可以帮助他们从氧化还原、物质类别两个维度思考问题，进而遇到陌生物质时也可以从这两个维度思考解决问题。由此培养学生能运用多种模型来描述和解释化学现象，预测物质及其变化的可能结果；能依据物质及其变化的信息建构模型，建立解决复杂化学问题的思维框架。

五、备课组的行动研究

各备课组在教研组大课题的引领下，又开展了适合本年级学生情况的微项目行动研究。如：高一备课组，对必修1第三章、第四章的教材内容、课后练习进行了重新编排、整合，进行单元整体教学设计，使学生更好地应用"二维图"学习元素化合物知识。目前有一半多的学生遇到陌生问题时可以从两个维度思考解决问题。高三备课组，根据近三年高考化学试题凸显考查思维过程的重要性，此类问题占分比重越来越大，制定了相应措施：（1）教学设计中充分体现展示思维过程的设计。在课堂上尽可能给学生充分展示思维过程的机会，即留出较大空间让学生思考回答问题。及时针对学生出现的问题进行答题规范的指导。（2）在阶段性小结测试中，设计考查学生思维过程的试题。

化学教研组用"促进学生学习方式转变的教学设计与实施改进——基于行动研究的案例分析"研究课题，带动本组的团队建设、教师的专业发展、课堂教学的改进。这一切的变化最终落脚点在学生学习方式的转变，转变方式最终是要培养学生五大素养即化学学科核心素养——宏观辨识与微观探析、变化观念与平衡思想、证据推理与模型认知、实验探究与创新意识、科学精神与社会责任。

六、数据支持课题研究

课堂教学是教师最直接培养学生核心素养的方式。因此，化学教研组以教师的教学设计与实施要体现化学核心素养为目标开展行动研究。

怎么才能让教学设计体现核心素养呢？重要的就是了解学生，了解学生有哪些模糊概念，了解学生对化学核心知识的学习困难点，了解教学设计可以帮助学生达到的层级水平，等等。只有弄清楚了学生的需求才能针对性进行教学设计，才能把各种认识模型教给学生，让它们转化成学生分析问题、解决问题的工具。为此，高一、高二、高三三个年级分别就不同主题进行了学科能力发展测试。例如：高一学生进行了学科能力发展——金属后测诊断。

以下是报告的部分内容：

表2 试题平均分及得分率情况

能力水平		试题描述	满分值	平均分	得分率	最高分得分率
A 学习理解	A1	1* 判断常见酸碱盐、氧化物分类	1	0.51	51.4%	51.4%
	A1	7.1 Fe 与 Fe^{3+} 的反应	1	0.93	93.1%	93.1%
	A1	7.2 Fe^{2+} 与碱反应	1	0.84	84.1%	84.1%
	A2	4 概括一组铝单质实验共同的实验目的	1	0.52	51.7%	51.7%
	A2	5.2 在正确预测原因之后，写出 Al 单质和 Fe_2O_3 的反应方程式	2	0.86	89.4%	83.3%
	A2	6.1 选择检验 $FeSO_4$ 还原性的试剂	1	0.35	34.7%	34.7%
	A3	6.3 用氧化还原原理说明物质的性质	2	0.11	17.1%	1.2%
	A3	8.2 论证用氯水研究硫代硫酸钠的性质的依据	2	0.27	46.5%	7.8%

续表

能力水平		试题描述	满分值	平均分	得分率	最高分得分率
B 应用实践	B1	5.1 预测 Al 单质在一定条件下能和 Fe_2O_3 反应的原因	2	0.45	47.3%	42.4%
	B1	6.2 基于氧化还原反应规律分析反应	1	0.87	86.9%	86.9%
	B1	2 分析钠元素及其化合物的性质；基于化合价分析物质性质	2	0.49	98.0%	0.4%
	B1	3 从量的角度分析铝和酸、碱的反应	1	0.75	75%	75.0%
	B2	9.1 预测两性氧化物与酸反应的性质	1	0.92	91.8%	91.8%
	B2	9.3 预测两性氧化物与碱反应的性质	1	0.91	91.0%	91.0%
	B2	9.5 预测氧化物与水反应的性质	1	0.1	10.2%	10.2%
	B2	9.7 预测氧化物的氧化性	1	0.24	24.1%	24.1%
	B2	9.9 预测氧化物的热稳定性	1	0.01	1.2%	1.2%
	B3	8.1 分析研究硫代硫酸钠的性质实验的目的	1	0.48	48.2%	48.2%
	B3	9.2 设计实验验证两性氧化物与酸反应的性质	2	0.66	91.0%	41.6%
	B3	9.4 设计实验验证两性氧化物与碱反应的性质	2	0.64	90.2%	38.4%
	B3	9.6 设计实验验证氧化物与水反应的性质	2	0.07	9.0%	5.7%
	B3	9.8 设计实验验证氧化物的氧化性	2	0.20	20.8%	18.4%
C 迁移创新	C3	8.3 研究硫代硫酸钠的性质（批判性思考）	2	0.07	13.1%	1.22%
	C3	8.4 研究硫代硫酸钠的性质（创意设计）	2	0.02	2.5%	2.5%
	C1	9.10 多角度预测陌生物质性质	1	0.04	4.5%	4.5%

* 对应金属后测诊断的试卷题号

从整体来看，对于金属部分的学习，大部分学生可以解决 A 类和 B 类水平的任务，解决 C 类水平任务的能力较低。具体来看，学生在 A2 说明论证、B2

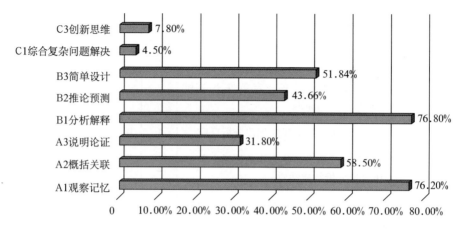

图 1　高一学生各能力要素得分率

推论预测、B3 简单设计这三类任务中还有很大的提升空间。也就是说,学生整体上对于金属化合物这部分基础知识的掌握和理解均已接近良好,但具体运用这些知识分析解决问题的能力,即从物质类别和氧化还原两个角度的分析与运用有待巩固和提高。

高三年级进行了学科能力发展——有机化合物主题测试,为了使老师们更好地用好数据,特意请北师大高端备课团队中的研究生周冬冬为全组老师进行了有机化合物主题测试报告的解读。

以下是报告的部分内容:

表3　有机化合物主题各任务表现得分率情况

	A1 辨识记忆	A2 概括关联	A3 说明论证	B1 分析解释	B2 推论预测	B3 简单设计	C1 复杂推理	C2 系统探究	C3 创新思维
性质预测	90.21%	72.50%	30.63%	29.69%	63.13%	23.13%			
有机合成		71.88%		23.75%			37.50%		16.57%

分析表 3 数据,对于性质预测类任务,学生能力表现聚焦在学习理解和应用实践部分,在性质预测任务中,教学中需要注意的是学生的说明论证、分析解释和简单设计能力。对于有机合成任务,主要聚焦在应用实践和创新迁移部

分，教学中需要注意的是学生的分析解释能力，因学生只有对已有的信息做出合理的分析解释，才可以对任务有明确的方向。

综上所述，了解学生、分析学情对教师通过课堂培养学生的化学核心素养尤为重要。前测、后测、学生访谈已经成为化学教研组全体老师固化的教学行为。在每一个核心知识授课前、授课后，老师们都会和学生进行访谈或简单的问卷调查，也会相互交流、讨论，在教学中经常进行平行班对比教学，不同年级同一知识点交流教学，等等。行动研究改变了化学教研组的课堂教学模式，促进了学生学习方式的转变。

化学教研组的全体老师十分清楚未来新高考下化学课堂教学面临的机遇与挑战，借助"促进学生学习方式转变的教学设计与实施改进——基于行动研究的案例分析"这一研究课题实现了改变、完善和超越。

围绕生物学科思想和核心概念的教学

安 军

一、学科思想与核心概念的界定

（一）学科思想

生命科学经历长期的研究过程，逐渐形成了自身的知识体系和方法体系，并在此基础上形成了哲学层次上的学科思想。生物学科的学科思想深深地植根于学科本身，它不仅对本学科研究具有指导意义，同时也丰富着人类共同的哲学思想宝库。[①] 例如，生命的物质与能量观、结构与功能观、稳态与平衡观、进化思想、生态学思想等，这些学科思想集世界观、价值观、方法论于一体，是指导人们行动的指导思想和原则。

学科思想的教学是学科教学的灵魂，它能促进学生对学科本质的理解，使学生感受到学科的味道。学科思想的建立需要贯穿于整个学科并渗透在每节课的具体内容中。

（二）核心概念

核心概念比学科思想更具体。核心概念是构成学科骨架的概念，它揭示了生物学科的核心内容，反映学科本质，其组合可以构成学科完整的画面。核心概念具有超越课堂之外的持久价值和迁移价值，是概念聚合器，是学科上位概念，是在许多重要概念的基础上概括出来的。生物学科核心概念可以简要概括为：①生命系统是一个多层次的、高度有序的、能够自我维持和自我调节的开放系统。②生物与生物、生物与无机环境之间存在复杂的相互作用、相互影响。③遗传和变异使物种能在变化的环境中延续和发展。④生物进化论解释了物种

[①] 参见季苹：《教什么知识》，教育科学出版社，2009年，第289—297页。

的统一性和多样性，是生物学最大的统一理论。

（三）学科思想、核心概念、重要概念与生物学事实之间的关系

生物学科的知识体系包含了大量的生物学事实、概念和原理。其知识结构层次如图 1 所示。此图仿胡玉华老师科学视野下生物学知识结构层次示意图，重点展示了学科思想、核心概念、重要概念和生物学事实之间的关系。

图 1

概念的建立需要大量的生物学事实做基础。在大量的事实、一般概念的基础上抽取出重要概念，在重要概念的基础上又概括出生物学核心概念，进而提炼出学科思想。

核心概念与重要概念的关系是上位概念和下位概念的关系。单元教学内容中的上位概念可称为重要概念。单元教学内容中的下位概念可称为一般概念。在单元教学时，要围绕重要概念教学，最终为形成核心概念和学科思想服务。

二、这一教学的育人价值

（一）提高生物学核心素养

生物学核心素养包含"生命观念、理性思维、科学探究、社会责任"，它是学生获得的持久能力和品格，是学生终身受益的学习成果。其中"生命观念"与本文的"学科思想"是一致的。学科思想的教育帮助学生建立正确的世界观、人生观和价值观，它作为思想和原则指导学生的行为。学生在毕业后会忘记许多具体的生物学事实，但由此建立起的学科思想将影响学生终生。因此，学科思想的教学是学科教学的灵魂。例如：赵占良老师在文章中谈道："生物学

学科思想最核心的是进化思想和生态学思想，它们宛如编织生物学知识体系的经线和纬线，贯穿宏观和微观，纵横交错，浑然一体。进化思想和生态学思想是科学世界观的重要组成部分，它们解决了如何看待自然界的问题，在现实生活中影响人们的思维方式和价值取向。进化思想告诉学生，人类是大自然的产物，同其他生物一样是自然界的一员，而不是凌驾于其他物种之上的主宰。生态学思想告诉学生，生物与环境是不可分割的整体，人类对自然资源的利用要控制在环境承载力和生态系统调节能力范围之内，才能与自然和谐相处，经济和社会才能实现可持续发展。"[1]

围绕学科思想和核心概念的教学过程，不只是以建立概念为目标，在建立概念的过程中，也会经历科学探究和科学思维方法的训练，许多概念原理与学生的社会生活紧密联系，适于培养学生的社会责任。因此围绕学科思想和核心概念的教学有利于提高学生的生物学核心素养，为学生终身发展奠基。

（二）提高学生的理解力

理解力是指同化新事物、新知识的能力，表现在能快速将知识纳入自己的知识框架中，并会迁移应用。围绕学科思想和核心概念教学能够帮助学生形成良好的知识结构。这种大的思想观点和概念支架统摄性强，能够用来解释许多具体的事物，为学生认识新事物和解决新问题提供概念支架，从而提升学生的理解力。

布鲁纳在他著名的《教育过程》第二章"结构的重要性"中谈道："原理和态度的迁移，这是一种先前的学习使日后工作更为有效的方式。这种类型的迁移应该是教育过程的核心——用基本的和一般的观念来不断扩大和加深知识，他所学到的观念（这个观念具有既广泛又强有力的适用性）越是基本，则这些观念对新问题的适用性就越广。学校课程和教学方法应该同所教学科里的基本观念的教学密切结合起来。"[2]这里提到的具有"适用性"的一般观念就是指"学科思想和核心概念"。这种迁移的实质就是演绎的过程。

学生往往抱怨生物学知识太琐碎、记不住。围绕学科思想和核心概念的教学能把学生从记忆大量的知识碎片中解脱出来。利用核心概念是概念聚合器的作用，将生物学概念和事实整合起来，使生物学知识框架化、条理化，使理解

---

[1] 赵占良：《试论中学生物学的学科本质》，见《中学生物教学》，2016年第1期，第4—8页。
[2] 杰罗姆·布鲁纳：《教育过程》，见《布鲁纳的教育文化观》，首都师范大学出版社，2011年，第32—33页。

和记忆变得容易。围绕学科思想和核心概念的教学促进学生对学科的深层理解，使学生不仅看到局部，更能欣赏到生物学科的全景。从整体把握，关注知识间的关联，便于在新情景下迁移和应用，帮助学生摆脱大量的机械训练，实现减负。

（三）提高学生综合性思维能力和元认知能力

围绕学科思想和核心概念教学，帮助学生建构良好的知识结构，需要引导学生阅读教材和进行综合性思考，通过绘制不同层次的概念图，如单元教学内容的概念图、模块内容概念图等，梳理概念间的联系，将零散的知识系统化、条理化。这个过程既训练了学生的综合性思维能力，又教会学生如何学习，提升学生元认知的学习能力。

三、这一教学对教师的影响

（一）促进教师专业发展，实施整体备课

思考学科思想和核心概念，迫使教师自上而下地重新梳理学科知识，从研究课程标准开始，分析模块间的关系和模块的教育价值，逐一概括罗列模块核心概念，单元重要概念，梳理各级概念与事实的关系，最终提升教师自身对学科本质的理解。在此基础上，教师会自觉地以单元为单位进行整体备课。考虑单元教学内容在模块中的地位和作用，单元之间的关系是怎样的，分析每一节课的内容在单元教学中的作用是什么，它的教育价值怎样，并恰当选择教学方法。

（二）促进教师教育理念的转变

1. 从原来的只看分数转变为着眼学生的长远发展，发挥学科育人价值。整体备课策略使教师心中有课标要求，对生物学科的教育价值有深入的思考，使教师不会只考虑学生的分数还着眼于学生的未来发展，在教学中渗透学科思想，帮助学生形成正确的世界观、人生观、价值观；并舍得为学生的健康花时间，懂得生物学科对关注学生健康的价值是许多学科不能替代的。

2. 从原来的讲授事实转变为使用事实为形成概念服务，关注概念形成过程。在这样的教学中，教师能自觉区分概念与事实。教师利用生物学事实、经典实验分析等帮助学生建立概念。教师懂得概念的建立是一个过程，要给学生提供充分可靠的事实和实验证据，教师会耐心安排足够的时间使学生经历建立概念的过程。因为他们懂得，如果不给足时间，只能导致学生对概念的死记硬背。

（三）使教师重视章节过渡的教学组织

对学科思想和核心概念的研究与思考使教师胸有全局，教师关注在学生头脑中搭建概念框架的过程，所以特别重视单元章节间的过渡和分析不同单元之间的关联，也注意引导学生阅读教材每章的前言和小结。许多生物特级教师均重视单元间转换的过渡语，试图帮助学生建立知识之间的联系。

（四）使教学设计有灵魂有高度

学科思想的教学是学科教学的灵魂，站在学科思想的高度设计教学，会有高屋建瓴之感。教师不会仅仅停留在生物学事实和概念的讲解上，而是引导学生体会知识背后的价值，提升学生对学科本质的理解。

在"植物生命活动调节"单元的教学中，有些教师只重点讲述植物激素的种类和作用，强调生长素作用的两重性等基本概念和事实，却忽视了这种调节本身的价值，即植物生存的价值——面对多变的自然环境，植物通过激素调节适应环境的变化，调节植物生长、发育、繁殖。讨论"植物激素调节的意义"体现了教师对于"稳态的观点"的理解。教师站在学科思想的高度去审视生物学知识，也会把学生带到这一高度，促进学生理解。

讲解"条件反射和非条件反射"不只是说明两者的区别，还引导学生思考这两种反射活动对动物生存的意义是什么？非条件反射是动物生来就有的反射，是遗传因素决定的，是动物生存最基本的反射。条件反射是后天生活过程中建立起来的反射，可以使大量的无关刺激成为预示某些环境变化即将来临的信号，从而扩大人或动物适应环境变化的能力。对进化思想中"适应性"的理解，激发教师产生这样的提问设计，学生有被点醒的感觉。

四、传递学科思想与核心概念的有效途径

（一）整体设计

对学科思想和核心概念的深刻理解不是能一蹴而就的事，需要经历一个逐渐加深的过程。这个过程可以大致分成两个阶段：初步认识阶段和深入理解阶

段。在新授课的每一节课中渗透学科思想和核心概念，这是初步认识阶段。高三复习课是深入理解阶段。在复习课时，学生已经掌握了大量的生物学事实和重要概念，通过复习课的横向比较，提升对学科本质的理解。生物学的画卷是逐渐展开的，新授课无法一下子呈现生物学科完整的画面。新授课依次进行单元教学，仿佛在依次呈现"拼图的碎片"，而高三复习时恰恰可以将这些"碎片"拼成完整的学科画面，呈现学科全景。

例如：高二教学中有关能量的知识，分别在细胞的能量通货、细胞呼吸、生态系统的能量流动等章节中讲述，新授课时尽管教师渗透能量对于生命系统的意义，学生只能形成初步的认识，不会达到深层理解。在高三复习阶段，学生已经掌握了大量的生物学事实和重要概念，需要在此基础上点醒学生。教师首先引导学生认识生命系统的结构是高度有序的，然后比较："能量在细胞、个体、生态系统这三种层次的生命系统中是如何发挥作用的？有什么共性？"进一步思考："能量对于生命系统的意义何在？"帮助学生认识到："生命系统是开放的，无论哪种形式的生命系统都需要能量的不断输入，都存在能量的输入、传递、转化和散失的过程。能量的不断输入用以维持生命系统结构的高度有序性，而高度有序的结构又是生命系统实现其功能的结构基础。"对于细胞来说，其功能是细胞内物质转变和能量转化，即新陈代谢，对生态系统来说其功能是物质循环、能量流动和信息传递。细胞内部也存在信息传递过程。个体的新陈代谢是建立在每一个细胞代谢的基础上的。多细胞个体要解决的关键问题有两个，即"运输问题"和"通信问题"，即如何将物质与能量运输到每一个细胞，如何通过细胞间的信息传递使其成为一个有机整体。评价阶段要求学生从物质和能量的角度为生命下一个定义。可见，学生对"生命本质"的理解是逐渐加深的，在高三年级达到这种理解深度，有利于知识的迁移和综合应用。要使学生达到这样的认识高度，要求教师深谙学科思想和核心概念，对高中生物教学进行整体规划。

（二）教学需要整体备课

1. 四个层面的整体备课

整体备课分为四个层面，见图2。教师备课要研读课程标准和教材，从课程层面、模块层面梳理学科思想、核心概念，分析不同模块间的关系。在单元层面梳理重要概念和生物学事实的关系，思考单元教学目标和评价方案，设计单元核心问题。每节课的教学要为单元教学做出贡献。经历这种自上而下、从整体到局部的备课和研究，有利于教师整体把握课程标准对教学的要求，深入理解学科思想和核心概念，思考学科的育人价值，做到胸有全局。

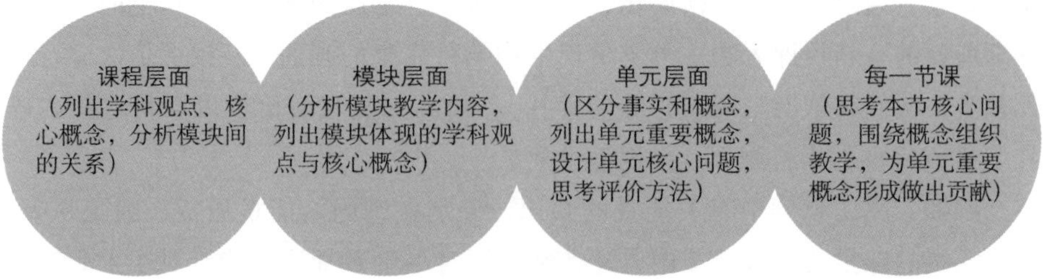

课程层面（列出学科观点、核心概念，分析模块间的关系）　模块层面（分析模块教学内容，列出模块体现的学科观点与核心概念）　单元层面（区分事实和概念，列出单元重要概念，设计单元核心问题，思考评价方法）　每一节课（思考本节核心问题，围绕概念组织教学，为单元重要概念形成做出贡献）

图2　四个层面的整体备课图解

2. 思考知识的教育价值是单元整体备课的重点

单元整体备课中最重要的环节是确定"教什么"，即对单元教学目标的深入思考。教师要不断地追问自己："这个单元中哪些知识是值得学生持久理解的内容，它的教育价值是什么？哪些内容对学生生活有意义、会影响学生一辈子，需要转化为学生的行为？"那些需要学生持久理解的内容通常是单元的重要概念、科学方法和情感态度价值观的知识，并能体现学科思想和核心概念。这个思考过程是区分概念与事实、区分科学思想方法和基本技能的过程，有利于教师围绕重要概念、科学思想方法和情感态度价值观进行教学，从而体现出生物学科的育人价值。

例如，对"生态系统"单元教学，生态学的知识与人类面临的资源和环境问题息息相关，是可持续发展的理论基础。懂得生态学原理，认同只有保护环境、保护生物多样性，人类才能得以延续和发展；树立人与自然和谐相处和可持续发展的理念。这些情感态度和价值观的教育对当今我国的社会发展具有重要的现实意义。在生态学思想的指导下，学生能自觉地把保护生态环境转变成自己的具体行动，如：节约能源、绿色出行；拒绝食用珍稀野生动物；宣传保护珍稀濒危野生动植物；面对经济发展与环境保护相矛盾的社会问题时，能选择正确的立场和态度。本单元充分体现出学科的核心概念：生物与生物、生物与无机环境之间存在复杂的相互作用、相互影响。

对生态学思想的认同和形成核心概念均建立在单元重要概念的学习过程中。我们帮助学生认识生态系统内部各成分间存在着复杂的相互作用。所有生物都是它们生存环境中的一部分，它们需要从生活环境中获取生存、生长发育的全部条件（包括食物、遮蔽场所）。所有生物被环境所影响和限制，反过来，生物也在某种程度上影响它们的生存环境。生态系统是一个统一整体，其各成分之间通过能量流、物质流、信息流紧密地联系在一起，各个成分彼此相互作用、相互影响，所谓"牵一发动全身"。生态系统通过负反馈调节实现其稳态，但是生态系统的自我调节能力是有限度的，如果外界干扰超过一定限度，生态系统就会崩溃。

教学中我们谈生态系统稳态如何维持，不如变换角度谈生态系统如何变动，即生态系统是一个动态的、发展变化的系统，处于稳态中的生态系统，各种群的数量围绕某一个数值上下波动，这是由于生态系统各成分之间有复杂的相互作用。生态系统中的生物因素和非生物因素时刻处于变动之中。任何环境因子的改变，都会使这个生态环境下的生物种类发生变化。生态系统的某个局部的变化可能对这个生态系统的其他部分产生深远的影响，而这种影响我们甚至无法预估，因为人类对生态系统成分间相互作用的复杂程度认识不足，例如：20世纪40年代，当人们在农田中使用杀虫剂滴滴涕时，无法想象在南极融化的雪水中会检测到它，而且滴滴涕会随着食物链在动物体内富集并危害动物和人体健康。

理解生态系统如何变动，还可以从历史的角度分析，与"群落演替"和"生态系统的进化"相联系。群落演替体现出短期内（几十年到几百年）生物与生物、生物与无机环境的相互作用，体现出在自然选择的作用下物种在竞争生态位的过程中群落内部物种的悄然更迭。群落演替可以重演，而生态系统的进化是无法重演的。生态系统的进化是以地质年代作为时间尺度的，在地球上38亿年的生物进化史中，物种集群式地灭绝之后随之而来的是物种的激增，仿佛上演着一幕幕舞台剧，一些物种退出历史舞台，另一些物种又纷纷登场。生物适应环境的同时也可以从根本上改变环境，有太多的实例说明生物与环境相互作用共同进化。

生态系统稳态的调节、群落的演替、生态系统的进化都是通过"生物彼此之间、生物与无机环境之间复杂的相互作用"实现的，是在不同的时间尺度谈论生态系统。强调生态系统的可变性和发展性，使学生认识到人类是生物圈的一部分，人类的活动必然会引起生态系统的变化。人类过度开垦、过度砍伐和狩猎、污染物的排放给生态系统带来的干扰将引起生态系统的改变，包括物种的灭绝、环境的恶化（温室效应、臭氧层的破坏、自然灾害频发），因此解释"生态系统如何变动"更容易帮助学生形成环保意识。

3. 整体备课——自成一体又与单元重要概念相呼应

每课时有自己的教学目标、核心问题、评价方案和教学设计，同时又呼应单元教学目标。单元重要概念会落实在每节课的课堂教学中。由于教师对课程标准中教育理念、学科思想和核心概念有深入思考，教学设计时会有意识地加以渗透，这样的教学有高度、有灵魂。图3表示了一节课的教学范式。

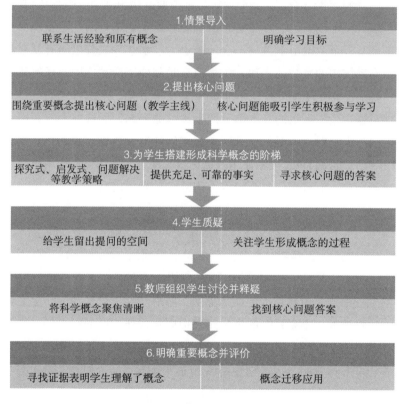

图3　一节课的教学范式

4. 用核心问题组织开展教学

单元备课和每节课的备课都要依据重要概念设计核心问题，核心问题是课堂的组织者和驱动力，是教学主线。可以将重要概念以问题的形式呈现出来，转变成核心问题。核心问题应具备挑战性、一定的开放性，并能吸引学生始终积极参与学习。核心问题的设计是教师备课的难点，同时也体现了教师劳动的创造性。学生如果能成功地解释核心问题，表明他理解了。无论是单元教学还是一节课的教学，教学目标、评价方案、核心问题都要保持高度一致。

(三) 教会学生框架式阅读和绘制概念图

教会学生阅读不只是语文教师的事。学会阅读教材，并抽出重要概念，通过绘制概念图反映并巩固学生的理解，这是学习方法的教学，使学生受益终身。

框架式阅读是指：看书要从书的题目和目录看起，对于一个单元，依次关注节标题，节下标题，关注单元的导言和小结，最后才是具体内容。边看书边做批注，写出自己的理解或与前面知识的联系。边看书边思考；绘制单元概念图。

概念图便于梳理概念之间、概念与事实之间的关系，便于建立良好的概念结构体系。教学实践中，引领学生用概念图进行单元小结，在高三复习阶段绘制更宏观的模块内部和模块间的概念图，帮助学生建立知识框架，梳理学科思想和核心概念。例如，图4所示的概念图展示了生物学的主要内容，描绘了生命科学的研究内容和方法以及生物学的核心概念。图中"生物体的模式"是指生物体共同遵循的过程，如遗传信息的流动方向、共同的遗传密码、信息分子作用的机理等。

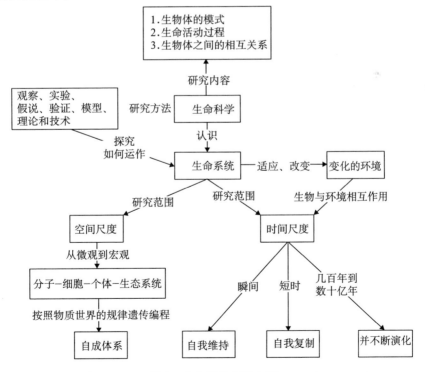

图4 生物学的主要内容

（四）高三复习课中的教学

高三复习课围绕学科思想和核心概念，运用整体复习的策略，从整体到局部，自上而下将大量的下位概念和生物学事实通过概念图有机地组织起来，使知识结构化，加深学生对学科本质的理解，便于记忆，为学生减负。

1. 从学科思想和核心概念角度设计核心问题或学生活动。

例1：在复习"遗传的物质基础"时，要求学生画出一个具有四个碱基对的 DNA 分子的平面结构图。作为遗传物质应该具备以下四个功能：①具有稳定性，能贮存大量的遗传信息；②能准确地将遗传信息传递给子代；③能控制生物性状（指导蛋白质合成）；④能产生可以遗传的变异。要求学生根据 DNA 的分子结构评估 DNA 是否可以完成这些功能，怎样完成的，自然选择为什么选择了 DNA 分子而不是 RNA 分子作为大部分生物的遗传物质。这样的核心问题设计，体现了结构与功能相联系的观点和进化的观点，从学科思想的角度设问，实现深刻理解。

例2：在复习"细胞的结构与功能"时，基于学科思想——"结构与功能的统一"和"生命的物质性"设计如下活动，要求学生绘制动植物细胞亚显微结构图，在图中各细胞结构上标出其包含哪些化合物，列出元素组成；要求学生在细胞中尽可能多地标出所知道的化学反应。

学生会想到细胞溶胶发生的糖酵解过程，线粒体内的柠檬酸循环和电子传递链；想到叶绿体内的光合作用；想到核糖体上发生的蛋白质合成过程，及内质网和高尔基体对蛋白质的加工修饰过程；溶酶体内发生的水解过程；细胞核内发生的 DNA 的转录过程，如果是连续分裂的细胞还可能在进行 DNA 的复制等。

学生能体会到化学反应在细胞的不同部位发生，体会细胞的膜系统与细胞骨架对酶的有序排列的作用；体会到 ATP 的水解发生在细胞各个需要耗能的地方；体会到 ATP 的生成与水解位置的区别。体会到细胞结构为细胞代谢的互不干扰提供结构上的保障。

学生要用到许多学过的生物学知识，其中有很多是跨模块的。在高三再认识细胞结构与功能时，有更多的事实做论据说明细胞这个生命系统的物质性，体会到细胞内部是成千上万个分子的浓缩混合物，这些分子所形成的种种特化结构使细胞完成各种生命活动，如能量的释放和转化、分子的运输、废物的排放、有机大分子的合成和遗传物质的存储；体会这个生命系统不断有能量的输入，通过复杂而有序的代谢维持系统内部结构和功能的稳定；把学生带到更高的层面来认识生命过程。

2. 围绕学科观点和核心概念，确立第二轮复习专题。

学科思想和核心概念的统摄性强，最容易将学科主干知识横向联系起来。表1列出部分专题名称和对应讨论的核心问题。学生从已有的知识取例，参与核心问题的讨论。这种问题设计为学生提供了俯瞰生物学全貌的机会，促进了知识的横向联系，加深了学生对学科本质的理解。

表1 专题与核心问题

序号	专题名称	核心问题
①	生物体结构与功能相联系	在分子水平、细胞水平、个体水平、群体水平分别举例说明"结构与功能相适应"的生物学观点
②	生命系统与能量	试比较细胞、个体、生态系统这三个不同尺度的生命系统中，能量是如何发挥作用的，有什么共同点，能量对生命系统的意义是什么
③	生命系统的信息传递与稳态	不同层次的生命系统都存在信息传递，尝试举例；信息传递的意义是什么，其调节机制有什么共性
④	几种生物的共性的比较——生命的特征	请从结构、营养、代谢、生殖方式、遗传、生命历程、调节、与环境关系几个方面对下列生物（酵母菌、细菌、植物、动物）进行比较，并找出共性
⑤	生命的延续和发展	如何理解遗传和变异在物种繁衍过程中的对立和统一；如何理解遗传变异与环境变化在进化过程中的对立统一
⑥	生物学知识与进化的联系	参看三本必修书，请列举哪些生物学知识与进化相联系；有人说："进化论是生物学最大的统一理论"，这样的评价是否过分

整体备课策略下的"兴奋在神经元之间的传递"教学设计

马小娟

学科思想是学科的哲学思想，是学科的灵魂。生物学科思想包括结构与功能观、物质与能量观、稳态与平衡观、进化与适应观等。生物学核心概念处于学科的中心位置，是与生物科学事实相对应的知识，包括了对生命基本现象、规律、理论等的理解和解释，对学生学习生物学及相关学科具有重要的支撑作用。核心概念是构成学科骨架的概念，它揭示了生物学科的核心内容，反映学科本质。围绕学科思想和核心概念的教学，能够让学生体会生物学科的味道，看到学科全景，加深对学科本质的理解，也有助于学生将生物学知识框架化、条理化，便于理解、记忆及知识的迁移。教师围绕学科思想和核心概念进行教学，需要进行整体备课。从研究课程标准开始，有序地梳理模块、章节的知识，罗列出每一层次的核心概念、重要概念，分析概念与生物学事实的关系，思考知识背后体现出的学科思想及对学生的教育价值（如对学生理性思维、科学探究、社会责任的培养，生命观念的建立）。现以人民教育出版社《生物 必修 3 稳态与环境》第 2 章第 1 节"通过神经系统的调节"中"兴奋在神经元之间的传递"为例，说明基于整体备课的教学设计。

一、教材分析与设计思路

"整体备课"指教师要从 课程（学科）、模块（分册）、单元（章节）、一节课四个层面思考学科知识的教育价值。课程和模块层面的整体备课是对课标的研究和解读，单元层面的整体备课是教师落实课标理念的重要环节。在单元备课层面，思考单元知识的育人价值可以有效地实现核心素养与课堂教学的对接。一节课要为实现单元教育价值服务。

"兴奋在神经元之间的传递"是《生物 必修3 稳态与环境》第2章"动物和人体生命活动的调节"教学单元中第1节"通过神经系统的调节"的重要内容。这一教学单元从个体水平上讨论了稳态维持机制，是建立"稳态与平衡观"的良好素材。神经调节的快速、精细的特点保证了动物对刺激作出迅速准确的反应，神经纤维和突触的信号传递方式是实现神经调节快速精细的基础。"兴奋在神经元之间的传递"一节围绕核心问题"反射弧中的化学突触如何实现神经调节的精细和复杂"展开讨论。教学设计不仅通过科学史料分析建立突触概念，还对比了电突触和化学突触的区别，突出化学突触的方向性和可调性；深入浅出地讲述胞体对不同类型的化学突触的整合效应；联系毒品的作用机理，教育学生远离毒品；提供最新研究进展——睡眠对于大脑突触形成和学习记忆的关系，指导学生劳逸结合，保证睡眠。

教师提供了教材以外的素材，不是单纯为了求新求异上难度，所有素材的组织只为一个目标服务——让学生感悟"神经调节的精细和复杂"，感悟生命观念，指导学生健康生活，发挥学科的育人价值。

二、教学目标

1. 学生能通过分析科学史料，分析突触的结构和作用方式（科学探究）；
2. 学生能阐明突触对实现精细、复杂的神经调节的作用（理性思维、生命观念）；
3. 学生能解释毒品成瘾的机理，运用突触与学习记忆的关系，指导健康生活（社会责任）。

三、教学过程

1. 分析经典实验，建立突触和神经递质的概念

提出核心问题后，导入本课主题。要完成一次反射，就需要反射弧上神经元之间的相互交流。教师组织学生了解科学史上的相关研究。

经典实验：突触的发现和概念的提出。1897年，英国神经生理学家谢灵顿通过研究狗的屈腿反射，发现兴奋沿神经纤维传导的速度与其在反射弧上的传导速度不同：前者约为40m/s，而在反射弧上的传导速度平均低于15m/s。通过对实验过程的观察和结果的思考，学生猜测反射弧传导的延迟发生在两个神经

元的结点处,理解了谢灵顿提出"突触"这一术语的背景和意义。教师引导学生继续猜想:突触具体以什么方式在神经元之间传递兴奋?通过分析德国生理学家勒维(Loewi)的蛙心灌流实验,得出结论:突触通过释放化学物质来传递信息。

设计意图:通过经典实验让学生了解突触和神经递质的提出过程,认识到生物学的基本概念多是在实验的基础上提出的;通过分析实验训练学生的科学探究能力。

2. 阐明突触传递过程,了解突触传递对健康和行为的影响

了解了突触和神经递质发现的科学史后,教师播放动画演示突触传递兴奋的过程,引导学生思考:①神经递质与突触后膜上的受体结合后,为什么能够引发后一个神经元兴奋?其结构基础是什么?②神经递质与突触后膜上的受体结合后的去向?该过程异常可能引发的结果?在问题②的基础上,补充神经毒气和有机磷农药对乙酰胆碱酯酶的抑制作用,说明神经元和肌肉之间的突触传递异常,对人类健康甚至生命的威胁。再补充脑突触传递信号(如多巴胺)受阻的图示(图1),让学生分析吸毒为什么会成瘾?其本质是可卡因与多巴胺的转运蛋白结合,使多巴胺在突触中的停留时间延长,最终改变突触后膜上多巴胺受体的数量。

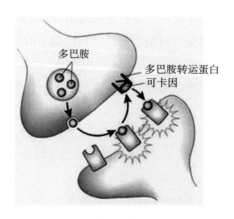

图1　可卡因与多巴胺的转运蛋白结合

设计意图:通过问题层层递进,引导学生思考过程背后的科学本质,建立"结构与功能一致"的生命观念,并指导学生健康生活,珍爱生命,远离毒品。

3. 设置认知矛盾,比较化学突触和电突触的特点

教师质疑:"快速"是神经调节的突出特点,为什么兴奋在神经元之间不

通过电传导？化学突触"慢"的价值在哪？提供以下素材，教师引导学生分析化学突触的其他特点：①神经递质的类型：通过对膝跳反射路径的分析，引导学生发现一组肌肉收缩时另一组肌肉不收缩，才能完成反射活动，进一步分析出神经递质的不同类型（兴奋型递质、抑制型递质）。②化学突触的可塑性：图片展示成年小鼠的神经元一个月的树突变化（图2），说明成年个体化学突触的后天可塑性。研究发现，学习和记忆都与新的化学突触形成有关。③突触整合：展示多个突触之间形成复杂的突触联系（图3），每个突触后神经元上既有兴奋型突触，又有抑制型突触。教师提问：为什么神经元之间形成如此复杂的突触联系？其生物学意义是什么？在教师的引导下，学生认识到单个突触传递的信号弱，多个突触叠加在一起才产生动作电位；多个突触同时作用于下一个神经元，就像民主投票，有人支持（兴奋型突触）有人反对（抑制型突触）。神经元之间通过错综复杂的联系避免传递错误的信息，最终使反射弧传递正确的信息，个体做出正确的行为。反观电突触，虽然可以通过细胞间的通道快速传递电信号，但却失去了化学突触的可调、可变等特点，这就是化学突触"慢"的价值。

图2　成年小鼠神经元树突的变化

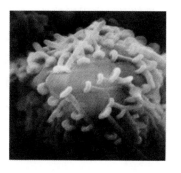

图3　有多个突触的一个神经细胞体的显微图（15000×）

设计意图：围绕核心问题，通过大量的生物学事实，比较电突触和化学突触的结构特点和作用特点，凸显化学突触是实现神经调节精细、复杂的结构基础，提升学生对生命现象本质的认识。化学突触可塑性对学习、记忆的影响，为学生正常作息、劳逸结合提供科学依据。

4. 回顾核心问题，评价教学效果

教师再次提出本节课的核心问题：为什么神经系统能够对环境变化做出精细、复杂的调节？

综合之前对突触的结构及传递过程的学习，对化学突触和电突触特点的比较，学生认识到化学突触传递是反射弧的重要环节。化学突触中的神经递质类型不同、作用结果不同、突触单向传递、突触后天可变、多个突触之间还会形成复杂的突触联系，这些特点是实现复杂反射活动的结构基础。在此基础上，人和动物的神经系统通过反射活动，对外界刺激做出快速、精确的反应，有利于动物适应环境变化，保证其生存、繁衍。这是本节课要传递给学生的重要概念。

四、教学反思

课堂教学是培养学生核心素养要走的"最后一公里"。在整体备课策略的指导下，教师依据模块、单元的核心概念设计本节课的重要概念，并以此设计核心问题。为学生理解核心问题，教师提供了丰富的素材，以说明化学突触在反射弧中传递兴奋的过程、特点及对神经调节维持稳态的意义。整体备课使教师胸有全局，心中有观点（学科思想）、课堂有主线（核心概念），灵活、得当地将大量的素材应用于教学，将知识作为载体，培养学生核心素养，影响学生的未来生活。在教学的最后再次提出核心问题，回顾教学主线，回扣单元和章节的核心概念，评价教学效果；学生有了大量事实的铺垫，自身对化学突触在反射弧中的作用体会增多，就能够用自己的语言说出其生物学意义。由于教师在课程和模块层面的整体备课深入，把握住生物学科的学科思想，这样在具体一节课的教学设计中就会有意识地渗透，这样的教学有高度、有灵魂。

生物课堂教学中观察方法的渗透

王红庚

一、理论基础

观察,是主体通过感觉器官或借助科学仪器,有目的、有计划地考察和描述自然发生的自然现象,即感知客观事物、获取科学事实的一种科学研究方法。一切科学实验,科学的新发现、新规律,都是建立在周密、精确、系统的观察基础之上的。巴甫洛夫曾告诫学生:不学会观察,你就永远当不了科学家。学生的学习也离不开观察,各科教学中只有运用观察,才能使学生对学习对象获得鲜明、生动、具体的感性认识,积累丰富的感性经验,通过抽象概括达到理性认识。

观察力即观察能力,是指能够迅速准确地看出对象和现象的那些典型的但并不很显著的特征和重要细节的能力。它是个人通过长期观察活动所形成的。观察力是智力结构的第一要素,是智力发展的基础。观察力的高低,直接影响学生感知的精确性,影响学生的想象力和思维能力的发展。观察力是学生智力发展的重要条件,要发展学生的智力,就要重视培养学生的观察力。

二、教会观察方法,培养观察能力

训练学生的观察力应注重观察方法的训练与提高,只有掌握一定的观察方法,才会使观察活动得以顺利进行,也才能使观察结果全面、深刻。常用的观察方法有:顺序观察法、比较观察法、典型特征观察法、分解观察法。

教会学生观察的方法,就要在平时的教学中为学生创造观察事物的机会,在课堂教学中用图片、实物、模型、多媒体让学生观察,然后有意识地对学生进行以下几种观察法的指导和训练。

（一）顺序观察法

观察是一种有目的、有计划的认识活动，观察有顺序才有助于抓住事物的特征和联系。教师在教学计划中，要注意安排的内容由易到难，循序渐进，引导学生在观察时做到心里有个观察的"序"。顺序法可分为方位顺序法和时间顺序法。(1) 方位顺序法：由整体到部分或由部分到整体；先上后下或先下后上；由左至右或由右至左；由近及远或由远及近；由表及里或由里及表；先中间后两边或先四周后中间。(2) 时间顺序法：即按观察对象的先后发展顺序观察。适用于观察事物活动与发展过程中的行动状态。总之，观察有一定顺序，思维才有条理，表达才会层次分明。

在初中阶段，最初的顺序观察法的训练是从"观察细胞结构"开始的，由表及里，学生很快掌握了细胞的结构与功能。

在"细胞分裂产生新细胞"中，通过对细胞分裂图的观察，学生初步认识了观察的时间顺序法，理解了染色体数量的变化及意义。

（二）比较观察法

比较观察法就是把相近或相反的事物放在一起，比较异同，从而找出事物特征的一种观察方法。观察认识事物，如果把两件事物放在一起比较，或者对同一事物在不同时间里的情况进行比较，便会发现它们的异同和变化，从而抓住事物的特点。指导学生在观察中运用比较，可以深化学生对观察的理解，使思维得到发展，是培养他们认识能力、表达能力的有效方法。

初步引导学生应用比较观察法，是在"植物细胞与动物细胞的比较"中，通过比较观察，学生认识到叶绿体是植物细胞特有的，为进一步理解植物作为生物圈中的生产者奠定基础。

（三）典型特征观察法

典型特征观察法就是观察物体最明显的特征，而后再观察它的一般特征。观察要抓住事物的特征，就是能够观察出事物最突出、最具特色、与众不同的一点，从而把它与其他事物区分开来。在全面观察的基础上抓住事物的特征是观察的基本要求。也只有抓住事物的特征才能认识事物的本质特点。

初步引导学生应用典型特征观察法，是在"生物对环境的适应"一课：生活在荒漠中的骆驼刺，地下的根比地上部分长很多；生活在寒冷海域中的海豹，胸部皮下脂肪的厚度可达60毫米；旗形树的树冠像一面旗帜。学生很快抓住了观察对象的典型特征，进而思考其形成的原因，与其生活环境联系起来。

（四）分解观察法

分解观察法就是将比较复杂的物体分成几个部分，对各个部分逐一地进行细致观察，然后再把各个部分综合起来以了解其全貌。要想正确认识事物，必须对事物的整体有个全面的了解。这就要学生掌握全面观察、细致观察的方法，提高观察的效果。

在"了解显微镜的构造"一课中初次引导学生应用了分解观察法，分别观察、了解了显微镜各部分的构造和功能，综合起来认识其全貌，为正确使用显微镜奠定了基础。

在"动物体的结构层次"和"植物体的结构层次"中，再次训练学生应用了分解观察法，从细胞、组织、器官、系统到生物体，从微观到宏观，培养学生的观察力。

三、观察方法的综合运用

各种观察的方法并不是单一、孤立的，在观察的实践中是有机地结合在一起的。教师在教会学生掌握各种观察方法的基础上，更应当指导学生将观察的方法融会贯通、综合运用，以提高学生的观察力。

以《鸟类适于飞行的特点》一课为例：

片段一：依次展示鸟的体形、体表、前肢的图片，鸟标本，羽毛，羽毛扇。加上问题的引导：

1. 鸟类的体形是怎样的，与飞行有什么关系？

2. 鸟的体表覆盖着什么？你见过几种羽毛？是什么样的？分布在哪？准备鸟类（鸡）的羽毛，让学生在课堂上进行亲自观察。

3. 鸟的翅膀呈什么形态，与飞行有什么关系？再通过扇子作类比。翅膀上没有羽毛了会怎么样？

让学生体会由远及近的顺序观察法，培养学生观察问题、分析问题的能力。

片段二：展示鸟的骨骼标本和人的骨骼模型，展示鸟的胸肌的图片和人的胸肌的图片。

学生通过比较观察发现鸟的典型特征：胸部的骨突出、胸肌发达，进一步将分解的胸骨、胸肌综合为整体，思考得出胸骨突出可附着发达的胸肌，可牵动两翼完成飞行动作。

同时综合运用了比较观察法、典型特征观察法和分解观察法。

科学的观察方法除以上几种，还有很多，如提纲观察法，这种方法要求在观察之前先制定观察提纲，列出观察的目的要求、观察的顺序和内容等，然后按照提纲逐项进行观察。这样可以使观察更加有条理，更加全面。

片段三：在《鸟类适于飞行的特点》一课中，通过观察鸟类飞翔的视频，教师引导学生从两个维度制定了观察提纲，纵向：外部形态、内部结构、生理特性；横向：克服重力、减少空气阻力、持久动力、保持体温。明确了观察的目的和方向。

此外还有想象观察法、推断观察法、多种感官结合法等。

在课堂教学中观察方法的渗透是传授科学知识、培养学生的观察力和观察品质的主要方式和重要途径。在教学的全过程中，学生是观察的主体，他们通过系统的观察，取得直观、生动的认识，获取相关的科学知识。教师在观察教学中始终是组织者和指导者，负责制定观察的提纲，提供观察的对象，并在学生进行观察时给予组织和现场指导，以及在学生需要时给予必要的帮助。

四、如何评价学生的观察力

观察中包含着积极的思维活动，是人们认识世界、获取知识的一个重要途径，也是科学研究的重要方法。教学中运用观察，使学生对学习对象获得鲜明、生动、具体的感性认识，积累丰富的感性经验，通过抽象概括达到理性认识，从而对观察对象本质属性的理解逐步深化。

如果学生观察的目的性强、任务明确，观察时多种感官（眼、耳、鼻、舌、身）共同参与，在表述时能够把观察到的材料进行加工，使观察到的内容更加系统化，就能达到思维和语言的协调发展。因此，可以从以下几个方面评价学生的观察力：

（一）观察的目的性：有目的的观察是从事科学研究的前提。如果观察缺乏明确的目的，就很难形成有效的观察。观察力弱的学生观察的目的性较低，他们一般还不会独立地给自己提出观察任务，也不能很好地排除干扰，在观察活动中往往受刺激物的声音、形态、颜色等特点和个人兴趣、爱好的影响。观察力强的学生观察目的更明确，他们能主动地制订观察计划，有意识地进行集中、持久的观察，并能对观察活动进行自我调控。

（二）观察的精确性：观察力弱的学生观察的精确性很低，他们观察事物不细心、不全面，常常笼统、模糊，只能说出物体的个别部分或颜色等个别属性，不能表述细节。观察力强的学生能全面深入地了解细节，既重整体辨认，又重细节辨认；观察的正确率逐步提高；对观察对象本质属性的理解逐步深化。

（三）观察的顺序性：观察力弱的学生观察事物顺序凌乱，不系统，没头没尾，看到哪里算哪里。观察力强的学生观察的顺序性有较大发展，一般能系统地观察，能从头到尾边看边说，做到思维和语言的协调发展。

（四）观察的深刻性：观察力弱的学生对所观察的事物难以从整体上做出概括，他们往往较注意事物表面的、明显的、无意义的特征，而看不到事物之间的关系，更不善于揭露事物的有意义的本质特征。观察力强的学生分辨力、判断力和系统化能力有明显的提高，抽象逻辑思维渐占优势，言语表达能力进一步发展，观察的概括性、深刻性明显提高。

基于学生观察自然现象和自然事物时的心理特点，教师要有目的、有计划地组织学生接触自然，接触社会，指导学生留心观察和分析周围的事物，养成观察和思考的习惯。在观察训练中应着力引导学生学习观察、思维、表达的具体方法，层层深入。在教学中指导学生观察时，不应使学生局限于通过直观形象反映客观事物，必须引导他们学会逻辑的判断和推理，把观察同思维的间接性与概括性结合起来。只有在观察中思维，在思维中观察，才能真正培养学生的观察能力。

让音乐真正走进学生的心中

郑燕莉

音乐，是具有抽象性、多解性和模糊性的艺术，它的特征给人们对音乐的理解与演绎提供了想象、联想的广阔空间。音乐本身是主观与客观、感性与理性、音响与时间、体验与想象、情感与理智、活动与思维、感悟与表达、倾听与动作的统一体。这些特殊性决定了它在训练学生的感受力、完善人格和激发创造力方面所具有的特殊功能。但这些却往往被人们所忽略，人们更多的是偏重于音乐知识、技能的操作训练和培养，而对学生创新能力的开发与培养研究甚少。怎样才能使学生从流动的音乐中，在自己原有的知识基础上，创造性地想象和发展，是当今音乐课教学改革中的重要任务。

《义务教育音乐课程标准》对音乐教学内容进行整合，从音乐学习的角度入手，将"创造"作为一个新的领域列入课程标准，提出了"鼓励音乐创造"的基本理念，展示出一种新的设计思路，体现了课程的新举措。其目的在于开发学生的创造性潜质，增强学生的创造意识，培养创造精神和创造力。在实施音乐实验教材的过程中，我有以下体会：

一、更新教学观念，让音乐真正走进学生的心中

长期以来，学科中心主义的指导思想一直影响着我国的普通音乐教育，造成了普通音乐教育的专业化发展倾向，而人的发展与需要则被严重忽视。强调学科知识的系统、完整和严密，强调知识的权威性，评价方式过于注重甄别、选拔和淘汰，忽视了学习者的实际需要，忽视了学习者的学习经验和学习过程，忽视了学习者在音乐方面可持续发展的确定性因素——音乐兴趣爱好的培养等。这种传统的教学观念让学生接触到的只是一些独立的知识点与枯燥的技能训练，而不是真正的、完整的音乐。虽说是音乐课，但音乐并没有真正走进学生的心

中。学生满怀期望地盼着音乐课能给他们带来美感、轻松和愉悦，却发现音乐课同样是抽象的概念和知识堆砌。学生只好以被动接受和心不在焉的方式进行逃避。这极大地损害了学生的主观能动性和创造积极性，影响了学生个性的发展。

更新教学观念，以人为本，由以学科为中心向以学生发展为中心的观念转变。把学习者作为整个课程的核心，从学习者的角度出发，以学习者为学习本体，关注学习者的兴趣、态度和需要，突出学习活动的整体性和综合性，以利于每一个学习者的成长和发展，使其能够清晰思考，有效交流，理解人类环境，知晓社会发展，具有终身学习的意识和能力。

更新教学观念，转变学生学习方式。倡导体验、模仿、探究、合作及综合式的学习，强调学生在教学活动中的主体地位，创设便于师生交流的教学环境，建立平等互动的师生关系，改变过去单一灌输式的教学模式，启发学生在亲身体验或实际模仿的过程中怀着探究的兴趣主动学习。教师不再是只传授现成教科书上的知识，而是指导学生如何获取知识，掌握获取知识的能力，使学生掌握终生发展必备的知识技能。

更新教学观念，关注音乐教育作用于人的创造性发展价值，把教学的注意力转向对学生的兴趣、情感和创造力的培养上，把教育的重点放在唤醒学生的主体意识、倡导和培养学生的主动性和创新性上。诱发联想想象，活跃学生的形象思维，激活学生的表现欲望和创造冲动，开发学生的创造性潜能。这样才有利于学生在民主、和谐、宽松的环境中发展他们的创新精神和创新能力。在浓厚的兴趣、愉悦的情感和坚定的信心驱使下主动地去学习和掌握知识，才更有利于让学生真正感受和理解音乐的美。在音乐实践的过程中，让音乐真正走进学生的心中。

二、改变教学方法，让音乐真正走进学生的心中

改进教学方法，重视创造性教学活动，是教学改革的关键。"鼓励音乐创造"的提出，使创造性教学活动倍受重视。教师能否采用适当的教学方法，合理地组织课堂教学，直接影响教学效果和制约着学生思维的发展。英国教育家皮斯博曾说："如果你想要儿童变成顺从而教条的人，就会采用注入式的教学方法，而如果想要让他们能够独立地批判地思考，并有想象力，你就应当采取加强这些智慧品质的方法。"为了培养学生的想象力和创造能力，就应改变旧的教

学模式，选用具有创造性的、灵活的、科学的教学方法，唤起学生的创新意识，只有在强烈的创新意识引导下，学生才会产生强烈的创新动机，树立创新目标，充分发挥创新潜力和聪明才智，释放创造激情，形成一种主动性和积极性。教师首先要根据学生的年龄特点、兴趣爱好创造性地选择教材，创造性地利用教学资料，设定利于学生创新思维发展的、具体的、可行的教学目标。选择适当的教学方法，让学生在愉悦中进行音乐学习。

在"天山之春"一课，我设计通过三个步骤，引导学生由浅入深地、逐步了解维吾尔族音乐中常见的切分和附点节奏的特点，在唱好《青春舞曲》的同时，进行音乐创造，感受维吾尔族音乐的风格，让新疆维吾尔族音乐真正走进学生的心中：

（一）走近维吾尔族音乐

为了有效地拉近学生与新疆音乐的距离，对新疆维吾尔族有一个感性的认识，唤起学生的求知欲望，我利用手头、身边以及在新疆实地拍摄和收集的相关资料，以新疆维吾尔族歌曲《最美还是我们新疆》作为背景音乐，制作了一个涵盖新疆风景、地貌、建筑、食品、民俗、音乐的 MV。

通过欣赏 MV，让学生对新疆有一个初步的认识：新疆是我国西部一个美丽的地方，维吾尔族在新疆分布最广、居住人口最多。那里有恢宏的大山、浩瀚的大漠、绚丽的丝绸之路、璀璨的古代文明；甜美的葡萄和瓜果；飘香的烤馕、抓饭、羊肉串；欢快的歌舞及体现穆斯林工匠特有的镶嵌工艺的建筑、服饰；是多姿多彩的近五十个民族的融合。

这个小短片体现了维吾尔族独特的风格，但学生们感受最深的还是片中的维吾尔族音乐，而让他们兴奋的、跃跃欲试的就是这段音乐中那富有动感的节奏，也正是这节课的教学重点。通过这种手段激起学生对新疆音乐的兴趣，引起他们对节奏的注意。

（二）了解维吾尔族音乐

在前一步骤的基础上，引导学生感受维吾尔族音乐中常见的切分、附点节奏；体验它们的特点，以及在音乐作品中的作用。

操作方法：从兴趣入手，让学生在活动中发现切分和附点节奏，并通过创造性活动积极、主动地探索它们在音乐中所起的作用。

为了引起学生了解维吾尔族音乐节奏的兴趣，我专门采访了维吾尔族手鼓表演艺术家卡赛姆老师，并把这段采访录像编辑制作在课件里。他诙谐的语言、精湛的表演使课堂气氛极为活跃。学生们从这些鲜活的素材中，体会到节奏在音乐作品中的重要作用，从而得到美的感召，激发了他们对这部分音乐内容的兴趣及学习欲望。

兴趣对于学习的重要意义，应该说早已被人们所认识，爱因斯坦的"热爱，是最好的老师"即是一句至理名言。兴趣，在当今教育现状下，是学生学习音乐的主要动力甚至是唯一动力。让学生每每带着浓郁的兴趣走进音乐课堂，让学生时时保持一种对音乐学习的积极心态和愉悦体验，音乐课堂便成为学生精神上的家园，音乐将真正走进孩子们的心中。

在设计知识点"维吾尔族音乐中常见的切分和附点节奏"时，打破了以往的先机械地学习节奏、计算时值、反复地练习、反复地读写，认为学生掌握了之后再带入音乐作品中的教学方法，大胆地设计让学生在老艺术家的手鼓表演中、在自己和老师的演唱中发现、探索维吾尔族音乐中最常见的节奏的特点。他们通过感性的认识，感受到了切分和附点节奏的特点，并在自己的即兴创造活动——即兴编配打击乐器伴奏、即兴创编舞蹈动作中体会到切分和附点节奏在维吾尔族音乐中具有的作用，以及由此而形成的独特的民族音乐风格。

这个过程淡化了知识技能的讲授，让学生在实践中认识到节奏在音乐中是很重要的，它直接影响着音乐的情绪和音乐的风格。感受到维吾尔族音乐中常用的节奏，不仅很好地渲染了音乐的气氛，更展示了维吾尔族音乐的独特魅力。

在"创造一个乐句，感受一种风格"的教学环节中，我给出了几个音符，让学生添加节奏，形成具有维吾尔族音乐风格的乐句。

教师给出以下音符：1 2 3 4 5 6 7 6 5 4 3 2 1

设疑：这是一段音乐吗？如何把它们变成一个具有维吾尔族音乐风格的乐句？学生们的讨论异常活跃，最终将一个个音符排列开来，按照自己对音乐的理解添加了节奏。散落的音符成为一个个具有维吾尔族音乐风格的乐句。

普通音乐教育的创造性教学的目的和任务，主要是激发学生的创造兴趣，培养创造精神，发掘创造潜能，同时提高学生对音乐艺术的感受和认识能力。这种创造，是在老师的明确指导和恰当要求下，由学生去完成或改变一部分结构和要素，从而形成多样式的、新的但未必是完整的作品或式样。这一过程的目的，不是培养学生作曲，而是让学生明白：节奏在音乐中占有重要的位置，它可以起到音乐骨架的作用；它可以脱离音乐的其他要素独立存在，而其他音乐要素则不能脱离它；以此帮助学生将感性的认识上升到理性的理解。

注重学生的主体意识，尽可能地激发学生积极主动地、全身心全方位地参与音乐实践活动。只有当学生与音乐融为一体并且主动地去探寻、领悟、体验时，对音乐知识技能的真正理解和掌握，特别是对音乐的欣赏和创造才会成为可能。

（三）体验维吾尔族音乐

维吾尔族是个能歌善舞的民族，他们常自发的组织麦西来甫，在一起唱歌、跳舞、演奏乐器。为了能使学生亲身感受维吾尔族传统的群众性民间文娱活动形式，让学生结合以上内容，以《青春舞曲》作为创造性活动的基础，创编演唱、演奏、舞蹈等形式，营造一个欢乐的气氛，体验维吾尔族传统的娱乐活动——麦西来甫。

这一过程为全体学生营造了一个共同参与、展示各自才能的创造空间。所有的学生都可以寻找到适合自己的位置：有的喜欢吹奏口风琴；有的喜欢唱歌；有的喜欢跳舞；器乐特长生拉起了心爱的小提琴；还有的学生选择了节奏乐器，展示自己与众不同的一面。他们各尽所能，在音乐与舞蹈、服饰、表演的融合中，通过对姊妹艺术的了解，更完整、更准确、更深刻地感受了音乐、表现了音乐和理解了音乐，拓宽了知识面，开阔了文化视野，提升了审美教育的质量。他们在新疆舞蹈动作中，感受切分和附点节奏的律动性，再回到音乐中，感受维吾尔族音乐中节奏的独特表现力，从而更好地体验新疆维吾尔族的民族风情。

在教学中，让学生充分感受音乐的愉悦，既是音乐教学能否获得成功的一个前提条件，也是音乐教学的目的之一。音乐教学的趣味化和游戏化，不仅给学生带来极大的快乐，而且会使他们对音乐产生浓厚的兴趣，使"要他唱""要他学"变为"他要唱""他要学"，进而产生持久的音乐学习动力。这时，音乐真正走进了学生的心中。

三、转变评价方式，让音乐真正走进学生的心中

现行的评价方式是以学期考试为主，方法单一，内容贫乏，考虑横向，忽略纵向，面向过去，忽略未来，学生基本处于被动地位，自尊心、自信心得不到很好的保护。

转变评价方式，以发展的眼光出发，尊重学生，尊重人格，善于发现学生的闪光点，只要有点滴进步，就要给予鼓励。注意对学生平时课堂音乐学习情

况的评价，经常让学生从不同侧面、不同角度获得不同程度的成功喜悦，让学生发自内心地感激音乐赋予他们成功的体验。通过自评、互评、教师参评的原则来培养学生自我认识和自我教育的能力，培养学生自己主动学习的能力，以调动他们的积极性培养他们的创造性。

  转变评价方式，创设小型音乐活动，营造民主和谐、生动活泼的评价方式。学生在歌唱、舞蹈、奏乐中感受音乐，再回到音乐中，感受音乐元素的独特表现力，从而更好地体验音乐的风格。整个活动过程，学生自我、生生之间、师生之间都在进行着不同侧面、不同角度的评价，验证和展示音乐学习和音乐创作的不同程度的成果，达到互相交流和激励、展示学生各种能力的目的。此时，音乐已真正走进学生的心中。

  音乐课程的改革，就是要改变过分注重接受学习、机械操练、被动模仿的从属倾向，注意以审美为核心、兴趣为动力的基本理念，强调音乐的情感体验，注重学生的主体作用和主动参与、交流合作的意识，探究、发现多种教学活动，改进教学方法，以丰富多彩、生动活泼的内容和形式激发学生的学习兴趣，鼓励学生参与音乐创造，发展和培养学生的创造性思维能力，使学生在各种创造性活动中更好地感悟音乐，激发学生对音乐世界的兴趣和探究愿望，引导学生在音乐活动中学习音乐，在音乐实践中发展音乐潜能，在音乐审美活动中培养音乐鉴赏能力，使学生真正成为音乐学习的主人。

  音乐是生动的，音乐是属于每一个人的，愿我们每一个音乐教师都能让音乐真正走进每一个学生的心中。

浅谈北京一零一中音乐学科课程建设

阎 磊

一、北京一零一中音乐学科课程发展基本现状

北京一零一中近七十年的历史积淀了深厚的教育内涵，形成了大气、包容、责任、自律的校园文化。学校办学的定位是"高质量、高水平、独具特色的示范校"。学校的育人宗旨是全面育人、健康成长。学校对学生的培养目标是，培养具有担当意识和能力的未来杰出人才。学生能够学会学习，学会生存，学会关心，学会创造！

目前，学校学生以行政班级为单位进行划分，音乐课程从初一到高一共有4个年级、48个班级（含国际部中美高中2个国际班）开设音乐课及音乐鉴赏课程。除高中鉴赏课程、高中模块课程在海淀区进修学校的指导下使用湖南音乐出版社出版的教材以外，其他年级均使用人教版音乐教材，都依据国家课程标准对应内容上课。

北京一零一中学生音乐学习水平及音乐学科教学基本现状

北京一零一中学生在心理、智力、体能等方面有着很大的发展潜力，他们艺术修养普遍较高。除了日常的音乐课程外，不仅拥有硕果累累、在国际多次获奖、全国闻名的"金帆交响乐团"，而且自主成立的音乐社团也较多，例如：阿卡贝拉社团、校级混声合唱团、3个同声合唱团、RAP社团、舞蹈队、陶笛社、古风民乐社、非洲鼓队，等等。学生们积极参与社会的实践活动，感受音乐实践给生活带来的艺术气息，也在不断提升音乐审美能力。

北京一零一中音乐组在音乐学科教学过程中不仅注重课标对音乐教育的社会需求，同时也关注学生个人的发展需求；不仅重视社会对公民音乐素养的教育，同时也重视育人这一教育的本质功能，突出以人为本的教育理念。新课程

改革自推行以来已取得了很大成绩：教师教学观念与方式有所转变；学生学习表现出合作、探究与交流的学习行为；课程评价追求多元性、过程性和发展性评价方式；等等。

新课程改革背景下，北京一零一中音乐组教师还根据学生个人音乐兴趣参与了学生的研究性学习、辅助学生社团、开设选修课，这不仅是对必修课的有益补充，使学生在更高层面上达到对教材的深入理解，而且还会有效地提高学生对音乐课程的兴趣，从而提高课堂的实效性。

二、回顾北京一零一中音乐学科课程发展

数千年以来，从西方的柏拉图到中国的孔子，哲学家们一直在探寻音乐的意义和价值，思考音乐为何以及如何具有震撼人心的力量。音乐教育哲学在其历史发展过程中，从柏拉图到后现代主义产生了多个重要的流派。以美国为例，在过去五十年间，美国音乐教育主要受两种哲学思想的影响：一是由贝内特·雷默提出的"作为美育的音乐教育"，二是由戴维·埃里奥特提出的实践哲学（为了便于理解，列出两者的区别如表1所示）。音乐教育未来的哲学发展趋势，开始倾向认同音乐是帮助人类回归并实现人性的媒介。

表1

	贝内特·雷默	戴维·埃里奥特
起源时间	20世纪70年代	20世纪90年代
哲学思想起源	绝对论	所指论
关注点	关注音乐本身	音乐涵盖是多维度的（诸如环境、人的回忆等）
音乐教育的核心价值	由于音乐本身的独特性决定了学习音乐的必要性	帮助学生实现自我认知和成长
音乐教育的目标	发展每个人对于音乐艺术的自然反应	在音乐学习过程中感受快乐
理论的社会价值	在当时保住了音乐课程在社会中的地位	提升自身学科价值的同时，对其他学科的价值体现有所帮助
人与社会的关系	次要价值	主要价值

基于西方的两大音乐教育哲学思想，新中国成立以来，我国中小学音乐教育取得了很大的成绩。特别是美育被列入国家教育方针，建立了以贝内特·雷默的音乐教育哲学思想为主导的以强调音乐知识、技能课程目标的课程理念；20世纪初受戴维·埃里奥特的音乐教育哲学的影响，我国于2002年、2011年进行了两次初中课程改革，2005年、2008年两次高中音乐课程改革，期许以达到中国音乐课程的教学理念从强调知识技能向实现用音乐帮助人的本性回归的转变，目前国家正式出版的2018年版《普通高中音乐课程标准》以各学科的核心素养的培养为重中之重。

依据国家课标对音乐学科的要求，北京一零一中学音乐学科进行了如下工作和设置：

（一）初中音乐课程改革回顾

1. 2002年音乐课程改革

2002年课程改革力图通过制定课程标准的形式，在学生知识、技能、态度、能力的发展方面具体化，从而明确制定我国基础教育各门课程的基本标准，初步建立起我国基础教育的课程标准体系。北京一零一中音乐学科设置如下：第一，在课程目标上，要求从知识与技能、过程与方法、情感态度与价值观等多方面设计具体的课程；第二，在课程内容上，注重密切联系学生的生活和经验以及社会、科技发展的现实，强调学生经验、学科知识和社会发展三方面内容的整合；第三，在课程要求上，课程标准不仅仅结合知识点以明确具体的结果性目标，并且要求结合本学科的特点明确提出一系列过程性目标、体验性目标，以期学生在获得知识的同时学会学习，并形成正确的价值观。

2. 2011年音乐课程改革

2011年《义务教育音乐课程标准》课程总目标：学生通过音乐课程学习和参与丰富多样的艺术实践活动，探究、发现、领略音乐的艺术魅力，培养学生对音乐的持久兴趣，涵养美感，和谐身心，陶冶情操，健全人格。学习并掌握必要的音乐基础知识和基本技能，拓展文化视野，发展音乐听觉与欣赏能力、表现力和创造力，形成基本的音乐素养。丰富情感体验，培养良好的审美情趣和积极乐观的生活态度，促进身心的健康发展。上述课程目标以下列三个维度表述。初中音乐课程内容结构：(1)感受与欣赏，(2)表现，(3)创造，(4)音乐与相关文化；初中课程的核心内容和基本理念：(1)以音乐审美为核心，以兴趣爱好为动力，（2）强调音乐实践，鼓励音乐创造，（3）突出音乐特点，关注学科综合，（4）弘扬民族音乐，理解音乐文化多样性，（5）面向全体学生，注重个性发展。2011 年音乐课程的性质主要体现在以下三个方面：**人文性、审美性、实践性，强调立德树人**。

《义务教育音乐课程标准》2002 年版与 2011 年版对比，有以下一些变化：（1）课程性质更加明确，新标准在前言中对音乐课程的价值做了简要的概括，而将原标准中的第一部分"课程性质与价值"改为"课程性质"，因此将原标准的四大价值简练地浓缩为课程的三大性质，改变了原标准中的性质与价值混为一谈的表述方法，课程性质更加明确。并且在课程性质中集中体现了音乐课程的独特性质：人文性、审美性和实践性，其中"实践性"是本次改版的标准中单独在"课程性质"中提出来的，突出了音乐作为一门实践性很强的艺术学科与其他学科的区别，并强调了音乐课程各领域的教学只有通过多种实践形式才能得以实施的必要性。这一观点在后面的教学理念中也得到了进一步的确认。（2）课程基本理念更加综合，原标准中基本理念共有十个，而新标准中将原来分为两个方面表述的基本理念合并为一个，共有五大理念。如审美和兴趣合二为一，改为"以音乐审美为核心，以兴趣爱好为动力"；增加了"音乐的情感体验应以多元文化的认同，以及双基的学习要与不同的文化认知有机结合"等内容；如原标准中的重视音乐实践和鼓励音乐创造合并为："强调音乐实践，鼓励音乐创造"；如弘扬民族音乐和理解多元文化合并为"弘扬民族音乐，理解音乐文化多样性"，将原标准的理解多元文化改为理解音乐文化多样性；再如原标准中的面向全体学生，注重个性发展在新标准中也合二为一。同时，修改并提出了"突出音乐特点，关注学科综合"的理念，这一理念的提出是鉴于前期课改中一些老师过于强调了学科综合而忽略了音乐特点的做法而提出的，但是有的教师在实际操作过程中又回到 2002 年课改以前过于强调音乐知识技能的传授，同时也忽略了雷默在《音乐教育的哲学》第三版中观点有了更大的包容性的变化，这也从一个侧面反映出由于文化背景的差异性，国外教学法在本土应用时出现的问题。

新标准还指出要突出音乐特点，并且在表述中具体列举了音乐的不确定性、抽象性以及时间性、表演性和情感性特征，指出这些音乐特点要在教学过程中加以强调和体现，使音乐特点更加突出。

（二）高中音乐课程改革回顾

我国高中音乐课程始于 20 世纪 50 年代。新中国成立初期，部分城市的高中开设了音乐课，但无统一的教学大纲和教材，而多数地区不开高中音乐课，这种状况一直持续到 90 年代中期。从 1996 年开始，国家统一在高中开设了艺术欣赏课（其中包括音乐学科），从而结束了高中没有音乐教育的局面，随后，颁布了《普通高中艺术欣赏课教学大纲》，使高中音乐课的开课率逐步上升，改变了高中音乐教育长期存在着大面积空白的状况。我校 2008 年的高中音乐课程改革与 2018 年即将进行的新高中课程改革不谋而合。

1. 概述

普通高中音乐课程是与义务教育阶段的音乐课程相衔接的课程，体现了普通高中新课程体系对课程内容应具有时代性、基础性和选择性的总要求，全面实现高中音乐的课程目标，满足学生对音乐的不同兴趣爱好和特长需求。高中音乐课程的内容结构由六个模块组成，供学生自主选择学习。这六个模块是：音乐鉴赏、歌唱、演奏、创作、音乐与舞蹈、音乐与戏剧表演。其中"音乐鉴赏"模块是一个重要组成部分。由于众所周知的情况，实质上在全国开足开全上述课程的地区和学校并不多。而北京一零一中多年来一直坚持不仅按国家要求坚持开足开全高中课程，还大力开发音乐的校本课程，全力推动学生的审美教育，不断提升学生的艺术修养。

2. 课程组合：音乐鉴赏 + 模块课程

在高中音乐课程实施过程中，教学模块的设计，丰富和完善了高中音乐课程的内容，从而形成较完整的基础教育音乐课程体系。按照课程设计思路，高中音乐课程的内容结构由六个模块组成，供学生自主选择学习。这六个模块是：音乐鉴赏、歌唱、演奏、创作、音乐与舞蹈、音乐与戏剧表演。对于六个教学模块的研究与设计应是每个音乐教师操作的重点。其中，"鉴赏"模块有原有"艺术欣赏课"的基础，比较容易操作；而课标中新设计的另外五个模块因无模式可循，更需要音乐教师在学习课标的基础上努力在教学实践中进行探索。过去《普通高中艺术欣赏课教学大纲》中的"教学内容"是一个整体的概念，是教学范围的总集合。模块则是教学内容的单元集合。模块的设置是高中新课程结构的一个创造，这也成为以北京市海淀区、西城区为代表的音乐学科的一大教学特色，课程框架均为：鉴赏 + 实践，其中实践课程的比例占课时比例的 2/3。

高中音乐课程结构及教学实施如表 2 所示。

表2

学习领域	艺术（包括音乐、美术和艺术三个科目）		
科目	音乐		
模块	学时学分	必修学分	教学实施
音乐鉴赏	36学时2学分	2学分	高一学年
歌唱	每个模块18学时各1学分		高一第二学期
演奏			
创作			
音乐与舞蹈			

3. 音乐课程建设中的主要问题

（1）专家论述的中国音乐课程建设的问题

在2014年第二届中美音乐教育高峰论坛中，专家们提出了中国音乐课程建设的一些问题（《中国音乐教育》，2015年第1期）：中国音乐学院谢嘉幸教授提出优秀的传统文化教育对人格的养成有重要作用。东北师范大学尹爱青教授谈学校音乐教育的误区：a. 以课堂为中心，教材唯一，b. 以传授为中心，教师为主，c. 以制度教育为中心，学校课程为本，只关注主流文化，忽略多元共生。首都师范大学周世斌教授对比两版《义务教育音乐课程标准》，指出音乐实践长期未落实的问题。北京师范大学杨丽梅教授提出学校音乐教育不能仅仅停留在感觉、感受，要提高对音乐和作品的欣赏水平，要懂得音乐的语境，提倡"综合性课程"，使学生获得全方位的文化感受。

（2）北京一零一中音乐学科音乐课程建设中的主要问题

作为国家音乐课程改革的缩影，一零一中学音乐学科音乐课程建设存在以下问题：a. 如何处理好当今流行音乐文化盛行与课堂教学中中国优秀传统文化传承的关系；b. 如何处理好课堂器乐教学与课时不够的冲突；c. 教师的教学理念不能及时地与当今世界音乐教育及时接轨；d. 音乐实践落实还不够充分；e. 如何在尊重学生差异的基础上，帮助学生实现自我认知和成长，在音乐学习过程中感受快乐；f. 教材内容的丰富性增加的同时，一味地贪多、贪全的现象还是比较明显的，教学内容涉及音乐学科的方方面面，但是没有考虑到教材是依附于课堂实际教学，比如，教材内容设计过于松散，知识脉络不清楚、不集中，使学生对每一个单元问题无法进行深入的了解。这在一定程度上影响了学生的学习动力以及构建音乐的知识框架能力的发展。

三、北京一零一中音乐学科校本课程开发与课程内容的设计特色

为贯彻教育部《基础教育课程改革纲要（试行）》和实施《普通高中课程方案（实验）》，音乐学科安排 1 个必修模块和 5 个选修模块，我们本着学校各学科的整体协作和有利于学生发展为目标，为丰富中学生生活，初中以国家义务教育课程开设课程外还增设了丰富多彩的校本选修课，例如："小百灵"歌社、舞蹈、吉他社等；高中音乐课程除开设"音乐鉴赏"必修课程外，还安排了"创作""音乐与舞蹈""演奏""歌唱""音乐与戏剧"5 门选修课程以及民乐社团、阿卡贝拉社团、电声乐队等。选修课程是基于必修课程教学的延伸和扩展，是体现课程选择性的主要环节。通过开设多门选修课供学生选学，以培养学生的学习兴趣，扩展知识面，丰富学生的文化生活，这对于提高学生的整体素质具有十分重要的作用。而社团的建立使学生的特长得以发挥，个性得以强化。下面基于国家对音乐课程内容要求概述一零一中学音乐学科课程的开发与课程设计的内容：

（一）北京一零一中音乐学科课程内容

表 3

	面向群体	课程名称	课程内容
基础类课程	初中学生	七年级、八年级、九年级音乐	与国家课程标准对应的教学内容
	高中学生	高中音乐鉴赏	与国家课程标准对应的教学内容
选修课程	高一学生	歌唱	湖南版模块课实践课程实验教材
		演奏	
		创作	
		音乐与舞蹈	
		音乐与戏剧	
拓展性课程	初一、初二学生	陶笛、合唱、舞蹈、吉他等	本校教师承担课程教授

续表

	面向群体	课程名称	课程内容
拓展性课程	具有学术潜质的学生创立社团	非洲"KUKU"鼓队	本校教师承担辅导，校本教材
		舞蹈社团	
		戏剧社	本校教师与"花旦"戏剧社合作教授
		阿卡贝拉社团	学生自主建立，本校教师辅导
		混声合唱	本校教师承担辅导，校本教材
		"漪兰"古琴社	学生自主建立，本校教师辅导

（二）北京一零一中音乐课程构建及音乐学习力提升

学习是人们必须坚持做的事，学习力是未来人才必备的素质。学习力由学习动力、学习毅力、学习能力、学习创新力四大基本要素构成。学习力的主体是人，学习力是学习中最活跃并起决定性作用的因素，学生的学习是我们教育的出发点和归宿点，学习力是学生学习的关键。音乐教育工作者，应特别重视对音乐实践学习力的培养，有效激发学生的学习动力，增强学生的学习毅力，提升学生的学习能力，促进学生学习创新力的发展，最终实现学生音乐素养的提升。借用裴娣娜教授关于学习力的观点，北京一零一中将音乐学习力分为**三种音乐能力：音乐的感受力、音乐的记忆、音乐的表现**。这三个要素之间相辅相成，相互促进，如图1。

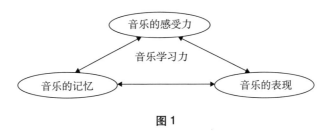

图1

1. 音乐学习力图标的三层次构成，如图2。

	**音乐课程学习力图标** 创意：一零一音乐组　设计　谭奕轩（学生） （1）音乐的英文单词 music（你能找到吗？）在图标中的艺术化体现，表达了音乐文化的多元视角 （2）高音谱号体现学科的特色 （3）画面中的人体现未来音乐哲学教育是帮助人类回归并实现人性的媒介

图 2

2. 图标进一步说明如图 3。

 图标内部分图案构成	 图标内部分色彩构成
说明： ☀ 绿色太阳 　　储备音乐知识，乐器演奏水平的提升 ◯ 红色空圈 　　唱歌、欣赏、演奏能力的提升 土黄色圆圈 　　能力的过渡 　　学生心理、生理的成熟使得学生具备高一级音乐学习的能力	说明： 1. 黄色区域：初一课程：音乐基础储备以器乐教学为辅助 2. 红色区域：初二课程——唱歌为主 3. 绿色区域：初三课程——欣赏为主 4. 粉色区域：音乐与戏剧 5. 紫色区域：音乐与舞蹈 6. 蓝色区域：音乐鉴赏 7. 蓝灰色区域：歌唱 8. 深红区域：演奏 9. 橘色区域：创作 10. 灰色区域：学生社团、选修 11. 黑色区域：音乐素养的沉淀实现

图 3

四、北京一零一中音乐学科教师队伍建设

教学是一门艺术，因而教学就如同艺术创作需要用心追求独特的风格，实际上，在教学过程中也确实存在着风格。所谓教学风格，是教师在长期教学实践中逐步形成的、富有成效的、一贯的教学观点、教学技巧和教学作风的独特结合和表现，是教学工作个性化的稳定状态之标志。教学风格的本质特点在于它的独特性，这种独特性表现在许多方面如独特的教学语言、教学方法、教学风度和教学机制等。教学艺术风格主要是教师在长期教学实践中逐步形成的独特的、相对稳定的教学艺术个性和特色，使教学表现出浓郁的个人特色和艺术倾向性。

北京一零一中郭涵老校长曾经说："教育规律有种虔诚和坚守。虔诚才能淡定面对喧哗，有所为，有所不为。不要盲目跟风。面对纷乱，有时你会怀疑：我'落伍'了吗？但是，你多一点淡定和理性，多一点冷眼旁观，多一份独立思考，多一点读书和学习，你就不会随波逐流，你就会走出一条守正出新的路径。然后，你就会发现你做得很好，越做越好。"在校长的且行且思的办学理念的引导下，音乐组教师形成了各自的教学风格和团队特色。

北京一零一中音乐教师团队建设目标是：自由、平等、包容。建设措施是：注重教师成长的持续性；注重团队建设的互补性，搭建交流平台，积极进行学术交流，资源共享；积极参加教研与进修，注重在职培训以及研究能力的双重提升；"走出去"与"请进来"，积极利用校外资源开阔视野，提升个人素养；名师引领与思想引导；读书讨论增强信息沟通，对课本知识中相关实例扩充，达到与现代理论的同步；课题驱动与研究课程；参加学校、国家级的课题研究，在研究课中积累教学经验。

中学摄影教学实施策略

魏立柱

一、引言

（一）摄影的历史

1839年8月19日，法国人达盖尔公布了摄影术，这是被后人称之为"达盖尔法"的摄影术。此法是通过碘蒸汽敏感的镀银铜版"曝光"，再将铜版置于汞蒸汽中"显影"出潜影，再用大苏打溶液"定影"。达盖尔法根据被拍摄对象的颜色和光线的强度，制作一张照片需要5~60分钟，得到一个"孤本"影像，每次拍摄只会得到"唯一""左右相反""不可复制"的银版"负像"，人们将会永久获得转瞬即逝的影像。达盖尔法得到的影像画质细腻，可长久保存，不褪色。时隔两年，英国发明家塔尔博特发明了另一种摄影法，即"卡罗法"（也称作"塔尔博特法"），先拍摄一张负像照片，再接触式印相，可获得正像照片，由此开创出由负转正的摄影工艺，为后来的胶片摄影奠定了基础。

摄影术的发明改变了人类记录图像的方式，人们越来越离不开这种记录图像的方式。180多年来，摄影记录了世界的方方面面，从而影响着人们的生活以及对事物的看法。

从摄影术诞生至今，承载影像的媒介及工艺一直在革新，比较著名的有"湿版火棉胶摄影工艺""干版摄影工艺""蛋白印相工艺""铂钯印相工艺""铁盐、铁银工艺""银盐印相工艺""蓝晒印相工艺"，尽管这些古典工艺现在很少人使用，却又散发着迷人的光芒，带有浓厚的"原汁原味"。伴随着工业革命发展的机械化、电气化向自动化、智能化迈进，图像记录的手段也从古典摄影工艺悄然改变为数码相机和手机；传播平台也由纸媒向网络化发展，其传播速度也是惊人的。

（二）摄影的应用

摄影既可以反映客观世界，又可以反映主观情感。摄影术最初的目的是用来替代绘画的烦琐与耗时，甚至打着"绘画已死"的口号，演变为以其精准快速的记录能力在很多方面替代了绘画的实录功能。由此，摄影不仅仅应用在肖像记录，更被应用到科学研究、地貌测绘、商品广告、刑侦、战地记录、人类学调查等领域，尤其是发展到负像（底片）转成大量正像（照片）的时代，充分体现其"实用功能"，在纸媒时代扮演了十分重要的、无法替代的角色。到了20世纪70年代，摄影术逐渐被社会认可和接纳，以其卓越的画质与独特的认知方式，成为"艺术品"，走进美术馆、博物馆，是人们争相收藏的对象。

到了信息时代，数码摄影改变了摄影的观看与传输方式，改变了人们在相簿里观看照片的历史，在"无图无真相"的今天，人人都可以拥有相机（及智能手机）、人人都是摄影家，却制造了大量的"数码垃圾"，因此摄影教育迫在眉睫。

如何在中学实施摄影教学是现代美术教育中重要的内容。

二、具体教学内容要素

（一）摄影所需要考虑的几个要素

1. 构图

构图是摄影和绘画的重中之重，是基础。无论拍摄人像、风景、街道还是建筑，只有好的构图才使之变得有意义。美国摄影家布鲁斯·巴恩博（Bruce Barnbaum）将其定义为："对艺术作品各个部分的布局，以形成统一和谐的整体。""构图是把观看者带入照片的途径，使他们保持足够持久的注意力，以读懂你的表述内容，并明确自己的感受。"

优秀的摄影作品在构图中既有创新又无可挑剔，是手眼脑瞬间反映的结晶。摄影与绘画不同，属于减法的表现形式，把眼见的复杂和繁多的现实景物转化为简洁和传达摄影者意图的摄影作品，这需要作者长时间的知识储备与实践积累。

学习构图的方法很多，但行之有效的方法是：多看、多拍。多看包括看（分析与理解）大师的名作；学会提取画面点线面几何构成，分析作品成功的窍门儿。多拍就是有目的地模仿名作的构成形式，犹如学习书法必先临帖，逐渐找到自己的审美语言与风格。至于具体形式，许多摄影书归纳总结出很多，在此不加赘述。

构图的原则：为主题服务、为主体服务；分清主次、突出重点，不能为构图而构图。

2. 测光与曝光补偿

测光是学习摄影的重要步骤，理解摄影获得正确影调所要实施曝光的手段。虽然现在的照相机（或者智能手机）都能将影调拍得尽量完美，但如果不理解照相机采用的测光原理，则无法达到理想效果，甚至拍不出基本的需求，如明暗、黑白等。

测光是获得"正确曝光"的依据，照相机（或者测光表）将被拍摄景物按照"正确的"影调需求，测量出被摄体所需的明暗加以实施正确的曝光，做到光圈与速度的完美组合。

测光的原理：无论是相机还是手持测光表，都是将所拍景物还原成一个"灰度值"，即"18%灰"色，这个灰度近似于东方人的肤色，具体的测光设定是根据想要表达的效果而定。专业级和准专业级相机的测光模式分为"点测光""中央重点平均测光"和"3D矩阵式测光"，这要根据最终要表达的内容及效果来决定。

"点测光"，是要将画面中"很小的面积"还原成（拍摄成）"18%灰"，而不顾及这个范围之外色调的明暗。"中央重点平均测光"是测光的另一方法，被拍摄主体占画面较大面积，或者在亮度比与色彩差异比较大时使用。既兼顾所测"点"的灰度（将画面中央约60%的区域作为测光的重点），又要兼顾"背景"的灰度，比如拍摄一个逆光中的人物，选择这个测光模式，就会得到人物灰度与背景灰度相协调的理想效果。"3D矩阵式测光"是以被摄物的亮度、明暗反差和被摄主体至胶片平面的距离三方面信息作为测光依据的测光模式。它不只像传统测光器那样测定景致的亮度和反差，而且还能评估景致的色彩，把被摄物的色彩纳入测光范围内，这样能使被摄物的曝光效果更靠近自然。它依托数据库的配合，对画面实施更为准确的曝光控制。

曝光补偿，是用来纠正测光后的曝光偏差的方法。曝光补偿简称 EV 值，尤其会在拍摄复杂光线环境下使用，例如拍摄舞台中的人物。该功能可在相机设置自动曝光后，先按下机身处的曝光补偿按钮，再通过调节左右方向键来调节曝光补偿，选择"＋"让画面变亮，选择"－"让画面变暗。EV 值每增加或减小 1.0 相当于摄入的光线量增加一倍或减小一半，不同相机的补偿间隔可以 1/2（0.5）或 1/3（0.3）的单位进行调节。

曝光补偿实施是为了弥补测光模式设置不当而设计的，它的实质还是改变快门速度或光圈值。曝光补偿只在自动相机曝光的档位里有,比如自动档(P档位)、光圈优先(A档位)、快门优先(S档位)。当拍摄雪景等白色物体时,测光系统会因画面"太亮",而自动曝光成"灰色的雪";同理,也会把煤拍成"灰色的煤",这时就需要使用曝光补偿功能,利用"白加黑减"的补偿方法拍出正常的照片。

3. 景深

景深是摄影语言之一,是学习摄影必须了解的概念。景深是相机在拍摄景物时,所对焦点前、后的纵向清晰范围,即景物"实"的范围。具有较宽的清晰范围称之为"大景深",较窄的清晰范围就称之为"小景深"。影响景深的因素包括光圈、焦距以及拍摄物的距离。具体来说光圈越大景深越小,光圈越小景深越大(图1、图2);

图1　　　　　　　　　　　图2

镜头焦距越长景深越小,反之景深越大(图3、图4);

图3　　　　　　　　　　　图4

相机距离拍摄体越近(物距短)景深越小,相机距离拍摄体越远(物距长)景深越大(图5、图6)。

图5

图6

因此,为了突出拍摄体时,可以选择小的景深,强化了主体削弱了背景;如果拍摄众多主体物(比如拍合影),就可以选择大的景深。

4. 摄影的修辞

摄影的修辞包括:重复、对比、呼应、反差、夸张、象征、异样、悬念等手法,是吸引观者的表达手段,意在使摄影作品更加生动、具有可视性的特点,是拍摄成功照片采用的手段之一。

重复:使用大量相似事物或图形进行构图拍摄,通过数量众多表达特定的意义。

对比:把两种事物或同一事物进行比较,反映某种思想。此类方法常用于纪实摄影中,能够产生震撼的效果。

呼应:使画面中的形象相互呼应,互相衬托,用以表达主题的丰富性和完整性。

5. 摄影瞬间的把握

摄影不同于绘画之处在于它的瞬间性。当看到被摄事物达到理想状态时要果断按下快门,尤其是拍摄动态形体,精彩的瞬间会稍纵即逝。现代摄影大师布列松将其称之为"决定性瞬间",即将被摄事物的形式、设想、构图、光线、事件等所有因素在特定的时刻利用抓拍的手段瞬间完成拍摄,将具有决定性意义的事物加以概括,并用强有力的视觉构图表达出来。

下面我们举例说明"决定性瞬间"对摄影作品的重要性。图7这张照片是布列松抓拍艺术中代表性名作。在前景中跳跃的男子,其身影恰好跟背后招贴广告中的跳跃女郎相似,前后呼应,相映成趣。这个拍摄瞬间就是布列松心目中的"决定性瞬间",利用极短的时间(按快门)抓住事物的表象和内涵,并使其成为永恒。

（二）不同教学条件下的摄影课程

1. 摄影教学所需条件：一所中学要开设摄影课程应该具备摄影器材和专用教室。

摄影器材：主要是相机和镜头，以及灯光系统等。

相机和镜头：数码相机和与之配套的镜头。数码相机主要分为数码单反相机和微单相机。学校可根据实际情况选择购买。镜头分为定焦镜头和变焦镜头。前者成像质量好、光圈大（弱光环境下可提高快门速度、背景虚化漂亮）。后者使用方便，能够随意变换视角和取景范围，一般常用24—70mm、70—210mm焦距的镜头；300mm以上的镜头适合拍摄远距离的景物，如动物及体育比赛（图8）。

图7

图8

专用教室：需要面积大一些的教室布置成摄影棚。内置背景布（或背景纸）及支架、影室灯具（包括2～3盏闪光灯及配套闪灯支架、柔光箱、雷达罩、反光伞、引闪器等）、静物台、椅子等。（图9）

图 9

暗房：有条件的学校可以将稍小一些的房间（需要有上下水）经过遮光布置成暗房，用来体验胶片摄影的冲洗与放大（图10）。暗房内置有安全灯、操作台面（稳固的桌子）、水槽、放大机、对焦放大镜、冲洗罐、冲洗盘、量杯、水洗器、裁纸刀、照片整平机（也可以用裱画机替代）等设备；还应有相纸和冲洗药水等耗材。

图 10

在以上教学条件具备情况下，采用分组教学、影棚人像和静物的拍摄、暗房冲洗放大照片的操作、作品装裱、评价总结等一系列的摄影课程安排。此课程可以开成高中美术"选择性必修课程"中"现代媒体艺术"的摄影模块；也可以开发为校本课程、选修课、兴趣小组。

2. 在一些学校缺乏以上基本条件的情况下，我们可以利用智能手机和普通教室进行摄影教学，待条件成熟再丰富教学内容。

一般教学后用手机实际拍摄，上传作业，用点评、互评与自评的方式对作品进行分析，做评价表以及PPT展示等一系列教学活动。有目的、分步骤的学习，比如以"景深的控制"为题目，让学生利用学过的知识进行练习，以鼓励为主的评价方式，充分调动学生的积极性。

三、摄影教学及呈现方式

（一）鼓励学生实际操作

1. 组织学生举办主题摄影展：

春夏秋冬等季节性展览、各类天气环境摄影展。

2. 专题拍摄活动：

校园环境的拍摄：发现学校独特的建筑景观和人文景观，选择独特的视角进行拍摄，展现校园的风貌。（图11）

图11

人物的拍摄：利用课堂学到的方法去拍摄熟悉的人物，如家长、老师、同学等，尽量展现出本人的特质。

动植物的拍摄：观察事物，从一草一木做起，树上的鸟、水里的鱼、流浪猫等，从中养成关爱环境、与自然和谐相处的世界观。（图12）

3. 新闻记录拍摄活动：

校园活动：艺术节、运动会、歌舞表演、成人礼等。

4. 摄影作品的利用：

校园文创（制作成明信片、台历、T恤衫等）、校园环境装饰（教室、楼道、图书馆、教师办公室等）及作品义卖活动，培养学生审美情趣、传播校园文化。

图 12

（二）利用摄影记录日常生活

1. 日常：让摄影活动成为习惯，记录生活的点滴和自己的情绪及思考。

2. 旅行：将寒暑假的游学或旅行用摄影的方式记录，将所见所闻进行提炼浓缩成精彩的瞬间。

3. 科考：科考是每个学生都要经历的学习方式，是让学生亲近自然的最好时机，学生利用相机或者手机拍下感兴趣的事物，成为科考报告最重要的一部分。（图 13）

图 13

四、结论

摄影是高中美术新课程系列中"现代媒体艺术"的重要组成部分,是美术学科核心素养中"图像识读"的重要环节;也是初中美术教材内容之一。本文阐述了现代摄影教学的重要性,介绍了摄影知识中的基本概念、基本方法以及影响摄影作品的主要因素,针对不同教学条件给出摄影教学的具体实施方案,为不同中学展开具体摄影教学提供参考。

参考文献

[1] 中华人民共和国教育部:《普通高中美术课程标准(2017年版)》,人民教育出版社,2018年。

[2] 赵刚:《世界摄影美学简史》,中国摄影出版社,2018年。

[3] [法]安德烈·胡耶:《摄影:从文献到当代艺术》,袁燕舞译,浙江摄影出版社,2018年。

[4] [美]布鲁斯·巴恩博:《摄影的艺术》,樊智毅译,人民邮电出版社,2012年。

基于颐和园的美术课程资源开发与教学实践研究

肖 红

一、研究背景

2011年版《义务教育美术课程标准》在美术课程基本理念中指出:"美术是人类文化的一个重要组成部分,与社会生活的方方面面有着千丝万缕的联系。通过美术课程,学生了解人类文化的丰富性,在广泛的文化情境中认识美术的特征、美术表现的多样性以及美术对社会生活的贡献,并逐步形成热爱祖国优秀文化传统和尊重世界文化多样性的价值观。"

颐和园始建于公元1750年,原为清漪园,1860年第二次鸦片战争中遭英法联军烧毁;1886年,清政府挪用海军军费等款项重修,并于两年后改名颐和园。园中大致分为三个区域:以仁寿殿为代表的政治活动区;以乐寿堂等庭院为代表的生活区;以长廊沿线、后山、西区组成的休闲娱乐区。清末,颐和园成为中国最高统治者的主要居住地和政治外交活动中心,见证了中国近代诸多重大历史事件的发生。

颐和园吸收我国造园艺术的精华,其人工景观与自然山峦和开阔的湖面相互和谐、艺术地融为一体,秉承虽由人作、宛若天开的造园理念,是我国保存最完好的皇家园林,堪称中国皇家园林设计中的杰作。1998年颐和园被评为世界文化遗产。

二、社会背景

颐和园呈现的皇家园林艺术,直观地再现了古人对传统文化的传承,在新时代里,颐和园承担起中国文化窗口的使命,我国领导人通过我国独特的皇家园林艺术将中国的传统文化展示给外国友人。越是民族的就越是世界的,颐和园是中国的文化名片，是中国的骄傲。但我们也经常看到青年一代由于传统文化的缺失，面对经典经常处于不能理解、不会欣赏的尴尬的境遇。

【镜头 1】据新华社"新华视点"微博报道，习近平主席夫人彭丽媛 11 日邀请来华出席 2014 年 APEC 领导人非正式会议的部分经济体领导人或代表的夫人参观世界文化遗产颐和园……

彭丽媛与各位夫人一起在颐和园长廊漫步。彭丽媛告诉大家，长廊每根梁上都绘有精美的彩画，总共有上万幅，而且每幅都不一样，夫人们不时驻足欣赏，细细品味……

【镜头 2】李克强总理 12 日陪同来华访问的德国总理默克尔在颐和园散步。两国总理在东宫门会合，一同步行至知春亭，临湖远眺佛香阁和象征着合作精神的十七孔桥。接着来到古色古香的德和园大戏楼，在一处处自然与人文景观中，感受中国古典园林巧夺天工的工匠精神和丰富厚重的文化底蕴。（人民日报全媒体平台）

【镜头 3】颐和园德和园内，一群大学生在德和园颐乐殿前欣赏大戏楼，其中一位女生对着大戏楼舞台上'出将''入相'两个牌匾发出了疑问："这个怎么念？是'出将'还是'将出''入相'还是'相入'？"

【镜头 4】教室里老师宣布：我们今天要去探访颐和园西堤六桥。一名学生说："西堤我去过，一点也不好玩……"

当我们看到中国传统文化广泛为世界接受的同时，作为中国人我们也清醒地看到我们年青一代对传统文化的认知出现断层。《湖北日报》曾载文指出：一个民族，疏离了历史，自然就无希望，舍弃了文化，也就失去了前进的灵魂。

2011 年版《义务教育美术课程标准》第四部分"课程资源开发与利用建议"中第四条"拓展校外美术教学资源"，第六条"充分利用自然和社会文化资源"，第七条"积极开发地方美术课程资源"等内容都支持教师将这些有价值的文化资源引入美术教学活动。

颐和园作为世界文化遗产，植根于中国五千年传统文化的根基上，虽然皇家园林文化艺术被收入多部教科书中，但是受教材、课时、环境等诸多因素的局限，对于颐和园园林艺术文化内涵的探究还不够深入。习近平总书记指出："不忘本来才能开辟未来，善于继承才能更好创新。"中华传统文化是我们民族的"根"和"魂"，如果抛弃传统、丢掉根本，就等于割断了自己的精神命脉。所以，从文化根源上探究颐和园的园林艺术，对那些至今仍有借鉴价值的内涵加以改造，赋予其新的时代内涵和现代表达形式，激活其生命力，用这些中华优秀传统文化艺术感召学生，培养学生认真汲取中华优秀传统文化的思想精华，从而使传统文化得到有效的传承与发展。

我校在颐和园附近，基于对皇家园林的热爱与学校得天独厚的研究优势，从 2007 年起我在本校三、四、五年级学生中展开了对颐和园传统文化资源的发掘与美术课程实践的研究。

三、研究方法

颐和园地处三山五园核心区，地理位置优越，可开发资源丰厚。我采用实地考察法、调查访问法、文献调查法等研究方法对颐和园传统文化艺术资源进行深入调查研究。

1. 颐和园传统文化艺术资源概览：

皇家园林课程资源	课程资源内容简述	调查方法	调查时间
昆明有乾坤	1750 年，以京西瓮山、西湖为基础兴修水利开挖昆明湖，堆筑万寿山。采用一池三山的经典造园格局，修造清漪园，奠定了皇家园林的早期风貌。	①文献调查 ②实地考察	2008—2015
多样的造景手法	颐和园采用借景、框景、对景、障景、名景移植等造园艺术手法，营造出步移景换、一步一景的园林美。	①文献调查 ②实地考察	2013.03—2014.12
诗意的园林	诗情画意是人们对园林美的概括，李白、白居易、谢朓……这些诗人笔下的美景都重现在人们眼前，诗情与画意交融，构成中国园林深邃的意境。	①文献调查 ②实地考察	2014.04
多姿多彩的桥文化	"子非鱼安知鱼之乐"——知鱼桥"参差荇菜，左右流之。窈窕淑女，寤寐求之"——荇桥……这些古典文化在这座皇家园林中化身一座座姿态各异的桥梁，当然还有被李克强总理赋予新的时代精神的、著名的"象征着合作精神的十七孔桥"。	①文献调查 ②实地考察 ③调查访问	2012—2016 春、夏、秋季

续表

皇家园林课程资源	课程资源内容简述	调查方法	调查时间
京剧的摇篮德和园大戏楼	德和园大戏楼建筑群是我国清代建成的最后一座皇家建筑，戏楼中设有辘轳绞车、地井、暗道等表演设施，能够进行各种特技表演。由于慈禧对京剧的喜好，使得京剧艺术蓬勃发展起来，并从此走向盛世。	①实地考察 ②文献调查 ③调查访问	2016.06.08
佛香阁	佛香阁是颐和园的标志性建筑，在皇家园林景观设计中处于重要地位。佛香阁的修建至今仍留有未解之谜，其内部佛像的更替更是见证了古今的时代变迁。	①实地考察 ②文献调查	2012.06
吉祥的祈愿	幸福长寿是人们的美好祈愿，古人通过具象的形将这种美好的祈愿表达出来，仙鹤、蝙蝠、麒麟、花瓶、松柏、灵芝……都被赋予吉祥的含义，表达出对幸福美好生活的追求。	①实地考察	2016.05
男耕女织农桑文化	寄情山水、归隐山林，男耕女织的田园生活在皇家园林中被立体地呈现，耕织图、豳风桥、古桑、荷花、稻田……这是实现林泉之志的心灵家园。	①文献调查 ②实地考察	2015.02
热闹的街市	买卖街位于颐和园后溪河，模仿江南水乡而建，呈现出水乡世俗街景的风貌。	①实地考察	2010.12月
散落的明珠私家园林	颐和园周边遍布许多私家园林：勺园、蔚秀园、承泽园等园林与北京大学、张学良、张伯驹等许多著名人物和历史事件有千丝万缕的联系。	①文献调查 ②实地考察	2014—2016年
……	……	……	……

四、课程实践

皇家园林采用楹联、匾额、碑刻、书画题记等营造文化氛围,将风景美、艺术美、文化美融为一体,含蓄而富有深意。它的造园意趣集合了几千年来的传统文化精华,充满诗情画意,寄托了精神追求和人生理想,置身其中能获得身体和心灵的感悟。

颐和园面积广阔,游人较多,盲目入园只会使学习变成游园,达不到课程学习所预期的效果,所以我将课程学习分为校内学习和入园学习两部分。首先,在课堂上为学生普及皇家园林文化,分主题研究各个景观,使学生基本掌握各个景观的建筑特色、文化内涵、审美取向,学生对园林文化有基本认识后再入园学习,亲身感悟园林艺术。

1. 校内颐和园传统文化课程:

课题	教学内容	学习目标
有趣的名景移植	对比西堤与苏堤、十七孔桥与卢沟桥、谐趣园与无锡寄畅园,发现名景移植的秘密。	1. 了解颐和园采用的名景移植造园手法。 2. 根据"卢沟晓月"的意境创作一幅《月光下的十七孔桥》。
借来的风景	了解造园手法——借景,体会借景带来的视觉及心理感受。	1. 了解借景是中国园林艺术的传统手法。 2. 发现颐和园借景的秘密。 3. 探究其他借景手法,并采用借景形式创作一幅园林风景作品。
热闹的宫市	了解这组建筑与北方常见的古代建筑的区别,畅想清代开市时的热闹景象。	1. 了解江南水乡街市特点,感受颐和园里再现的江南风。 2. 根据宫市建筑群店铺特征,创作一幅热闹的宫市作品。
精巧秀美的谐趣园	……	……

2. 皇家园林传统文化课程实践节选：
（1）沐浴诗情——体验篇
"诗情画意的桥"综合探索研究
时间：2015.11.02
地点：颐和园新建宫门至西堤
四年级语文课本中有与桥相关的学习内容，颐和园也蕴含着丰富的桥的资源，于是，美术与语文学科联合开展"诗情画意的桥"综合实践研究。
探究之前教师根据课堂学习内容为学生制定学习目标。
学习目标：
①仔细研究古桥与古诗的关系。
②古桥的外观有什么独特之处，探究它与环境及周边所种植物关系。
③请走在桥上诵读李白、白居易等诗人或《诗经》中与古桥情境相符的诗篇，体会桥所传达的诗意美。
作业要求：选一座喜欢的桥，用画面表达古诗描绘的意境。
（2）溯根求源——探究篇
"探访京剧摇篮德和园大戏楼"综合探索课
①课程前测：设计一座中国古典风格大戏楼，画出设计图纸并写出设计遇到的困难。
②设计要求：
A. 大戏楼高三层，木质结构，木头连接不用钉子，建筑工艺精湛，装修华丽、雄伟壮观，体现皇家建筑气派。
B. 建筑内部设置机关，演员可以进行各种特技表演。
C. 利用声学原理，在没有电、音响等现代化设备情况下，可以使方圆2000平方米内的观众清晰地听到演唱。
D. 超大的后台，可供百人同时化妆准备。
地点：校内
①学生绘制的大戏楼设计图：
学生通过在校内研究设计大戏楼，发现了很多解决不了的问题，如："没有电，很多设备没法实施"，"木头连接不用钉子，音响问题无法解决……"学生们也想了很多办法解决问题，如：利用乐高玩具拼接的原理插接建筑木构件，在大戏楼后面建一面回音墙解决声音问题等。通过设计大戏楼活动，学生开始比较深刻地认识到我国古代建筑中蕴含很多秘密，带着许多疑问，学生们开始

走进颐和园探访德和园大戏楼的课堂学习。

②走进颐和园探访京剧摇篮德和园大戏楼课程

时间：2016年6月22日

地点：颐和园德和园大戏楼东侧

A 观察大戏楼，认识大戏楼结构。

学生观察颐和园德和园大戏楼结构，根据故宫畅音阁结构示意图在学习单上为大戏楼标注各部分名称。

B. 观察研究古典建筑的重要构件斗拱，了解榫卯结构与斗拱承重原理。

教师通过玩具鲁班锁的插接原理讲解榫卯结构原理并演示斗拱插接模型帮助学生理解斗拱承重原理。

C. 对比大戏楼、颐乐殿与看戏廊建筑结构及彩绘形式，理解古代建筑体现出的严格的等级制度。

D. 学生小组活动，在院内找寻答案完成学习单任务。每组学习单的任务不同，由小组长率领组员完成。

E. 学习单完成后回到座位独立研究大戏楼"和玺彩绘"的色彩规律为"旋子彩画"图案填色。

F. 全体集合各小组汇报学习情况，其他小组补充。

G. 展示彩绘作品进行评价。

（3）身临其境——写生篇

利用周末及课余时间组织兴趣小组开展入园写生活动，为有绘画爱好的学生提供入园写生的机会，促进他们观察与写生能力的提高。

学生写生实践活动统计：

写生时间	写生地点	写生人数
2016.04.16	南湖岛龙王庙	11人
2016.04.09	德和园大戏楼	12人
2015.10.27	颐和园谐趣园	25人
2015.07.02	颐和园长廊北侧	15人
2015.03.24	颐和园西堤	35人
2010.04.17	颐和园仁寿门	40人

续表

写生时间	写生地点	写生人数
2009.05.18	海淀公园	40 人
2008.09.20	颐和园文昌院	60 人
2008.04.10	颐和园廓如亭	100 人
……	……	……

五、学习成果展示

学生在学习中创作了大量艺术作品，刮画、版画、故事绘本、写生作品、设计作品、游览扑克牌、推荐卡、大型长卷……课程实践促进了学生欣赏水平的提高与社会实践能力的增强，传统文化自然渗透于学生内心，并通过多种形式表达出来。如学生在颐和园游览推荐卡中写道："十七孔桥是颐和园里最长的桥，桥栏柱头上有许多石狮子非常可爱，著名的大黄鸭曾经在它身边停过……"；"荇桥是颐和园里最经典的古桥，但知道它的人很少，它就在石舫附近，它的名字来自《诗经》……"学生在自己创作的写生绘本中写道："虽然我们回来了，但我仍然很开心，因为我有了许多收获，就像一个筐里装满了许多果实一样……"

颐和园传统文化课程，使学生在学习中走进园林，在文化的指引下用心灵去品味园林，身心浸润在优美的园林文化中，促进了学生对传统文化的理解，帮助学生获得了美好的人生体验。

中国传统文化是中华民族永远不能离别的精神家园，通过对传统文化的去粗取精，创造性转化和创新性发展，将它融入课程学习，长期坚持即可激活我们的文化基因，增强我们民族的向心力，传统文化所拥有的精神力量将使中华民族永远立于世界文明之巅。

基于表现性评价的美术实践活动研究

姚晓丹

一、什么是表现性评价

表现性评价兴起于20世纪90年代的美国，它注重对于过程的评价，因此也被称为真实性评价或非传统评价，是一种"基于学生表现的评价"。曾有台湾学者给出这样的解释：表现性评价就是由教师设计相关的情境，在此情境下，针对学生所应达到的学习成果（learning outcomes）设计一些问题，让学生在情境中或实际参与实验操作或观察之后，以分组活动或个别思考的形式进行问题的解决，同时针对学生在过程中的表现，以客观的标准加以评分的一种评量方式。

表现性评价是指用一种更加科学、全面的评价方式对学生的学习状况进行评价，这样的评价方式尊重了学生的个体性与主体性，使教师能够更全面地了解学生的学习状况，对学生进行有针对性的辅导和教学，更好地因材施教，激发学生学习的兴趣。

二、表现性评价与传统评价的区别

与传统评价不同，表现性评价强调知识和技能在情境中的综合运用，是综合能力的行为表现。传统的客观纸笔测验通常是在一个单元或一节课学完之后进行，而表现性评价既可以是一种课堂活动，也可以是一种测验。传统评价更注重学生对具体知识的掌握，而表现性评价注重的是学生运用知识的过程和方法，关注学生的情感态度与价值观，评价学生的综合能力。

传统评价通常有一个规定的时间，而表现性评价是可以允许学生经过自我思考寻求合适方法来解决问题并完成任务的，没有时间限制。传统评价是以答案为依据评价学生，有时会约束学生的思维和表现能力，表现性评价是在完成指定任务后，对完成过程进行评价，对学生进行综合能力的考查。传统评价中答案是唯一且简单的，表现性评价根据学生对任务完成的不同情况进行评价，具有多样性。传统评价对学生进行标准化测试，虽然能够通过测试知道学生"了解到了什么"，但是无法对学生"能够做什么"进行测试。传统评价凭借一张成绩单作为依据，既不科学也不全面。

通过比较发现，表现性评价比传统评价有更多的优势。学生会在一个真实的情境中，运用以前所掌握的知识去分析解决问题，在这个过程中教师更注重对于学生的思维能力、解决方式、创造能力等方面的评价，而不只单单注重于结果。表现性评价可以对传统评价的缺陷进行弥补。

三、美术实践活动中表现性评价的研究背景

（一）表现性评价应广泛运用于美术实践活动中的指导依据

新课程改革为表现性评价的引入提供了契机。《义务教育美术课程标（2011年版）》提出的评价建议是：加强形成性评价和自我评价，注重美术学习表现的评价。

由此可以看出，新课程改革为表现性评价引入中小学美术教育提供了指引和契机，表现性评价应广泛地运用于美术实践活动中。

（二）美术实践活动自身的特点为表现性评价提供了平台

1. 多元化的评价标准。美术学习评价更加关注于学生个性化评价，加上美术学科的人文性，评价标准相对灵活。

2. 多样化的评价方式。美术学习评价呈现方式多样，可以采用学生自评、互评、师评以及座谈等方式对学生的美术作业进行评价。

3. 评价内容注重结果与过程的统一。表现性评价适用于评价学生美术学习中的创造力，适用于考查更高层次的思维与问题解决技能。既能评估美术任务解决的过程，也可评估任务完成的成果。

进入21世纪，美国、新西兰、澳大利亚等国致力于开发中小学生视觉艺术学习表现性评价工具，其中也包含对创造力评价的维度和具体指标，为我们提供了有益的经验，值得我们学习和借鉴。

四、表现性评价应用的必要性

检验教学效果的一项重要手段就是评价。不同的评价方式，不仅能检测教师的教学效果，还能检验学生的学习效果。在传统的评价中，师生共同关注的是学习的成果，而不是学生的实践能力和解决问题的能力。

表现性评价关注的是运用以往所获得的知识解决新问题或完成具体任务的能力。表现性评价不仅评价学生"知道什么"，更重要的是评价学生"能做什么"。不仅评价学生行为表现的结果，更重要的是评价学生行为表现的过程和综合运用已有知识进行创作与表现的能力。

表现性评价不是为了判断，而是为了促进。它既可以考查学生在实际生活中运用知识的能力，又可以检验教师的教学效果，使为"学习的评价"成为主流。因此，表现性评价在教学中必不可少。

五、表现性评价在美术实践活动中的探索

美术实践活动中的表现性评价是指通过观察记录学生在实践活动中解决实际任务时的能力表现来评价学生获取的知识和技能的一种评价活动，是教师对学生在实践活动中表现出来的参与意识、合作精神、探究能力、分析问题的思路、知识技能掌握水平等方面的评价。它既是一项评价，又是学生能力的真实写照。

表现性评价运用于美术实践活动，需具备以下特征：要呈现有意义的真实性任务；能够体现高水平的思维和更复杂的学习；评价镶嵌在美术实践活动中，与过程融为一体；兼顾学生的学习过程与学习结果的评价；制定清晰、明确的评价量表，学生要知道评价量表的具体内容。

基于以上对表现性评价的分析与理解，笔者在美术实践活动中运用表现性评价进行了探究。以六年级上册"装饰色彩的魅力"一课为研究内容，以表现性评价运用于美术实践活动需具备的特征为依据，在六年级1—10班开展了学习"装饰色彩的魅力"的美术实践活动，并在活动中进行了表现性评价的探究。

（一）"装饰色彩的魅力"一课的活动计划

1. 教学目标

知道什么是装饰色彩，了解装饰色彩的特点，能够通过收集到的材料，通

过小队合作完成一幅有装饰色彩的作品，提高观察、分析、搜集信息、动手操作等综合探索能力。

在小组合作探究的过程中，通过观察、比较等方法，感悟装饰色彩的特点及美感。体会通过合作完成一幅有装饰色彩的画面，培养学生对色彩学习的兴趣及合作的能力。

2. 任务描述

收集有装饰色彩的图片资料，要求图片像素清晰。

把图片充满 A4 纸，彩打后进行备选。

通过学生带来的图片感受装饰色彩的魅力，了解装饰色彩的特点。

从学生带的作品中挑选适宜表现的画面，通过举手投票确定四幅图片。

四幅图片的提供者被定位队长，负责按照要求分割图片，并组队。

队员负责做"通行证"，"通行证"的质量作为队长选人的标准。

按照队长组队人数下发样张，记录队员姓名及领取样张的序列号。

按照样张画"通行证"，每队的队长及骨干完成创作后，可跟老师领大底板。

队长和骨干画大底板，标序号，贴双面胶。

队长和骨干把自己完成的部分贴在底板上，再辅助完成的队员贴底板。

都贴好后，队长和骨干负责调整颜色和画面。

展示小队的作品，队员照合影。

3. 任务导向

怎样从网上查找有装饰色彩的画面？怎样筛选出哪些是像素高的图片？

选一选哪些图片是符合要求的，是用装饰色彩表现的？给你什么样的感受？

怎样能在 A3 的彩砂纸上画出 5cm×5cm 的正方形？尺子不够长怎么办？

怎样辨别样张与"通行证"的方向？用什么方法可以不丢样张？

表现用笔表现色彩的变化，确定图案的位置？

通过在砂纸上表现装饰色彩给你什么样的感受？

用长尺画底版时，两人怎样合作才是最有效率的？

用怎样的方法组合画面？能使画面更完整更好看呢？

展示作品，说说在活动中有什么收获，下次什么地方可以改进。

(二)"装饰色彩的魅力"一课的活动实施

1. 实践活动的安排

"装饰色彩的魅力"是在常态课教学中完成的，六年级每个班大约 35～40

人，分成4个小队，每个小队的人数在6~11人之间。提供图片的同学竞选队长，通过全班投票，最终确定的四幅图片提供者成为队长人选。队长的人选是随机产生的，这种机制的设定可以为平时并不出众的学生提供成长的平台。创作用的纸是彩砂纸，用油画棒在彩砂纸上创作，附着力强，色彩还原度好，为更好地体现装饰色彩的魅力奠定基础。

A3大小的彩砂纸需要进行裁剪，变成5cm×5cm的正方形，每个队员都要用这些"正方形"完成队长分下来的"样张"，只有这些"正方形"大小一致，才能组成一幅完整的画面。否则整体画面会因为"正方形"的大小不一致难以拼在一起，影响最终效果。因此，在实践活动中这些用于创作的5cm×5cm的正方形被称为"通行证"，是队长挑选队员的依据。

本次实践活动需要用4课时完成，每一课时都有相对应目标和内容，学生在每次活动前都会清楚地了解评价内容、方法以及相对应的分数，以便进行评价量表的填写。

2. 评价量表的内容

表现性评价不仅仅局限于评价学生的记忆、认知能力，它更关注非认知因素，如：与人合作的能力、综合能力等，突出了情感、态度、价值观因素在学生发展中的重要作用。通过具有等级差异的评价标准和说明，使学生充分地了解自己的优势和不足，不断地完善和发展自己的能力。

以表现性评价的特征为依据，在设计评价量表时，笔者将评价项目分为四个部分，分别是：参与态度、实践活动、合作交流、综合能力。通过清晰、客观地描述，确定每一个评价项目的等级，用精确的语言表述等级水平，并赋予一定的分值。除此之外，基本信息处增加了承担任务项，分别是：队长、副队长、骨干和队员。学生根据自己承担的任务进行勾画，方便进行评价分析。在实践活动前对评价量表进行了清晰的解读，让学生了解将从哪些方面对他们进行评价。

3. 分值统计的方法

每个小队的队长除了填写"评价量表"外，还需要填写"队员统计表"，并把队员填写好的"评价量表"上的分值，抄录在"评价总分统计表"上，核算出每一个队员四个评价项目自评、互评、师评的综合得分，以及小队全体队员四个评价项目自评、互评、师评的总分。

(三)"装饰色彩的魅力"一课的表现性评价分析

表现性评价是要求学生生成些什么，而不是选择一个答案，是一种观察学生是否积极地参与到完成某项任务之中的评价，它没有标准的答案，需要通过观察，基于评分量表进行判断。对六年级一个班填写的评价量表进行分析，可以看到他们的优势以及改进的方向。这个班一共 36 人，女生 21 人，男生 15 人。以下是"队员统计表"和"评价总分统计表"的呈现。

1. 对第一小队的表现性评价分析

第一小队是全班人数最少的一个队，共 6 人，且都是女生。同样的时间，同样的大小，本以为她们画不完，但最终呈现效果让所有人赞叹！通过对"评价量表"进行分析了解了她们成功的原因。

第一小队"参与态度"的分值较低，其他项目的分值接近优秀。通过对"评价量表"的分析发现，第一小队在"参与态度"方面的分值低是因为队员 4 和队员 5 没有在课前准备图片资料。但是第一小队有 1 个队员在"参与态度"的分值自评、互评、师评中均为优秀，她带的图片多且质量好。有 3 个人带了一张符合要求的图片。所以虽然有 2 名队员没有带图片资料，但并没有影响她们对图片的挑选，以及最终的呈现效果。

通过对"实践活动""合作交流""综合能力"的分析，了解到 6 个队员的创作水平基本上均等，且水平相对较高。所以她们自主学习能力较强，完成速度快，质量高。因为这个小队人数较少，所以每个队员承担的内容和其他小队队员比会较多。但 6 个队员平时是非常要好的伙伴，通过合作交流的数值来看，她们的合作非常默契。第一小队的综合能力很强，3 个队员的自评、互评、师评均为优秀。另外 3 个队员为良好。因为人员少，但活动时间和其他组一样，所以第一小队利用了自己的课余时间，说明她们对本次实践活动非常喜欢，做事有恒心，有毅力。

2. 对第二小队的表现性评价分析

第二小队的人数在四个组里算多的，男生 7 人，女生 4 人，共 11 人。但从画面最终效果看，出现了一些问题。图案不连贯，色彩表现不一致。通过对"评价量表"进行分析了解了他们出现问题的原因。

第二小队四个评价项目的平均分值均在良好附近上下浮动。在"参与态度"方面，有 2 个人在自评、互评、师评中为优秀。他们课前准备了多张符合要求的图片。其他 8 个队员都准备了一张图片。1 个队员没有准备图片。从挑选度上来说，他们的选择范围很广。从"实践活动"中来看，队长、副队长、骨干在小队中发挥了很重要的作用，并且得到了小队队员的认可。但是从数值上也能看出，队员 10 在实践活动中的参与度为"零"。因为在实践活动中他丢失了自己的"通行证"。在"合作交流"中，小队共 11 个人，4 个队员在合作中起到了积极的推动作用，5 个队员在合作中画的速度较慢。1 个人丢失了部分"通行证"，1 个人把"通行证"全都丢了，给完成作品带来了很大的困难。

本课对于合作的要求是很高的，大家必须齐心合力才能成功，画面被分到每一个队员手中，一旦有队员丢失"通行证"，就会成为一个漏洞，就像在通往成功的道路上给其他队员挖了一个坑，使画面完成的难度骤增。其他队员需要付出加倍的努力才有可能修补上这个漏洞。丢失"通行证"的这两个队员都是男生，因为完成一幅作品需要四课时，所以下课后需要妥善保管自己负责的"通行证"。而这两个男生在这一方面的能力显然不够，通过这次表现性评价的分析，两个队员清晰地认识到自己的不足和改进的方向。同时，笔者也通过表现性评价的分析了解了哪方面需要对学生进行进一步引导和训练。

第二小队的这幅作品由于在"参与态度""实践活动""合作交流"几方面存在的问题，使得这幅画即将面临失败。

但是最终这幅作品能够以还不错的状态呈现出来，是因为队员们在后期奋起直追，不放弃。队长又重新打印了"样张"，队员们把丢失的部分找了回来，并重新进行了分工，所有队员向着同一个目标一起努力。这个过程笔者是见证人，所有队员打起精神，面对困难，不言放弃，笔者被深深震撼到了。通过表现性评价分析，之前三项均为"零分"的队员 10，看到大家在帮助他弥补过失，也积极地投入了进去。从数值上可以看出在"综合能力"中大家的分值都高了上去，在他们的坚持和不服输下，他们的作品虽然遇到了"瓶颈"，但最终还是较好地完成了。

表现性评价使本次实践活动成为很有价值的学习过程。队员通过"评价量表"得到了良好的反馈，了解到自己存在的问题，明确了差距，并进行了弥补，问题得到显著的改善。可见，表现性评价可以提升学生的学习能力，它不只是简单地检验和评定分数。

3. 对第三小队的表现性评价分析

第三小队共 8 人，都是女生。选择的画很有难度。在创作过程中出现了很大的问题，但最终能呈现出如此完整的画面，是因为她们使用了一些技巧。通过对"评价量表"进行分析，发现了她们的问题所在以及成功的原因。

第三小队在"参与态度"方面的分值低是因为队员 3 和队员 4 没有在课前准备图片资料，在参与度上的分值为"零"。1 人准备了多张图片，5 人准备了一张图片资料，可选范围很小，图片难度都很大，给后面的创作带来了很大的困难。

第三小队中的 3 人在"实践活动"中得到大家认可，自评、互评、师评中均为优秀。5 人基本在良好和合格区域。在创作中，大多数学生对色彩及位置的把控不好。她们的"合作交流"能力较强，2 人在自评、互评、师评中均达到优秀，4 人在互评中达到优秀。小队共 8 人，6 人合作能力很强，带动了"合作交流"能力合格的 2 人，形成团结向上的团队风格。她们的"综合能力"强，能够很好地感悟装饰色彩的魅力，5 人的创作能力在自评、互评、师评中均为优秀，能有效调动以往的色彩知识为画面服务。

因为所选题材难度大，大多数队员不能很好地把控图案的位置，造成图案拼接在一起后不连贯。从"实践活动"的数值上看，大家画得都很努力，"合作交流"能力也很强，当完成的"通行证"在拼接中遇到问题时，她们通过商量马上找到了解决问题的方法，对画面进行了修复，得到了较为理想的画面。

4. 对第四小队的表现性评价分析

第四小队共 11 人。从画面就能看出是出现问题最多的一个组。通过对"评价量表"进行分析，发现了他们出现问题的原因。

"参与态度"有 2 人分数为零，2 人为合格，4 人为良好，3 人为优秀。

"实践活动"有 2 人参与度低，6 人为良好，3 人为优秀。

"合作交流" 2 人为合格，6 人为良好，3 人为优秀。

"综合能力" 1 人为合格；7 人为良好；3 人为优秀。

通过对"评价量表"进行分析发现，第四小队数值的曲线变化最大，反映出这个小队的各项能力和水平参差不齐的现象。

第四小队队员的特点非常突出，通过对画面进行分析可以发现在这个小队中有非常优秀的队员，综合能力很强。但也能发现良好、合格、不合格的人员数量较多，造型表现能力弱、对色彩的把控能力不强，控制能力缺乏锻炼，自我学习的能力有待提高，缺少像艺术家一样创作过程的严谨性。水平呈现出四种级别。同时，第四小队也出现了丢失"通行证"的情况，所以导致第四小队的作品差强人意。

第四小队画面存在问题归纳总结为：涂色不均，造型表现能力弱；太过概括，观察能力有待提高；缺乏细节，耐心不足急于求成；没有层次，对工具使用不当；丢失材料，严谨性需要锻炼。

5. 评价项分析

（1）对"参与态度"的评价分析

全班"参与态度"评价项目得分优秀的 9 人，良好的 18 人，合格的 2 人，不合格的 7 人。通过对四个小队"参与态度"的评价分析，学生的学习能力、搜集能力有待进一步提升。能搜集到多张符合要求图片的学生只有 25%，能搜集到一张符合要求图片的学生达到 47%，搜集了图片但是不符合创作要求的学生有 5%，没有搜集图片忘了带图片来课堂的学生有 20%。

（2）对"实践活动"的评价分析

全班"实践活动"评价项目得分优秀的 16 人，良好的 18 人，合格的 1 人，不合格的 1 人。通过对四个小队"实践活动"的评价分析，大部分学生在对知识的掌握以及技能技巧的表现上可以达到优秀、良好的水平。从学生作品上可以看出第一小队、第二小队、第三小队整体完成的效果不错。

（3）对"合作能力"的评价分析

全班"合作能力"评价项目得分优秀的 16 人，良好的 16 人，合格的 3 人，不合格 1 人。通过对四个小队"合作能力"的评价分析，学生在合作能力评价上给出的分值都很高。学生对于这样合作式的学习很感兴趣，虽然有些同学在开始时不知道怎样与别人合作，但在老师的引导下能很快投入进去，且非常有热情。

查看学生填写的"改进方法和活动感受"一栏，75% 的学生即 27 人都提到了合作的重要性；16% 的学生即 6 人没有提合作，但发表了自己的其他见解；8% 的学生即 3 人没有填写这一栏。16% 和 8% 的这部分学生大多来自第四小队。也正是因为他们没有进入很好的合作状态，所以画面出现了很大的问题。

（4）对"综合能力"的评价分析

全班"合作能力"评价项目得分优秀的 15 人，良好的 19 人，合格的 1 人，不合格的 1 人。通过对四个小队"综合能力"的评价分析，分数值高的第一小队和第三小队造型、色彩、技法等方面的综合能力较高，能灵活运用所掌握的知识技能。所以，第一小队和第三小队的画面更加完整，呈现效果更好。

（5）对四个小队长情况分析

通过"评价量表"四个评价项目的平均分值看，各小队队长的互评、师评的分值都很高，说明各小队队员对自己的队长都很满意。第四小队因为最终作品呈现的效果不太理想，所以小队长给自己的自评分数较低。

综合评价显示，队员们对自己的队长满意率都很高，平均值均在 90% 以上。从"实践活动""合作交流"两项看，各小队队长的评价分值都很高。说明队长在实践活动中各方面都发挥了积极的引领作用。"合作交流"一项各小队的队长均为满分，说明在合作学习过程中，队长的组织与付出得到了大家的认可。

"装饰色彩的魅力"一课,利用四节常态课的时间,在六年级 1—10 班展开。通过学生填写的"改进方法与活动感受"看,绝大多数学生在实践活动中充分发挥学习的积极性和主动性,相互交流,深化知识与技能的掌握,强化合作学习的意识,学会了怎样与别人合作,认识到合作的重要性,体验了完成作品后的喜悦,增进了队员之间的友谊,对这次的美术实践活动满意度很高。

但是通过对数值的分析,笔者也发现了一些需要改进的问题,以及今后努力的方向。需要改进的问题有:提高学生自主学习的能力,有的学生在这方面的表现能力偏弱;平时合作学习机会较少,大多是以短活动为主进行创作,缺乏长时间合作的体验;以及缺少长时间的创作过程和一致性。改进的方法是:加强锻炼学生自主学习能力;增加实践活动中的合作学习;延长作品完成的周期;强化单元的意识形成知识结构化。

基于表现性评价的美术实践活动,教师可以在活动中不断观察并收集学生的表现信息并适时评价,起到引导者、组织者和评价者的作用。通过数据提供的有效反馈能够给在实践活动中出现问题的队员以指引,让他们明晰自己的弱点和长处,改善自己的表现,真正成为学习的主人。

要让表现性评价在美术实践活动中发挥作用,最重要的是从"评价量表"入手。仔细分析每一个学生的状况,从各项数值分析直观性、总体性地了解学生学习状况,并通过详细地记叙才能做到心中有数,以便明确以后在进行实践活动规划时,在怎样的条件下,实施怎样的活动,能使学生展现预期或不可预期的丰富多彩的学习表现。也是通过这样翔实的记录和分析,逐渐掌握制作准确、恰当的评价项目和内容的方法。

表现性评价是以"帮助教师掌握学生的学习现状,以便在其教学指导和学习活动安排中发挥更大的能动性"为首要目的。要使表现性评价在实践活动中发挥作用,就必须坚持不懈地从事表现性任务的开发,细致地分析和读取每个学生的个性化表现。"教是为了不教",教学应当发展学生自我学习的能力与责任。传统测验导致了以教师为中心的评价模式,而表现性评价很好地将评价嵌入课堂,让目标可见,让任务可见,让评价标准可见,让成长可见。让学生成为教室的主人,成为评价的主体。

高中学校贯彻落实新课标新教材的问题与对策

丁玉山

一、问题的提出

北京市自 2019 年 9 月起，正式实施《普通高中体育与健康课程标准（2017 年版）》（以下简称"课标"）。新课标、新教材的贯彻落实情况如何，存在哪些亟待解决的问题，基于"核心素养"导向下的体育课如何构建、怎样实施，能否发挥培养人才的媒介和载体功能，提高人才培养的质量。这些问题，不仅关系到新课标、新教材的落实，还关系到普通高中教育作为国民教育体系的重要组成部分，在人才培养方面承上启下的关键作用是否真正得以发挥。

笔者作为海淀区高中体育与健康学科督学，在工作中发现，一线教师在贯彻落实新课标、新教材的过程中，存在着概念不清、方式模糊、驾驭课堂能力弱等现象。需要进一步开展调研，归纳分析存在的主要问题，制定相应对策，推动新课标、新教材的贯彻落实。

二、研究对象与方法

（一）研究对象

以海淀区 8 所普通高中学校的 19 位体育教师、23 节体育课为研究对象，围绕贯彻落实《普通高中体育与健康课程标准（2017 年版）》的情况开展调研。

（二）研究方法

本研究采用查阅文献资料、问卷调查、实地调研和数理统计等方法对新课程、新教材的贯彻落实情况及其制约因素等进行了数据归类、统计和分析。

三、结果与分析

研究发现,部分学校、体育教师虽然对新课标、新课程的基本理念有所了解,但深入学习不够,尤其对其内涵领悟得不够透彻,在具体实施中不够到位。主要原因在于教师个人学习意识不足、体育教研组教研能力有待提高、市区教研工作指导需进一步加强。

(一)教师个人因素

当前制约新课标、新教材贯彻落实的教师个人因素,主要包括教师的学习意识、教学行为、教研能力和工作负担4个方面。

1. 学习意识不足

问卷调查显示,体育教师提高自身业务水平所用学习时间的每周平均2~3小时、3~4小时和4小时以上的教师占比分别为10人、52.63%,7人、36.84%和2人、10.53%。主要表现在,对学科知识、技能内在逻辑结构不清,深度认知思考不足;教学设计呈现出"碎片化""单一化""浅显化"倾向;依然以技术传承式教学为主;教材内容相对浅显、陈旧,教学方法与手段创新不足,教学指导不到位。

2. 教研能力薄弱

调研结果显示,19位体育教师的平均承担体育科研课题、撰写论文占比仅为10.50%人/学年。在贯彻落实"立德树人"根本任务和"健康第一"指导思想方面,存在着深入挖掘教材德育因素、捕捉育人契机和应对突发事件能力欠缺等不足。

3. 课程执行力有待提高

所谓课程执行能力,是指教师贯彻课改意图、达成预期目标的实操能力。调研结果显示,尽管部分体育教师能够将健康教育、发展体能模块等作为必修必学内容在教学计划中贯彻落实,但在教学实践中依然存在忽视健康知识的渗透、健康行为的养成,以及发展体能手段单一,与主教材关联度不大等盲区和死角。在教学中存在着练习密度低、运动负荷偏小,个别教案甚至无运动强度预设要求等现象。无技战术、无比赛、无运动量的体育课依然存在,这是造成体育课堂氛围沉闷、效果欠佳的主要原因。

4. 教师工作负担重

调研结果显示，19位体育教师平均16.21节课/每周。此外，还要承担学校体育大课间、课外活动兴趣小组、社团和俱乐部等名目繁多的工作。课时量大、工作负担重，无暇读书、学习和从事教科研已经成为制约体育教师专业发展、业务能力提升的瓶颈之一。

5. 传统教学惯性使然

调研发现部分体育教师对适应新的教学模式缺乏积极性，习惯于循规蹈矩、用起来得心应手的老方法、老经验，不愿意通过不断的学习和实践突破自我，走出舒适区。

（二）体育教研组因素

调研显示，4所学校、约占50%的教研组存在着研究氛围不足，活动内容随意，缺少整体规划、疲于应对日常工作等状况。具体表现为事务性工作多，教研工作萎缩；参与性活动多，针对教学研究少；分散性单打独斗多，集体备课处于应付状态的局面。其中2所学校、约占50%的教研组甚至停留在开学写计划，期末写总结，中间各自为战的状态，导致新课标、新教材贯彻落实难，学生核心素养培育难，体育教师的专业化成长难等被动局面。

（三）教研工作引导示范因素

调查显示，当前市区教研工作理论培训多，开展务实性教研活动少；开展常态教研活动多，针对新课程、新教材的教研活动少；被动等待学校出教研成果多，主动引领、示范、促进研究成果产出少。

（四）其他因素

调查发现，高中体育会考已经成为评价体育教师工作能力、业务水平的重要砝码，甚至是唯一标准，导致高中体育教学也出现了应试教育的倾向。此外，国家学生体质健康标准测试工作对高中体育教学冲击也很大。其中6所、占比75.00%的学校，新学期开学后的体育工作，一是以学校运动会为中心；二是突出测试内容的学与练、测试与达标；耗费了大量的学时。本次调研还发现，当前体育教学相关信息的传播方式未能有效利用新兴的信息技术。其中15人、占比78.94%的体育教师主要通过微信群获取信息，而通过体育报纸、期刊获取信息的4人、占比为21.06%。本次新冠疫情也使正常的教学秩序受到影响。

四、讨论与对策

（一）讨论

当前，高中体育的新课标、新教材给广大一线体育教师带来了全新的挑战，体育教师应牢固树立终身学习的意识；学校体育教研组要不断提升自身教学研究能力；市区（片）教研工作也应与时俱进，发挥好先行先试的导向、引领作用。应开展必要的政策研究，避免高中体育会考、国家学生体质健康标准测试对贯彻落实新课标、新教材的不利影响。

（二）对策

1. 各级教育行政主管部门要引导学校和广大一线体育教师把教育、教学行为转移到教育观念转变和专业水平的提升上来，切实肩负起立德树人、培育学生体育核心素养的时代重任，采取有力措施，推动新课标、新教材的贯彻落实。

2. 学校体育教研组要在深入学习、认真领会新课标、新教材精神的基础上，积极组织开展教学研究，凝共识、研教材、习方法，转变教育教学方式，把培育学生体育核心素养落在实处。

3. 课改成败关键在教师，课改实践表明，转变体育教师的教育教学方式与行为迫在眉睫、刻不容缓。

4. 市区教研工作应进一步围绕深化课程改革、育人目标及深度学习等课堂转型的新需求，通过开展课题研究、课程范例呈现等方式及时解惑答疑、引领示范，助推新课标、新教材在学校的体育课中得以贯彻和落实。

5. 应充分利用互联网、手机应用等新兴的信息技术开展网络教研，打破时间、空间和学习资源等方面的局限，为一线体育教师提供教研活动的平台以获取专业信息和海量的学习资料，使之成为提升广大一线教师教育教学能力、转变教学方式的重要媒介和有效载体。

课程是学生打开未来之门的钥匙。有什么样的钥匙，就会开启什么样的未来。当前，广大一线高中体育教师应以现行体育与健康课程标准为依据，积极推行和实施课程与教学改革。通过课标的引领，及时更新教学理念，改变教育教学方式，为培养高素质合格建设人才做出积极贡献。

分层次激励式教学法对高中体质弱男生的影响初探

王亚林

　　青少年时期是生长发育的关键期，他们身心健康、体魄强健、意志坚强、充满活力，是一个民族旺盛生命力的体现，是社会文明进步的标志，是国家综合实力的重要体现。国内许多专家在长期的体质监测工作的基础上发现，近二十多年来我国学生的体质健康状况不容乐观，整体上严重下滑且呈持续状态，尤其表现在耐力和力量素质等方面，这两项恰恰是影响青少年体质健康最重要的身体素质。学校体育作为促进青少年体质健康的关键，出现众多学生体质下降的现象，可以说是难辞其咎。

　　体育课是锻炼学生身体，培养学生运动兴趣，增强学生体质，使学生身心都得以健康发展的重要课程。上好体育课是全面贯彻党的"德、智、体全面发展"的教育方针和培养学生全面素质的重要手段。但是，在教学实践过程中发现，一些学生因为先天遗传、生活习惯、日常运动习惯以及心理方面的原因，造成部分学生体质较差，尤其是肥胖学生较多。这既是当前学生体质与健康的薄弱环节，也是素质教育的关键性短板。但是，由于受传统体育教学理念的影响，体育课程的编排大都以某年龄段学生总体发育特点来设计，往往忽略了体质较弱的学生的需求。特别是在"新课标"的实施下，它已经远远不能满足现阶段体育教学对我们提出的新要求。新课标强调以学生发展为中心，以增强学生体质为主，必须在健康第一的指导思想下，促进学生身体健康、心理健康和适应社会的能力。因此，如何改善这部分学生的体质，帮助其养成良好的体育锻炼习惯，激发他们参加体育锻炼的持久动力和培养他们终身体育锻炼的意识，完成体育教学的任务，是体育教育工作者应该认真研究的问题。

　　本研究以高中体质较弱的男生为研究对象，采用分层次激励式教学法，分别选择 1～2 项符合其自身条件的运动技能进行系统的学习与锻炼，并对教学效果进行评价分析。

一、研究对象与方法

（一）研究对象

关于肥胖的说法，各家不一，对于学校来说，由于受测试手段和设备的限制，目前较为通用的方法是对学生的 BMI 指数进行测试，从而判定其是否肥胖。BMI 指数（即身体质量指数，简称体质指数又称体重，英文为 Body Mass Index，简称 BMI），是用体重公斤数除以身高米数平方得出的数字，是目前国际上常用的衡量人体胖瘦程度以及是否健康的一个标准。对于高中阶段的青少年来说 BMI 指数高于 26.3 即为肥胖。对北京一零一中学高中部 2017 届、2020 届学生在入学初对所有男生进行体质测试，各筛选出 30 名属于肥胖的学生为研究对象。

（二）研究方法

1. 实验法

在干预青少年儿童的肥胖症方案中，不能沿袭成人减肥、减体重的观念。他们正处于生长发育阶段，如果在设计方案时候过分减少食物摄入量，增大运动量，会压抑正常的生长发育，增加心血管危险因素。对他们的肥胖症干预应集中在保障正常生长发育，增强体能，促进体育运动能力的提高，稳定匀速降低体脂含量等方面。

在学期初和学期末进行耐力素质（1000 米）、力量素质（引体向上）、跳跃素质（立定跳远）和速度素质（50 米）测试。

根据测试结果的不同，在教学中对他们采取不同的教学方法，比如在一般的身体素质、耐力素质和速度素质的教学中，所有的学生都一样，但是在对体弱生比较困难的单双杠、支撑跳越等项目的教学中，让他们单独组队去进行慢跑和核心力量、腿部力量、上肢力量等素质练习。此外，在每周的选修课上为这 60 名学生量身打造了体质提高班，90 分钟的时间内，做 40 分钟的柔韧、弹跳、核心力量、上下肢力量等身体素质，然后做 40 分钟的中小强度的有氧跑。

在评价方面，凡是一学期体重减轻 5 公斤以上者，期末总评直接给优秀；

对于体弱生难度较大的单双杠、支撑跳越等项目的教学中，这部分体弱学生可以单独组队进行跑步及素质练习，凡能认真完成老师布置的练习的学生，本项目评价给良好以上；一个学期内，在原来的基础上，1000 米进步 20 秒以上者，成绩直接为优秀；在一个学期内，引体向上为 0 者，做到 1 个就为优秀，能做 1 个以上引体向上者，凡进步 3 个即为优秀。

2. 问卷调查法

在学期末发放调查问卷，了解他们在整个学期中的锻炼习惯、认知表现、参与热情等身心变化。

3. 数理统计法

运用 Excel 2017 统计学软件对实验测试的各项数据进行统计处理。

二、研究结果与分析

（一）分层次激励式教学法对体质弱高中男生的影响

表 1　分层次激励式教学法对体重的影响

	入学	高一	高二	平均减重	减重 10 公斤以上
2017 届	86.3	82.6	78.5	7.8	12 人
2020 届	82.4	76.4		6.0	7 人

从以上数据可以看出，2017 届的 30 个体弱生，两年期间平均体重降低了 7.8 公斤，减重 10 公斤以上者为 12 人；2020 届新高一的学生，平均体重降低了 6 公斤，减重 10 公斤以上者为 7 人，取得了非常显著的效果。

表 2　分层次激励式教学法对各项身体素质的影响（2017 届）

	1000 米（分）	50 米（秒）	引体向上（个）	立定跳远（厘米）
入学	4.24	7.5	0.3	201.3
高一末	4.08	7.3	1.1	211.5
高二末	3.59	7.1	1.8	220.1
增长幅度	25 秒	0.4	1.5	18.8

表3　分层次激励式教学法对各项身体素质的影响（2020届）

	1000米（分）	50米（秒）	引体向上（个）	立定跳远（厘米）
入学	4.19	7.42	1.1	202.4
高一末	4.01	7.23	2.3	210.8
增长幅度	18秒	0.21	1.2	8.4

从以上数据可以看出，2017届的30个体弱生，平均减重7.8公斤以后，耐力素质指标平均长进了25秒；速度素质指标长进了0.4秒，力量素质指标长进1.5个，弹跳素质指标长进18.8厘米。2020届的30个体弱生，平均减重6公斤以后，耐力素质指标平均长进了18秒；速度素质指标长进了0.21秒，力量素质指标长进1.2个，弹跳素质指标长进8.4厘米。去除自然增长的因素，依然取得了非常大的进步。

（二）分层次激励式教学法对锻炼习惯和体育热情的影响

研究表明有规律运动习惯的学生，BMI指数明显低于无规律运动习惯的学生。[①] 因此提高学生的体育锻炼习惯对于提高学生体质，降低其BMI指数有着至关重要的作用。对两届60位体弱生分别进行了课外体育锻炼习惯和体育锻炼兴趣的调查问卷，得出结果如下：

表4　每周课外锻炼次数统计

	5次以上	2~4次	2次以下
人数	20	29	11
百分比	33.33%	48.33%	18.33%

表5　体育锻炼兴趣统计

	有很大的兴趣	比以往有很大进步	没兴趣只是强迫自己
人数	38	18	4
百分比	63.33%	30.00%	6.67%

有研究结果表明每周运动频率对BMI指数的影响是：每周运动频率多于3

---

① 邓树勋等：《高级运动生理学——理论与应用》，高等教育出版社，2003年，第370—384页。

次的大学生 BMI 指数处于正常等级的比例明显高于每周运动频率不足 3 次的大学生比例，而 BMI 指数偏低以及偏高的比例明显低于每周运动频率不足 3 次的大学生。从表 4、表 5 的数据可以看出：每周锻炼 5 次以上的学生占 33.33%，2~4 次的占 48.33%，说明绝大多数的学生已经把课外锻炼当成生活的一部分，他们已经能够合理安排自己的课外时间进行自我体育锻炼；对体育锻炼有很大兴趣的学生占总数的 63.33%，体育锻炼兴趣比以往有很大进步的比例为 30%，也说明了激励式评价对学生的锻炼兴趣起到了良好的促进作用。

三、结论与建议

1. 本校高中男生中肥胖生占有较大比重，2017、2020 届的男生中肥胖生所占比例分别为 13.4% 和 12.7%，对这部分孩子的身体素质进行干预已经到了刻不容缓的地步。高中学生每周就两节体育课，对学生体质和体重的影响有非常大的局限性，因此激励这部分孩子进行合理、科学的课外自我锻炼，就显得十分重要和迫切。从结果上看，分层次激励式教学法在实际教学中对体弱生尤其是肥胖生起到了很好的作用，他们的体重得到了有效的控制，全面身体素质都有了很大的提高，形成了自我锻炼的良好习惯，90.33% 的学生对体育也产生了浓厚的兴趣。体重的下降和体质的提高又对他们的锻炼热情起到了积极的促进作用，且已形成良性的循环。

2. 尽管如此，依然有 18.33% 的学生每周的课外锻炼次数停留、止步于 2 次以下，且有 6.67% 的学生对体育锻炼无兴趣，这就说明在教学中还要针对他们的身心特点，挖掘出更加丰富的体育教学资源、手段与方法，进而深层次地去影响和改变他们的体育锻炼意识、兴趣爱好、能力与习惯等，让学生从内心深处认识到体育锻炼对促进身心健康、完善人格修养的价值意义，从不自觉走向自觉、由被动走向主动。

3. 对于肥胖生来说，体育运动不只是减肥减脂的重要手段，更是他们完善人格、形成品质、丰富情感的认知、理解和悦纳过程，是对体育文化的体验与审美过程，更是对社会公德和个人品格的思考、觉悟与完善的过程。

北京市青少年男子排球运动员运动损伤状况及干预措施研究

孙 冬

一、研究目的

竞技体育的最终目的就是战胜对手，创造优异的运动成绩，为了这一目标，他们要经历长期艰苦的训练和多年的竞赛，不断超越自我。在竞技体育运动员长期艰苦训练和比赛过程中，因各类因素导致的运动损伤无法避免，比如注意力不集中、身体素质较差、技术动作不规范等，都会对运动员造成难以预料的运动损伤。遭受运动损伤的运动员，轻者疼痛，精神状态受影响，影响后续的训练和比赛，重者可能使运动员无法再次出现在心爱的训练和比赛场地，更有甚者，会造成残疾甚至威胁生命。因此，借助 2019 年北京市中小学排球联赛契机，访谈参加比赛的 8 支高中队伍和 12 支初中队伍主教练，其中海淀区派出了北京理工大学附属中学和北京一零一中学两个学校的四支男子排球队伍。共调查 208 名参赛队员，访谈部分在此次比赛中遭遇急性损伤的运动员，总结分析当前北京市青少年男子排球运动员损伤特点，结合实例提出良好的预防和康复等干预措施，从而为北京市青少年男子排球运动员损伤的预防以及加强教练员对青少年男排运动损伤的认知等提供良好的理论依据。

二、研究对象与研究方法

（一）研究对象

北京市青少年男子排球运动员运动损伤状况，调查对象来自参加 2019 年中小学排球联赛的 8 支高中队伍和 12 支初中队伍的 208 名青少年男子排球运动员。

（二）研究方法

1. 文献法

以"排球运动损伤"为关键词，搜索中国期刊网等数据库，同时查阅《运动医学》《运动解剖学》等书籍，对搜索的文献和资料等进行总结分析，奠定本文的理论基础。

2. 访谈法

根据本文的要求，列出访谈提纲，借助比赛间隙，分别对 8 支高中队伍和 12 支初中队伍主教练等进行访谈，同时对个别典型损伤经历者进行访谈，深入了解运动损伤发生原因，急性期处理措施及后期康复情况等，对访谈资料进行整理，为本文提供数据支持。

3. 问卷调查法

依据《运动医学》《运动解剖学》等学科知识，在前人运动损伤调查问卷的基础上，设计了《北京市青少年男子排球运动员运动损伤状况》问卷，借助 2019 年北京市中小学比赛契机，向报名参赛的 208 名北京市青少年男子排球运动员当面发放和当面回收问卷，为本文的研究提供良好的数据支持。其中，发放问卷 208 份，回收 208 份，有效问卷 202 份，回收率 100%，有效率 97.12%。

三、研究结果与分析

（一）损伤概率统计分析

排球运动技战术复杂，要求高；球速快，需要非常良好的反应能力；同时，网上球的对抗是排球运动的重要特点，需要排球运动员具有良好的弹跳能力；防守面积大，需要排球运动员良好的移动能力；五局比赛，需要排球运动员精神高度集中。因此，当排球运动员身体素质不足、技战术不规范、体能难以满足高强度比赛要求、精神不集中以及慢性运动损伤疲劳堆积等情况，都会造成青少年排球运动员的急慢性损伤。对北京市青少年排球运动员调查结果显示，经历过运动损伤的青少年排球运动员有 166 人，占调查总数的 82.18%；未经历的有 36 人，占调查总数的 17.82%。调查结果来看，北京市青少年男子排球运动员损伤概率较高，非常有必要加强教练员和运动员自身对损伤的高度重视。

（二）北京市青少年男子排球运动员损伤类型

损伤的类型确定，对急性处理和慢性康复等具有非常重要的作用。根据运动损伤理论知识，损伤类型的确定，根据标准不同有不同的确定方法。根据伤口是否破损，可以分为开放性和闭合性；根据起病快慢和延续时间的长短，可以分为急性损伤和慢性损伤；根据损伤的严重情况，有轻、中和重度的分类。为了更全面地统计分析北京市青少年排球运动员损伤类型，三个种类全部进行了调查分析。结果显示，以闭合性、急性和轻度损伤的运动员较多，分别有135、147和151人次选择，分别占调查总数的81.33%、88.55%和90.96%。这种类型的损伤，症状较轻，经过简单的处理就可以康复，不影响后续的训练。但是，也有15人选择经历过中度甚至重度损伤，比如急性腰扭伤、膝关节韧带断裂、关节韧带撕裂等，必须停止训练进行治疗和康复。青少年排球运动员既要训练，还需要学习，出现较为严重的损伤，不仅耽误排球训练，也势必会影响学习效果和质量，最终可能会影响运动员的出路，因此应该引起青少年排球教练员和运动员的重视。

表1 北京市青少年男子排球运动员损伤类型（$n=166$）

	起病快慢		是否裸露伤口		损伤严重程度		
	急性	慢性	开放	闭合	轻	中	重
人数	147	19	31	135	151	14	1
百分比%	88.55	11.45	18.67	81.33	90.96	8.43	0.6

（三）损伤部位及性质

排球运动是一项全身运动，所有的技术动作需要全身协调发力，完美配合。有球技术要充分地结合无球技术的准备姿势和移动才能很好地完成。对于排球运动来说，损伤部位风险程度不同，访谈多位教练员以及其他运动损伤康复专家，排球运动导致运动损伤最多的是膝部，突然启动、变向、连续起跳、下落不稳等，都可能造成膝部的损伤，有72人次选择，比例为43.37%；其次是踝部损伤，有55人次选择，比例为33.13%；排在第三位的是腰部损伤，有47人次选择，比例为28.31%；肩部和肘部各有31和12人次选择，比例分别为18.67%和7.22%。因此我们要注重这几个部位的预防措施，减少损伤的发生。深入访谈发现，膝部损伤包括以下几类：韧带撕裂，主要原因是拦网后保护转身救球动作，突然的转身变向；髌腱炎和髌腱劳损，主要原因是连续起跳疲劳堆积，放松不充分；半月板损伤，主要原因包括下落不稳，动作不规范，等等。腰部损伤包括以下几类：腰椎错位、椎间盘突出，也叫急性腰部损伤，是身体素质不足、核心力量较差以及技术动作不规范等导致；骶髂关节疼，主要原因是单侧首先制动对骶髂关节的撞击，连续撞击导致，一般会被误认为腰部损伤；腰肌劳损，主要原因是排球运动腰部动作最多，核心力量薄弱，放松不充分导致。肩部损伤主要是肩袖损伤，主要原因是力量不足，多次重复扣球造成。踝部损伤主要是扭伤，主要原因是下落不稳，精力不集中等，严重的为撕裂性骨折，充分起跳下落后踩在其他队员脚上导致。肘部损伤主要是肘部撕裂伤，主要原因是拦网动作不规范导致的，尤其是拦网对方力量较大的球员时可能会产生肘部损伤。其他部位损伤包括手指部位的挫伤、倒地后皮肤的擦伤以及撞击硬物后的挫伤，等等。教练员和运动员要注重高风险部位的预防，也要充分掌握损伤性质的判断，从而及时地处理和预防。

表2　排球运动员主要损伤部位（$n=166$，可多选）

损伤部位	人次	百分比%
膝部	72	43.37
踝部	55	33.13
腰部	47	28.31
肩部	31	18.67
肘部	12	7.22
其他	8	4.82

（四）击球动作损伤特点

排球技术复杂，包括扣球、垫球等五项有球技术和移动等无球技术。每项技术动作差异明显，而且需要的其他身体素质、身体机能等辅助要求不同。调查结果显示，扣球造成的运动损伤最多，主要造成的损伤部位包括膝部、肩部、腰部，有69人次选择，比例为41.57%；其次是拦网，主要造成损伤的部位膝部和肘部，有33人次选择，比例为19.88%；再就是传球，造成踝部、膝部和指部部位损伤居多，有25人次选择，比例为15.06%。还有21人次选择移动时损伤，比例为12.65%，因此，要在注重有球技术训练的同时，也注重无球技术和身体素质的发展，从而更好地预防运动损伤。

表3 击球动作损伤特点（n=166，可多选）

击球动作	选择人次	比例%	排序
扣球	69	41.57	1
拦网	33	19.88	2
传球	25	15.06	3
发球	15	9.04	5
垫球	11	6.63	6
移动	21	12.65	4

（五）专位损伤特点

排球运动是一项集体性运动项目，分工明确，各司其职。包括主攻、副攻等五个专位，而且专位特征明显，在青少年时期已经开始专位培养。因此，不同专位运动员损伤特点的调查分析，可以为专位排球运动员损伤的预防提供良好的依据。调查结果显示，主攻、接应主要是扣球手，这两个专位的损伤最多，主要损伤在膝部、肩部、腰部、踝部，主要原因是多次起跳，膝关节负担重，多次扣球，肩关节负担重，扣球的背弓，快速收腹，使腰部损伤较重，下落后的不稳定，会造成踝部损伤；再就是副攻，主要包括膝部、肘部、手指，多次扣球、拦网膝部负担重，拦网时遇到对方重力扣球会使肘部外翻受伤，同时球扣在手指尖上也会造成手指挫伤。二传损伤主要是膝部、踝部和腰部，反复的移动找球，背传时挺腰等，是造成这三个部位损伤居多的原因。自由人损伤最少，偶发擦伤、撞击伤，也可能接重扣时突发腱鞘炎等。

表4 专位损伤特点（n=202）

专位名称	人数	受伤人数	比例%	排序
主攻	57	54	94.73	1
副攻	59	50	84.75	3
接应	29	26	89.66	2
二传	29	19	65.52	4
自由人	28	17	60.71	5
总数	202	166	82.18	

（六）预防对策

通过调查分析北京市青少年男子排球运动员损伤基本情况后，访谈教练员、运动损伤和康复的专家学者，针对数据分析结果提出以下几个方面的建议。

1. 规范排球技术动作

排球技术复杂，节奏快速，动作之间的转换速度非常快。有研究发现，优秀男子运动员大力跳发球的时速可以达到 130 千米/小时。这样的时速，需要快速的反应，包括神经反应和动作反应。同时，排球技术要求难度高，传球时间较长是持球犯规，因此需要较快地将球弹出。扣球时的动作舒展程度和力量传递质量，是扣球速度和角度的关键。如果技术动作不规范，将会使关节处于违背力学原理的状态，从而造成运动损伤。因此，从青少年时期，就要掌握正确的技术动作，既能较好地完成技术动作，取得理想的效果，又能有效地预防运动损伤。

2. 提高身体素质

排球以技战术为主，但是所有的技战术都需要运动素质作为基础。扣球、拦网，需要较强的弹跳能力，才能获得网上优势。传球技术，需要快速的移动能力，这也需要运动员具有快速有力的腿部力量。因此，身体素质是排球运动非常重要的辅助。青少年排球运动员的训练，在高度重视技战术训练的基础上，要合理地安排一定时间强度的身体素质训练，才能为高质量地完成排球技术动作奠定良好的基础，也为某些运动损伤，比如肩袖损伤、膝关节损伤等与运动素质有关的损伤起到良好的预防作用。

3. 提高安全意识，重视准备活动和放松

青少年排球运动员，他们身心发育逐渐成熟，但是仍然未到达较为成熟的程度。他们自恃身体素质好，对排球运动可能导致的损伤不是非常重视，同时，他们缺乏排球运动所带来的安全隐患知识，再加上教练员也不太注重排球运动员安全意识的培养，从而导致青少年排球运动员安全意识淡薄，为高强度排球运动训练和竞赛时运动损伤的发生留下了隐患。因此，青少年排球教练员，要高度重视青少年排球运动员安全意识的培养，使他们认真做好准备活动，训练后做好充分的肌肉放松，准确评估自己的身体健康状况，在出现状况时及时地向教练员汇报，教练员要根据运动员的实际情况给予必要的指导，逐渐提高安全意识。

4. 合理安排负荷

负荷是运动员不断攀登竞技能力高峰的重要组成部分。合理的负荷安排，会使运动员持续健康地提高竞技能力和水平。负荷过小，运动素质发展不足，难以为高强度训练和比赛提供帮助；负荷过大，超出运动员身体素质发育规律，

运动员的运动系统骨骼、肌肉和关节难以持续承受较大的负荷而造成疲劳堆积，也可能会因为一次负荷过大而造成运动员的急性损伤。因此，青少年排球教练员，不仅是一名体育教师、教练员，还应是一位较为熟练掌握青少年身心发展规律的专家，能根据运动员的身心发展特点给予合理的负荷安排，从而持续健康地提高运动员的竞技能力。

5. 提高教练员关注程度

青少年排球运动员身心尚未发育完全，对排球运动可能带来的损伤认识不足，但是教练员经历过长时间的排球运动训练，在训练和比赛过程中也经历过较多的损伤或者观察到较多的运动损伤，因此他们对排球运动更加的熟悉，对排球运动可能造成的损伤也了解较多。因此，教练员要高度关注青少年排球运动员身体素质发展状况、训练和比赛时的精神状态以及某些运动员疲劳堆积情况。同时，教练员可以建立青少年排球运动员身体状况档案，也可以给予运动员必要的常规检查，做好医务监督，在教练员高度关注之下充分了解运动员的身体状况，从而有效地预防运动损伤的发生。

四、结论与建议

（一）结论

1. 北京市青少年男子排球运动员损伤概率较高，损伤类型以轻度、急性和闭合性损伤为主，损伤部位以膝部、踝部、腰部为最多，同时，不同部位的损伤各有不同的特点。

2. 击球动作中的扣球导致损伤最多，而以扣球最多的主攻和接应专位损伤情况最多。

3. 针对损伤特点统计、逻辑分析和访谈专家，我们要从规范排球技术动作、提高身体素质、提高安全意识，重视准备活动和放松、合理安排负荷、提高教练员关注程度等五个方面进行必要的预防。

（二）建议

1. 根据《运动医学》相关知识，运动员损伤的种类、性质等还有一些分类，可以在未来的研究中更加全面细致地调查。

2. 损伤的影响因素比较多，在未来的研究中要继续挖掘，从而更加有效地预防运动损伤的发生。

初中形体课教学对学生身心发展影响的调查研究报告

周真群　张雪莲

一、"初中形体课教学对学生身心发展影响"研究意向的提出

随着体育与健康课程改革的不断深入和发展，各地、各校结合实际情况采用了多种多样的地方分项教学模式。自 2002 年起，我校以《全日制义务教育普通高级中学体育（1—6 年级）体育与健康（7—12 年级）课程标准（实验稿）》为校本课程开发蓝本，结合我校软硬件资源和学生的兴趣爱好，创设条件进行体育课程结构调整的实践尝试，为初一、初二两年级的女生开设形体课。近十年的时间里，我校教师创编教学内容，研究教法、学法，现已经初步形成了具有自己特点的形体课教学体系，同时也积累生成了很多教学经验。为进一步了解形体课教学对学生身心发展的影响，提高教学效果，深化体育与健康课程改革的校本实施提供依据。我校在观察到形体课促进学生身心发展成效的基础上，决定实施"形体课对初中学生身心发展的影响"的全面研究。

二、研究对象、过程与方法

（一）研究对象
上地实验学校 2009 级女学生

（二）研究过程与研究方法
1. 全员参与，课题介入。

为了研究和探索，从 2010 年 1 月至今；针对"形体课对初中学生身心发展的影响"进行了课题研究。在课题研究中，体育组形体课教师全员参与。

2. 创新思维，开拓进取。

课题组在充分学习《全日制义务教育普通高级中学体育（1—6 年级）体育与健康（7—12 年级）课程标准（实验稿）》的基础上，认真探讨"课程目标"的五个维度，并逐条学习相应"课程内容"标准，在形体课内容设计、课程观察、访谈、调查五个方面进行了全新的、尝试性的实践研究，无论是体育与健康标准理论教育，还是形体课的教学内容与教学模式，都做了科学的调配，取得了很好的效果。

3. 以人为本，创建平台。

努力创设开放式的形体课课程平台，充分体察学生形体课训练心理，激发学生的"生命自觉"能力水平，与部分学生就身心发展方面的表现进行访谈，并通过调查获取相关数据信息，运用数理统计，参阅大量文献，多层次地分析和了解形体课对初中生身心发展的影响因素，并提出相应的对策。

三、结果与分析

（一）调查时间：2010 年 5 月

（二）调查对象：2009 级女生

（三）调查设计：《初中形体课教学对学生发展影响的实践研究》课题组

（四）发放调查问卷 200 份，回收有效问卷 198 份

（五）调查结果与分析

1. 学生对我校开设形体课的态度

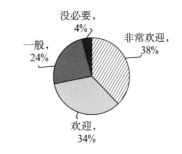

选项	非常欢迎	欢迎	一般	没必要
人数	75	68	47	8

图 1　对初中开设形体课的态度

从图 1 可以看出，"非常欢迎"及"欢迎"选项的总和占总调查人数的 72%，"感觉一般"的学生占 24%，认为没必要开设形体课的学生占 4%。学生对我校开设形体课有一定的欢迎度，但仍存在略超四分之一的学生群体对形体

课的态度处于较低的心理支持水平。

2. 从形体课中获得进步的情况

选项	进步大	进步较大	一般	进步较小	没有进步
人数	50	74	62	7	5

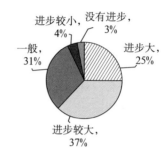

图2　从形体课中获得进步的情况

从图2可以看出，感到从形体课中获得进步学生占了绝大的比例，其中"进步大"与"进步较大"的学生分别为25%和37%，进步程度一般及进步较小的同学分别占有31%与4%的比例，说明形体课的开设对学生的自我认知与自我发展起到了促进作用。

3. 形体课对柔韧性的影响

选项	影响大	影响较大	影响一般	影响不大	没有影响
人数	63	69	46	13	7

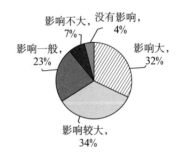

图3　形体课对柔韧性的影响

在形体课对学生柔韧素质提高方面，"影响大"与"影响较大"的比例分别是32%与34%，总计略超三分之二，认为"没有影响"占4%，说明我校形体课教学实施对学生身体柔韧的发展起到了促进作用，学生的运动技能领域得到了拓展，提高了身体的灵活性。

4. 形体课对身体姿态的影响

选项	影响大	影响较大	影响一般	影响不大	没有影响
人数	49	53	70	17	9

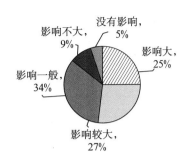

图 4　形体课对身体姿态的影响

在"形体课对身体姿态改变的影响"题目回答中,"影响大"与"影响较大"的选项比例分别为29%与27%,认为"影响一般"及"影响不大"的学生总比例为43%,还有5%的学生认为没有影响。这似与形体课的形体训练内容有些目标层次上的分离,但结合初中学生青春期学生的心理内敛特点与青春期对自身姿态变化的重新接纳,其心态的影响会使形体课所训练的形体表达方式在平日的生活中的表现有所折扣。

5. 形体课对审美观的培养

选项	影响大	影响较大	影响一般	影响不大	没有影响
人数	55	59	58	12	14

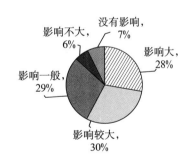

图 5　形体课对审美观的培养

在本题的调查反馈中,28%的学生认为形体课对审美观的培养有很大的影响,30%的学生认为影响较大。"影响一般"及"影响不大"的学生分别占29%与6%,7%的学生认为没有影响。初中女生正处于身体逐渐发育成熟,人生观、世界观以及审美观开始成型的特殊时期。她们对于人体形态之美已经有了一些朦胧的认识,在生活里也开始欣赏并品评他人的身材、气质,并以她们心中的完美形体形象为效仿的楷模。但由于年龄、生活阅历和审美认知的限制,她们的所谓"完美标准"存在着较大的误区,比如有些同学过分追求瘦身以达到骨感美的效果即是一例,还有些女学生不敢正视自身发育,出于羞涩不敢挺起胸脯，走路低头缩肩，造成上体弯曲不挺拔等。形体课的开设有利于培养初中女生的形体认知。

6. 形体课对自信心的培养

选项	影响大	影响较大	影响一般	影响不大	没有影响
人数	44	63	58	17	16

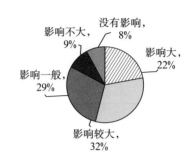

图 6　形体课对自信心的培养

从图6的数据来看，形体课对学生自信心的培养得到了很大层面的认同，选择"影响大"与"影响较大"的比例超过了半数，学生在自信方面有所提升。为了研究影响我校形体课女生自信心的主要因素，通过与任课教师的访谈和各种形式的与学生的交流，分析整理出较为集中的因素：对形体训练缺乏了解，缺乏正确认识理解形体训练的价值，身体条件薄弱，能力不足，训练形体不自信，害羞，怕被嘲笑，在意志上害怕辛苦与困难，经受不起失败的考验，另外，有时对自己过于完美苛刻，自我要求脱离实际能力，进而体会不到训练的价值。

7. 形体课对身高增长的影响

选项	影响大	影响较大	影响一般	影响不大	没有影响
人数	28	45	69	34	22

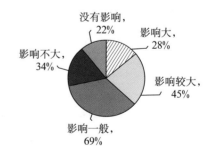

图 7　形体课对身高增长的影响

身高增长是整体全面锻炼的结果，影响因素多维立体，很难从一项体育活动中测量出来。所以从学生对调查的反馈上看，认为有影响的群体比例很大。一是说明我校学生有着较科学的体育价值判断，二是女生发育相对较早，身高增长高峰前移，到了初中生长发育速度减慢，对选择判断也有所偏误。

8. 形体课对体重控制的影响

选项	影响大	影响较大	影响一般	影响不大	没有影响
人数	30	45	62	39	22

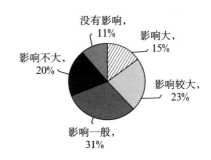

图 8　形体课对体重控制的影响

影响学生体重控制的因素很多，大多数学生认为形体课对体重的控制存在不同程度的影响。初中学生面临着较大的学业负担，身体锻炼时间与投入不足，体重的控制是长期的系统的工程，单纯依靠形体课的训练是不足的，形体课给予学生更多的是一种自身锻炼的形式及锻炼的意识。

9. 形体课对同学间友谊的促进作用

选项	作用大	作用较大	作用一般	作用不大	没有作用
人数	64	54	53	18	8

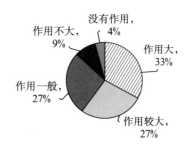

图 9　形体课对同学间友谊的促进作用

形体课是基于群体的训练课程，在训练过程中除了需要教师的讲授、引领、指导，更多地需要同伴之间的互帮互带。有的同学在总结中写道：形体课中大家可以锻炼身体，一块儿编舞、排舞、练习，大家很快乐，同时也感受到同学们合作的默契和团结的重要性。60%的学生在本题的调查中选择了形体课对同学间友谊的促进"作用大"与"作用较大"。

10. 对教学内容的评价（你喜欢哪一项教学内容？）

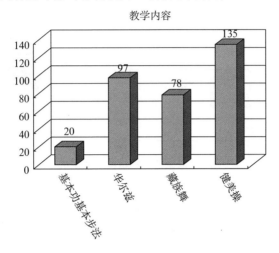

图 10　对教学内容的评价

我校初一、初二两年级的女生接受为时两年的形体训练。教学内容两学年分为四个教学单元。第一学期着重安排柔韧，芭蕾基础训练；第二学期学习华尔兹；第三学期学习民族舞蹈；第四学期学习健美操。从学生的选项上来看，华尔兹、藏族舞、健美操喜欢的比例较高。学生有些排斥基本功的训练。

11. 健美操比赛的收获

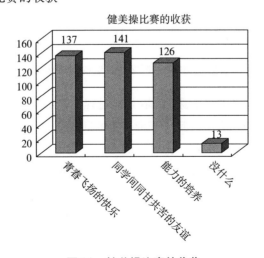

图 11　健美操比赛的收获

从调查结果上看，学生在形体课的结业比赛中品尝着收获的喜悦。快乐、友谊、体育能力的提升丰盈着学生的生活。

12. 初三形体课开展意愿调查

选项	很希望	希望	一般	不希望
人数	64	73	42	19

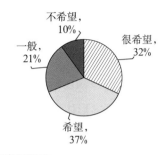

图 12　初三形体课开展意愿调查

学生经过两年的形体课训练，大多数学生在调查时表达了在初三继续进行形体课学习的意愿。

13. 形体课对学生的影响调查

从回收的 198 份调查问卷的统计结果上看，针对形体课对自身的影响，97 人选择了"帮助塑造健美的身材"，占统计人数的 49%；114 人选择了"培养良好的锻炼习惯"，占统计人数的 58%；110 人选择了"学会形体训练的方法"，占统计人数的 56%；129 人选择了"培养自我健身的能力"，占统计人数的 65%；86 人选择了"审美观的培养"，占统计人数的 43%，124 人选择了"气质培养"，占统计人数的 63%。

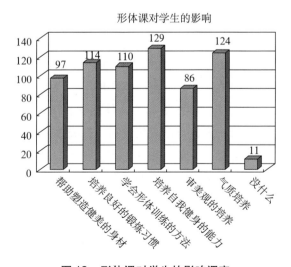

图 13　形体课对学生的影响调查

四、结论与思考

（一）结论

通过下发调查问卷、访谈等形式，学生从不同角度对形体课教学进行评定，可以看出我校以"健康第一"为指导思想的形体课的开展与建设得到了学生的较为广泛的认可，形体课教学对学生的影响是积极的，它既丰富了学校体育课的活动内容，又为学生提供了终身体育的一种有益形式，在音乐的节奏下展示与感悟和谐的体态，在锻炼学生体能的同时，浸润美育教育，加强了学生良好气质的培养，另外，学生展示的达成，多是群体性质，培养了学生的合作精神与和谐人际关系的能力，对学生终身受益具有深远的影响与价值。因此，在初中阶段开设形体课很有必要。

（二）思考

1. 加强形体课基础理论知识的讲授

在实际授课观察与调查结果的反馈中可发现，学生对音乐动感较强的形体课训练内容感兴趣，并投入了很大的热情与精力，而对于基本功的训练却很懈怠。在与学生的沟通中，多数学生认为基本功的训练枯燥，成就感差。究其原因，一是学生平日里上课思维处于动态，很难静下心来体会身体锻炼反馈的愉悦，她们期待短、平、快的"成果"体验；二是学生模仿练习的过程中只知道练习，却不明白练习动作对于女性生理结构的锻炼目的，虽然练习的时候也会提到，但是教师也只是在动态的展示，学生很难静下心来进行有针对性的思考。因此，教师应加强形体理论指导，丰富形体课理论传授模式，利用多媒体教学手段，或由学生自主体会交流动作引起的身体感触，或采取研究性学习方法，让学生对相关的专题进行研究，自己收集资料，探究、发现、解决所研究的问题。另外，教师课前的备课与引课阶段的设计应充分考虑学生情境的转换。

2. 展示形体本真之美，培养"生命自觉"

大多数学生喜欢形体训练，这是由女生心理与生理特点所决定的。姿态美、体态美、线条美、外部形态与内部情感的和谐统一，是女性生命本真之美。形体课教师的优美示范，是对学生无言的"启示"与"激励"。近年来，媒体热捧"性别模糊"的明星，学生追求"中性之风"日甚，虽然这与青春期阶段的心理特点有一定关系，但不利于学生的"生命自觉"下主动建构的生命责任意识与能力。在形体课教学中的教学目标要始终坚持与培养学生的内在气质相结合的原则，促进学生对性别角色的全面接纳与良好认知。

3. 合理运用多元评价策略

现代科学表明，每个人的智能结构不同，这也导致在形体课上存在较为明显的学生之间的个体差异，需要授课教师采用多元评价策略。《全日制义务教育普通高级中学体育（1—6年级）体育与健康（7—12年级）课程标准（实验稿）》把学生的体能、知识与技能、学习态度、情意表现与合作精神纳入学习成绩评定的范围，这是形体课教师评价学生的行为准绳。授课教师在评价时，应该既要注重对学生的学习态度和行为的评价，又要考评学生对运动的理解和参与程度；既要评价学生的最终成绩，又要评价学生的学习过程和进步幅度；使每一位学生在学习过程中看到自己的进步，体会成功的喜悦，逐步提高自己的自信心。教师应引导学生学习、参与评价过程，以体现学生学习的主体地位，提高学生的学习兴趣。

促进深度学习的小学信息技术教学方法与策略

田 爽

引言

2016年9月13日,中国学生发展核心素养研究成果发布;2017年底,教育部发布了《普通高中信息技术课程标准》,将信息意识、计算思维、数字化学习与创新、信息社会责任列为信息技术学科的核心素养。一时间,如何使培养学生的发展核心素养和学科核心素养落实在一线课堂成为教育界的热门话题。

早在2014年,教育部基础教育课程教材发展中心在全国多个实验区开展了"'深度学习'教学改进"项目研究,努力在自觉的教育实验活动中探索教学规律,促进学生核心素养的发展,使教学活动真正成为培养人的理智活动,成为能够回应时代和社会发展要求的社会实践活动。因此,笔者从深度学习的视角分析当前小学信息技术教学中存在的问题及原因,然后基于深度学习理论提出小学信息技术的教学策略,以期为促进学生核心素养的发展进行有意义的尝试和探索。

一、小学信息技术课堂存在的问题及成因分析

(一)存在的问题

在如今的信息技术课堂上,存在着学生喜欢玩信息技术而不喜欢上信息技术课的现象。笔者从深度学习的视角深究这些现象背后暴露的问题。

1. 教学以技术类的程序性知识为主,缺少策略性知识的传授

学生是数字时代的原住民,他们生活中接触的信息技术远远比课堂上学习的多,而且由于信息技术教材的滞后,课上学习的内容与学生实际生活脱节。同时,由于部分信息技术课堂仍然以技术讲解为主,学生依靠重复的机械训练

进行学习，学生不了解为什么学、怎么学，所以当学生面对生活中实际的问题或新技术时，他仍然不知道如何去解决。

2. 将任务当成情境，学生缺乏情境中的主动性和体验性

信息技术课上，教师常用任务驱动教学法给学生布置一项项的学习任务。看似学生作为学习主体在问题解决的情境中，但由于所有任务都是教师提出的，学生缺少主动在情境活动中解决任务的内驱力。

（二）问题成因分析

学习分为浅层学习和深度学习两种方法，从浅层学习与深度学习的特征看，如表1所示，前文提到信息课的问题均属于学生的学习是浅层学习。浅层学习导致学生只关注当前技术本身，没有结合生活和自身进行反思和联系，体会不到知识的价值，所以出现了喜欢信息技术但不喜欢信息技术课的现象。

表1 浅层学习与深度学习的比较

	深度学习	浅层学习
记忆方式	强调理解基础上的记忆	机械记忆
知识体系	在新知识和原有知识之间建立联系，掌握复杂概念、深层知识等非结构化知识。	零散的、孤立的、当下所学的知识，且都是概念、原理等结构化的浅层知识
关注焦点	关注解决问题所需的核心论点和概念	关注解决问题所需的公式和外在线索
投入程度	主动学习	被动学习
反思状态	逐步加深理解、批判性思维、自我反思	学习过程中缺少反思
迁移能力	能把所学知识迁移应用到实践中	不能灵活运用所学知识
思维层次	高阶思维	低阶思维
学习动机	学习是因为自身需求	学习是因为外在压力

要改变当前信息技术课堂的这一现状，让学生主动地、有意义地、自主参与地进行信息技术课的学习，教师应该促进学生在浅层学习基础上开展深度学习。

二、深度学习的内涵与特征

深度学习的概念最早由弗伦斯·马顿（Ference Marton）和罗杰·萨尔乔（Roger Saljo）在1976年提出，在我国起步较晚，直到2005年才由上海师范大学的黎加厚教授首次阐释深度学习的概念。他认为深度学习是指在理解的基础上，学习者能够批判地学习新思想和事实，并将它们融入原有的认知结构中，能够在众多思想间进行联系，并能够将已有的知识迁移到新的情境中，做出决策和解决问题的学习。随后很多专家学者都对深度学习进行了深入的研究，从不同角度诠释了"深度学习"的内涵。2012年，张浩在黎加厚教授概念的基础上，提炼出深度学习的六个特点，包括注重批判理解、强调信息整合、促进知识建构、着意迁移应用、面向问题解决和提倡主动终身。

2016年，郭华教授结合"'深度学习'教学改进"项目，也诠释了深度学习的内涵，他认为深度学习是指在教师引领下，学生围绕着具有挑战性的学习主题，全身心积极参与、体验成功、获得发展的有意义的学习过程。在这个过程中，学生掌握学科的核心知识，理解学习的过程，把握学科的本质及思想方法，形成积极的内在学习动机、高级的社会性情感、积极的态度、正确的价值观，成为既具独立性、批判性、创造性又有合作精神、基础扎实的优秀的学习者，成为未来社会历史实践的主人。同时，他也提出了当学生进入深度学习时表现出来的特征及教师促进学生进入深度学习的条件。

从内容上看，黎家厚教授的深度学习概念侧重从学习者的角度诠释深度学习发生、发展的过程；郭华教授侧重从师生互动的角度诠释深度学习的过程以及学生在这一过程中所获得的发展，由于教与学过程联系紧密，更适合作为一线教师开展深度学习的指导性策略。

三、基于深度学习的小学信息技术教学的策略

根据深度学习的内涵和特征，学生在信息技术课堂上要经历真实的问题解决过程，在陈述性知识和程序性知识的基础上追求对策略性知识的认知，从而激发学生的学习内驱力，重建认知结构，促使量变到质变，最终实现核心素养的提升。

为了实现这样的目标，笔者依据郭华教授提出的深度学习的内涵和特征，

结合小学六年级信息技术课 Scratch 模块中的《制作简单动画》一课的学习内容，提出了小学信息技术教学的具体策略。

(一) 提炼核心概念和关键能力 细化高阶培养目标

深度学习的最终目的是培养学生适应 21 世纪未来社会的核心能力，这必然要求学习者把握学科本质和思想方法，而它们主要体现在学科的核心概念和关键素养能力。根据布鲁姆对认知领域学习目标的分类，深度学习的认知水平则可对应"应用、分析、综合、评价"这四个较高级的认知层次，在知道和领会的基础上更注重知识的理解和应用。因此，开展深度学习的第一步是要做好"从学习内容到核心概念、关键能力的"提炼与"从核心概念、关键能力到高阶目标"的具体化。

1. 提炼：从学习内容到核心概念、关键能力

教师首先梳理本课知识点在单元、教材乃至学科知识体系中所处的位置和作用，再查阅文献和相关的课程标准，最终确定其上位的核心概念和关键能力。例如，《制作简单动画》是 Scratch 创意编程软件学习的第三课时，主要通过重复执行与造型有关的模块，提出使用循环结构的脚本编写方法实现角色的动画效果。由于循环结构是程序三大基本结构之一，在编写任何程序中都具有举足轻重的地位，因此本节课的核心概念是循环结构。

2. 具体化：从核心概念、关键能力到高阶目标

要将抽象的核心概念和关键能力转变为可操作、可实现的高阶培养目标，需要结合学生情况，从应用它们去解决实际问题的过程入手，对核心概念和关键能力进行具体化。

例如，学习《制作简单动画》的六年级学生处于具体运算阶段，分析、解决问题的能力需要教师引导，因此教师将计算思维的提升融入"分析、设计脚本"的活动中，将"循环结构"的核心概念融入编写角色走动画的过程中，如图 1 所示，这样的目标确保了当学生自主创作时仍然能够主动运用这些能力去解决问题、实现想法。

(二) 创设真实的、挑战性的课堂情境，学生主动深度参与

深度学习作为一种基于情境的学习方式，需要创设真实性的课堂情境，以此激发学生的思维；而且深度学习的发生要基于学习者的内在需求和学习兴趣。因此教师要创设真实、具有挑战性的课堂情境，引发学生认知冲突，激发内驱

> ・知识与技术
> ①了解动画产生的原理；
> ②角色设置适当的关键造型；
> ③理解"下一个造型""重复执行"模块的作用，掌握使用它们编写实现角色动画效果的脚本；
> ④知道"遇到边缘就反弹"和"将旋转模式设置为左右翻转"模块的作用。
> ・过程与方法
> ①通过分析、设计角色"走"的动画，提升计算思维之抽象的能力。
> ②通过编写角色"走"的动画脚本，体验循环结构的执行方式，提升将自然语言转换为编程语言的能力。
> ③通过解决角色"走"脚本中的问题。初步了解调试脚本的方法。
> ・情感态度价值观
> 体验循环结构所带来的便捷，发现程序自动化的优势。

图 1 《制作简单动画》三维目标

力，最终吸引学生全身心地参与问题的解决。

全面、准确的学情分析是建构既真实又能引发学生认知冲突的课堂情境的前提。教师可以将学生以往的作品情况、知识体系结构、当前热门的生活或学习活动等与本课学习内容进行相交分析，然后根据学生的最近发展区，构建既让学生感兴趣的、有挑战性的又能融入核心概念、锻炼关键能力的真实课堂情境。

其次，学生主动进入真实课堂情境是深度学习开启的关键，教师可以设置多种支架作为学生自发产生内部需求的导火索。例如在《制作简单动画》的导入环节，学生在教师问题的引导下对以往作品进行反思，产生了"让角色的行为有自然的动画效果"的强烈愿望，很自然地以积极的态度进入这节课的深度学习之旅。

（三）构建结构化的学习任务体系，学生在问题解决中深度构建

信息技术课的学习任务非常重要，是达成学习目标的操作对象。在深度学习中，要构建结构化的学习任务体系作为学生深度学习过程中的导航。学生在它的隐形引导下，通过参与解决问题的过程逐渐实现深度构建，最终实现核心概念和关键能力的提升。

结构化学习任务体系的关键是结合学习目标，将本节课真实课堂情境分解为多个学习任务，每一个学习任务包含1～2个小核心问题。分解时需要注意以下两点：①在真实课堂情境中分解的多个学习任务应该是彼此联系的，它们出现的先后顺序既要符合学生解决问题的逻辑，又要符合核心知识本身的知识体

系，确保学生在解决一个学习任务后又产生新的问题，从而主动参与下一个任务；②每个学习任务要符合学生当前认知水平，任务之间的难度梯度是学生"跳一跳"能解决的。

图 2 是《制作简单动画》一课的学习任务体系，教师从主课堂情境中拆解出 3 个具有逻辑性的学习任务，它们从认知水平上建立了旧知与新知的联系，为学生将自身知识经验与外在新的知识进行转化提供了平台，同时，由于它们是在情境中的连续任务，学生必定先调动已有认知去解决，当遇到认知冲突时再引入新的知识，当问题最终得以解决时，学生必定在头脑中将新旧知识融会贯通地进行组织，从而建构自己的知识结构，高阶的能力得到锻炼。

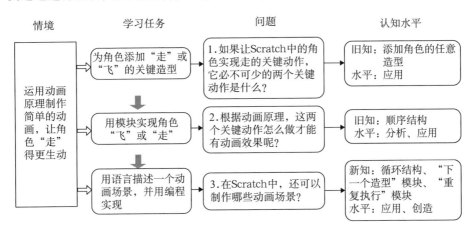

图 2　学习任务体系

（四）开展与学习任务匹配的蕴含学科本质的活动，让学生进行深度反思

在深度学习中，学生就是在活动中体验知识的形成过程或真实问题的解决过程，进而从本质上对知识深度理解，实现高阶目标。因此，教师在结构化学习任务体系的基础上，根据每个学习任务中解决的核心问题设计小活动，让学生在体验中反思，促进知识的深度理解。例如《制作简单动画》这一课根据情境及学习任务共开展了三次活动，如图 3 所示，每一个活动对应一个核心知识或关键能力。

在设计小活动时，可以从以下方面考虑：

1. 设计调动多种感官的体验活动，促进深度理解

核心概念和关键能力大多比较抽象，教师可以借助游戏、实物、肢体摆弄等多种方式设计活动，吸引学生调动全身感官参与其中，潜移默化地在生活情境与抽象概念和能力之间建立联结，体验其在生活中的具体化，促进深度理解。

例如在《制作简单动画》一课中,学生在活动一中通过玩手翻书感悟动画原理的核心概念,在活动二中用身体模仿角色行走的动作体验抽象建模的方法。

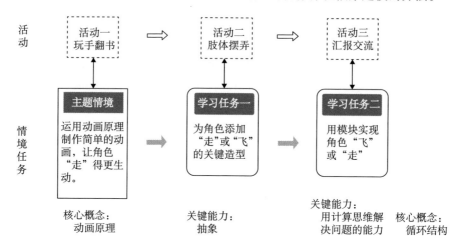

图3　活动、情境任务、核心概念与关键能力

2. 设计互动交流,在思维碰撞中开展深度反思

反思是深度学习的一个表征,因此教师要围绕锻炼关键能力的学习任务,组织学生对完成任务的方法、策略进行汇报和交流,鼓励学生提出多种解决问题的方法,鼓励学生相互质疑,为学生在思维碰撞中深度反思、获得能力提升提供平台。

在《制作简单动画》一课中,教师组织学生对"用模块实现角色飞或走的动画"的学习任务进行汇报交流,从图4所示的学生讨论的现场流程看,学生在头脑中对旧知进行了质疑、反思,当作品达到预期目标时,学生已有的认知经验得到了重新建构,应用计算思维解决实际问题的实践能力必然在这样深度的反思中得到提升。

需要注意的是,有效的互动交流要在和谐、宽松的课堂气氛中进行。当作为活动的主体有充分发表意见的自由时,学生才不怕出错,敢于质疑和讨论,才会在一次次与知识的深度对话中获得学习的愉悦感和成就感。

(五)设计体现知识变式的拓展环节,学生在应用中深度迁移

郭华教授认为"迁移与应用"是深度学习重要的学习方式。当学生在理解核心概念后,教师要设计体现知识变式的拓展环节,它应该是全新的情境与非结构性的核心概念的结合。

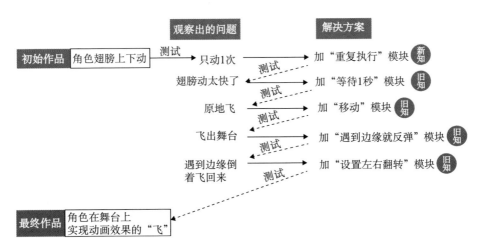

图 4 "用模块实现角色飞或走的动画"的问题解决流程

首先,拓展环节可向核心概念纵深方向延伸。它可以作为梯次学习任务的高阶任务,为学生提供将解决问题的过程迁移到新的问题情境的机会,学生再次整合意义联结的核心知识,实现举一反三的学习效果。其次,拓展环节可将核心概念、关键能力向生活应用方向铺开。它作为在生活中应用实例的展示环节,让学生充分体会核心知识在生活中的应用价值,最终实现学习回归生活、服务于生活。

如图 5 所示,《制作简单动画》一课中的拓展环节有两个,既实现了核心概念在梯次学习任务中的层层深入,又对生活中"用计算思维解决问题的方式"的实例进行展示,学生在横纵交叉的拓展环节中实现深度迁移。

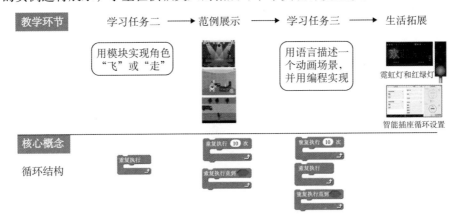

图 5 教学环节与核心概念

四、反思与展望

《制作简单动画》是笔者基于深度学习内涵与特征开展的实现有意义的学习方式的尝试，学生在课堂上学习兴趣浓厚，学习需求强烈，学生在交流互动的过程中推进学习活动的深入展开，在问题解决过程中实现了核心知识和关键能力的落实。

因此，笔者认为要在信息技术课上开展深度学习，教师首先要立足学生未来生活必备的技能，站在中国学生发展核心素养和信息技术学科核心素养的角度审视教材内容，设定高阶培养目标，对教材内容再加工；其次，教师要为学生量身定制真实的课堂情境、匹配相应的结构化学习任务体系，将高阶培养目标融入具体的问题解决活动中；第三，创造自由、平等的课堂氛围，让学生想说、敢说，引导思维步步深入；第四，围绕核心知识和关键能力设计拓展任务，学生在新的情境中实现知识的迁移和应用，举一反三、触类旁通。

从国内外的文献研究看，深度学习的研究已经持续一段时间，部分学科教师已经将深度学习的理念应用到一线课堂。在知识技术更新换代飞速发展的时代，更多的教师应采用多种方法策略促进学生在课堂上开展深度学习，实现素养的不断积累提升，最终促进学生未来必备生活技能的提升。

高中通用技术课的项目式教学实践探索

马丽娟

一、项目式教学法的应用优势

《普通高中通用技术课程标准（2017年版）》对"技术"是这样描述的："技术是指从人类需求出发，秉承一定的价值理念，运用各种物质及装置、工艺方法、知识技能与经验等，实现一定使用价值的创造性实践活动。"通用技术课程教学目标是让学生"经历技术设计的全过程，形成一定的方案构思、图样表达、工艺选择、物化能力；能够领悟基本的技术思想，形成初步的系统与工程思维，发展创造性思维，养成用技术解决实际问题的良好习惯；体验技术问题解决过程的艰巨性和复杂性，养成实事求是、严谨细致、追求卓越的工作态度，培育工匠精神……"笔者认为，发展学生的通用技术学科素养，可将项目式教学方法作为课堂教学的首选方法。项目式教学法具有以下优势和特点：项目问题与情境源于学生的真实生活；教学设计升级为项目设计，强调单元教学设计；强调项目完成过程中团队精神的培养；项目完成后的评价交流与分享为学生搭建再学习的平台。

二、项目式教学设计与实施

（一）项目问题与情境源于学生的真实生活

我校的通用技术课教学，一直以来是依据课程标准，把教材中的教学内容，以学生完成多个相关的项目任务的形式，来达成各章节的教学目标。为了改进《技术与设计1》的教学，笔者做了三个项目设计。

项目一：上网调查最感兴趣的技术领域中目前最先进的技术手段及其技术应用情况。

思考问题：1. 这项技术的产生与发展过程？2. 包含了哪些科学原理，涉及了哪些知识领域？3. 这项技术对社会有哪些重大影响，是否取得了专利？

教学目的：培养和提高学生的技术意识。一是让学生了解技术的产生、技术的内涵以及技术的自然属性和社会属性；二是让学生认识技术与科学的关系，认同技术是综合知识的结晶；三是让学生认识技术应用的两面性、知识产权及其保护的重要性。

项目二：设计制作多功能桌面置物架（教师用）。

思考问题：1. 设计时要考虑哪些因素？2. 用什么方式表达设计思想？3. 制作时要用到哪些材料和工具？

教学目的：培养学生的技术意识、创新意识，提高工程思维、图样表达能力以及物化能力。一是让学生掌握基本设计原则，熟悉造型设计并懂得美学鉴赏，学会人性化设计；二是引导学生自主确定课题，了解产品的一般设计过程，学会设计的表达与交流（草图、透视图、三视图绘制方法）；三是让学生认识技术与设计的关系，掌握木工材料常识和简单木工制作工艺，熟练使用木工工具及设备。

项目三：自制小铁锤。

思考问题：如何分析小铁锤的技术图样确定画线基准？

技能学习：1. 画线、切削，以及锉削钳工工艺；2. 攻丝、套丝钳工工艺。

教学目的：培养学生的技术意识以及图样表达和物化能力。一是让学生体会三视图在金加工中的作用，进而自主创新设计；二是了解材料常识、金属材料特性，掌握钳工工艺，熟练使用钳工工具及设备；三是掌握攻丝、套丝工艺。

以"设计制作多功能桌面置物架（教师用）"为例，项目实施的环境是"学校"，是学生每天身在其中的学习、生活环境，项目服务的对象是与学生朝夕相处的教师。该项目的学习和实践活动，为学生提供了一个很好的向教师表达"敬"与"爱"的契机，凝聚了学生对教师的所有情感，使师生情感在潜移默化中升华。真实的问题与情境可以极大地激发学生的学习主动性及创作灵感。不同学科教师会有不同的办公环境需求，这也为学生的设计提供了广阔的创作空间。这些都为整个项目的实施创造了很好的条件。

（二）教学设计升级为项目设计，强调单元教学设计

将教学设计升级为项目设计是一种教学策略与方法。在"设计制作多功能桌面置物架（教师用）"活动中，学生设计置物架的最终目的是帮助教师解决

办公桌上讲义、练习册、试卷及办公用品等物品摆放杂乱的问题。学生要实际调研，依据用户需求提出合理的设计方案并加以实施。在实施的过程中，学生要在原有经验的积累上，运用已学科学知识与技能，以小组合作的方式，探究未知知识与技能，寻求解决问题的最佳方法与途径，教师也是这个团队中的一员。教师的任务是将相对独立的知识点与技能方法重新整合，贯穿于项目实施的各个阶段，与学生的学习过程（产品设计的一般过程）融为一体，以实现真正的"做中学，学中做"。

1. 项目分析

设计实施本项目教学是为了落实通用技术课程学业要求："形成亲近技术的情感；掌握常用工具及其使用方法、常见材料及其加工方法、方案构思及其方法、图样识读与绘制、模型制作及其工艺等方面的一些基本知识与基本技能……"学生参与设计与制作，能够提升用技术方法解决技术问题的能力，获得木工加工工艺的初步体验，初步形成关于技术的人技关系、技道合一、形态转换、权衡决策、方案优化、设计创新等技术思想与方法。

2. 教学过程

下面，以"设计制作多功能桌面置物架（教师用）"为例介绍项目单元教学流程及各环节所对应的知识与技能点。

环节一：发现并明确问题。学生实地考察教师的办公环境，完成空间测量、物品测量等工作，获取方案设计所需的第一手资料。

在这个环节中教师要做的事是为学生提供一份真正有需求的教师名单及办公地点，以便节约时间、有的放矢，同时让学生感悟"技术源于人们的需求和愿望"。

环节二：确定设计方案。学生依据实地考察获得的第一手资料（教师办公环境及所需功能），基于已有的资源（教室工具设备、学校可以提供的原材料等）及团队成员的实际能力，以草图的形式展示设计方案并和"客户"交流，最终获得认可。

在这个环节，教师的工作是辅助学生完成方案设计草图，教学生学习用草图表达设计构思（应用正等轴侧图绘制方法、两点透视图绘制方法）。

环节三：制作原型。本环节学生要依据设计草图绘制下料图，并在组内合理分工，合作完成作品。

教师在这个环节的主要任务是为学生在"工具使用、材料选择、构件连接方式"等关键操作上提供技术支持与辅导。本环节涉及木工工艺、木工工具使用、木制品的最佳连接方式等相关知识的学习与应用。

为了方便学生学习，降低学习难度，提高工作效率，教师应该充分运用现代化的信息设备及数字化做以下准备：首先在网上挑选一个以燕尾榫为连接方式的产品相关视频，激发学生的学习兴趣，获得对燕尾榫的感性认识；然后教师要事先录制关于相关工具使用方法与技巧、燕尾榫制作过程等微课视频，便于学生制作过程中随时观看学习；其次是教师针对学生具体的项目任务，应用绘图软件及现代化加工设备（3D 打印机）制作出有针对性的专属工具，比如本案例中的燕尾榫画线尺。项目教学中，教师辅助学生学习"特殊工具设计与制作"，对提高学生设计制作成功率有很大帮助。

燕尾榫画线尺

用燕尾榫画线尺画线

环节四：优化项目。制作过程中会发现各种问题，需要及时做出调整。教师辅助学生分析比较从而做出正确的取舍还是很有必要的，这样可以确保作品整体功能的实现。

环节五：设计作品并交流与评价。学生依据各自的最初方案进行设计，分析作品在功能实现上的达成度、制作工艺及材料应用上的优点与问题，以及问题产生的原因，总结产品设计的一般过程及应遵循的基本原则。

三、评价交流与分享，为学生搭建再学习的平台

评价即学习。教师在以往的教学过程中，比较容易做到的是对学生提出要求、发布命令，而对学生学习的支持和服务意识是比较欠缺的，特别是服务意识不强，在服务能力上也略显不足。为此，笔者在"多功能置物架设计与制作（教师用）"这个项目教学的过程中，在过往提出完成项目要求的基础上，注重管理与服务的统一，引入客户理念（顾客为有需求的教师），将管理和客户的

价值实现和评价作为项目完成与否的重要评价标准之一。此外，考虑需求的个性化和利益的多元性，笔者分别给予不同项目组以相应的支持和指导，把握学生（设计者）及教师（客户）的真实需求，减少过程性干扰，增强过程性服务（关键点的知识传授、特殊制作工作——燕尾榫画线工具），并合理授权，给学生相应的权力，让学生承担相应的责任。笔者要求学生在项目完成后做好PPT文件上交总结材料，内容必须包括客户及设计要求，项目设计者，设计草图、制作下料图，制作过程遇到的困难及解决办法，客户评价，感悟与收获。

项目评价过程是学生学习过程中的一种高级思维过程。从收集信息到整合信息再到运用规则做出正确判断，这个过程是学生主动建构知识的过程，是对原有认知的动态调整、顺应及同化。评价过程就是一个学生再学习、再发展的过程。以下是笔者选取的有一定代表性的小组总结内容："项目学习活动让我们深刻体验产品从设计到制作出场的整个过程，也使我们体验其中的困难和乐趣。总的来说，小组分工是个很重要也很困难的过程。对于制作过程中出现的料想到的和意料之外的状况，明确、明智的分工起决定性作用。往往臆想和现实差距很大。最后的结果是各部分组合成的，每部分的细节都决定产品最后的结果。""榫卯的制作，就是分分合合之后的制衡。头榫与尾榫的拼合，木块与木块之间的咬合巧妙、坚固，不可切分。这也是合作之间的精髓所在。人与人之间的关系就像两块不相干的木头之间的微妙关系，只有一次次打磨，拼合，再打磨，再拼合，无限循环，才能达到最终的相对完美。心态是另一个重点所在。慢工出细活，这里的慢是平和，是专注，是不可多得的工匠精神。继续带着这种工匠精神上路，就是木板和燕尾榫教给我们的最好的东西。"

实践再度验证：通用技术课程，以提高学生的学科核心素养为主旨，以设计学习、操作学习为主要特征，是一门立足实践、注重创造、体现科技与人文相统一的课程。教师引导学生参与丰富多彩的设计性、探究性、创造性项目实践，有助于发展学生对知识的整合、应用、物化和解决技术问题的能力，提高学生的实践能力。同时，通过作品制作、工艺实践、技术试验、方案物化及优化等，培养学生严谨细致、精益求精、追求卓越的工作态度。

从学生感兴趣的生活实际问题出发，让学生在探索、解决问题的过程中自然地学知识——笔者开展的项目式学习活动正是基于这样的理念进行实际操作，使学生在实际操作中习得知识，发展能力，提升技术素养。

Excel 图表在数据分析中的应用

张 玮

一、初中学生应具备的数据分析能力

（一）一篇语文阅读引发的思考

曾看到学生的一篇语文阅读《北京的空气质量》，其中有这样一段文字：北京市环保局环保监测中心发布 2013 年北京市空气质量报告，空气质量总体情况为一至六级的天数分别为 41、135、84、47、45 和 13 天。提出的问题是：请用概括性语言阐述 2013 年北京的空气质量。大多数学生的答案如下：北京空气质量二级最多，一级很少；雾霾天气很多；全年有 13 天处于六级天气，对身体非常不好——这些只是阐述数字的表面现象，所有的分析要从"结果"出发，没有结论的数字罗列并不是分析，而"结果"是发现问题和解决问题。如果能够借助 Excel 的图表，可以对数据进行更加深入的分析，使用图表可以更加直观、形象有效地表达数据信息并帮助学生迅速掌握数据的发展趋势和分布情况，有利于分析、比较和预测数据。

（二）初中信息技术 Excel 课程理念

《信息技术指导纲要》明确指出，中小学信息技术课程基本定位是以培养学生的信息素养为主要目标。通过信息技术课程使学生具有获取信息、传输信息、处理信息和应用信息的能力，学生能够使用电子表格对信息进行合理分类、恰当处理和有效分析，得出结论用于解决实际生活中的问题。在初中阶段，课程指导纲要中提出要使学生学会使用与学习和实际生活直接相关的工具和软件。学会应用多媒体工具、相关设备和技术资源来支持其他课程的学习，能够与他人协作或独立解决与课程相关的问题，完成各种任务。数据分析并不是一门复杂的科学，而是一些简单的具有判断力的常识，而复杂的运算通常只会让分析结果更差,数据分析是一门艺术,同样的数据会有不同的解读。

(三) 学习者特征分析

初中学生在信息技术 Excel 课程方面已经基本掌握在 Excel 中对数据进行处理的方法,能够运用公式法、函数法对数据进行计算,初步掌握图表的制作方法,但是对图表类型并不熟悉,不清楚其使用范围。初中学生已经具备一定的逻辑思维能力,学生思维活跃,喜欢动手实践,对图表的应用求知欲强,参与学习的积极性很高,喜欢接受挑战,但他们在自学能力、认知能力、实际操作能力等多方面差异较大,呈现出多层次的特点,对数据分析和表达能力有待提高。

二、数据分析的方法

(一) 黄金圆环法则

在教师讲解数据分析时,要思考黄金圆环法则的三个问题:Why—How—What,如图 1 所示,信念(Why)的确定与传递,导致行为(How)的变化与改进,影响结果(What)的产生与呈现。这也启发教师:与其告诉学生做什么,不如引导他们理解为什么要做和怎么做。由此,对知识的传授会有很大的帮助。Excel 课程理念已经告诉我们为什么要做,现在需要解决怎么做的问题。

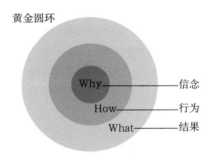

图 1 黄金圆环法则

(二) Excel 图表分析数据的基本流程

(1) 设计数据表。从文字中提取有效的信息,在 Excel 中建立数据表。如《北京的空气质量》一文可建立数据表。

表1　2013年北京空气质量分布表
（据北京市环保局环保监测中心发布数据）

级别	一级（优）	二级（良）	三级（轻度污染）	四级（中度污染）	五级（重度污染）	六级（严重污染）
天数	41	135	84	47	45	13

（2）根据数据内容选择适合的图表类型。图表的选择应该逻辑严谨，可读性强。同样的数据使用不同的图表类型，表达的结果也不尽相同，所以选择图表类型时需要考虑结果的产生与呈现，这也符合"黄金圆环"中"What"的思想理念。

（3）制作图表。在 Excel 中制作图表比较简单，可分为"四部曲"：插入图表、选择图表类型、完成图表的版式制作和调整图表。

（4）进行数据分析，撰写结论。根据制作的图表，解读数据，正确反映数据状况，结论合理，有一定的挖掘深度。结论结果顺畅、合理，信息丰富。

三、基于 Excel 图表的数据分析

（一）掌握数据分析方法，根据数据背景选择合适图表

单看数据表，还是难以对数据进行深入分析，在选择图表类型前，应了解常见的图表类型及适用范围，初中生在电视、报纸、杂志上经常看到图表，但是对具体的应用范围不是很了解。Excel 支持各种各样的图表，因此可以采用最有意义的方式来显示数据。以 Excel 2010 为例，当使用图表向导创建图表，或者使用"图表类型"命令更改现有图表时，可以很方便地从标准图表类型或自定义图表类型列表中选择自己所需的类型。Excel 中有八大类图形类型，每一类中又分为若干图表，通过鼠标悬停的简单方法可了解每种图表的含义及适用范围，如图2所示。

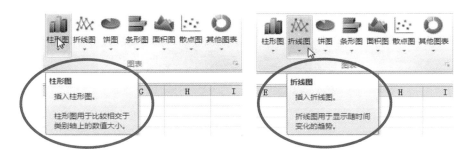

图 2　鼠标悬停了解图表适用范围的方法

常见的图表类型及其适用范围如表 2 所示。

表 2　常见图表类型及其适用范围

图表类型	适用范围
柱形图	显示不同项目之间的对比
折线图	按照相同间隔显示数据的趋势
饼图	显示数据系列项目在项目总和中所占的比例
条形图	显示各个项目之间的对比
面积图	强调大小随时间发生的变化
XY 散点图	显示两组数绘制为 XY 坐标的一个系列
雷达图	比较大量数据系列的合计值

（二）经历数据的分析过程，体会数据中蕴含的信息

根据建立的《北京空气质量》数据表，我们最关注的是各级别的分布情况，所以应当选用饼图，如图 3 所示。

从图表中很容易看到各级别的百分比情况，下面就应当撰写结论，许多学生此时依然只是对数字进行简单的描述，没有深入地分析数据，这也就失去了使用图表表达的意义。结论的撰写分为 3 个层次，要求不同，其阅读者也有所不同：

（1）最基本的层次是基于图表的数字发现，不是罗列图表中已经表示的数字，重点在于找到数据间的差别。从饼图中可以看出，2013 年北京空气质量为

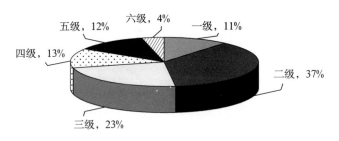

图3　使用饼图显示分布情况

二级的比例比较高，其次是三级，空气质量为一级的比例只有11%，同时中度和重度污染的比例也超过了10%，证明北京的空气质量不是很好，这仅仅达到了数据分析的最基本层次。

（2）提高层次是每一部分基于数字发现获得的小结，不是简单地将各图表得到的数据间差别汇总在一起，而是将该部分前后的数据串在一起表明各部分的基本结论。教师需要引导学生深挖数据，再观察数据之间的联系与差异。有的学生会回答空气质量为优良的比例只有48%，不到一半；轻度和中度污染的比例达到了36%；重度和严重污染的天气占到了16%。学生已经将数据间建立了联系，这些数据意味着在2013年北京每两天就有一天的雾霾天气，每六天就会有一天的空气质量非常糟糕，此时学生已经提高一个层次分析数据。

（3）专家层次是在综合评估各部分小结基础上得到的总体结论和建议，关键需要将各部分的小结汇总升华成总体结论，并给出相应的建议。如果教师再提出问题：作为中学生我们该如何保护环境？让学生思考，将分析结果及建议写到结论部分，一份专家层次的数据分析报告就完成了，不仅达到了信息学科的教学目标，并且教会学生思考问题的方法，帮助学生提高语文阅读能力，解决学习方面的很多问题。

（三）培养学生表达和分析数据的意识和能力

学生在平时的生活和学习中会遇到各种数据表，虽然有些图表类型学生比较生疏，但是借助学生平时见到过的图表进行引导，问题也很容易解决。例如表3为两名同学的期中考试成绩表。

表3 期中考试成绩表

姓名	语文	数学	英语	政治	历史	地理	生物	总分	平均分
卢天东	80	98	92	74	95	88	72	599	85.6
牛露强	87	85	90	88	81	78	86	595	85.0

教师在课堂中询问学生谁的学习综合实力更强？班中出现了不同的答案，单从数据表中看，很容易判断出卢天东学习成绩更好，此时让学生自主探究，用哪种图表类型可以更好地表达数据，学生选择的图表类型又不相同。大多数学生选择柱形图，也有学生选择条形图，如图4、图5所示。

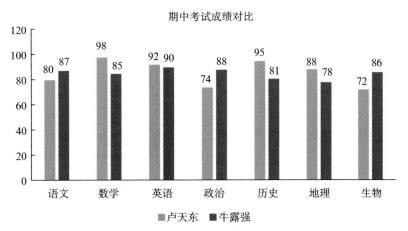

图4 柱形图成绩对比

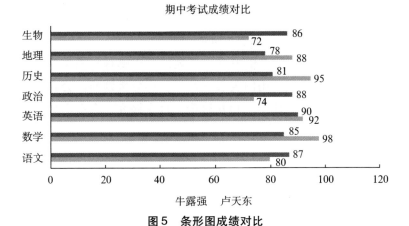

图5 条形图成绩对比

柱形图和条形图能否表达综合实力？似乎看不出来，柱形图和条形图可以分析两名同学各科成绩的构成，用哪种图表表达综合实力更好呢？教师不要直接给出答案，可以向男生提问：在游戏中有没有见到过表达综合实力的图表？肯定会有男生回答是雷达图，再让学生更改图表类型，如图6所示。此时教师再和学生达成共识，牛露强学习的综合实力更强。教师再追问：为什么卢天东的平均分高，反而他学习的综合实力不如牛露强？你能给卢天东一些建议吗？这样答案全从学生口中得出，不仅达成了教学目标，并且很容易突破重难点，课堂气氛活跃，知识点也很容易被学生所接受。

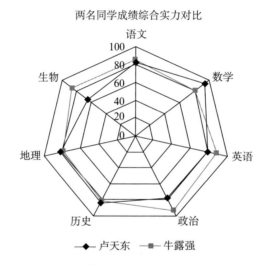

图6　使用雷达图分析综合实力

除了单一的图表类型，还要让学生学会综合运用图表分析数据。初一下学期地理书上有这样一张表格，如表4所示。

教师提出问题：你能从表格中看出该地区属于哪种气候类型吗？课堂陷入一片宁静，让学生尝试使用图表表达数据，再分析判断。会有学生询问老师应该用哪种图表类型，让学生相互讨论、自主探究，会得出如图7所示的图表。

表4 某地区全年各月平均气温及降水量数据表

中国气象局规定：24 小时内的降雨量称之为日降雨量，凡是日降雨量在 10 毫米以下称为小雨，10.0～24.9 mm 为中雨，25.0～49.9 mm 为大雨，暴雨为 50.0～99.9 mm，大暴雨为 100.0～250.0 mm，超过 250.0 mm 称为特大暴雨。由于我国幅员辽阔，少数地区根据本省具体情况另有规定。例如，多雨的广东，日降雨量 80 mm 以上称暴雨；少雨的陕西延安地区，日降雨量达到 30 mm 以上就称为暴雨。

某地区全年各月平均气温及降水量数据表

月份	1月	2月	3月	4月	5月	6月	7月	8月	9月	10月	11月	12月
气温/℃	12.8	13.6	14.9	16.4	18.9	19.9	25.8	26.2	20.3	19.9	15.3	13.6
降水/mm	16.7	19.8	15.7	12.2	9.8	4.3	2.4	3.9	8.6	10.5	11.2	18.4

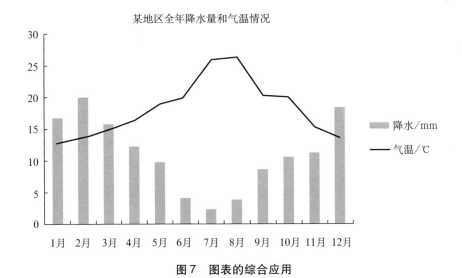

图7 图表的综合应用

学生很快从图表中得出结论：冬季低温多雨、夏季高温少雨，属于典型的地中海气候类型。教师引导学生在结论中不能只写出气候类型，还要分析为什么，这才是一份完整的分析报告，以后学生再碰上此类问题时也会采用同样的分析方法。

（三）在 Excel 图表教学策略上的建议

数据一定要真实，可从现实问题或学生其他学科课本上选取，教师需要提供学习的支架，比如讲授、教材、Office 帮助、鼠标悬停等方法。在教学策略上着重体现对学生整个学习过程的引导，教师的演示和分析仅仅是帮助学生在头脑中建立思考的问题链条，学生以自主探究的方式解决学习中遇到的难点问题，从而提升学生分析问题、解决问题的能力。让学生学会使用"选择数据源"和"更改图表类型"命令编辑图表，能够根据不同的数据内容使用适合的图表类型表达、分析数据，能够在一张数据表中使用不同的图表类型，提升学生数据分析、表达的能力。

四、Excel 图表在其他学科上的应用

（一）利用 Excel 图表绘制数学函数图像

众所周知，在数学函数的表达方式中，图像能直观、形象地反映出变量之间的变化依赖关系及其变化趋势、变化率、最值与极值。可用于函数图像绘制的工具软件有很多，如函数图像大师、Matlab、MathCAD 图像处理、几何画板等，但是使用 Excel 图表绘制图像最简单，因而被普遍使用，并且不少数学函数图像软件做不出幂函数负半轴的图像，而使用 Excel 可以轻松地完成，借助 Excel 还可以绘制出动态的函数图像，揭示数学的特殊规律。如图 8 所示。

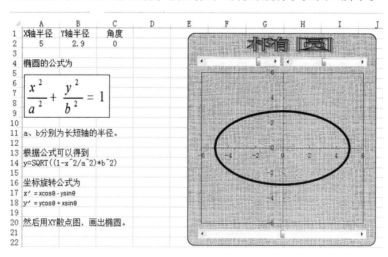

图 8　椭圆函数动态图像

在初中数学教学中，学生可以使用 Excel 散点图学习正比例、反比例、一次函数和二次函数，如图 9 所示。

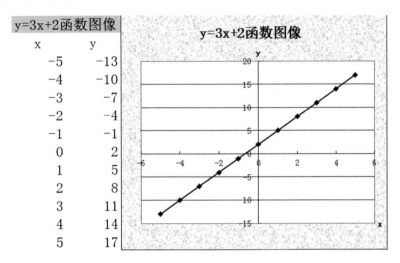

图 9　使用 Excel 散点图制作一次函数图像

甚至可以直观地看到函数对比图像，如图 10 所示。

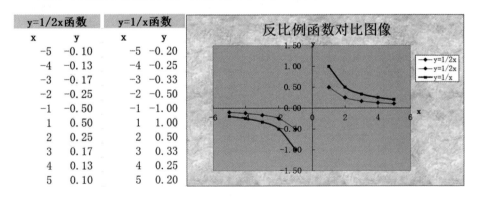

图 10　反比例函数对比图像

（二）在物理学科上的应用

物理学科是一门以实验为基础的基础学科，而在实际的课堂教学过程中，由于受到学生能力和课堂上时间的限制，要让学生在课堂、课后通过手工计算和画图来从实验数据中归纳出实验结论是比较困难的，所以老师往往会直接给出最终的实验结论，甚至连实验探究的环节也被免掉了。借助 Excel 强大的表格计算功能和图表的功能，在课堂上处理实验数据并得出图像，引导学生根据实验数据和图像得出实验结论,同时得出各物理量之间的定量关系。这种方法也可以用在其他实验教学中。在直观地得出各个物理量的关系的同时,也免去了繁杂的手工计算和画图。以上方法和思路也可以用在其他问题的探究上,如"自由落体""探究路端电压和电流的关系"等实验中都可以使用 Excel 来处理实验数据和得出图像,如图 11、图 12 所示。

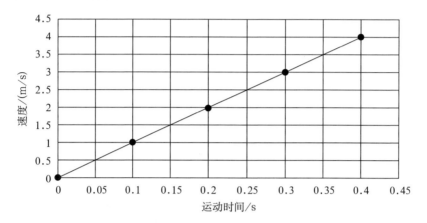

图 11 自由落体运动时间与速度关系图

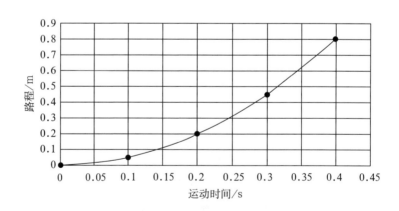

图 12 自由落体运动时间与路程的关系

从图 11 中可以清楚看出自由落体运动速度与运动时间成正比,表达式为:
$$V = 10 \text{m/s}^2 \times t$$

从图 12 中可以看出自由落体运动路程与运动时间的平方成正比,表达式为:
$$S = 5 \text{m/s}^2 \times t^2$$

（三）在化学、生物学科上做数据分析

化学、生物学科也包含了大量的实验，化学学科中的定量分析、生物学科中的统计分析都可以借助 Excel 图表来完成，学生在学习过程中需要具有准确的"量"的概念，如图 13 所示。

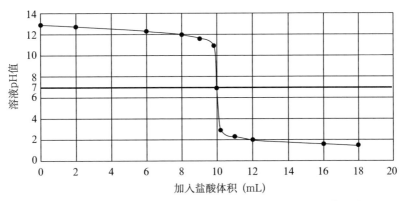

图 13　在 10mL NaOH 溶液中滴加盐酸的体积与溶液 pH 值变化关系图

在传统的学习过程中，学生虽然在实验过程中记录了大量的数据，但是还需要通过教师用语言表述或者利用板书展示图表的内容，这种学习方式并不能传递更多的教学信息。利用 Excel 图表功能解决化学、生物理论学习中的曲线绘制、数据处理、实验标准曲线制作等问题，可使学习取得更好的效果。

五、结论

通过将信息技术中 Excel 图表和生活、学习中的数据有机结合起来，大大提高了学生的课堂积极性，使得学生认识到问题的探究并不是远不可及的。在实际教学过程中，由于课堂上用到的数据源于学生生活、学习中的实际数据，这就大大地提高了学生对问题进行探究的积极性，同时可以让学生亲自将数据输入到 Excel 中来得出结论的准确性，使得学生能客观地看待自己的研究结果，主动学习，提高效率。

在 Excel 图表教学过程中，教师可以增加课堂中的互动性，同时大大地调动学生的情感，深化学生对知识、过程和方法的认识，同时通过将学生较为熟悉的软件工具运用到问题探究中来，也可以在 Word 或 PowerPoint 中直接插入 Excel 图表进行数据分析，开拓学生的思路，启迪学生的思维，在提高学习知识的兴趣的同时也大大激发学生利用各种先进手段解决各种数据问题的兴趣。